HINAUS IN DIE NATUR

Entdecken, wo Deutschland am schönsten ist.
Freizeit & Sport im Grünen – mit vielen Outdoor-Tipps

Der Blick geht auf die mittlerweile fast verschwundenen Wissower Klinken, die Caspar David Friedrich in seinem berühmten Gemälde der Rügener Kreidefelsen verewigte.

HINAUS IN DIE NATUR

Entdecken, wo Deutschland am schönsten ist.
Freizeit & Sport im Grünen – mit vielen Outdoor-Tipps

Zu diesem Buch

Deutschland ist ein grünes Land: 15 Nationalparks, 15 Biosphärenreservate, 104 Naturparks und weit über 8000 Landschafts- und Naturschutzgebiete sind hierzulande eingerichtet. Eine Vielzahl von ihnen ist auf Besucher eingestellt, die im sanften Einklang mit der Natur Einblicke in Feld, Wald und Watt erleben können oder die sich für sportliche Aktivitäten im Grünen begeistern. Dieses Buch zeigt die Höhepunkte von Deutschlands unberührten Regionen, liefert eine Vielzahl an Tipps für Anreise, Unterkunft und Freizeitmöglichkeiten und gibt Anregungen für Outdoor-Aktivitäten. Manchmal liegt das Glück nämlich nur ein paar Schritte vor der Haustür oder eine kurze Radtour entfernt. »Willst du immer weiter schweifen? Sieh, das Gute liegt so nah!« erkannte schließlich schon Johann Wolfgang von Goethe.

Die Felsrippe der Teufelsmauer in Sachsen-Anhalt ist durch viele bizarre Steinformationen geprägt.

SCHLESWIG-HOLSTEIN / HAMBURG	**8**
Helgoland	10
Nationalpark Schleswig-Holsteinisches Wattenmeer	12
Nationalpark Hamburgisches Wattenmeer	21
Naturpark Schlei	22
Naturpark Holsteinische Schweiz	24
Naturpark Lauenburgische Seen	28
NIEDERSACHSEN	**30**
Nationalpark Niedersächsisches Wattenmeer	32
Naturpark Lüneburger Heide	40
Naturpark Elbhöhen-Wendland	44
Biosphärenreservat Flusslandschaft Elbe	46
Naturpark TERRA.vita	48
Naturpark Weserbergland	50
Naturpark Harz	54
Nationalpark Harz	58
MECKLENBURG-VORPOMMERN	**62**
Nationalpark Vorpommersche Boddenlandschaft	64
Nationalpark Jasmund	68
Biosphärenreservat Südost-Rügen	72
Naturpark Insel Usedom	76
Biosphärenreservat Schaalsee	80
Naturpark Mecklenburgische Schweiz und Kummerower See	82
Nationalpark Müritz	84
Naturpark Feldberger Seenlandschaft	88
BRANDENBURG / BERLIN	**92**
Naturpark Uckermärkische Seen	94
Biosphärenreservat Schorfheide-Chorin	96
Biosphärenreservat Spreewald	100
Naturpark Nuthe-Nieplitz	102
Naturpark Niederlausitzer Heidelandschaft	104
SACHSEN-ANHALT	**106**
Biosphärenreservat Flusslandschaft Elbe	108
Nationalpark Harz (Hochharz)	110
Naturpark Harz	115
SACHSEN	**116**
Naturpark Erzgebirge/Vogtland	118
Nationalpark Sächsische Schweiz	122
Biosphärenreservat Oberlausitzer Heide- und Teichlandschaft	128
THÜRINGEN	**130**
Naturpark Eichsfeld-Hainich-Werratal	132
Nationalpark Hainich	134
Naturpark Thüringer Wald	136
Naturpark Thüringer Schiefergebirge/Obere Saale	140
NORDRHEIN-WESTFALEN	**142**
Naturpark Teutoburger Wald/Eggegebirge	144
Naturpark Diemelsee	148
Naturpark Rothaargebirge	150
Naturpark Bergisches Land	152

Der rot-weiß geringelte Leuchtturm List Ost auf der Halbinsel Ellenbogen von Sylt wacht über die Küste und sendet per Fernsteuerung seine Lichtsignale.

Naturpark Hohe Mark-Westmünsterland	154
Naturpark Maas-Schwalm-Nette	156
Auenlandschaften am Niederrhein	157
Nationalpark Eifel	158
Naturpark Hohes Venn-Eifel	160
RHEINLAND-PFALZ / SAARLAND	**162**
Naturpark Vulkaneifel	164
Deutsch-Luxemburgischer Naturpark	168
Naturpark Nassau	172
Naturpark Saar-Hunsrück	174
Biosphärenreservat Bliesgau	176
Naturpark Pfälzerwald	178
HESSEN	**184**
Naturpark Habichtswald	186
Reinhardswald	188
Nationalpark Kellerwald-Edersee	190
Naturpark Taunus	192
Naturpark Rhein-Taunus	194
Geo-Naturpark Bergstraße-Odenwald	196
Naturpark Hessische Rhön	198
BADEN-WÜRTTEMBERG	**202**
Naturpark Schönbuch	204
Nationalpark Schwarzwald	206
Naturpark Schwarzwald Mitte/Nord	214
Naturpark Südschwarzwald	218
Schwäbische Alb	229
Naturpark Obere Donau	232
Bodensee	234
BAYERN	**238**
Naturpark Bayerischer Spessart	240
Naturpark Fränkische Schweiz-Veldensteiner Forst	242
Naturpark Frankenwald	248
Naturpark Fichtelgebirge	250
Naturpark Oberer Bayerischer Wald	252
Naturpark Bayerischer Wald	257
Nationalpark Bayerischer Wald	260
Naturpark Altmühltal	264
Allgäuer Alpen	268
Ammergauer Alpen	274
Fünfseenland	278
Wettersteingebirge	282
Walchensee und Herzogstand	288
Isartal	290
Karwendelgebirge	294
Tegernsee, Tegernseer Tal und Wallberg	298
Mangfallgebirge und Mangfalltal	300
Chiemgau	304
Chiemgauer Alpen	310
Nationalpark Berchtesgaden	314
BILDNACHWEIS, IMPRESSUM	**320**

Wenn die Sonne hinter der Nordsee untergeht, zeigt die Dünenlandschaft von Sylt ihr schönstes Gesicht.

Schleswig-Holstein / Hamburg

Die Landschaft an Nord- und Ostseeküste bezaubert mit einem ganz besonderen Flair, Sonne, Wolken und die Gezeiten geben dem ebenen Land und dem Meer ein sich ständig wandelndes Erscheinungsbild. Nirgendwo auf der Welt findet man ein solches Naturparadies wie das Wattenmeer, diesen bis zu 30 Kilometer breiten Sand- und Schlick-Saum der Nordseeküste, mit seinen typischen Pflanzen und den faszinierenden Tieren.

Helgoland

Kurverwaltung Helgoland
Lung Wai 28
27498 Deät Lun / Helgoland
Tel. 04725/814 30 (Zentrale)
www.helgoland.de
info@kurverwaltung-helgoland.de

Trutzig ragt die rote Insel aus dem Meer. Doch in Wahrheit besteht Deutschlands Vorposten in der Nordsee aus weichem Gestein. Und so haben Wind und Wellen Helgoland über die Jahrhunderte ein einzigartiges Aussehen gegeben. Markantes Symbol dafür ist das Wahrzeichen der Insel, die »Lange Anna«, eine fast 50 Meter hohe Felsnadel aus Buntsandstein, die vor den steilen Klippen aus dem Meer ragt. Bis 1860 war sie noch über einen Bogen mit der Insel verbunden, der jedoch während einer Sturmflut einstürzte. Auch die Badeinsel Düne wurde erst 1721 von der Hauptinsel getrennt. Die exponierte Lage,

Basstölpel brüten auf Helgolands Lummenfelsen ...

... ebenso wie die namensgebenden Trottellummen.

40 Kilometer von der deutschen Küste entfernt, beschert Helgoland ein einzigartiges, mildes Klima mit einer reinen Luft, die Allergiker aufatmen lässt. Auch Flora und Fauna findet man so nirgendwo sonst. Die steilen Wände des »Oberland« bieten zahlreichen Seevogelarten die einzige Brutmöglichkeit in Mitteleuropa. Außerdem machen über 370 weitere Arten auf ihren Zügen hier Rast. Die Helgoländer Pflanzenwelt zeichnet sich durch ihre Vielfalt an Salzwiesengewächsen aus. Ferner findet man dort rund 400 Algenarten sowie den gelb blühenden, essbaren Helgoländer Klippenkohl. Das wahre Insel-Feeling erlebt jedoch nur der, der mehrere Tage bleibt und abends nach der Abfahrt der Tagestouristen die große Stille auf sich wirken lässt, die dieser Felsen im Meer ausstrahlt.

Lummenfelsen

Eines der Highlights der Insel ist der Lummenfelsen, das

kleinste Naturschutzgebiet Deutschlands. In der rund 50 Meter hohen Felswand brüten im Frühjahr Tausende von Seevögeln. Am spektakulärsten geht es im Juni zu. Denn dann stürzen sich Tausende junger Trottellummen in die Tiefe, um ihr Leben künftig auf dem Meer fortzusetzen. Außer den Namensgebern ziehen hier auch Dreizehenmöwen, Eissturmvögel, Basstölpel und der Tordalk ihre Jungen groß. Nirgendwo sonst in Deutschland gibt es eine derart hohe Brutvogeldichte. Wie die Elternvögel sich und ihren Nachwuchs geschickt auf den schmalen Felsvorsprüngen balancieren, ist vom Klippenrandweg gut einsehbar.

Highlights Ein Muss für jeden Helgoland-Besucher ist der Klippenrandweg über das Oberland, der spektakuläre Ausblicke auf das Meer und die Vogelfelsen bietet. Über Trampelpfade lässt sich auch der 61 Meter hohe Pinneberg, die höchste Erhebung der Insel, erreichen.

Outdoor-Aktivitäten Die Vogelinsel Helgoland ist ein Paradies für Ornithologen. Die spannendsten Beobachtungen lassen sich im Mai sowie im September und Oktober machen, wenn die Zugvögel auf der Insel Quartier nehmen. Wer lieber am Strand liegt, für den ist die Nebeninsel Düne mit ihrem feinen, weißen Sand genau das Richtige. Am Nordstrand lassen sich auch Seehunde und Kegelrobben beobachten.

Anreise/Unterkunft Ausflugstouren nach Helgoland werden von Büsum, Cuxhaven, Wilhelmshaven und Bremerhaven aus angeboten. Von Hamburg erreicht man die Insel per Schnellfähre. Daneben gibt es auch Flüge von Bremerhaven oder Heide. Wer Helgoland nicht nur als Tagesgast besuchen will, findet auf www.helgoland.de/uebernachten.html Übernachtungsmöglichkeiten.

Bild oben: Wahrzeichen von Helgoland: Lange Anna.

+ TIPP + TIPP + TIPP +

↗ **Themenpfad Natur** Für alle, die sich über die einzigartige Tier- und Pflanzenwelt der Insel informieren möchten, wurde der Themenpfad Natur angelegt. Große Schautafeln geben Auskunft über die Attraktionen. Eine kostenlose Broschüre gibt es in der Touristen-Information.

↗ **Einblicke in die Forschung** Wegen der besonderen Ökologie Helgolands unterhält auch das renommierte Alfred-Wegener-Institut für Polar- und Meeresforschung hier ein Forschungszentrum. Dieses bietet ganz besondere Führungen an. Zum Beispiel ins wissenschaftliche Tauchzentrum im Binnenhafen oder ins Ökolabor, wo der Hummer-Nachwuchs gezüchtet wird, der im Helgoländer Watt ausgesetzt wird. Informationen unter www.awi.de.

↗ **Felswatt und Aquarium** Ein besonderer Lebensraum ist das Watt am Felssockel der Klippen mit seinen vielen Algenarten. Allerdings ist das Betreten verboten. Wer die Wattbewohner von Nahem sehen will, wird im Aquarium des Alfred-Wegener-Zentrums (siehe oben) fündig.

↗ **Vogelwarte** Nicht nur für Vogelliebhaber ist die Vogelwarte mit ihrem großen Fanggarten interessant. Sie wurde bereits 1910 gegründet. Während der Zugsaison werden regelmäßig Führungen angeboten, Tel.: 04725/64020, www.vogelwarte-helgoland.de.

↗ **Wurfsaison** Im November bringen die Kegelrobben auf der Insel Düne ihre Jungen zur Welt. Experten des Vereins Jordsand führen Besucher bis auf 30 Meter heran. Tel.: 04725/7787, www.jordsand.eu.

Nationalpark Schleswig-Holsteinisches Wattenmeer

*Nationalparkverwaltung
Schleswig-Holsteinisches
Wattenmeer
Schlossgarten 1
25832 Tönning
Tel. 04861/61 60
www.nationalpark-wattenmeer.de/sh
nationalpark@lkn.landsh.de*

Der weite Blick zum Horizont, das Spiel der Wolken, das ständig wechselnde Licht und die verschiedenen Farben des Meeres verleihen dem Schleswig-Holsteinischen Wattenmeer seinen Charme. Mal strahlt diese Landschaft große Ruhe aus, dann wieder wird sie von den tobenden Elementen regelrecht durchgepeitscht. Während eben noch die endlos scheinende Weite beeindruckte, fasziniert oft schon wenig später das unmittelbare Erleben von Wind und Wetter.

Deutschlands größter Nationalpark misst über 4400 Quadratkilometer und reicht von der Elbmündung bis zur dänischen Grenze. Im Mittelalter war ein großer Teil davon noch festes Land. Doch immer wieder rissen Sturmfluten Teile davon mit sich und ließen schließlich eigenwillig geformte Reste zurück: die nordfriesischen Inseln und die Halligen sowie viele kleine Sandbänke. Zweimal täglich gibt das Meer seine Beute wieder frei und legt einen Lebensraum bloß, der auf den ersten Blick unwirtlich und öde erscheinen mag, aber eines der lebendigsten und auch sensibelsten Ökosysteme überhaupt ist.

Sylt

Als »erste Adresse« an der schleswig-holsteinischen Nordseeküste gilt gemeinhin die eigenwillig geformte Insel Sylt. Auch sie ist ein Produkt der Naturgewalten. Ihre Ost-West-Ausdehnung hat im Verlauf der

Landschaft im Naturschutzgebiet am Sylter Ellenbogen

letzten 8000 Jahre etwa um zehn Kilometer abgenommen, weil das Meer beständig an ihr nagte. Dafür wurde sie durch angeschwemmte Sedimente im Norden und Süden immer länger. Das bescherte der Insel ihren wunderbaren, fast 40 Kilometer langen Weststrand. Während sich die einstigen Siedlungen im Kern der Insel längst zu mondänen Badeorten gewandelt haben, punktet Sylt im Süden und Norden mit einem herben, ursprünglichen Charme. Dünenlandschaften wechseln dabei mit ökologisch besonders wertvollen Heideflächen ab sowie mit von Menschen angelegten Schutzzonen wie kleinen Wäldchen oder großen Flächen, die vor langer Zeit mit der herrlich duftenden, pink blühenden Kartoffelrose bepflanzt wurden.

Mit der kleinen Insel Uthörn im Königshafen und dem Rantumer Becken besitzt Sylt auch zwei wertvolle Vogelschutzgebiete.

Ein kleiner Wanderpfad führt auf dem Roten Kliff entlang.

Rot leuchten die Sandtöne am Morsum-Kliff.

Nord-Sylt

Als der schönste Teil der Insel gilt der Norden. Westlich der Gemeinde List befindet sich das Listland, ein einzigartiges Wanderdünengebiet. Zwar darf das Zentrum aus ökologischen Gründen nicht betreten werden, doch auch die Wege rundherum gewähren wunderschöne Einblicke. An das Listland schließt sich die hakenförmige Halbinsel Ellenbogen an. Sie ist als Vogelschutzgebiet ausgewiesen und für Autofahrer nur gegen Zahlung einer Maut zugänglich.

Rotes Kliff

Im Mittelteil der Insel findet der Besucher zwischen Wenningstedt und Kampen die markanteste Abbruchkante an der deutschen Nordseeküste: das Rote Kliff. Die fast 30 Meter hohe und über fünf Kilometer lange Steilküste diente den Kapitänen früher als Orientierungspunkt. Seine charakteristische rote Farbe hat das Kliff durch die Oxidation von Eisenbestandteilen im Lehm.

Morsum-Kliff

Das Mekka der Geologen jedoch ist das Morsum-Kliff. Dieser zwei Kilometer lange Abschnitt der Sylter Steilküste liegt im Osten nahe dem Ort Morsum. Hier tritt offen zutage, aus wie vielen und welchen Gesteinsschichten der Sockel von Sylt unter seiner Sanddecke besteht. Die verschiedenen Schichten repräsentieren dabei eine beeindruckende geologische Zeitspanne von etwa acht Millionen Jahren. Vor 120 000 Jahren haben hier Gletscher Erdschollen schräg gestellt, sodass man nebeneinander helle Kaolinsande, rostroten Sandstein und schwarz-braunen Glimmerton bewundern kann.

Großes Bild: Vor und nach der Hauptsaison im Sommer zeigt sich Sylt vielerorts menschenleer und ursprünglich.

Blick über das Wattenmeer vor der Küste von Amrum

Föhr

Geschützt durch seine Binnenlage im Windschatten von Amrum und Sylt, ist Föhr eine grüne Insel mit artenreicher Vegetation und lieblicher Landschaft, in der sich malerische Friesenhäuser, verstreut liegende Bauernhöfe, Windmühlen und Kirchlein finden. Das besonders milde Klima hat der Insel den Beinamen friesische Karibik eingetragen. Bereits 1819 wurde Wyk zum ersten staatlich anerkannten Seebad der schleswig-holsteinischen Nordseeküste. Im Kurpark gedeihen sogar Esskastanien, Zypressen und andere mediterrane Gewächse. Im Süden der Insel fällt der Geestrücken hin zu langen, weißen Stränden ab. Daneben findet sich zu Füßen des Goting-Kliffs aber auch allerlei Geröll, das die Gletscher einst aus Skandinavien in diese Region transportierten, darunter tonnenschwere Findlinge. Rund um den Hauptort Wyk kann man auch noch Reste jener Mischwälder finden, von denen die Insel einst bedeckt war. Neben Buchen und Eichen sorgen hier Stechpalmen für eine charakteristische Note. Im Norden der Insel dominiert flaches Marschland. Die ausgedehnten Wattflächen, die die Insel umgeben, sind ein Paradies für Vögel. Früher hat man hier bis zu 40 000 Wildenten pro Jahr gefangen, wovon noch sechs Vogelkojen zeugen. Die Warte im Wyker Ortsteil Boldixum kann besichtigt werden.

Amrum

Innen viel Grün, außen viel Weiß, so präsentiert sich die kleine Insel Amrum. Der Kern der Insel besteht aus einem lang gestreckten, eiszeitlichen Moränenrücken, der mit ausgedehnten Wald- und Heideflächen bedeckt ist. Westlich davon hat sich mit der Zeit viel feiner, weißer Sand angesiedelt und türmt sich nun zu Dünen auf. Der Dünengürtel von Amrum macht fast 40 Prozent der Inselfläche aus und ist mit seinen verschiedenen Arten von Dünen sicherlich eine der schönsten Sandlandschaften Deutschlands. Besonders interessant sind die sogenannten Runddünen. Sie entstehen rund um Bewuchs-Inseln aus Kriech-

Der Leuchtturm ist das bekannteste Wahrzeichen der Insel Pellworm.

Weide oder Besenheide. Während in der Mitte die Wurzeln der Pflanzen den Sand festhalten, wird er rundum mit der Zeit weggeweht. Am Ende entstehen bis zu 20 Meter hohe Erhebungen, die auf ihrer Spitze einen »grünen Hut« tragen. Die höchste Erhebung ist die Aussichtsdüne A Siatler bei Norddorf mit 32 Metern. Von Möwen und Enten werden die Amrumer Dünen als Brutgebiete geschätzt, weshalb auch Teile unter Naturschutz stehen.

Kniepsand

Das Highlight von Amrum ist sicherlich der herrliche, bis zu 1,5 Kilometer breite Sandstrand, der Kniepsand. Eigentlich ist er gar nicht Bestandteil der Insel. Es handelt sich dabei um eine Sandbank vor der Küste der Insel, die langsam um die Nordspitze von Amrum herum wandert. Bis in die 1960er-Jahre war sie noch mit einem Priel vom Amrumer Dünengürtel getrennt, der jedoch inzwischen verlandet ist. Trotzdem schützt der Kniepsand die Amrumer Dünen vor Erosion.

Pellworm

Die Insel Pellworm ist das Ergebnis einer Naturkatastrophe. In der Nacht vom 11. auf den 12. Oktober 1634 brach die Insel Strand auseinander. Ihre Reste werden heute von Pellworm, Nordstrand und den Halligen gebildet. Da ein Großteil von Pellworm heute unter dem Meeresspiegel liegt, muss die Insel mit Deichen geschützt werden, die immer wieder erhöht werden. Wie Föhr ist auch sie eine grüne Insel, auf der noch Landwirtschaft betrieben wird. Im Frühjahr bestimmen leuchtend gelbe Rapsfelder das Bild. Bei Besuchern kann sie mit großer Ruhe und einem weiten Blick punkten. Rund um die Insel erstrecken sich endlos scheinende Wattflächen. Auf geführten Wanderungen können Reste der 1634 untergegangenen Siedlungen besichtigt werden.

Großes Bild: Heftige Westwinde treiben das Meer gegen die Dünen am breiten Kniepsand von Amrum, der sich hier in Nebel hüllt. Die Sandbank schützt die fragile Inselküste.

Anreise/Unterkunft

Sylt: Die Insel ist über einen Bahndamm mit dem Festland verbunden und gut mit dem Zug zu erreichen. Wer sein Auto dabeihaben will, hat die Möglichkeit, dieses per Autoreisezug zu transportieren. Günstiger, aber langwieriger ist die Anfahrt über die dänische Insel Rømø und die Fähre nach List. Zum Übernachten bieten sich eine Vielzahl von Hotel- und Pensionszimmern sowie Ferienwohnungen an, die über www.sylt.de gebucht werden können. Eine reizvolle und bezahlbare Alternative für Familien ist die Jugendherberge List-Mövenberg, die wunderschön zwischen Binnenmeer und Wanderdünen gelegen ist, Tel.: 04651/870397, E-Mail: list@jugendherberge.de. Weitere Jugendherbergen gibt es in Westerland und Hörnum, buchbar über www.jugendherberge.de. Eine Alternative zu den recht teuren Übernachtungspreisen auf Sylt sind auch die Ferienhaussiedlungen im Süden von Rømø.

Föhr: Nach Föhr gelangt man in 50 Minuten mit der Fähre von Dagebüll aus. Autos können mitgenommen werden. Die Plätze für die Überfahrt sollte man aber rechtzeitig buchen. Ferienquartiere auf der Insel kann man über www.foehr.de buchen. Für Familien gibt es zahlreiche Möglichkeiten zu Urlaub auf dem Bauernhof, natürlich auf echten Friesenhöfen mit Reetdach.

Amrum: Auch Amrum erreicht man mit der Fähre von Dagebüll. Wer mit der Bahn fährt, sollte übrigens – das gilt für die Fahrt auf alle Inseln – die Fahrkarte bis zu seinem Urlaubsort buchen, dann sind Fährfahrt und örtlicher Nahverkehr inklusive, was günstiger kommt. Alternativ fahren die Adler-Schiffe Amrum von Strucklahnungshörn/Nordstrand aus an. Unterkünfte bucht man am besten über www.amrum.de. Dort finden sich auch immer wieder günstige Pauschal- oder Last-Minute-Angebote.

Pellworm: Pellworm ist mit der Fähre von Strucklahnungshörn auf Nordstrand erreichbar. Quartiere lassen sich auf www.pellworm.de finden. Im Gegensatz zu Sylt, Amrum und Föhr sind die Übernachtungspreise im Schnitt deutlich günstiger. Außerdem ist Umweltschutz ein großes Thema.

Halligen: Die Halligen erreicht man in der Regel mit Ausflugsschiffen von den Häfen Schlüttsiel und Strucklahnungshörn aus. Daneben gibt es auch Fahrten von Amrum und Föhr aus. Einen Überblick über die Fährgesellschaften und ihre Angebote bekommt man auf der Website www.halligen.de.

Die Fähre nach Sylt trotzt auf ihrem Weg am Ellenbogen vorbei nach List dem unwirtlichen Wetter.

Bahn und Autoreisezug verbinden Sylt mit dem Festland.

+ TIPP + TIPP + TIPP +

↗ **Der Naturerlebnisfinder**
Was ist los im Nationalpark Schleswig-Holsteinisches Wattenmeer? Den aktuellen Überblick bietet die Website www.nordseetourismus.de/de/suche-naturerlebnisangebote. Dort können Urlauber sich informieren, was an bestimmten Orten geboten wird. Der Filter erlaubt es, gezielt nach familientauglichen, barrierefreien, wetterunabhängigen oder autofrei erreichbaren Zielen zu suchen.

↗ **Das Watt erleben** Der »Verein Schutzstation Wattenmeer« unterhält auf Sylt, Amrum, Föhr, Langeneß, Hooge, Pellworm und Nordstrand sowie in Husum, Westerhever, St. Peter-Ording, Büsum und in Friedrichskoog Niederlassungen. Deren Mitarbeiter bieten eine Vielzahl öffentlicher Veranstaltungen wie Wattwandern, Vogelexkursionen, meeresbiologische Kutterfahrten, Strandwanderungen, dazu naturkundliche Radtouren oder Vorträge an (www.schutzstation-wattenmeer.de). In Hörnum auf Sylt wurde zudem 2013 das größte Nationalpark-Infozentrum eingerichtet (www.arche-wattenmeer.de).

↗ **Von Föhr nach Amrum** Wenn sich das Meer zurückzieht, ist es tatsächlich möglich, die 8 Kilometer von Föhr nach Amrum zu laufen. Man sollte dies allerdings keinesfalls allein, sondern nur mit einem kundigen Führer tun, da die Gefahr, von der Flut eingeholt zu werden, sonst zu groß ist. Vor allem bei Amrum muss mit dem Mittelloch ein größerer Priel durchwatet werden. Informationen bei den Tourismus-Verwaltungen Föhr, Tel. 04681/300, und direkt bei den Amrumer Guides Andreas Herber (www.wattwanderung-amrum.de), Reinhard Boyens (www.wattwandern-amrum.de) und Dark Blome (www.der-inselläufer.de).

↗ **Nach Norderoog** Die kleine Hallig Norderoog gehört zur Schutzzone I des Nationalparks und darf nur zusammen mit einem geprüften Wattführer besucht werden. Im Sommer finden regelmäßig Wanderungen von der Hallig Hooge aus statt (hin und zurück ca. 9,5 Kilometer). Informationen gibt es im Tourismusbüro von Hooge (Tel. 04849/91 00, www.hooge.de). Im Frühjahr und Frühsommer kann man auf Norderoog Tausende von brütenden Brandseeschwalben sowie den rotbeinigen Austernfischer, der auch scherzhaft »Halligstorch« genannt wird, beobachten.

↗ **Mit dem Briefträger nach Süderoog** Einen ganz besonderen Wattspaziergang kann man auch von Pellworm aus unternehmen. Besucher können nämlich zweimal in der Woche Briefträger Knud Knudsen bei seinen Touren auf die Hallig Süderoog begleiten. Auf der kleinen Insel, die in etwa 1,5 Stunden zu erreichen ist, lebt lediglich ein Ehepaar, das dort ökologische Landwirtschaft betreibt. Ihre Kühe und Schafe tragen durch die Beweidung zum Landschaftsschutz bei. Daneben kümmern sich die beiden Inselbewohner noch um die Instandhaltung der Uferbefestigung, zählen Vögel und bewirten die Besucher, die der Postbote zu ihnen bringt. Informationen auf www.pellworm.de.

↗ **Schiffstouren** Der größte Anbieter für Törns zwischen den Halligen und den nordfriesischen Inseln sind die Adler-Schiffe. Sie bieten im Sommer regelmäßig Tagesausflüge zu den nordfriesischen Inseln, vor allem auch den Halligen, an. Mit auf dem Programm stehen oft die Passage verschiedener Seehundsbänke bzw. der Seetierfang mit Erklärung. Eine Übersicht über das Angebot findet man unter www.adler-schiffe.de. Ein weiterer Anbieter ist die Reederei Hauke Haien auf Hooge, www.wattenmeerfahrten.de.

↗ **Vögel beobachten** Ein 9 Kilometer langer Deich-Rundweg bietet die wunderbare Möglichkeit, das Treiben im Sylter Rantum-Becken zu beobachten. Von März bis Dezember bieten hier Mitglieder des Vogelschutzvereins Jordsand (Tel. 01520/592 59 28 www.jordsand.eu) Führungen an. Auf Amrum werden Vogelfreunde vor allem auf der Amrumer Odde im Norden fündig. Hier gibt es einen 4 Kilometer langen angelegten Weg durch die Dünen. Die Führungen des Vereins Jordsand finden von April bis Oktober statt (Tel. 04682/23 32).

↗ **Ringelganstage** Jedes Jahr von Mitte April bis Mitte Mai fallen riesige Schwärme ziehender Ringelgänse auf den Halligen ein. Dieses Naturschauspiel würdigen die Bewohner mit den Ringelganstagen. Für Touristen gibt es Pauschalangebote und zahlreiche fachkundige Führungen. Außerdem können sich die Besucher bei den Vogelzählungen beteiligen, Informationen unter www.ringelganstage.de.

↗ **Mit dem Fahrrad auf Sylt ...** Die Insel hat ein gut ausgebautes, 200 Kilometer langes Fahrradnetz. Besonders reizvoll sind die Strecken im Norden, die teilweise auf den Trassen der alten Inselbahn verlaufen und durch landschaftlich besonders schöne Gebiete führen.

↗ **... und auf Föhr** Auch die flache verkehrsarme Insel Föhr eignet sich perfekt zum Fahrradfahren. Malerische kleine Orte, verstreute kleine Kirchen, Walfänger-Friedhöfe, Hünengräber und andere frühzeitliche Relikte sowie Museen zur friesischen Kultur sind lohnende Ziele. Wer den Rückweg nicht mehr schafft, kann sich von den örtlichen Bussen mitnehmen lassen, die Fahrradanhänger haben.

↗ **Skaten auf Pellworm** Generell lassen sich die Radwege auf den nordfriesischen Inseln auch von Inline-Skatern nutzen. Vor allem das flache, verkehrsarme Pellworm ist für Familien bestens geeignet.

↗ **Wandern in der Braderuper Heide** Zu den eher verborgenen Schönheiten Sylts gehört das Naturschutzgebiet Braderuper Heide im Osten von Wenningstedt-Braderup. Eine 10 Kilometer lange Tour beginnt am Fährhaus Munkmarsch und führt auf dem Kurweg über das Weiße Kliff zum Traditionsrestaurant »Kupferkanne«. Anschließend geht es am Fuß der Klippen über den Wattwanderweg wieder zurück.

↗ **Südküstenweg auf Föhr** Eine der schönsten Wanderungen auf Föhr führt von Utersum über 16 Kilometer nach Wyk. Dabei passiert man das Goting-Kliff, den Südstrand, ein steinzeitliches Megalith-Grab und den Leuchtturm Olhörn. Für eine Rast mit Meerblick und hausgebackenen Torten bietet sich das Kliff-Café in Niblum an.

↗ **Zur Fliederblüte nach Groede** Die Hallig lohnt besonders im Sommer einen Besuch, denn da blüht der Strandflieder und verwandelt die Insel in ein duftendes Blumenmeer.

↗ **Nordic Walking auf Sylt** Für die Fans des gesunden Walkens bietet Sylt 26 Routen von insgesamt 220 Kilometern Länge. Die einzelnen Kurse sind in drei Schwierigkeitsstufen unterteilt und variieren zwischen 1,6 und 18,7 Kilometern Länge. Karten sind in den Touristen-Informationen erhältlich.

↗ **Syltlauf** Jedes Jahr im März bietet Sylt eine Alternative zu den diversen Stadt-Marathons. Auf einer 33,33 Kilometer langen Strecke geht es von Hörnum nach List. Wer teilnehmen will, muss sich allerdings frühzeitig beim TSV Tinnum 1966 (Tel. 04651/32566, www.tinnum66.de) anmelden.

↗ **Ringreiten auf Föhr** Zwischen Juni und August finden

auf Föhr die Ringreit-Turniere statt, bei denen es gilt, in vollem Galopp kleine, hängende Ringe mit der Lanze aufzuspießen. Gäste sind dabei willkommen. Für Kinder gibt es spezielle Wettkämpfe. Auch sonst ist Föhr mit rund 850 Pferden auf nur 82 Quadratkilometern ein Reiterparadies, das vor allem auch mit Ausritten ins Watt lockt.

↗ **Surfen, Kitesurfen und Kajak** Am Strand von Kampen auf Sylt stand die Wiege des deutschen Windsurfens und auch heute noch sind die nordfriesischen Inseln ein Paradies für Surfer. Daneben gewinnt das Kite-Surfen immer mehr Freunde. Wer den Umgang mit Surfbrett und Lenkdrachen lernen will, findet auf allen Inseln entsprechende Schulen. Die Surfschule Westerland (Tel. 04651/27172, www.sunsetbeach.de) verleiht darüber hinaus auch noch Seekajaks samt der nötigen Ausrüstung.

↗ **Gymnastik am Meer** Während der Sommersaison wird an den meisten Stränden von Sylt, aber auch in Wyk und Utersum auf Föhr täglich Open-Air-Gymnastik zum Mitmachen angeboten. Die Termine erhält man in den örtlichen Tourismus-Informationen.

↗ **Beachvolleyball, Frisbee und Co.** In Westerland und Rantum auf Sylt sind spezielle Strandabschnitte als Fun Beach ausgewiesen. Hier kann man kostenlos Spielgeräte wie Bälle und Frisbees ausleihen und regelmäßig an Turnieren teilnehmen. Wer noch auf der Suche nach Mitspielern ist, wird hier schnell fündig.

↗ **Geocaching** Die moderne Form der Schnitzeljagd, bei der per GPS kleine versteckte Behälter (Caches) gesucht werden, gewinnt immer mehr Anhänger. In Naturschutzgebieten ist dieser Sport natürlich tabu, um die empfindlichen Ökosysteme nicht zu schädigen. Doch auf Sylt, Amrum und Föhr sind außerhalb der Schutzzonen viele Caches versteckt. Informationen dazu findet man auf www.opencaching.de.

↗ **Aufstieg auf den Leuchtturm** Lohnenswert sind die gut 40 Meter Aufstieg auf den Pellwormer Leuchtturm. Denn von seiner Spitze aus genießt man einen wunderbaren Blick über das Wattenmeer. Besichtigungszeiten sind beim Kur- und Tourismusservice zu erfragen (Tel. 04844/189 40, www.pellworm.de/pellworm-infos/kontakt/kur-und-tourismusservice.html). Im Übrigen kann man auf dem Turm auch heiraten.

↗ **Strandsauna** Direkt nach dem Saunagang beim Spaziergang über den Strand die reine Nordseeluft einatmen und dann im Meer Abkühlung suchen: Dieses gesunde Vergnügen bieten gleich fünf Strandsaunen: in List (Tel. 04651/87 71 74, www.strandsauna-list-auf-sylt.de), Kampen (Tel. 04651/88 60 78, www.grande-plage.de), Rantum (Sauna am Campingplatz, Tel. 04651/83 41 86, www.strandsauna-sylt.de), Sauna Samoa (Tel. 04651/83 41 86, www.strandsauna-samoa.de) und Hörnum (Tel. 04651/88 03 00, www.strandsauna-hoernum.de).

↗ **Erlebniszentrum Naturgewalten** Ein neues, hochmodernes Museum in List auf Sylt macht die Naturgewalten, die im Nationalpark herrschen, erlebbar. So kann man sich etwa im »Sturmraum« gegen den Wind stemmen, selbst Wellen erzeugen oder im Watttunnel Muscheln und Krebse beobachten. Tel. 04651/8361 90, www.naturgewalten-sylt.de.

Die Nordseeinsel Sylt ist das deutsche Mekka der Windsurfer, und das Meer vor Westerland wird häufig als Austragungsort von internationalen Wettbewerben genutzt.

Westerhever

Der malerische Leuchtturm Westerheversand ist das Markenzeichen der Halbinsel Eiderstedt. Das östlich davon liegende flache Land war früher einmal eine Insel. Doch durch Eindeichung verlandete das Watt mit der Zeit, sodass Westerhever heute der nordwestliche Zipfel von Eiderstedt ist. Früher wurde das neu gewonnene Gebiet vor allem landwirtschaftlich genutzt. Mit der Einrichtung des Nationalparks schränkte man dies jedoch stark ein und seitdem kann man beobachten, wie sich die Vegetation um Westerhever verändert und sich die küstentypischen Salzwiesen immer weiter ausdehnen. Zudem ist das von Prielen durchzogene Schlickwatt zwischen Küste und Sandwatt ein Paradies für Vögel. Westlich des Leuchtturms gelangt man zum Westerheversand, eine der Küste vorgelagerte große Sandbank. Von dort hat man über den Heverstrom hinweg den Blick zu einer weiteren Sandbank, auf der eine Seehundkolonie zu Hause ist.

Symbol der Nordsee ist der Leuchtturm Westerheversand. Oben: Salzwiesen von Westerhever.

Anreise/Unterkunft Westerhever erreicht man am besten mit dem Auto. Bahnreisende müssen in Husum in den Bus 1073 umsteigen. Unterkünfte kann man über die Website www.westerhever-nordsee.de buchen. Besonders stilecht wohnt man auf einem Haubarg, dem typischen Eiderstedter Bauerngut mit Reetdach.

+ TIPP + TIPP + TIPP

↗ **Auf dem Stockenstieg zum Leuchtturm** Zu Westerhevers Wahrzeichen führt ein schöner Spaziergang durch die wasserdurchzogenen Salzwiesen. Der Ziegelklinkerweg steht sogar unter Denkmalschutz. Den Turm kann man im Sommer im Rahmen einer Führung besteigen. Wegen der großen Nachfrage ist eine Anmeldung erforderlich (Tel. 04865/12 06). Aus 40 Metern Höhe hat man dann einen wunderbaren Blick auf das Wattenmeer.

↗ **Baden** Auf dem 9 Kilometer langen Westheversand können sich Badegäste richtig ausbreiten. Allerdings bedarf es eines etwa 30-minütigen Spaziergangs.

Nationalpark Hamburgisches Wattenmeer

Nationalpark-Verwaltung
Hamburgisches Wattenmeer
Stadthausbrücke 8
20355 Hamburg
Tel. 040/428 40 21 69
www.nationalpark-wattenmeer.de/hh

Mehr als 100 Kilometer vom Zentrum entfernt liegt Hamburgs nordwestlichster Stadtteil mitten in der Nordsee. Die nur 3 Quadratkilometer große Insel Neuwerk ist der einzige bewohnte Flecken des Nationalparks. Dieser ist mit einer Fläche von nur 13 750 Hektar mit Abstand der kleinste der drei deutschen Wattenmeer-Nationalparks und wird durch die Elbmündung geprägt. Die Sedimente, die der Fluss mit sich bringt, haben eine von nur relativ flachen Prielen durchzogene Wattlandschaft geformt. Außerdem sorgt der Strom für einen steten Nährstoffeintrag, der das Schutzgebiet zu einem Schlaraffenland für Seevögel und Jungfische macht. Gut 5 Kilometer westlich von Neuwerk bietet die Insel Scharhörn Brandseeschwalben, Möwen, Brandgänsen, Austernfischern und anderen Vögeln eine Brutmöglichkeit. Da die Insel aber zunehmend vom Meer zerfressen wird und der Platz eng zu werden droht, wurde mit Nigehörn 1989 nebenan eine weitere Vogelinsel künstlich geschaffen.

Sich bekämpfende Brandgänse. Oben: Kutsche nach Neuwerk.

Anreise/Unterkunft Neuwerk ist bei Hochwasser mit den Schiffen der Reederei Cassen Eils von Cuxhaven aus erreichbar (www.cassen-eils.de), bei Ebbe können Besucher die Insel mit dem Wattwagen erreichen. Die verschiedenen Anbieter sind auf www.insel-neuwerk.de gelistet. Wer nicht nur als Tagesgast bleiben will, findet hier auch Unterkünfte. Besonders romantisch wohnt man in der Pension im Leuchtturm (www.leuchtturmneuwerk.de).

+ TIPP + TIPP + TIPP

↗ **Durchs Watt nach Neuwerk** Das schier endlose Watt rund um Neuwerk erlaubt es, von Duhnen oder Sahlenburg nach Neuwerk bzw. von der Insel auf das Festland zu laufen. Für die etwa 10 Kilometer lange Strecke sollte man mindestens 2,5 Stunden einrechnen. Die Strecke ist markiert und kann deshalb auch auf eigene Faust in Angriff genommen werden, aber ein Restrisiko z. B., durch Seenebel, bleibt. Deshalb sollte man zuvor neben dem Tidenkalender auch den Wetterbericht studiert haben. Wer auf Nummer sicher gehen will, findet unter www.cuxwatt.de bzw. www.wattwandernneuwerk.de geführte Touren. Von der Insel aus sind Touren nach Scharhörn möglich, das allein nicht betreten werden darf.

Naturpark Schlei

Naturpark Schlei e.V.
Arnisser Straße 12
24407 Rabenkirchen-Faulück
Tel. 04642/183 33
www.naturparkschlei.de
info@naturparkschlei.de

Über gut 40 Kilometer erstreckt sich die Schlei zwischen der Stadt Schleswig und der Ostsee. Manchmal wirkt sie wie ein See, dann wieder wird sie schmal wie ein Fluss. In Wahrheit handelt es sich um einen Meeresarm, der in der Eiszeit durch abfließende Schmelzwässer geformt wurde. Gefüllt ist sie mit Brackwasser, dessen Salzgehalt von Osten nach Westen stetig abnimmt. Ihre vielfältige Gestalt sorgt auch dafür, dass die Ufervegetation ständig wechselt. Ausgedehnte Röhrichtbestände folgen auf Wälder und romantische, sandige Badebuchten. Kein Wunder, dass diese reizvolle Landschaft die verschiedensten Ökosyste-

Wenn über der Schlei die Sonne untergeht, wirkt der breite Fluss wie ein stiller See.

me beheimatet. Mehrere Teile sind unter Naturschutz gestellt worden. So etwa die Halbinseln Reesholm bei Schleswig und Oehe an der Schleimündung sowie der strandnahe Schwansener See, die alle bedeutende Brut- und Rastgebiete für Seevögel sind, der Bültsee bei Eckernförde, der einer der letzten nährstoffarmen Seen in Deutschland ist und deswegen ganz andere Wasserpflanzen beherbergt als die normalen nährstoffreichen Gewässer, das Esprehmer Moor, das der letzte Rest einer einst mehr als zehnmal so großen Moorlandschaft ist, und schließlich der Eiszeitrücken Os bei Süderbrarup, wo seltene Trockenrasenflächen direkt an feuchte Niedermoorwiesen grenzen und einer Fülle bedrohter Pflanzen und Insekten Lebensraum geben.

Highlights Das Städtchen Schleswig ist ein guter Aus-gangspunkt, um die Region sowohl zu Wasser wie zu Land zu erkunden. Im imposanten Schloss Gottdorf sind das Landesmuseum für Kunst und Kulturgeschichte und das Archäologische Landesmuseum untergebracht (www.schlossgottorf.de). Ein Highlight in Letzterem sind die Moorleichen aus dem nahen Windeby-Moor und das etwa 1700 Jahre alte Nydam-Boot. Einen lebendigeren Eindruck in die Zeit der Wikinger bietet das Museumsdorf Haithabu (www.schloss-gott-dorf.de/haithabu).

Outdoor-Aktivitäten Die Schlei ist ein Paradies für alle Arten von Wassersportlern und vor allem bei Seglern beliebt. Viele Abschnitte eignen sich auch bestens zum Paddeln. Wer lieber an Land bleiben möchte, findet eine Vielzahl reizvoller Fahrrad- und Wanderwege. Auch Angler kommen hier voll auf ihre Kosten.

Anreise/Unterkunft Am besten ist die Gegend mit dem Auto zu erreichen. Wer die Bahn wählt, ist auf die Halte in Schleswig, Rieseby und Süderbrarup angewiesen. Kappeln kann auch mit dem Bus 1624 von Schleswig aus erreicht werden (Informationen unter www.vsf-gmbh.com). Unterkünfte lassen sich über die Websites www.ostseefjord-schlei.de, www.touristikverein-kappeln.de und www.schoenhagen-ostsee.de finden.

+ TIPP + TIPP + TIPP +

↗ **Wikinger-Friesenweg** Dieser fast 300 Kilometer lange Fernradweg führt von Maasholm am östlichen Ende der Schlei nach St. Peter-Ording an der Nordseeküste. Da es eine Variante über das südliche und das nördliche Schleiufer gibt, lässt er sich auch gut zu einer Rundtour von Schleswig nach Maasholm und zurück umfunktionieren. Informationen unter www.wikinger-friesen-weg.de.

↗ **Die Füsinger Au entlang** Ein besonders idyllisches Revier für Paddler ist die Füsinger Au, die bei Idstedt entspringt und bei Schleswig in die Schlei mündet. Abhängig vom Wasserstand ist die Tour 16 oder 26 Kilometer lang. Informationen gibt es unter www.flussinfo.net/loiter-au-fuesinger-au/uebersicht.

↗ **Auf bekannten Spuren radeln** 15 kürzere Themen-Törns per Fahrrad hat die Tourismusbehörde Schleiregion zusammengestellt. So führt der 37 Kilometer lange Wikingertörn von Schleswig ins Museumsdorf Haithabu und von dort nach Missunde, wo die Schlei auf einer windengezogenen Fähre überquert wird, bevor es an ihrem Nordufer zurück nach Schleswig geht. Der Landarzt-Törn dagegen klappert zwischen Kappeln und Süderbrarup auf 39 Kilometern die Schauplätze der ZDF-Serie »Der Landarzt« ab. Einen Überblick über alle Touren gibt es auf der Website www.sh-tourismus.de.

↗ **Wandern in den Naturschutzgebieten** Das Schutzgebiet Oehe-Schleimünde darf nur mit einem ausgebildeten Führer betreten werden. Die Führungen werden vom Verein Jordsand organisiert (Tel. 04102/32656, www.jordsand.eu). Flyer über die erlaubten Wege in den anderen Schutzgebieten kann man auf www.naturparkschlei.de/de/Landschaft-Naturschutz/Naturschutzgebiete/index.php herunterladen.

Eine romantische Bucht an der Schlei, der Ostseestrand oder doch lieber ein Binnensee im Hinterland? Die Schleiregion bietet viele verschiedene Bade- und Paddelmöglichkeiten (oben). Die menschenleeren Ufer der Schlei bieten vielen Seevögeln Rückzugsmöglichkeiten für die Brut (ganz oben).

Naturpark Holsteinische Schweiz

*Naturpark Holsteinische Schweiz e.V.
Schloßgebiet 9, 24306 Plön
Tel. 04522/74 93 80
www.naturpark-holsteinische-schweiz.de
info@naturpark-holsteinische-schweiz.de*

Berggipfel wie in der Schweiz finden sich im Osten Holsteins natürlich nicht. Aber die 168 Meter, mit denen der Bungsberg bei Schönwalde aufwarten kann, sind für den Norden Deutschlands durchaus beträchtlich. Insgesamt aber wechseln sich hier, zwischen Kiel und Lübeck und nur wenige Kilometer von den Stränden der Ostsee entfernt, eher sanfte Hügel mit lieblichen Tälern ab. Eingestreut sind etwa 200 Seen, die zum Baden, Segeln und Paddeln einladen, aber auch bei der Vogelwelt beliebt sind. Auch in der Holsteinischen Schweiz findet man die typischen Knicks, dazu schöne alte Alleen, die zu hochherrschaftlichen Gutshöfen oder malerischen Dörfern führen. Einen besonderen Reiz hat die Gegend im Frühsommer, wenn die Hügel mit goldgelben Rapsblüten überzogen sind. Daneben ist die Holsteinische Schweiz auch eine der waldreichsten Regionen Schleswig-Holsteins. An manchen Stellen sind sogar noch urwüchsige Bruchwälder erhalten, die mit ihrem tiefen, stets nassen Boden einen besonderen Lebensraum darstellen. Man findet sie z. B. in den Naturschutzgebieten Heidmoor bei Seedorf oder Ihlsee bei Bad Segeberg. Beide können auf ausgewiesenen Wanderwegen erkundet werden. Hier leben u. a. gefährdete Tierarten wie die Teichfledermaus, der Mittelspecht oder der Moorfrosch.

Langsam geht die Sonne über dem Großen Plöner See auf.

Großer Plöner See

Mit seinen dicht bewaldeten Ufern und den Inseln hat der Große Plöner See teilweise fast skandinavischen Charakter. Eine Fläche von fast 30 Quadratkilometern macht ihn zum größten See Schleswig-Holsteins. Dadurch ist er ein beliebtes Erholungsgebiet für Touristen, vor allem auch aus den nahen Städten Kiel, Lübeck und Hamburg. Es gibt allein 15 Badestellen sowie Möglichkeiten zum Segeln, Surfen, Tauchen und Angeln. Geologisch wird der See von zwei Gletscherzungenbecken geformt, die durch einen Flachwasserbereich verbunden sind. Dieses Areal, in dem sich auch mehrere Inseln befinden, ist ein wertvoller Brut- und Mauserplatz für verschiedene Vogelarten und steht deshalb unter Naturschutz. Unter anderem können hier Seeadler, Graugänse oder Gänsesäger geschützte Brut- und Rastplätze finden. Als einer der wenigen nährstoffarmen Seen Schleswig-Holsteins weist der Große Plöner See auch eher seltene Fischarten wie die Maräne auf.

Oben: Blühende Rapsfelder.
Rechts: Segelboot auf dem Großen Plöner See.

+ TIPP + TIPP + TIPP +

↗ **Mit dem Kanu durch die Stadt** Wie könnte man eine von Seen umgebene Stadt wie Plön besser erkunden als vom Wasser aus? Auf den zweistündigen Kanu-Touren, die im Sommer angeboten werden, können fünf Seen durchpaddelt werden, während ein ausgebildeter Stadtführer Wissenswertes über Plön und seine Umgebung vermittelt. Die Touren eignen sich auch für Anfänger und Kinder. Anmeldung und Information bei der Touristeninformation in der Bahnhofstraße 5 (Tel. 04522/509 50, www.holsteinischeschweiz.de/kanustadtfuehrung).

↗ **Gemütliches Paddeln auf der Schwentine** Die Schwentine lässt sich von Eutin bis zur Kieler Förde mit dem Kajak oder Kanu befahren. Die Gesamtstrecke beträgt rund 55 Kilometer. Dabei durchquert man den Großen und Kleinen Plöner See sowie den Lanker See und zudem mehrere kleine Seen. Man passiert auch diverse Naturschutzgebiete, weshalb teilweise das Anlegen oder auch nur eine Annäherung an das Ufer verboten sind. Informationen unter www.ostsee-schleswig-holstein.de/de/paddeln-auf-der-schwentine.

↗ **Tauchen im Großen Plöner See** Schleswig-Holsteins tiefster See kann bis auf den Grund erkundet werden. 58 Meter sind das. Im Bereich der Plöner Stadtbucht und bei Bosau ist das Tauchen erlaubt. Taucher müssen jedoch einem Verein angehören und sich zuvor eine Genehmigung holen. Informationen unter www.holsteinischeschweiz.de/tauchen.

Idylle pur verspricht diese Schilflandschaft am Selenter See bei Bellin.

Kleiner Plöner See

Der Kleine Plöner See wird von seinem großen Bruder nur durch eine schmale Landzunge getrennt, auf der sich das Zentrum der alten Residenzstadt Plön erstreckt. Auch er hat dank der Verformungen durch eiszeitliche Gletscher eine reizvolle Gestalt. Ökologisch wird er als weniger wertvoll eingestuft als andere Seen der Region. Als Naherholungsgebiet ist er dagegen sehr beliebt. Neben zahlreichen Wassergrundstücken gibt es auch schöne öffentliche Badestellen mit ruhigen Liegewiesen.

Selenter See

Der etwa 21 Quadratkilometer große Selenter See schließt die Holsteiner Seenlandschaft nach Norden hin ab. Von hier aus sind es nur noch wenige Kilometer bis zur Ostsee. Von flacher Küstenlandschaft ist hier noch keine Spur: Auch der zweitgrößte See Schleswig-Holsteins ist in eine wellige Hügellandschaft eingebettet, die entweder vom Aussichtsturm der Blomenburg am Südufer oder – für Ambitioniertere – vom 133 Meter hohen, bei Panker gelegenen Pilsberg gut überblickt werden kann. Der See selbst ist für seinen Fischreichtum bekannt. Unter anderem findet man hier die Große und Kleine Maräne sowie viele Rotaugen.

Sein Nordteil steht größtenteils unter Naturschutz, da hier die Reiherente ihren größten Mauserplatz in Mitteleuropa hat. Da die Tiere während der Mauser nicht fliegen können, sind sie in dieser Zeit besonders schutzbedürftig. Außerhalb des Schutzgebietes aber darf nach Herzenslust gebadet, gesegelt, gesurft, gerudert und gepaddelt werden.

Lanker See

Der Lanker See südlich von Preetz zeichnet sich durch einen besonderen Reichtum an Buchten aus. Dazu kommen mehrere Inseln und inselartige Schilfbestände. Das macht ihn zu einem wertvollen Brutrevier für Vögel. Nahezu der gesamte westliche Teil steht unter Naturschutz. Hier findet man wundervolle Gelbe Teichrosen auf dem Wasser und am Ufer ökologisch bedeutsame Sumpfwiesen, weitgehend natürliche, lichte Birkenwälder sowie den selten gewordenen, stark duftenden Gagelstrauch. Unter den vielen Vogelarten, die sich hier wohlfühlen, sind auch zahlreiche, die in Deutschland als gefährdet eingestuft werden, etwa Fluss-Seeschwalbe, Schwarzhalstaucher, Löffelente, Schellente, Rohrdommel, Rohrweihe, Bekassine, Beutelmeise und Pirol. Die größte Insel im See, deren offizieller Name Probstenwerder lautet, ist als »Möweninsel« bekannt, weil hier Lach-, Sturm- und Silbermöwen Brutkolonien haben. Ausgangspunkt für Wanderungen ist das Strandbad.

Highlights Wenn der majestätische Seeadler über einem Gewässer kreist, ist das ein imposanter Anblick. In der Holsteinischen Schweiz hat man gute Gelegenheiten, diesen größten Greifvogel Mitteleuropas zu entdecken. Zwischen März und Juli lohnt sich ein Besuch der Beobachtungsstationen der Projektgruppe Seeadlerschutz (www.projektgruppeseeadlerschutz.de). Wer während der Brutzeit bei der Bewachung der Horste helfen will, kann sich bis spätestens Mitte Februar bei der Projektgruppe melden.

Outdoor-Aktivitäten Mit seinen vielen Gewässern ist die Holsteinische Schweiz ein El Dorado für alle Wassersportfreunde, egal ob sie ein Segelrevier suchen, mit dem Paddel- oder Ruderboot unterwegs sind oder einfach Baden gehen wollen. Aber auch Wanderer und Radfahrer finden ein reiches Angebot an abwechslungsreichen Touren.

Anreise/Unterkunft Die Hauptorte Eutin, Malente, Plön, Ascheberg und Preetz sind von Hamburg aus mit der Regionalbahn und von Berlin aus (mit Ausnahme von Ascheberg) mit dem Linienbus (www.berlinlinienbus.de) erreichbar. Unterkünfte lassen sich über www.holsteinischeschweiz.de buchen. Besonders idyllisch: der Naturcamping-Platz Spitzenort, auf einer Landzunge gelegen, die in den Großen Plöner See hineinragt. Im Angebot sind auch Mietcaravans mit Küchenzeile, Nasszelle, großem Vorzelt, Gartenmöbeln und Grill, Informationen unter www.spitzenort.de.

Gar nicht nach Schweiz sieht die Holsteinische Schweiz hier aus und echte Berge sucht man hier auch vergebens. Vielmehr geht der Name auf den Schweiz-Trend des 19. Jahrhunderts zurück und man hoffte, mit ihm Gäste zu gewinnen.

+ TIPP + TIPP +

↗ **Mit dem Rad auf Themen-Tour** Radler finden im Naturpark 12 ausgewiesene Themen-Touren. Während auf der einen Mühlen oder Gutshäuser besichtigt werden können, führt die andere in die Städtchen Grebin, Plön und Eutin. Wer auf Natur pur steht, kann zwischen der Seen-, der Strand und der hügeligen Bergtour wählen. Eine Übersicht gibt es auf www.ostsee-schleswig-holstein.de/de/radrouten-holsteinische-schweiz.

Naturpark Lauenburgische Seen

*Eigenbetrieb Kreisforsten,
Herzogtum Lauenburg
Farchauer Weg 7
23909 Fredeburg
Tel. 04541/86 15 17
www.naturpark-lauenburgische-seen.de
info@naturpark-lauenburgische-seen.de*

Mit ausgedehnten Wäldern und eiszeitlich geformten Seen besticht der Naturpark Lauenburgische Seen südlich von Lübeck. Durch seine Lage an der einstigen deutsch-deutschen Grenze konnte sich die Natur hier lange Zeit besonders ungestört entwickeln. Heute bildet der Naturpark zusammen mit dem mecklenburgischen Biosphärenreservat Schaalsee ein länderübergreifendes Schutzgebiet. Insgesamt findet der Besucher hier 40 Seen, die durch idyllische Wasserläufe verbunden sind. Die größten

Der Ratzeburger See ist einer der größten Seen der Lauenburgischen Seenplatte.

sind der Ratzeburger und der Schaalsee. Der Ratzeburger See mit der malerischen Inselstadt Ratzeburg im Süden ist am Ostufer weitgehend naturbelassen, während das Westufer von Erholungssuchenden und Wassersportlern genutzt wird. Der mit 24 Quadratkilometern fast doppelt so große Schaalsee markiert die Landesgrenze zwischen Schleswig-Holstein und Mecklenburg-Vorpommern. Jedes Frühjahr und im Herbst rasten in den geschützten Buchten mehr als 20 000 Wasservögel auf ihren Zügen von oder zu den Winterquartieren. Der Aussichtsturm am Westufer des Mechower Sees ist ein ausgezeichneter Platz, um Vögel zu beobachten. Landschaftlich besonders idyllisch und ökologisch besonders wertvoll ist das Hellbachtal in der Nähe von Mölln. Wer das eiszeitliche Bachtal durchwandert, kommt an einer Kette sehr sauberer, klarer Seen vorbei, in denen sich sogar Flusskrebse heimisch fühlen.

Highlights Die historische Handelsstraße, auf der einst das Salz von den Siedereien in Lüneberg in die Hafen- und Hansestadt Lübeck transportiert wurde, ist heute ein wundervoller Fahrradweg. Die Strecke ist insgesamt 116 Kilometer lang, gut ausgebaut und für Familien mit Kindern geeignet.

+ TIPP + TIPP + TIPP +

↗ **Mit Fahrrad und Kanu**
Wer sich nicht zwischen Fahrradfahren und Paddeln entscheiden will, kann die Erlebnistour »Ein Bett im Kornfeld« buchen. Zuerst geht es mit dem Leihfahrrad von Ratzeburg an den Schaalsee. Dort wartet eine Übernachtung im Heuhotel. Am nächsten Tag geht es dann im Kanadier zurück. Informationen zu der Tour unter www.hlms.de/de/urlaubsangebote/o-ein-bett-im-kornfeld

↗ **Vom Ratzeburger See nach Lübeck**
Eine schöne Paddeltour von 14,5 Kilometern Länge führt von Rothenhusen am nördlichen Ende des Ratzeburger Sees über die Wakenitz nach Lübeck. Das idyllische Flüsschen weist zahlreiche seeartige Erweiterungen auf, die mit Seerosenfeldern bewachsen sind. Wer will, kann anschließend noch in Lübeck das Stadtzentrum per Boot erkunden. Für Wanderer ist der parallel geführte Drägerweg interessant.

↗ **Naturerlebniszentrum und Wildpark**
Wer die Tierwelt des Naturparks einmal von ganz Nahem sehen will oder mehr Hintergrundwissen sucht, der ist im Uhlenkolk in Mölln richtig (Tel. 04542/80 31 61, www.moelln.de/kultur-und-freizeit/naturparkzentrum-uhlenkolk/index.html). Rund um den Wildpark gibt es außerdem viele schöne Wanderwege, z. B. entlang der Möllner Seenkette.

↗ **Natur entdecken per GPS**
Im Café Zur Kutscherscheune in Groß Zecher (www.kutscherscheune.de) kann man sich einen Audioguide mit GPS leihen, der nicht nur als Pfadfinder fungiert, sondern auch Interessantes zur eben durchwanderten Natur erzählt.

Outdoor-Aktivitäten Das einstige Herzogtum Lauenburg verfügt über 1000 Kilometer gut ausgeschilderte Radwege. Wanderer können zwischen den örtlichen Rundwanderwegen und den europäischen Fernwanderwegen E 1, E 6 und E 9 wählen, die den Naturpark durchqueren. Auch für Paddler gibt es viele Touren, teils ganz naturnah, teils durch die historischen Innenstädte von Mölln und Ratzeburg.

Anreise/Unterkunft Lüneburg, Lauenburg, Ratzeburg, Mölln und Büchen sind sehr gut auch mit der Bahn erreichbar. Unterkünfte können über www.hlms.de gebucht werden. Wer im einstigen Herzogtum Lauenburg herrschaftlich wohnen will, wird im Gut Bliestorf fündig (www.herrenhaus-gut-bliesdorf.de).

Großes Bild: Haubentaucher mit Jungen. Bildleiste von oben nach unten: Graugans, Zwergdommel und Reiherente.

Die Lüneburger Heide im Spätsommer

Niedersachsen

Die Landschaften von Deutschlands zweitgrößtem Bundesland sind vielfältig, das Spektrum reicht vom Nordseewatt bis zum Harz. Über 200 Kilometer erstreckt sich die niedersächsische Nordseeküste. Kaum ein Bundesland hat so viel Unterschiedliches zu bieten: Inseln im Meer und flaches Land im Norden, grüne Hügel und Bergketten im Süden.

Nationalpark Niedersächsisches Wattenmeer

Nationalparkverwaltung
Niedersächsisches Wattenmeer
Virchowstraße 1
26382 Wilhelmshaven
Tel. 04421/911-0
www.nationalpark-wattenmeer.de

Mit 3450 Quadratkilometern Fläche ist das Niedersächsische Wattenmeer der zweitgrößte Nationalpark in Deutschland. Strände, Dünen, Sandbänke, Salzwiesen und natürlich das einzigartige Watt erstrecken sich von der niederländischen Grenze im Westen bis Cuxhaven im Osten. Es ist ein Paradies für Meeresvögel. Und auch der Mensch weiß seit über 150 Jahren den Erholungswert der faszinierenden Landschaft zu schätzen. So ruhig die Inseln manches Mal daliegen, so idyllisch das Wasser in der Sonne glitzern kann, so bedrohlich kann die Nordsee aber auch auf den Besucher wirken. Das Niedersächsische Wattenmeer ist ungeheuer facettenreich. Nur an wenigen Orten kann man die Naturgewalten so hautnah erleben.

Geprägt wird die Region von dem stetigen Wechsel zwischen Ebbe und Flut. Er sorgt zusammen mit den weiteren Gegebenheiten für eine wahre Explosion verschiedenster Lebensformen. Für viele überraschend: Nach dem tropischen Regenwald ist das hier das produktivste Ökosystem der Welt. 2009 honorierte die UNESCO diese Tatsache und erklärte den Nationalpark zum Weltnaturerbe. Allein 18 Gänse- und 20 Entenarten sind hier zu Hause. Auch Schweinswale, Kegelrobben und Seehunde können in ihrem natürlichen Umfeld beobachtet werden.

Möwen beim Krabbenfang hinter einem Fischkutter

Bild oben: Wattenmeer beim Nordseebad Wremen. Rechte Seite: Priele und Muschelbänke formen im Wattenmeer ein bizarres Muster, das nur aus der Luft zur Geltung kommt.

Wangerooge und Minsener Oog

Das Inselchen ist nur 8,5 Kilometer lang. In der Breite bringt es Wangerooge, aus einer Sandbank entstanden, an der dicksten Stelle gerade einmal auf 2,2 Kilometer. Das Auto muss auf dem Festland bleiben. Nach der Überfahrt mit der

Fähre ab Harlesiel geht es mit der Inselbahn bis zum Bahnhof Wangerooge. Es gibt einen kleinen Golfplatz, Wassersportler können surfen oder Katamaran segeln. Besonders attraktiv ist die Insel für Radfahrer. Gut gepflegte Wege führen durch die Dünen und über den Deich.
Östlich von Wangerooge liegt die Vogelinsel Minsener Oog. Hier finden Strandbrüter optimale Bedingungen. Die Wattwanderung dauert rund eine Stunde pro Strecke und sollte keinesfalls ohne Führung unternommen werden (www.nationalpark-wattenmeer-erleben.de).

Spiekeroog

Auch die kleine Insel Spiekeroog ist autofrei. Lärm und Hektik scheint es hier nicht zu geben. Das anerkannte Nordseeheilbad steht für Ruhe und Entspannung. Spiekeroog hat einiges zu bieten: zum Beispiel die höchste natürliche Erhebung Ostfrieslands, die ganze

24,1 Meter hohe Weiße Düne und die einzige Pferdebahn Deutschlands, die fahrplanmäßig läuft. Ende des 19. Jahrhunderts ging die von Pferden gezogene Eisenbahn in Betrieb und brachte Touristen vom Ort zum Strand und zurück. Die Tour mit dem nostalgischen Verkehrsmittel dauert zwölf Minuten und führt vom einstigen Bahnhof zum Westend. Bei kleinen Spiekerooggästen steht das Trockendock hoch im Kurs. Im Spielhaus gibt es beispielsweise einen kleinen Strand und eine Tunnelrutsche. Erwachsene zieht es ins InselBad & DünenSpa.

Langeoog

Autofreiheit allein ist auf Langeoog nicht genug. Die Insel ist außerdem Deutschlands erste Fair-Trade-Insel. Ein in der Information erhältlicher Führer weist aus, in welchen Betrieben entsprechende Produkte verwendet werden. Langeoog ist Deutschlands erste »Qualitätsinsel«, was für exzellenten Service steht. Das Wahrzeichen des Eilands ist der 1909 erbaute Wasserturm, der heute noch als Aussichtsturm dient. Von dort geht der Blick auf den 14 Kilometer langen Strand und die Schiffe der Nordsee. In der Kurstraße befindet sich das sehenswerte Schifffahrtsmuseum. Tickets für Ausflugsfahrten, wie die Piratentour oder die Fahrt zu den Seehundbänken, gibt es im Inselbahnhof. Geführte Wanderungen durch die Salzwiesen sowie die Flinthörnführung stehen während der Saison einmal wöchentlich auf dem Programm.

Baltrum

Mit nur 6,5 Quadratkilometern ist Baltrum die kleinste der bewohnten Ostfriesischen Inseln. Knapp 500 Menschen bietet sie eine Heimat. Autos gibt es nicht und auch einen Fahrradverleih sucht man auf Baltrum vergeblich. Dafür kann man für die Ausflüge zu Fuß einen Bol-

lerwagen mieten, zum Beispiel zur 22 Meter hohen Aussichtsdüne, von wo aus man den Blick auf die Nachbarinsel Langeoog genießen kann. Ebenfalls sehenswert ist das Nationalpark-Haus, das das Leben von Pflanzen und Tieren in der Region näherbringt. Einen sehr schönen Überblick kann man sich auf dem sieben Kilometer langen Gezeiten-Pfad verschaffen. Dieser führt quer über die Insel und lässt die Gäste nachempfinden, wie Ebbe und Flut den Alltag bestimmen. Wahrzeichen der Insel ist die Lachmöwe. Rund 10 000 Paare brüten jedes Jahr nur wenige Meter außerhalb des Ortes auf einer Salzwiese. Dies ist die größte Kolonie in Deutschland.

Norderney

Zwischen Baltrum und Juist liegt die zweitgrößte der Ostfriesischen Inseln. Ungefähr 6000 Einwohner leben auf Norderney, das nur zwei Kilometer breit, aber 14 Kilometer lang ist. Seit dem 18. Jahrhundert darf es sich Seebad nennen. König Georg V. von Hannover unterhielt hier seine Sommerresidenz. Prächtige Bauwerke wie das Conversationshaus genannte Kurhaus zeugen vom Status eines königlichen Seebads. Das Badehaus ist nicht nur architektonisch interessant. Es ist das älteste Meerwasserwellenbad Europas und beherbergt ein Thalassozentrum. Kur und Gesundheit werden auf Norderney großgeschrieben. Für die gezielte Nutzung von Salzwasser, Algen und Schlick erhielt die Insel bereits einen Sonderpreis der Tourismusbranche. Für die Kleinen bietet der Spielpark KAP HOORN sowohl Innen- als auch Außenflächen inklusive Skaterstrecke. Ein echtes Highlight sind begleitete Kajaktouren im Wattenmeer (www.surfschule-norderney.de).

Seeschwalben, Austernfischer und Brandgänse verteidigen ihre Reviere am Minsener Oog (linke Seite), während sich vor Baltrum die Seehunde sonnen (oben). Links: Baltrum.

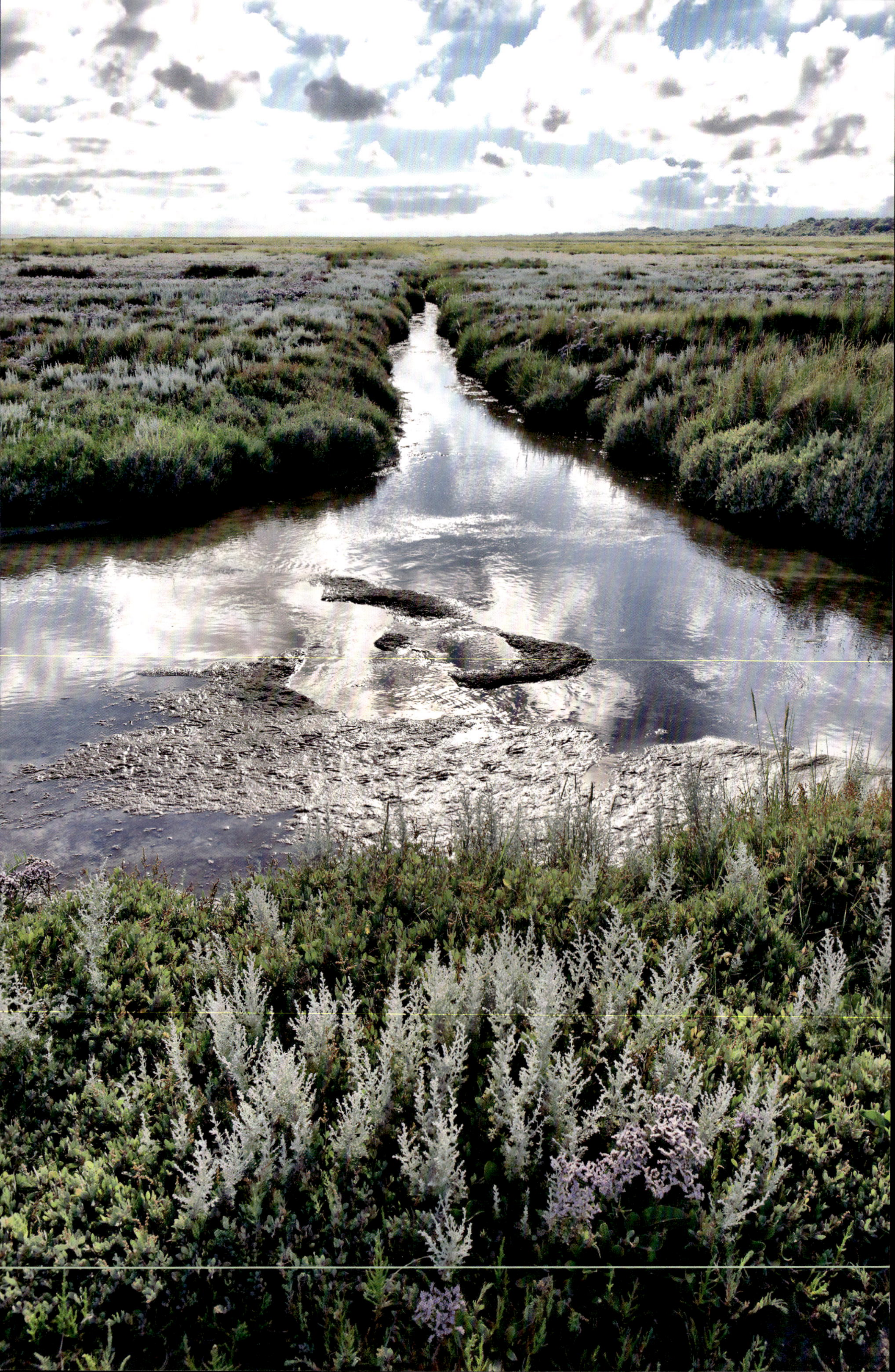

Juist und Memmert

Juist ist nicht einmal einen Kilometer breit, dafür aber stolze 17 Kilometer lang. Damit ist das »Töwerland«, das Zauberland, wie die Insel gern genannt wird, die zugleich schmalste und längste der ostfriesischen Schwestern. Die gesamte Insel ist mit Wanderwegen erschlossen, auch Reitwege sind vorhanden. Eine Tour führt um den Hammersee, den größten Süßwassersee der Ostfriesischen Inseln. Seine Dünen wurden aufgeschüttet, um die nach Sturmfluten auseinandergebrochene Insel wieder zu einen. Im Osten von Juist liegt der Kalfamer. Von Anfang November bis Ende März darf er bei Niedrigwasser auf markierten Wegen umrundet werden. Am besten nimmt man an einer Führung entlang des Brut- und Rastgebiets teil. Südwestlich der Insel liegt Memmert, ein Paradies für Seevögel, das nicht betreten werden darf. Hier leben Kolonien von Silber- und Heringsmöwen, Löfflern, Kornweihen, Brandgänsen und den seltenen Sumpfohreulen.

Borkum

Mit über 30 Quadratkilometern ist Borkum die größte Ostfriesische Insel. Bis Ende des 18. Jahrhunderts war sie sogar noch deutlich größer, doch die als »Blanker Hans« in den Volksmund eingegangene Sturmflut riss Teile der Insel mit sich fort. Dass Borkum eine ehemalige Heimat der Walfänger ist, ist nicht zu übersehen, zum Beispiel in der Wilhelm-Bakker-Straße, wo es einen Zaun aus Walknochen gibt. Ein Gefühl für die damalige Zeit bekommt man im Heimatmuseum Dykhus. Von der Promenade des Nordstrands aus hat man einen fantastischen Blick auf eine Sandbank mit Seehunden und manchmal auch Kegelrobben. Sie sind nicht nur die größten wilden Tiere Deutschlands, sondern auch die Symboltiere der Insel. Auf den Salzwiesen blühen Orchideen, die ausschließlich auf Borkum zu finden sind. Ringelgänse und Seeregenpfeifer lassen sich auf eigene Faust oder im Rahmen von geführten Touren beobachten.

Anreise/Unterkunft

Wangerooge: Anreise mit dem Auto bis Harlesiel, (Parkplatzreservierung unter Tel.: 04464/355), mit dem Zug über Oldenburg bis Sande/Friesland und von dort mit dem Tidebus zum Hafen. Die Fährverbindung ist tideabhängig (Abfahrtszeiten unter Tel.: 04464/949411 oder www.wangerooge.de). Strandkörbe können in der Kurverwaltung an der Strandpromenade reserviert werden. Unterkünfte unter www.westturm.de

Spiekeroog: Die Insel erreicht man per Schiff vom Kutterhafen Neuharlingersiel. Bahnfahrer reisen bis Station Norden, von wo der Bäderbus fährt. Eine Busalternative ab Oberhausen oder Bremen bietet der Ostfriesland-Express (www.ostfriesland-express.de); Fährplan und Tickets unter www.spiekeroog.de. Unterkunft oder ganze Arrangements: www.insel-schnaeppchen.de; Hotels, Ferienwohnungen und Künstlerherberge: www.spiekeroogerleidenschaft.de. Zeltplatz drei Kilometer außerhalb des Dorfkerns: Tel. 04976/9193226.

Langeoog: Der Fähranleger befindet sich in Bensersiel. Von den Bahnhöfen Leer und Norden fährt ein Bus. Von Bremen aus verkehrt ein Reisebus (www.ostfriesland-express.de). Auf Langeoog angekommen, geht es mit der Inselbahn weiter und dann per Kutsche zur Unterkunft. Fährtermine unter: www.schiffahrt-langeoog.de; Zimmer unter www.langeoog.de. Unterkünfte bieten z.B. die Hotels Strandhotel Achtert Diek (www.langeooger-strandhotel.de) oder Logierhus Hotel & Spa (www.logierhus-langeoog.de), für beide Tel.: 04972/91190.

Baltrum: Von Neßmersiel benötigt die Fähre eine halbe Stunde (www.baltrum-linie.de). Die Anreise per Bahn erfolgt bis Norden, per Fernreisebus lässt sich Neßmersiel direkt erreichen (www.meinfernbus.de). Ferienwohnungen: www.baltrum-ferien.de, Tel. 04939/1204 oder www.sonnenblick-baltrum.de, Tel.: 04939/351, Zelten ist auf dem Gelände des Niedersächsischen Turnerbunds möglich.

Norderney: Die Fähre legt von Norddeich Mole ab. Das Auto darf mit nach Norderney, dort aber nur eingeschränkt genutzt werden. Die Bahn hält direkt gegenüber des Fähranlegers. Dieser ist auch per Reisebus zu erreichen. Es gibt drei Campingplätze: Um Ost, Eiland und Booken. Zimmervermittlung unter www.norderney.de, Appartements im Badehaus www.badehaus-norderney.de.

Juist: Die Fähre ab Norddeich Mole braucht 90 Minuten (www.reederei-frisia.de). Der Anleger ist per Bahn oder Fernreisebus zu erreichen. Camping und Zelten sind nicht möglich, es gibt aber eine Jugendherberge (Tel.: 04935/92910). Strandhotel Kurhaus Juist: www.kurhaus-juist.de, Tel.: 04935/916-0. Zimmervermittlung unter Tel.: 04935/809-222.

Borkum: Mit der Fähre ab Emden oder Eemshaven (Niederlande) (Fahrpläne: www.ag-ems.de). Die Bahn fährt direkt zum Emder Hafen. Automitnahme per Fähre möglich. Camping: Mietwohnwagen und Plätze: www.insel-camping-borkum.de, Tel.: 04922/1088; Jugendherberge: »Am Wattenmeer«, Tel.: 04922/579. Hotel Atlantik: www.hotelatlantik.de, Tel.: 04922/914-0.

Neben dem Hauptort Juist auf der gleichnamigen Insel ist Loog die zweite Siedlung. Rund um den kleinen Ort liegen Salzwiesen (linke Seite). Hier sind Löffler heimisch, die im Winter nach Afrika ziehen (unteres Bild). Auch die Heringsmöwe ist nur ein Sommergast, dann aber überall im Nationalpark anzutreffen (oberes Bild).

+ TIPP + TIPP + TIPP +

↗ Wale beobachten Schweinswale sind die einzigen Wale, die im Wattenmeer heimisch sind. Man erkennt die durchschnittlich 1,50 Meter langen Meeressäuger an der gedrungenen kurzen Rückenflosse. Ein wenig Geduld und natürlich eine Portion Glück gehören schon dazu, eine Gruppe zu sichten. Meistens sind sie in einer Gemeinschaft von bis zu zehn Tieren unterwegs. Am besten stehen die Chancen in der Zeit von März bis Mai.
Direkt am Wattenmeer-Besucherzentrum Wilhelmshaven werden auch Beobachtungen unter fachkundiger Leitung angeboten (www.wattenmeerhaus.de).

↗ Salzwiesenführung Der Jadebusen ist die größte Bucht im Nationalpark. Dort wurde am Rand des Örtchens Cäciliengroden in der Gemeinde Sande ein Lehrpfad eingerichtet, der dem Gast die Salzwiesen näherbringt. Ein Steg führt 100 Meter weit in die Wiesen hinein, die vor allem im Sommer von Blüten übersät sind. Austernfischer, Wiesenpieper und Rotschenkel können beobachtet werden. Der Pfad ist für Rollstuhlfahrer geeignet. Während einer einstündigen Führung erfährt man einiges über die Entstehung und den Nutzen der Salzwiese (www.sande.de).

↗ Moorinsel Ein weltweit einmaliges Naturphänomen ist bei Sehestedt zu bestaunen. Vor dem Deich liegt ein Moor, das vor etwa 1000 Jahren noch große Teile des Jadebusens bedeckte. Gewaltige Sturmfluten im Mittelalter zerstörten weite Bereiche. Um sich vor der Macht der Nordsee zu schützen, begannen die Menschen, Deiche zu bauen. Im 18. Jahrhundert schlossen sie die letzte Lücke am Jadebusen, ein Reststück des Hochmoores mit mehreren Höfen darauf blieb außerhalb des Deichs. Mit jeder schweren Flut riss das Meer sogenannte Dargen ab, das Moor wurde kleiner. Weil sein mit Süßwasser getränkter Körper leichter als Salzwasser ist, schwimmt es bei Sturmfluten auf. Menschen leben dort heute nicht mehr. Das Schwimmen des Moores kann nicht besichtigt werden, trotzdem lohnt sich ein Besuch. Auf einem Rundweg sind typische Moorpflanzen, wie Wollgras, Torfmoos, Heidekraut und Sonnentau zu sehen (www.ruhigundgemuetlich.de).

↗ Wattwanderung Bei einem Besuch der Nordsee darf eine Wanderung durch das schlickähnliche Watt auf keinen Fall fehlen. Einsteiger sind mit einer leichten Tour von sieben Kilometern von Neßmersiel nach Norderney gut beraten. Auf der Insel kommt ein Strand- und Dünenspaziergang hinzu, sodass man bis zu drei Stunden unterwegs ist. Zurück geht es mit der Fähre nach Norddeich. Geeignet für Kinder ab acht Jahren (www.wattführer.de).

↗ Zugvogeltage Millionen verschiedener Vögel machen zweimal im Jahr Station im Niedersächsischen Wattenmeer. Im Frühjahr befinden sie sich auf dem Weg in ihre Brutgebiete, im Herbst fliegen sie zum Überwintern ins Warme. Schon seit fünf Jahren wird die Herbstreise der Tiere zum Anlass genommen, um sich ihnen eine Woche lang zu widmen. An der Küste und auf sieben Inseln werden im Oktober über 150 Veranstaltungen zu diesem Thema angeboten (www.zugvogeltage.de).

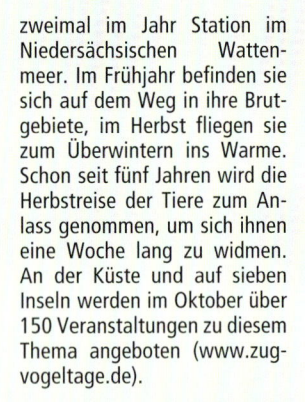

↗ Seehundstation Kein Nordseeurlaub ohne den Besuch bei Seehunden, die im Sommer im Niedersächsischen Wattenmeer ihre Jungen zur Welt bringen. Über 100 der Heuler, wie der Nachwuchs der Meeressäuger genannt wird, verlieren in jeder Saison ihre Eltern. In der Station Norddeich werden sie artgerecht großgezogen, gefüttert und auf ein Leben in Freiheit vorbereitet. Auch Kegelrobben finden hier ab und zu ein Zuhause auf Zeit. Eine Dauerausstellung macht mit dem Lebensraum Watt und seinen Bewohnern vertraut. Fünf Kilometer von der Seehundstation entfernt liegt das Waloseum, wo sich die Quarantänestation für die Heuler befindet. Hier kann man auf eindrucksvolle Weise in die Welt der Wale und Delfine eintauchen (www.seehundstation-norddeich.de).

↗ Paddeln auf der Jade Die Jade ist ein langsam fließender Fluss. Auch Anfänger und Menschen mit durchschnittlicher Kondition können daher dort eine Kanutour unternehmen. Boote, Schwimmwesten und Stechpaddel werden auf dem Campingplatz in Jade verliehen. Es ist möglich, sich dort auch als größere Gruppe ausstatten zu lassen. Empfehlenswerte Ziele sind Wapelersiel am Jadebusen oder Lehmdermoor im Landkreis Ammerland (www.kanu-jade.de).

↗ Jaderpark Nicht nur für Kinder ist der Freizeitpark in Jaderberg ein Erlebnis. Einst als kleiner Zoo gegründet, hat sich der Park zu einem Ort mit Karussells, Baby-Land und Fahrattraktionen entwickelt. Im Tierpark mit Streichelzoo leben neben Vögeln und Insekten Erdmännchen, Affen, Löwen, Geparden, Giraffen, Antilopen und viele andere Säugetiere. Für eine Menge Adrenalin sorgen Wildwasser- und Achterbahn sowie viele weitere Karussells. Auf dem Trampolin, an der Seilbahn und natürlich auf dem Spielplatz können sich kleine Besucher austoben (www.jaderpark.de).

↗ Reiten auf Spiekeroog Die Insel bietet unter anderem einen 15 Kilometer langen Strand, der auf dem Pferderücken zu einem besonderen Erlebnis wird. So lassen sich das gleichmäßige Geräusch der Hufe, das Schnaufen der Pferde, salzige Nordseeluft und spritzendes Wasser auf einmal wahrnehmen. Erlaubte Wege sind ausgeschildert. Sie dürfen allerdings nur in fachkundiger Begleitung benutzt werden. Touren über www.reitschule-petschat.de oder www.islandhof-spiekeroog.de

↗ Dangast Das Fischerdörfchen Dangast am Jadebusen hat über die Jahre viele Künstler angelockt. Spuren der Kulturschaffenden scheinen hier allgegenwärtig zu sein. Zum 200. Geburtstag des Ortes wurde ein Kunstpfad eingerichtet, der an Orte führt, die Maler oder Bildhauer inspiriert haben. An 19 Plätzen erfährt der Spaziergänger etwas über dort entstandene Werke. Der Pfad lässt sich sehr gut auf eigene Faust erkunden. Es werden aber auch 1,5 Stunden dauernde Führungen angeboten. Die Führer haben einen ganz persönlichen Bezug zu Dangast und seiner Kunst. Darüber hinaus lohnt es sich, die sechs sogenannten Stolpersteine zu entdecken. Dahinter verbergen sich ganz unterschiedliche Skulpturen, die an verschiedenen Orten, etwa auf dem Deich oder an der Promenade, errichtet wurden.

Herrliche Bedingungen für Windsurfer bieten die Gewässer vor Langeoog (Bild links). Auch Kitesurfer tummeln sich bei starkem Wind gern auf der Nordsee (rechte Seite).

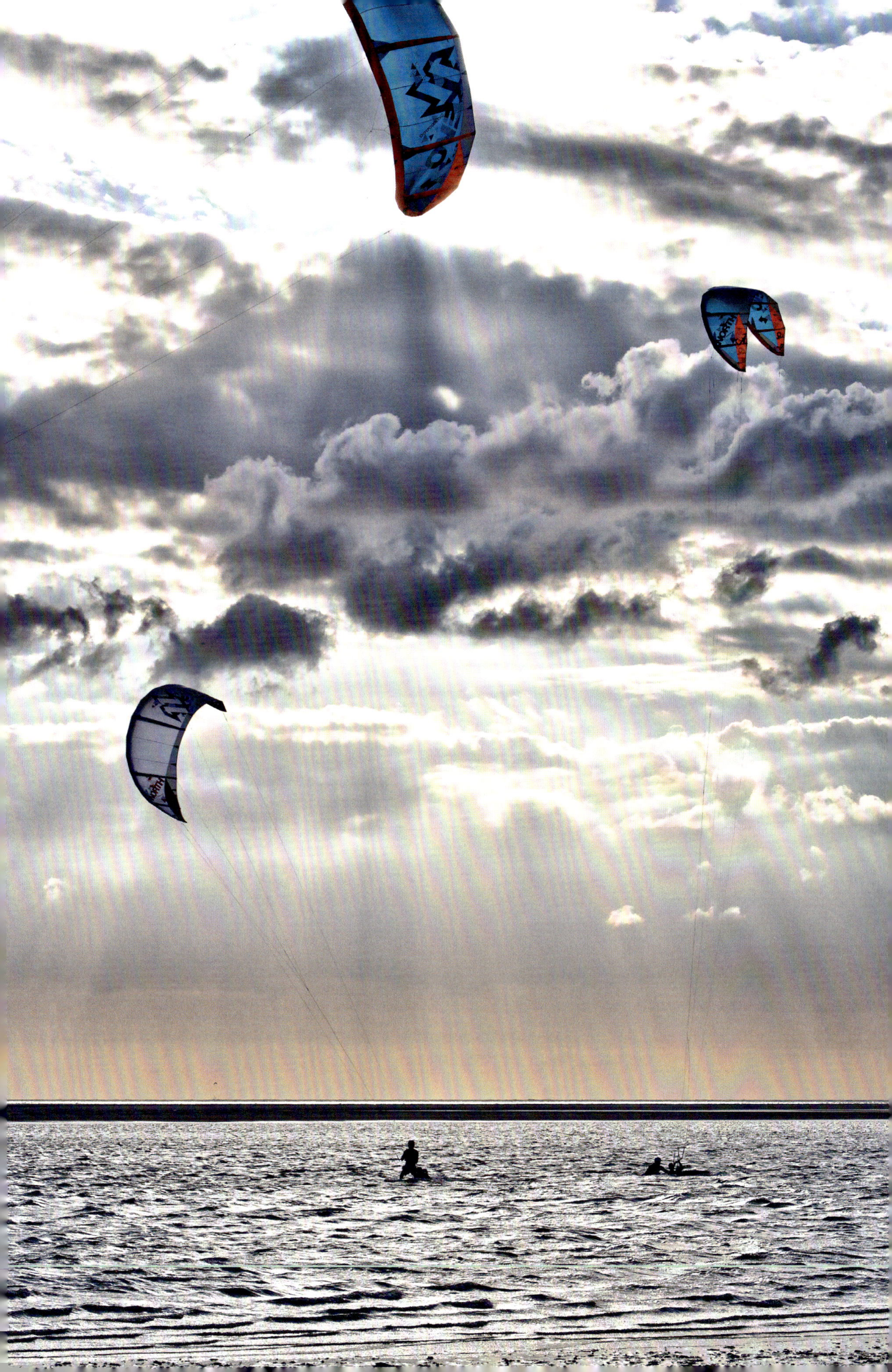

Naturpark Lüneburger Heide

*Naturpark Lüneburger Heide
c/o Landkreis Harburg,
Schlossplatz 6
21423 Winsen (Luhe)
Tel. 04171/693 139
www.naturpark-lueneburger-heide.de
info@naturpark-lueneburger-heide.de*

Südlich von Hamburg, im Dreieck zwischen der Hansestadt, Hannover und Bremen, liegt der erste Naturpark, der in Deutschland gegründet wurde: der Naturpark Lüneburger Heide. Er umfasst 1130 Quadratkilometer und erstreckt sich über drei Landkreise. Neben der typischen violett blühenden Heide findet man hier eine Reihe seltener Pflanzen und Tiere, wie Moorlilie, Lungenenzian, Braun- und Schwarzkehlchen, Zauneidechsen oder Sandlaufkäfer. Inmitten dieser vor Tausenden Jahren entstandenen Landschaftsform liegen idyllische Dörfer mit reetgedeckten Fachwerkhäusern, den typischen niedersächsischen Hallenhäusern, alten oder ganz modernen Kirchen, Wasser- und Windmühlen. Kern des Naturparks ist das gut 234 Quadratkilometer umfassende Naturschutzgebiet, das mit dem Fahrrad erkundet werden kann. Autos sind größtenteils verboten, aber Kutschen fahren von allen Parkplätzen quer durch das Gebiet. Hier sind kürzlich wieder Wölfe gesichtet worden. Birkhühner, ebenfalls selten anzutreffen, fühlen sich hier auch zu Hause. Wanderwege für verschiedene Ansprüche sind bestens markiert. Besonders ist die Kombination aus Natur, hübschen Städten und Freizeitparks.

Wacholder und blühendes Heidekraut im Morgennebel am Totengrund

Wilseder Berg und Totengrund

Mitten im Herzen des Naturparks und des Naturschutzgebiets thront der 169 Meter hohe Wilseder Berg über der Heidelandschaft. Von seiner Spitze aus hat man bei klarer Sicht einen Blick bis nach Lüneburg und sogar Hamburg. Ein

Gedenkstein erinnert an den Mathematiker Carl Friedrich Gauß (1777–1855), der die höchste Erhebung weit und breit für Vermessungsarbeiten nutzte. Geprägt ist die Gegend von kleineren Feldsteinen und eindrucksvollen Findlingen – Zeugen der letzten Eiszeit, die die Landschaft geformt hat. Am Fuß des Bergs liegt ein Talkessel mit dem schaurigen Namen Totengrund. Dass diese Bezeichnung etwas mit den Verstorbenen der Region zu tun hat, wird für unwahrscheinlich gehalten. Eher hat sie etwas mit dem überwiegend trockenen, wenig fruchtbaren Boden in der 0,3 Quadratkilometer umfassenden Senke zu tun. Diese ist dank engagierter Naturschützer nur knapp der Bebauung entkommen.

Der Steingrund bei Wilsede hüllt sich in den frühen Morgenstunden oft in Nebel (oben). Das stört die Heidschnucken-Schafe nur recht wenig (rechts).

+ TIPP + TIPP + TIPP +

↗ **Wilseder Berg** Den Blick von der höchsten Erhebung der Region sollte man sich nicht entgehen lassen. Vom Parkplatz in Niederhaverbeck aus führt ein ausgeschilderter 4,5 Kilometer langer Weg hinauf. Alternativ kann man mit einem geländetauglichen Rad auf den Berg gelangen. Für Menschen mit eingeschränkter Mobilität sind Kutschfahrten möglich.

↗ **Langstreckenwanderung** Für sportliche Besucher ist der 21 Kilometer lange Rundwanderweg von und nach Döhle geeignet. Vorbei am Kienmoor geht es durch den Totengrund und dann auf den Wilseder Berg. Eine Streckenbeschreibung und Details zu Sehenswertem unterwegs gibt es unter www.natur-erleben.niedersachsen.de. Wem das nicht genug ist, der kann sich auf den 223 Kilometer langen Heidschnuckenweg begeben. Er führt von Hamburg durch Wilsede nach Celle (Touren mit Gepäcktransport unter www.heidschnuckenweg.de).

↗ **Ort Wilsede** Das Heidedorf ist so erhalten geblieben, wie es vor der Industrialisierung ausgesehen hat. Pkw haben keine Zufahrt. Man besucht den malerischen Ort zu Fuß, per Rad oder Kutsche. Heidemuseum, Schauschafstall, SB-Restaurant und vor allem der ursprüngliche Dorfcharakter sind einen Abstecher wert. Achtung: Im August und September kommen bis zu 10 000 Gäste täglich!

↗ **Ameisentage** In der Saison startet der historische Eisenbahntriebwagen »Ameisenbär« täglich ab Soltau. Er bringt Besucher im gemütlichen Bummeltempo bis nach Döhle am Fuße des Wilseder Bergs. Drei Stunden Aufenthalt reichen für ausgedehnte Spaziergänge oder Radtouren, bevor der »Ameisenbär« die Rückfahrt antritt (Infos Soltau-Touristik, Tel.: 05191/828282). Von Dienstag bis Samstag öffnet während der Saison in Döhle Deutschlands einziges Ameisen-Erlebnis-Zentrum seine Pforten (www.ameisenzentrum.de).

Pietzmoor

Das 8000 Jahre alte Pietzmoor bei Schneverdingen ist mit 2,5 Quadratkilometern das größte zusammenhängende Hochmoor der Lüneburger Heide. Undurchlässige Tonschichten haben dafür gesorgt, dass sich das Wasser in der weitläufigen Mulde sammelt. Verschiedene Torfmoosarten – aus denen sich später eine massive Torfschicht bildete – siedelten sich an. 1860 begann der Torfabbau, der den einzigartigen Naturschatz beinahe zerstört hat. Seit Beginn der Renaturierung in den 1970er-Jahren sind viele für diese Landschaft typischen Pflanzen und Tiere zurückgekehrt.

Im Mai und Juni blüht das Wollgras, Zwergsträucher recken sich aus den weiten Wasserflächen, gelbe Moorlilien leuchten und die bekannteste in Deutschland heimische fleischfressende Pflanze, der Sonnentau, ist ebenfalls zu bestaunen. Ein perfekter Lebensraum für Kreuzottern oder Kraniche, die hier ihre Jungen aufziehen.

Highlights Flora und Fauna sind die Stars des geheimnisvollen Pietzmoores. Durch die Wiedervernässung recken absterbende Bäume ihre knorrigen Äste in die Luft, wie Gestalten eines Märchenwaldes. Nur an wenigen anderen Orten lassen sich Sumpfohreulen und Birkhühner, Libellen und Moorfrösche so gut beobachten wie hier. Spektakulär ist die Wollgrasblüte. Unzählige weiße Bällchen spiegeln sich dann in den Wasserflächen zu Füßen der Besucher. Glocken- und Rosmarinheide sowie die Schwarze Krähenbeere ergänzen diese Idylle perfekt. Das Moor nimmt die Besucher mit in eine Welt der Ruhe und Entspannung.

Outdoor-Aktivitäten Ein Steg aus hölzernen Bohlen schlängelt sich durch das Moor. Er führt zu zehn Stationen mit Informationstafeln, die nicht nur die Entstehung der Torfschichten erklären, sondern auch den Blick für Pflanzen und Tiere schärfen. Die Wanderung auf eigene Faust ist zwar nicht barrierefrei, aber der Steg ist komfortabel breit. Auch gibt es Möglichkeiten für eine Rast, selbst ungeübte Wanderer haben Freude an der Rundstrecke. Wer das Moor noch intensiver kennenlernen möchte, sollte sich für eine geführte Wanderung entscheiden. Sie werden von April bis Oktober regelmäßig angeboten. Nur einen Katzensprung vom Pietzmoor entfernt liegt die berühmte Osterheide. Hier kann man violett blühendes Heidekraut, grasende Schafherden und den idyllischen Sylvestersee bewundern, klassische Sehenswürdigkeiten der Lüneburger Heide.

Anreise/Unterkunft Anreise bis zur Heberer Straße 100. Dort befindet sich ein großer Parkplatz, von dem man direkt in das Pietzmoor gelangt. Die Tour ist von dort ausgeschildert. Der Park ist ganzjährig geöffnet.
Unterkunft: Naturotel Hotel Schäferhof, Tel. 05193-3547, www.hotel-schaeferhof.com; Campingpark Lüneburger Heide, Tel. 05199-275, www.camping-lh.de.

Libellen, Schmetterlinge und Heuschrecken gilt es, in der verzauberten Landschaft des Pietzmoores zu entdecken.

+ TIPP + TIPP + TIPP +

↗ **Mehrtägige Ausritte** Die Lüneburger Heide ist geradezu ideal, um sie vom Rücken eines Pferdes aus zu erkunden. Sowohl Vorschläge für Tagestouren als auch für mehrtägige Ausritte sind erhältlich (z. B. fünf Tage »Heide-Wasser«). Wege durch Flusstäler, Auen und entlang an Wasserläufen führen auf rund 114 Kilometern quer durch die typische Heidelandschaft und Wälder. Info und Buchung über Naturpark-Informationsstelle Amelinghausen, Tel.: 04132/930550, www.amelinghausen.de.

↗ **Höhenrausch** Kletterspaß total und jede Menge Nervenkitzel bietet der Kletter Fun Park Höhenweg-Arena. Auf fünf Ebenen wird balanciert und geturnt. Seilrutschen, Slacklines oder Base-Jump-Abseilen laden zum Ausprobieren ein. Der Park ist nicht nur für Top-Sportler geeignet, auch Kinder und Senioren haben hier ihren Spaß (www.hoehenwegarena.de, Tel.: 05198/987373).

↗ **Freizeitparks** Neben dem Naturerlebnis Heide bietet die Region viel Unterhaltung für Familien. In ganz Europa gibt es nicht so viele Freizeitparks auf so begrenztem Raum. Rund 40 Fahrattraktionen warten im Heide-Park Soltau (www.heide-park.de), darunter ein Turm, der 70 Meter freien Fall ermöglicht. Im Serengeti-Park Hodenhagen (www.serengeti-park.de) kann man etwa 1000 exotischen Tieren in einer naturnahen Umgebung sehr nahe kommen. Vogelarten aus aller Welt sind im Vogelpark Walsrode (www.weltvogelpark.de) zu Hause. In Bispingen gibt es für Freunde von vier Rädern sowohl eine Kart- als auch eine Quad-Bahn (www.rs-kartcenter.de).

Naturpark Elbhöhen-Wendland

*Naturpark Elbhöhen-Wendland e.V., Königsberger Straße 10, 29439 Lüchow (Wendland)
Tel. 05841/12 05 40
www.naturpark-elbhoehen-wendland.de
info@naturpark-elbhoehen-wendland.de*

Östlich der alten Salzstadt Lüneburg am östlichsten Ende Niedersachsens liegt der 1160 Quadratkilometer große Naturpark Elbhöhen-Wendland. Die von der Eiszeit geformte Landschaft gehört zu den am wenigsten besiedelten Gebieten Deutschlands. 1968 wurde der Park gegründet, 2006 flächenmäßig ungefähr verdoppelt. Knapp die Hälfte der Gesamtfläche steht unter Schutz. Neben Wäldern bestimmen vor allem über 100 Rundlingsdörfer die Region Elbhöhen-Wendland. Die aus slawischer Zeit stammende Besiedlung zeichnet sich durch eine kreisförmige Bebauung rund um einen Dorfplatz aus. Dabei werden die Giebel zum Zentrum des Ortes ausgerichtet. Dass es nur eine Zufahrt gibt, trägt zusätzlich zum besonderen Charakter bei. Auch Fachwerkstädte sind typisch für den Naturpark, ebenso wie die Hügellandschaft Drawehn. Das slawische Wort steht für Waldland. Wie treffend diese Bezeichnung ist, lässt sich von der höchsten Erhebung, dem 142 Meter hohen Hohen Mechtin, gut nachvollziehen. Dort lädt ein Aussichtsturm die Besucher ein, ihren Blick über Misch- und Nadelwälder sowie die ausgedehnten Heideflächen schweifen zu lassen. Schmetterlinge und Insekten, wie der Ameisenlöwe, sind ebenso anzutreffen wie Frösche, Kröten und Unken.

Laubfrösche sind zwar nicht so leicht zu entdecken, dafür aber oft lautstark vernehmbar.

Highlights Unverzichtbar ist ein Besuch im interessanten Rundlingsmuseum Wendlandhof Lübeln (www.rundlingsmuseum.de). Das Freilichtmuseum ist nicht etwa an seinem Standort neu errichtet worden, sondern steht dort seit über 600 Jahren. Altes Handwerk sowie historische Bauerngärten mit Obst und Heilkräutern sind neben Trachten und Zwei-, Drei- oder Vierständerhäusern zu sehen. Hier lässt sich erfahren, wie das Leben vor 200 Jahren ausgesehen hat.

Outdoor-Aktivitäten Ab Mitte Juni blühen die Feldlilien. Ihr Anblick lässt sich am besten auf dem etwas über vier Kilometer langen Feldlilienweg genießen. Der Ausgangspunkt befindet sich in Govelin, im nördlichen Teil des Parks. Festes Schuhwerk wird empfohlen. Der Findlingspark Clenzer Schweiz erzählt von der landschaftlichen Entstehung der Region. Auf einem Waldlehrpfad mit zwölf Stationen lernen Besucher viel über Geologie und Natur.

Anreise/Unterkunft Anreise in Richtung Dannenberg/Hitzacker, Dömitz oder Lüchow; mit der Bahn über Lüneburg nach Hitzacker oder Dannenberg, über Ülzen bis Salzwedel oder Schnega. Unterkunft: Reit- und Bauernhof Klaucke, www.reiterhof-klaucke.de; Gasthaus Hotel Gundelfinger, www.hotel-gundelfinger.de.

Die Ruhe vor dem Sturm: Dunkle Wolken künden einen Regen im Wendland an.

+ TIPP + TIPP + TIPP +

↗ **Nordic Walking** Die Clenzer Heide ist reich an Wanderwegen. Touren zwischen fünf und zwölf Kilometern Länge bieten für jeden Anspruch die richtige Wahl. Wer während des Spaziergangs besonders viele Muskeln trainieren will, greift zu Nordic-Walking-Stöcken. Auf einer Tafel am Heidehof in Reddereitz stehen drei Nordic-Walking-Strecken zur Wahl.

↗ **Radrundfahrt** Eine Tagestour für Radfahrer beginnt im Rundlingsdorf Lübeln. Meist ist man auf Radwegen oder kleinen Landstraßen unterwegs. Auf der 55,5 Kilometer langen Route liegen diverse Rundlingsdörfer, sodass für Pausen gesorgt ist. Am Ende erreicht man wieder Lübeln.

↗ **Wasser pur** Ganzjährig verspricht die Wendlandtherme (www.wendlandtherme.de) mit Gegenstromanlage und 50-Meter-Rutsche Badevergnügen für Kinder und Erwachsene. Sole- und Außenbecken sorgen für Entspannung. Noch mehr Wasser gibt es gegenüber der Therme: im Wassererlebnispark erfährt man alles über das nasse Element sowie über den Verbrauch, die Zusammensetzung oder die Artenvielfalt in heimischen Gewässern.

Heidschnucken im Breeser Grund

↗ **Nemitzer Heide** Nachdem ein Brand 1975 den ursprünglichen Kiefernwald zerstört hatte, überließ man das 0,5 Quadratkilometer große Gebiet sich selbst. Abseits der bekannten Touristenstrecken geht es zu Fuß, auf dem Pferderücken oder mit der Kutsche entlang der Birken, Kiefern und Zwergstrauchheidepflanzen durch die Natur. Weitere Infos unter www.nemitzer-heide-touristik.de.

Biosphärenreservat Flusslandschaft Elbe

Biosphärenreservatsverwaltung Niedersächsische Elbtalaue
Am Markt 1, 29456 Hitzacker
Tel. 05862/96 730
www.elbtalaue.niedersachsen.de
info@elbtalaue.niedersachsen.de

1997 erkannte die UNESCO die Region als Biosphärenreservat an. Sie wies vier Reservate aus, die sich über fünf Bundesländer erstrecken: Mittelelbe, Flusslandschaft Elbe-Brandenburg, Flusslandschaft Elbe-Mecklenburg-Vorpommern und Niedersächsische Elbtalaue. Die Gesamtfläche von 3430 Quadratkilometern schließt 400 Kilometer des Elbverlaufs ein, der niedersächsische Teil macht 567 Quadratkilometer aus, die sich auf knapp 100 Elbkilometer verteilen. Die Landschaft mit ihren Feuchtgebieten ist Heimat von über 1000 verschiedenen Pflanzen und rund 250 Vogelarten. Der stark gefährdete Weißstorch brütet hier und auch Zwergschwäne nutzen die Gegend als Winterquartier. Selbst der bereits für ausgestorben gehaltene Elbe-Biber hat sich wieder angesiedelt und auch Fischotter, Rehe, Feldhasen und Füchse fühlen sich hier wohl. In der niedersächsischen Elbe tummeln sich rund 50 Fischarten, durch die Lüfte flattern etwa 700 verschiedene Schmetterlinge. Von den heimischen Pflanzen, viele davon typisch für die Umgebung großer Flüsse, stehen etwa 400 auf der Roten Liste der bedrohten Arten. Unter besonderem Schutz steht die Brenndoldenwiese. Neben den Brenndolden wachsen dort auch Pfirsichblättriges Veilchen und Gnadenkraut.

Highlights Das Reservat lädt das ganze Jahr über zu Naturbeobachtungen ein. Eine besonders gute Zeit hierfür ist von März bis Mai. Dann ziehen Spieß-, Löffel- und Krickenten durch das Gebiet. Die Graureiher brüten, und auch Seeadler ziehen ihren Nachwuchs auf.

Outdoor-Aktivitäten Inzwischen ist die Elbe wieder sauber genug, um darin zu baden. Weiße Sandstrände machen das Vergnügen perfekt. Vorsicht: Die Strömung ist hier teilweise sehr stark, es kommt außerdem zu Wirbelbildung. Daher sollte man sich vorher gut über ungefährliche Stellen informieren.

Anreise/Unterkunft Anreise mit dem Pkw in Richtung Dannenberg oder Lüchow, mit der Bahn nach Lüneburg.
Unterkunft: Campingplatz Elbufer, Tel. 05853/256; Heuhotel Herrenhaus Salderatzen, Tel. 05849/97 10 18.

In den Auen sind Schwalbenschwanz, Zitronenfalter, Große Ochsenaugen und Resedafalter (im Uhrzeigersinn von links oben) ebenso heimisch wie Moorfrösche (oben).

+ TIPP + TIPP + TIPP

↗ **Biosphaerium Elbtalaue** Direkt an der Elbe kann man deren Bewohner in acht Aquarien des Biosphaerium Elbtalaue kennenlernen. Hier darf nicht nur geguckt, sondern auch gemacht werden. Dazu laden beispielsweise eine Windmaschine oder ein Vogelstimmenklavier zu Experimenten ein. Tolle Ergänzung dazu: die großzügige Biberfreianlage (www.biosphaerium.de).

↗ **Per Schiff und Floß** Vom Wasser aus lässt sich die Landschaft besonders entspannt genießen. Dampfer starten zum Beispiel in Bleckede. Wer mag, kann eine Floßtour machen oder – mit entsprechendem Bootsführerschein – selbst ein Floß mieten (www.elbe-flossfahrten.de).

Naturpark TERRA.vita

Natur- und Geopark TERRA.vita
Am Schölerberg 1
49082 Osnabrück
Tel. 0541/501 42 17
www.naturpark-terravita.de
info@naturpark-terravita.de

Vom Südwesten Niedersachsens bis in den Nordosten Nordrhein-Westfalens hinein erstreckt sich der 1500 Quadratkilometer große Naturpark TERRA.vita, der auch ein sogenannter Geopark ist. Dieses Prädikat weist eine Region aus, in der sich nachvollziehen lässt, wie Landschaften einst entstanden sind. In diesem Fall ist an vielen Stellen zu erkennen, dass die heute sichtbaren Hügel und Ebenen einmal eine Küstenregion waren, was auch Muschelkalkbänke und Spuren von Wattwürmern bezeugen. Im Jahr 2001 war TERRA.vita der erste Naturpark, der auch das Siegel Geopark verliehen bekommen hat. Teile des Teutoburger Waldes, des Wiehengebirges – Deutschlands nördlichstes Mittelgebirge – sowie das Osnabrücker Land gehören dazu. Sein ehemaliger Name verrät es, denn der Naturpark TERRA.vita hieß einmal Naturpark Nördlicher Teutoburger Wald-Wiehengebirge. Neben den Bergen prägen Moore und Wälder, Seen und Solebäder das Landschaftsbild. Spuren der Erdgeschichte lassen sich in der Megalithkultur ebenso finden wie in den 150 Millionen Jahre alten Fährten von Dinosauriern, die in einem Steinbruch zu bestaunen sind. Typisch für die Region sind ferner Bergbau, Fachwerkstädte sowie Wind- und Wassermühlen. Letztere lassen sich vor allem im Wiehengebirge entdecken.

Beim Wandern im Naturpark TERRA.vita kann man auch auf wild blühenden Mohn treffen.

Highlights Bei einer Piesberg-Busrundfahrt bekommt man in drei Stunden einen Überblick über die Vielfalt der Region. Vom Museum Industriekultur (www.industriekultur-museumos.de) geht es zunächst tief unter die Erde in einen Stollen, bevor man hoch hinauf auf den Piesberg fährt. Ein Steinbruch und ein 150 Jahre alter Mammutbaum stehen ebenfalls auf dem Programm (mittwochs bis sonntags 10 bis 18 Uhr, Reservierung unter Tel. 0541/12 24 47).

Outdoor-Aktivitäten Im Geopark dreht sich alles um Steine.

Auf Tuchfühlung kommt man mit ihnen beim Klettern. Neben Hochseilgärten, Kletterparks und -wäldern darf hier auch im echten Fels gehangelt und gekrabbelt werden. Das Sandsteingebiet Dörenther Klippen lädt dazu ein. Hier finden Anfänger und ambitionierte Kletterer stillgelegte Steinbrüche oder Felsen, wie die Plisseewand, die mit ihren Falten und Wellen ihrem Namen alle Ehre macht. Infos über www.bergfreunde-ibb.de.

Anreise/Unterkunft Anreise über die A2, A30 oder A44, per Bahn nach Minden, Bielefeld oder Paderborn.
Unterkunft: Ferienhof Meyer-Landhotel (Ferienwohnung, Appartement, Gästezimmer), www.ferienhofmeyer.de; Campingpark Regenbogen, www.regenbogen.ag.

Oben: Im Frühling zeigt die Landschaft ein besonders liebliches Antlitz. Rechts: Pfad im Teutoburger Wald.

+ TIPP + TIPP + TIPP +

↗ **Mühlenweg** Neun Wasser- und zwei Windmühlen liegen auf dem knapp 100 Kilometer langen Mühlenweg am Wiehengebirge. Hinzu kommen Museen, mittelalterliche Burgen und Hügelgräber. Für Abwechslung ist also gesorgt. Wer mag, nimmt sich ein paar Tage Zeit für den gesamten Rundweg. Alternativ gibt es verschiedene Routen für eintägige Touren. Infos und Karten: www.muehlenweg-am-wiehengebirge.de.

↗ **Stollenlabyrinth** Der Zoo Osnabrück bietet als einziger der Welt ein unterirdisches Tiergehege an. Ob Nacktmull, Präriehund oder Feldhamster – hier kann man Geschöpfe beobachten, die sich üblicherweise tief im Boden verstecken (www.zoo-osnabrueck.de). An Wochenenden und Feiertagen geht es vom Labyrinth direkt in die Osnabrücker »unter.Welten«. Die 350 Quadratmeter große Ausstellung eröffnet ungewöhnliche Einsichten in Wald- und Ackerboden, Moor oder Wiese (www.osnabrueck.de/unterwelten).

↗ **Ballonfahrt** Einen komplett anderen Blick auf die Welt erhält man aus der Luft. Im Ballon lässt es sich besonders ruhig dahingleiten. Nachdem man den Naturpark TERRA vita von oben genossen hat, rundet eine Ballontaufe das Erlebnis ab (www.rehmballooning.de).

↗ **Kalksinterterrassen** In der Noller Schlucht zwischen Melle und Dissen erstrecken sich über 2400 Quadratmeter die größten Kalksinterterrassen Niedersachsens. Sie entstehen dort, wo stark kalkhaltiges Wasser mit Sauerstoff reagiert. Ein 2,5 Kilometer langer Lehrpfad auf Stegen informiert über die Entstehung. Infos: Tel. 0541/501 42 17.

Naturpark Weserbergland

*Naturpark-Geschäftsstelle
Landkreis Hameln-Pyrmont
Süntelstraße 9, 31785 Hameln
Tel. 05151/903 93 07
hameln-pyrmont.de/Naturpark_
Weserbergland
naturpark@hameln-pyrmont.de*

1975 wurde der Naturpark Weserbergland gegründet, der rund 50 Kilometer südwestlich der Landeshauptstadt Hannover liegt. Den Charakter der Region bestimmt der Flusslauf der Weser. Doch im Grunde ist es kaum möglich, von einem Charakter zu sprechen. Viel zu abwechslungsreich sind die Landschaftsformen und Möglichkeiten, die hier direkt nebeneinander liegen. Da gibt es das Naturschutzgebiet Hohenstein mit seiner 40 Meter in die Höhe ragenden Kalksteinwand, Bergzüge, die zum Klettern und Wandern sowie zum Wintersport einladen, Schlösser und Burgen, Deutschlands nördlichste Tropfsteinhöhle, Bergbaustollen und ausgedehnte Laubwälder, die sich im Herbst in einem farbenprächtigen Kleid präsentieren. Von 55 Metern geht es bis auf 441 Meter hinauf, die norddeutsche Tiefebene wird hier allmählich zur Mittelgebirgsregion. Auf Wander-, Rad- und Reitwegen kann der gesamte Naturpark Weserbergland wunderbar durchquert und hautnah erlebt werden. Bäche und Seen, große und kleine Erhebungen und Trocken- sowie Magerrasenflächen wechseln sich dabei ab und sorgen für ständig neue Eindrücke. Der Besucher lernt die Landkreise Schaumburg und Hameln-Pyrmont von ihrer reizvollsten Seite kennen.

Wesertal

Bei Hannoversch Münden fließen Fulda und Werra zusammen, hier entspringt die Weser und der Strom beginnt seinen Weg in die Nordsee. Was gewöhnlich klingt, ist durchaus eine Erwähnung wert. Kein anderer Fluss bleibt nämlich ausschließlich auf deutschem Gebiet. Im Naturpark Weserbergland befindet sich das obere Wesertal. Wer das Bett des Flusses, seine Entstehung und seinen Verlauf auf eine etwas andere Art kennenlernen möchte, sollte das Wesertal-Modell in Petershagen besuchen. Direkt am Fluss, zwischen Weserbrücke und Schloss Petershagen, befindet sich die Installation. Mit Haut und Haar kann man bei einer dreitägigen Schiffstour über die Oberweser in die Region eintauchen. Ebenfalls vom Wasser aus kann man das Wesertal mit dem Kanu erkunden. Viel Muskelkraft und etwas Erfahrung sollte man dafür aber mitbringen, denn teilweise ist die Strömung recht kräftig.

Highlights Der Weserbergland-Weg führt auf 225 Kilome-

Weser bei Pegesdorf im Weserbergland

tern zu den Höhepunkten der Region. Er ist in 13 Etappen aufgeteilt, sodass man sich die Teilstücke aussuchen kann, die zum Naturpark gehören. Bodenwerder mit seinem Münchhausen-Museum gehört sicher dazu (www.muenchhausenland.de; www.weserberglandweg.de).

Outdoor-Aktivitäten Im östlichen Weserbergland wartet eine sportliche Herausforderung, die neben einer guten Kondition auch festes Schuhwerk und Trittsicherheit erfordert. Der Wanderer wird dafür mit spektakulären Weitblicken, Bergkämmen, Felsformationen und Höhlen belohnt. Der komplette Ith-Hils-Weg ist 80 Kilometer lang und ausgesprochen gut beschildert. Man kann Pauschaltouren über die gesamte Strecke buchen oder sich die sieben Etappen auf eigene Faust erschließen (www.weserbergland-tourismus.de).
Im Freizeitpark Steinzeichen reiht sich eine Attraktion an die nächste. Einige davon sind in Gebäuden untergebracht, sodass auch bei Regenwetter keine schlechte Laune aufkommt. Das Zentrum des Geländes ist ein teilweise renaturierter Steinbruch. Der 1250 Meter lange Rundweg führt zu einer Fossiliensammlung inklusive Dinosaurierskelett und in den Medientunnel, einen ehemaligen Transporttunnel des Steinbruchs (www.steinzeichen.de).

Anreise/Unterkunft Anreise über die A2 oder A7, mit der Bahn über Hameln und Löhne nach Rinteln oder Hessisch Oldendorf. Unterkunft: Camping am Waldbad, Tel. 05158/27 74, www.campingamwaldbad.de; Hotel Schaumburger Ritter, Tel. 05152/94 74 60, www.schaumburger-ritter.de.

Oben: Bei dem kleinen Ort Polle führt eine Fähre über die Weser. Wenn im Sommer der Mohn und die Margeriten blühen, verwandelt sich das Weserbergland in eine bunte, duftende Landschaft (links).

+ TIPP + TIPP + TIPP +

↗ **Radfahren** Der Naturpark ist für Radfahrer bestens erschlossen. Vier Rundwege widmen sich jeweils einem Schwerpunktthema. So zum Beispiel die etwa 28 Kilometer lange Route »Rund um den Klüt«: sie beginnt in Hameln und umkreist den 258 Meter hohen Hausberg der Stadt. Über Halvestorf, Groß und Klein Berkel geht es wieder zurück nach Hameln. In Rinteln startet und endet eine 54 Kilometer lange Tour über Exten, Hessisch Oldendorf und Fischbeck, die sich mit Kirchen und Klöstern beschäftigt (www.weserbergland-tourismus.de).

↗ **Schillat-Höhle** 1992 wurde Deutschlands nördlichste Tropfsteinhöhle entdeckt, 2004 wurde sie der Öffentlichkeit als Schauhöhle zugänglich gemacht. Reproduktionen von Felsmalereien, ausgestellte Mineralien und Fossilien, ein Märchenwald aus glitzernden Kristallen und nicht zuletzt ein Blick in die benachbarte Riesenberghöhle machen den Besuch zu einem besonderen Erlebnis. Die Riesenberghöhle selbst ist nicht begehbar. Umso eindrucksvoller ist es, sich eine 3D-Bilder-Schau davon anzusehen. Auch die Aussicht auf den Riesenberg-Steinbruch, die man von einer Terrasse außerhalb der Schillat-Höhle genießen kann, ist beeindruckend (www.schillathoehle.de).

↗ **Totenberg** Ein Kleinod im Landkreis Göttingen ist das Naturschutzgebiet Totenberg. Der Großteil der knapp einen halben Quadratkilometer großen Fläche ist ein naturnaher Wald, für dessen Bewirtschaftung strenge Regeln gelten. Über 150 Jahre alte Buchen säumen majestätisch die Wege, Weißstorch, Eisvogel und Wanderfalke werden hier ebenso gesichtet wie Wildkatzen. Das Gebiet gehört zum Bramwald. Den erwandert man sich am besten ab Bühren. Informationen und Tourenvorschläge zum Herunterladen findet man unter www.dransfeld.de.

↗ **Draisinentour** Ein ungewöhnliches Raderlebnis bieten Touren auf ausgedienten Bahntrassen. Man braucht sich keine Sorgen um die Streckenführung zu machen und kann mit etwas sportlichem Einsatz die hügelige Landschaft und die Fachwerkdörfer betrachten. Kinder können auf der Sitzbank mitfahren oder ab einer Größe von 1,50 Meter auch mitradeln (www.draisinen.de, Tel. 05751/40 39 88).

↗ **Fürstliche Reitstunden** Keinesfalls sollte man das Schloss Bückeburg versäumen, den Sitz des Fürstenhauses Schaumburg-Lippe. Auch die dazugehörige Hofreitschule ist zu besichtigen. Wer mag, kann hier sogar reiten lernen (www.schlossbueckeburg.de).

Radeln lässt sich auch zwischen den Rapsfeldern rund um Tuchtfeld (rechts).

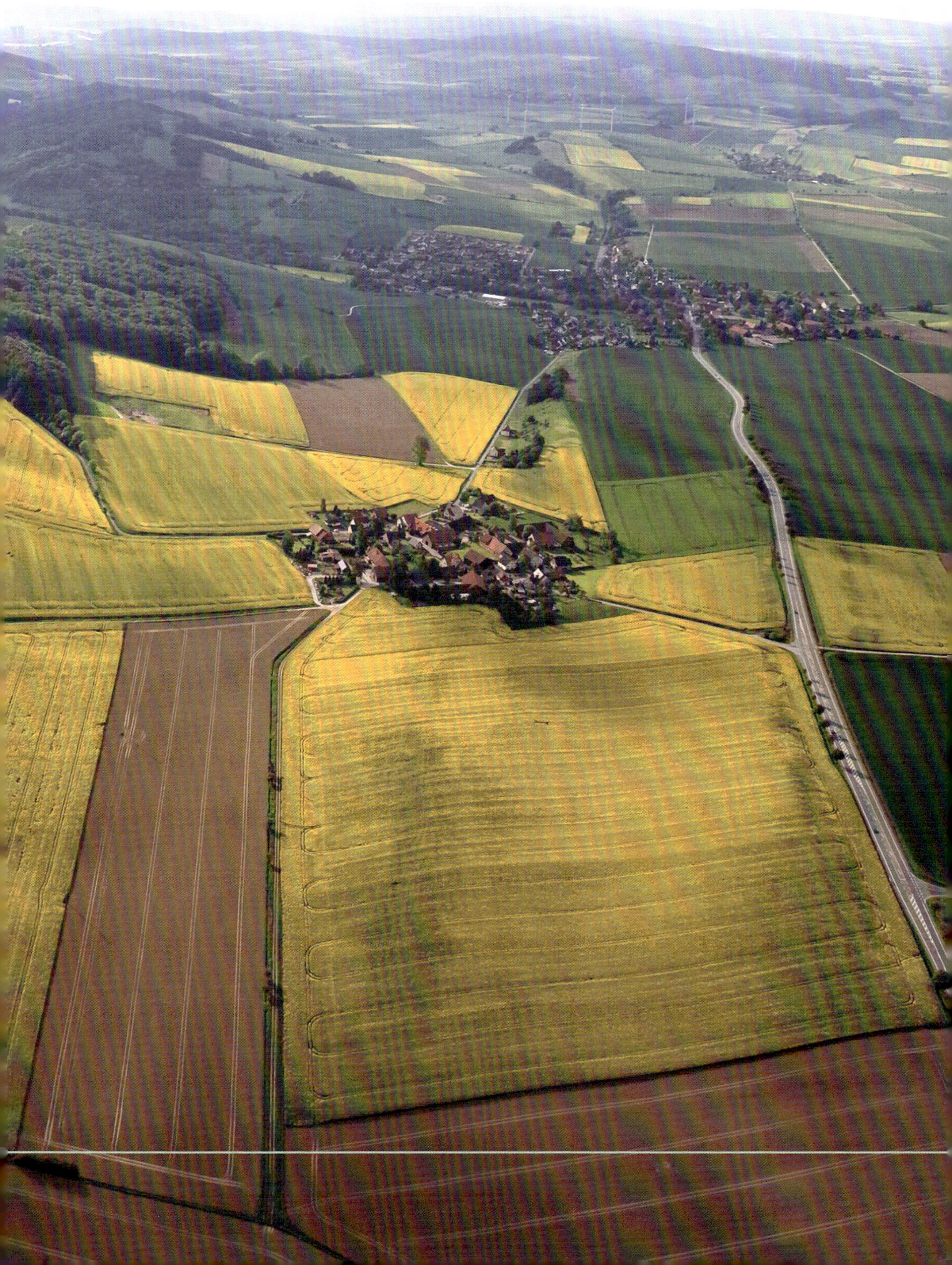

Naturpark Harz

*Regionalverband Harz e.V.
Hohe Straße 6
06484 Quedlinburg
Tel. 03946/964 10
www.harzregion.de
rvh@harzregion.de*

Der Naturpark Harz in Niedersachsen ist einer von vier rechtlich eigenständigen Naturparks im Harz. Zwei davon liegen in Sachsen-Anhalt, ein dritter in Thüringen. Der Naturpark auf niedersächsischem Gebiet ist der älteste der vier. Er wurde bereits 1960 gegründet, die anderen folgten erst ab 2003. Mit ungefähr 800 Quadratkilometern Fläche ist er der zweitgrößte Naturpark im Harz. Er reicht von Goslar im Nordwesten bis nach Osterode im Südwesten und grenzt im Osten an den Nationalpark Harz. Das Gelände steigt von 200 bis auf 970 Meter über Normalnull an und bietet durch diese Höhenunterschiede sehr abwechslungsreiche Landschaftsformen und einen außergewöhnlichen Artenreichtum. Sanfte Hänge, verwunschene Flusstäler und Seen findet man ebenso wie schroffe Felsformationen, rauschende Bäche, tiefe Höhlen und dunkle Wälder. Im Naturpark finden zahlreiche, zum Teil bedrohte Arten einen Lebensraum. Der Luchs konnte erfolgreich wieder angesiedelt werden. Wasseramseln und Gebirgsstelzen fühlen sich an den schnell dahinfließenden Gewässern wohl, und auch der Feuersalamander findet im Naturpark beste Bedingungen vor. Ein gut ausgeschildertes Netz mit mehr als 4000 Kilometern an Wanderwegen erschließt die Region für ihre Besucher.

Okertal

Es soll das schönste Tal im Westharz sein. So behaupten es zumindest die Wanderer und Kletterer, die die bizarren Felsformationen im Tal bestaunen oder zu bezwingen suchen. Das Okertal befindet sich zwischen Altenau und Oker, einem Ort am nördlichen Rand des Harzes. Die Oker hat sich hier im Laufe von Millionen von Jahren tief in den Fels eingegraben und eine beeindruckende Schlucht geschaffen. Bevor man in diesen Teil des Tals gelangt, muss man von Altenau aus zuerst die Okertalsperre passieren. Hinter einer 67 Meter hohen Staumauer werden

Millionen Kubikmeter Wasser zurückgehalten. Der lang gestreckte Stausee beansprucht fast die Hälfte des Okertals für sich. Hinter der Talsperre schlängelt sich der Fluss in beachtlichem Tempo am Fuße steiler Klippen und dicht bewaldeter Hänge entlang. Von Romkerhall führt ein beliebter Wanderweg an riesigen Granitblöcken vorbei, die durch die sogenannte Wollsackverwitterung entstanden sind. Besonderes Merkmal dieser Verwitterungsart sind die abgerundeten Kanten, die die Felsen wie riesige Kissen oder gestapelte Matratzen aussehen lassen. An vielen Stellen bietet sich von den Klippen ein atemberaubender Blick auf das Tal und das nördliche Harzvorland.

Großes Bild oben und linke Seite: Die Oker durchfließt das nach ihr benannte Tal. Bilder links und oben: Adler- und Feigenbaumklippe sind beliebte Kletterfelsen im Okertal.

55

Romkerhaller Wasserfall

Der künstlich angelegte Wasserfall rauscht fast 70 Meter in die Tiefe. Angelegt wurde er 1863 von König Georg V. von Hannover, der hier sein Jagdrevier hatte. Er ließ auch das Haus errichten, in dem sich heute das Hotel »Königreich Romkerhall« befindet. Der Wasserfall wird vom Flüsschen Romke gespeist und fließt nach seinem Sturz in die Oker. In besonders kalten Wintern ist er ein beliebtes Ausflugsziel für Eiskletterer.

Radau-Wasserfall

Der 22 Meter hohe, künstlich angelegte Wasserfall macht zwar reichlich Lärm, namensgebend war das laute Geräusch allerdings nicht. Vielmehr wurde er nach dem Flüsschen Radau benannt, das ihn speist. Betont wird der Name übrigens auf der ersten Silbe. Es gibt ihn seit 1859. Er wurde im Jahr 1859 von der Herzoglich-Braunschweigischen Eisenbahngesellschaft angelegt, um Kurgäste in die Region zu locken. Auch heute besuchen jedes Jahr zahlreiche Touristen den markanten Wasserfall bei Bad Harzburg.

Einhornhöhle

Benannt wurde die Höhle, die vor über drei Millionen Jahren entstand, nach dem gleichnamigen Fabelwesen. Grund dafür waren zahlreiche Knochenfunde, die man bis ins 17. Jahrhundert für Einhornknochen hielt. Es handelte sich jedoch tatsächlich um die fossilen Überreste von Höhlenbären, -löwen und Wölfen. Mit über 600 Metern erschlossenen Gängen ist die Einhornhöhle die größte begehbare Höhle im Westharz. Sie kann selbst mit Kinderwagen und Rollstuhl erkundet werden (www.einhornhoehle.de).

Wurmberg

971,2 Meter Höhe reichen aus, um den Wurmberg zum höchsten Berg Niedersachsens zu machen. Betrachtet man den gesamten Harz, rückt er hinter dem Brocken an die zweite Stelle. Auf dem Gipfel befindet sich die Wurmbergschanze, die auch als Aussichtsturm dient. Gegen eine geringe Gebühr kann man den großartigen Blick hinüber zum Brocken und in das Umland genießen. Interessant sind auch die Hexentreppe und die alten Steinanlagen am Gipfel, bei denen es sich vermutlich um eine germanische Kultstätte handelte.

Highlights Das Silbererzbergwerk Grube Samson in Sankt Andreasberg besitzt heute die einzige betriebsbereite Fahrkunst weltweit. Die Anlage ermöglichte es den Bergleuten, schneller in die Grube einzufahren. Dauerte das Hinabsteigen sonst Stunden, konnte der Weg in den Berg nun in 45 Minuten zurückgelegt werden. Im Bergwerksmuseum ist Bergbautechnik, teilweise im Originalzustand, aus den letzten Jahrhunderten zu bestaunen. Besonders beeindruckend sind die beiden hölzernen Wasserräder mit Durchmessern von neun bzw. zwölf Metern. Das Kehrrad förderte das Erz nach oben, das größere Kunstrad betrieb die Fahrkunst (www.harzer-roller.de/grube/de/frames/text.html).

Outdoor-Aktivitäten Der Harz ist eine gewachsene Wanderregion, zieht aber auch immer mehr Radfahrer an. Ein gut ausgeschildertes Rad- und Wegenetz erleichtert die Orientierung. Informationen zu Touren gibt es unter www.outdooractive.com.

Anreise/Unterkunft Anreise von Norden kommend nach Goslar über die B82, von Süden nach Osterode über die B241 bzw. 243.
Unterkunft: Schiefer-Hotel, Markt 6, Goslar, Tel. 05321/382 27 00, www.schiefer-erleben.de; Hotel Zum Röddenberg, Steiler Ackerweg 6, Osterode am Harz, Tel. 05522/905 40, www.hotel-zum-roeddenberg.de.

+ TIPP + TIPP + TIPP +

↗ **Harzer Dolomiten** An der Einhornhöhle beginnen drei Rundwege. Mit einer Länge von 900 Metern bis zu 10,5 Kilometern sind sie für Kinder, Spaziergänger oder Wanderer geeignet. Entlang dieser »Natur-Live-Wege« befinden sich etwa 60 Informationstafeln und Erlebnisinstallationen, die auf die Besonderheiten des Kalkbuchenwalds, seine Artenvielfalt und die als »Harzer Dolomiten« bezeichneten regionalen Gesteinsvorkommen hinweisen.

↗ **Liebesbankweg** Einer der schönsten Wanderwege im Naturpark ist der sogenannte »Liebesbankweg«. Die sieben Kilometer lange Strecke, die an 25 Liebesbänken entlang führt, ist der erste ausgezeichnete Premiumweg im Harz. Der abwechslungsreich gestaltete Rundkurs beginnt an der Stabkirche in Goslar-Hahnenklee. Über Bocksberg und Auerhahn geht es zur Oberharzer Wasserwirtschaft und zurück. Entlang des Weges befinden sich außerdem ein Wasserspielplatz und ein Wassertretbecken (www.liebesbankweg.de).

↗ **Försterstieg** Wesentlich anspruchsvoller ist die Wanderung auf dem Försterstieg. Er verläuft auf einer Strecke von 60 Kilometern quer durch den Naturpark Harz. Von Goslar wandert man über Wolfshagen, Lautenthal und Bad Grund Richtung Clausthal-Zellerfeld, bevor es in südlicher Richtung nach Osterode geht. Der Weg führt durch die verschiedenen Lebensräume des Oberharzes: Wälder, Hochebenen und Flüsse. Neben Ausblicken auf die Landschaft gibt es auch Einblicke in das »Menschenwerk« der Region: Bergbaustädte und gleich drei Talsperren (Granetal-, Innerste-Talsperre, Sösetalsperre) sind unterwegs zu bestaunen. Teile des neu angelegten Försterstiegs verlaufen auf dem historischen Weg »Innerste-Rennstieg«, der bereits in der Bronzezeit für den Transport von Waren genutzt wurde. Geübte Wanderer schaffen die Strecke in vier Etappen. Wer es gemütlicher angehen möchte, sollte sich die Route in kleinere Abschnitte unterteilen.

↗ **Iberger Höhle** Sehenswert ist die Iberger Tropfsteinhöhle bei Bad Grund. Bergleute entdeckten sie wahrscheinlich schon im 16. Jahrhundert, eine erste Beschreibung stammt aus dem 18. Jahrhundert. Erstaunlich ist, dass die Höhle aus einem Korallenriff entstanden ist, das sich vor 350 bis 250 Millionen Jahren dort befand und mit der Auffaltung des Gebirges nach oben schob. Neben den Höhlen, die im Rahmen einer Führung zu besichtigen sind, zeigt das Museum am Berg interessante Höhlenfunde (www.hoehlen-erlebnis-zentrum.de).

↗ **Wurmberg** Von Braunlage fährt eine moderne Kabinenbahn in zwei Abschnitten auf den Wurmberg. Seit 2014 geht es mit einer Sesselbahn vom Hexenritt bis auf den Gipfel. Im Winter sind bis zu zwölf Pisten in Betrieb und bieten Abfahrten in einer Gesamtlänge von 12,5 Kilometern. Zusätzlich zum alpinen Skivergnügen gibt es ein Freestyle-Gelände, eine Rodelbahn, eine Snowtubing-Area und Langlaufloipen.

↗ **Hochseilvergnügen** Mehrere Hochseilgärten laden zu schwindelerregenden Abenteuern ein. In luftiger Höhe führt der Weg über Seile, Stämme und Balken. Die eigenen Grenzen ausloten kann man im Hochseilpark SKYROPE in Bad Harzburg (www.skyrope.de) und in Sankt Andreasberg (www.bergsport-arena.de).

↗ **Vogelperspektive** Wer den Naturpark Harz einmal aus einer völlig anderen Perspektive erleben möchte, kann als Gast an einem Motor- oder Segelflug teilnehmen. Der Luftsportverein Goslar e.V. (www.segelfliegen-goslar.de) bietet Rundflüge und Schnupperkurse an.

↗ **Kanu- und Kanadiertouren auf der Oker** Die wilde Oker bietet sich für abwechslungsreiche Bootstouren an, dabei gibt es Abschnitte mit unterschiedlichen Schwierigkeitsgraden. Beim Anbieter Canadier-Touren (www.bootstouren.de) kann man Kanadier für 2–10 Personen für Tages- und Mehrtagestouren mieten.

Großes Bild links: Besucher betreten den Eingang der Einhornhöhle. Kleines Bild links: Romkerhaller Wasserfall; kleines Bild rechts: Radau-Wasserfall. Oben: Kanufahrer wagen sich durch die Stromschnellen der Oker.

Nationalpark Harz

Nationalparkverwaltung Harz
Lindenallee 35
38855 Wernigerode
Tel. 03943/550 20
www.nationalpark-harz.de
info@nationalpark-harz.de

Fast zehn Prozent des Harzes nimmt der Nationalpark rund um den höchsten Berg, den 1141 Meter hohen Brocken, ein. Das Gebiet, in dem die Natur weitestgehend sich selbst überlassen bleibt, liegt zwischen Bad Harzburg und Ilsenburg im Norden und zieht sich über den Brocken bis nach Herzberg im Süden. Die ursprüngliche Natur und unterschiedliche Landschaftsformen machen die Region für Wanderer und Naturfreunde, aber auch für Wintersportler attraktiv. Von baumlosen, nebelverhangenen Berghängen über tiefe Moore bis hin zu romantischen Flussläufen reichen die Natur- und Lebensräume. Einige Pflanzen wie das Brockenhabichtskraut und die Brockenanemone sind nur auf diesem Berg zu finden. Zu bewundern sind sie neben 1800 anderen Pflanzenarten im Botanischen Garten auf dem Brocken, dem Brockengarten. Die einmalige Sammlung beherbergt bedrohte und seltene Gewächse aus allen Hochgebirgen der Erde. Im Nationalpark sind Wanderfalken und Wildkatzen heimisch, Luchse und Auerhähne können in Tiergehegen beobachtet werden. Thematische Wanderwege, oft mit Erlebnisstationen, laden zur Erkundung des Parks auf eigene Faust ein. Die Ranger des Nationalparks bieten aber auch regelmäßig Führungen, Entdeckertouren, Vorträge und Seminare an.

Rabenklippe

Die mächtigen Granitsteine der Rabenklippe erheben sich 200 Meter über das Eckertal. Schon im 19. Jahrhundert war die

Klippe ein beliebtes Ausflugsziel. 1874 baute man deshalb für Wanderer eine Unterstandhütte. An ihrem Platz befindet sich heute ein Waldgasthaus. Bei einer Gesamthöhe von ungefähr 550 Metern über dem Meeresspiegel hat man von der Klippe, die teilweise über Steinstufen begehbar ist, einen guten Blick auf den Brocken und den Ort Torfhaus.

Torfhaus

Wenige Kilometer östlich von Altenau und südlich von Bad Harzburg liegt Torfhaus, die mit 812 Meter höchste Siedlung Niedersachsens. Früher war der Ort ein Symbol für die deutsche Teilung. Von dort hatte man einen guten Blick auf den Brocken, der unerreichbar auf der anderen Seite der innerdeutschen Grenze lag. Der Tourismusort bietet heute zahlreiche Unterkünfte, Lokale und Sportmöglichkeiten und ist Ausgangspunkt für viele Rad- und Wandertouren.

Oderteich

Der Oderteich wurde zwischen 1715 und 1722 von Bergleuten aus Sankt Andreasberg errichtet. Das angestaute Wasser reichte aus, die Fahrkünste der umliegenden Gruben auch noch nach monatelanger Trockenheit zu betreiben. Heute wird das Wasser des Teichs zur Stromerzeugung genutzt. Er ist das größte Gewässer seiner Art im Oberharz und gehört zum UNESCO-Weltkulturerbe Oberharzer Wasserwirtschaft. Ein schöner, vier Kilometer langer Wanderweg führt um den Oderteich herum.

Großes Bild oben: Die Granitfelsen der Rabenklippe bieten einen grandiosen Ausblick auf den Brocken und die umliegende Landschaft des Nationalparks Harz. Rund um das Gebiet des Oderteichs warten zahlreiche Wanderwege und kleine Bachläufe auf Naturfreunde (kleine Bilder links).

UNESCO-Weltkulturerbe Oberharzer Wasserwirtschaft

Bergbau und Wasser gehören zusammen. Ohne die Harzer Teiche und das ausgeklügelte System von Sperren und Staustufen hätte sich der Bergbau hier nicht so erfolgreich entwickeln können. Wasser trieb die Räder in den Gruben an, mit deren Hilfe man das Erz aus der Tiefe nach oben befördern und einströmendes Wasser abpumpen konnte. Erdacht und geschaffen wurde das System von Zisterziensermönchen. Heute zählen 107 historische Teiche, 310 Kilometer Gräben und 31 Kilometer Wasserläufe zur Oberharzer Wasserwirtschaft, die 2010 in die Liste des Weltkulturerbes aufgenommen wurde. Das Gebiet lässt sich auf eigene Faust auf einem der 22 »Wasser-WanderWege« erkunden.

Der Untere Bodefall ist ein lohnendes Wanderziel von Braunlage aus.

Rappbodestausee und Oberes Bodetal

Mit 106 Metern Höhe besitzt die Rappbodetalsperre die höchste Staumauer Deutschlands. Das 1959 in Betrieb genommene Sperrwerk befindet sich im Unterharz im Naturpark Harz/Sachsen-Anhalt bei Wendefurth. Direkt auf der Mauerkrone verläuft die Landesstraße 96, von der aus man einen herrlichen Blick auf den Stausee hat. Dieser Blick zieht scharenweise Touristen an. Wem das nicht genug ist, der kann in der längsten Doppelseilrutsche Europas über die Talsperre gleiten.

Highlights Früher lebten Luchse im Harz. 1818 erschoss man dort das letzte frei lebende dieser Tiere. Seit 2000 bemüht man sich, die Katze mit den Pinselohren wieder anzusiedeln. 24 Exemplare wilderte man aus. In freier Wildbahn sind die scheuen Tiere allerdings kaum zu beobachten. Deshalb entschloss man sich, ein Gehege anzulegen, damit Besucher die Chance haben, die Luchse zu beobachten. Zwei Paare leben derzeit auf dem Gelände. Von April bis November werden öffentliche Luchsfütterungen durchgeführt, bei denen über die Tiere und das Auswilderungsprogramm informiert wird. Das Luchsgehege befindet sich bei Bad Harzburg an der Rabenklippe und ist mit öffentlichen Verkehrsmitteln gut zu erreichen.

Outdoor-Aktivitäten Mountainbiken im Harz: Die Volksbank-Arena Harz vereinigt 74 ausgeschilderte Routen verschiedener Länge und Schwierigkeitsgrade. Viele Routen führen über Torfhaus und durch das Nationalparkgebiet. Informationen zu den Strecken gibt es unter www.oberharz.de. Dort kann man sich die gewünschte Tour mit Karte und Beschreibung auch herunterladen.

Anreise/Unterkunft Anreise zum Torfhaus über die B4 zwischen Bad Harzburg und Braunlage. Großparkplatz am Nationalpark-Besucherzentrum. Unterkunft: Jugendherberge Torfhaus, Nr. 3, Torfhaus, Tel. 05320/242, www.jugendherberge.de; Hotel »Der Kräuterhof«, Drei Annen Hohne 104, Drei Annen Hohne/Schierke, Tel. 039455/840, www.hotel-kraeuterhof.de

+ TIPP + TIPP + TIPP

↗ **Nordic Walking** In Sankt Andreasberg beginnen drei ausgeschilderte Walkingtouren in verschiedenen Schwierigkeitsgraden am Kurhaus. Die Strecken sind identisch mit den Heilklima-Wanderwegen. Die leichte Panorama-Route ist 3,6 Kilometer lang, die mittelschwere Tour 7,8 Kilometer. Nimmt man den Höhenweg rund um die Bergstadt, sind 14 Kilometer zu bewältigen.

↗ **Das TorfHaus** Das Nationalpark-Besucherzentrum »TorfHaus« informiert über die Entstehung der Moore, die Bedeutung der ehemaligen innerdeutschen Grenze, das sogenannte Grüne Band, für die Tierwelt des Nationalparks und die verschiedenen Lebensräume. Im Außengelände bietet ein »WaldWandelPfad« zusätzliche Informationen und Erlebnisse. Das Nationalparkhaus führt regelmäßig Exkursionen und thematische Führungen durch.

↗ **Löwenzahn-Entdeckerpfad** Bei Drei Annen Hohne können Kinder und ihre Eltern auf Entdeckungstour gehen und herausfinden, was Ameisen, Eulen und Spinnen so treiben. Der Pfad schlängelt sich an vielen verschiedenen Stationen vorbei, an denen gespielt, entdeckt und erlebt werden kann. Es gibt etwa einen Barfußpfad, eine Hör-Eule und ein Waldmemory.

↗ **Wintersport** Gute Möglichkeiten für Wintersportler bieten sich gleich an mehreren Orten im Nationalpark. In Torfhaus findet man einen Ski- und Rodelhang. Sonnenberg verfügt sogar über vier Abfahrts-Skipisten, und auch Rodler kommen hier nicht zu kurz. Man kann außerdem an der Molkenhaus-Chaussee bei Bad Harzburg Schlitten fahren. Natürlich immer vorausgesetzt, es liegt überhaupt Schnee.

↗ **Brocken-Wanderung** Am Torfhaus beginnt die acht Kilometer lange ausgeschilderte Wanderung »Auf dem Goetheweg zum Brocken« sowie die 4,5 Kilometer-Tour »Rund um das Große Torfhausmoor«. Unter www.nationalpark-harz.de steht ein Download der Touren zur Verfügung. Der Nationalpark Harz bietet außerdem zahlreiche geführte Wanderungen mit den Nationalpark-Rangern an.

Malerisch schön liegt der Rappbodestausee im Abendlicht (oben). Der See hinter der hohen Rappbodetalsperre ist acht Kilometer lang und knapp vier Quadratkilometer groß. Rechts: Der Hochmoor-Wanderweg ist einer der vielen Wege zum Brocken und führt am TorfHaus vorbei.

Die Kreidefelsen im Nationalpark Jasmund auf der Insel Rügen in der Dämmerung

Mecklenburg-Vorpommern

Sandstrände, Steilküsten, Nehrungen, Buchten, Bodden, im Hinterland ausgedehnte Laubwälder und Tausende von Mooren und Seen – in Mecklenburg-Vorpommern ist die Landschaft noch über weite Strecken naturbelassen. Im östlichen Teil des Küstenabschnitts, in Vorpommern, liegen die beiden größten deutschen Inseln, Rügen und Usedom. Berühmt ist Rügen für seine Kreidefelsen, die Caspar David Friedrich 1818 so eindrucksvoll verewigte.

Nationalpark Vorpommersche Boddenlandschaft

*Nationalparkamt Vorpommern
Im Forst 5, 18375 Born (Darß)
Tel. 038234/50 20
www.nationalpark-vorpommersche-boddenlandschaft.de
poststelle@npa-vp.mvnet.de*

Von der Halbinsel Darß-Zingst zieht sich der größte Nationalpark von Mecklenburg-Vorpommern bis zur Westküste Rügens. Zu rund 680 Quadratkilometern Wasserfläche gesellen sich etwa 125 Quadratkilometer auf den Inseln und an den Küsten des Festlandes. Schon im frühen 20. Jahrhundert wurden in dieser Region Naturschutzgebiete ins Leben gerufen. Im Oktober 1990 wurde der Nationalpark offiziell gegründet. Neben dem Bodden selbst finden sich hier Dünen und Strände, Nehrungen und Seen. Es gibt Steil- und Flachküsten und urtümliche Waldgebiete. Kiefern, Rotbuchen, Erlen und Birken prägen das Bild vieler Gehölze. Nirgendwo sonst in Mitteleuropa rasten so viele Kraniche, wie es hier der Fall ist. Überhaupt bietet sich Vogelfreunden hier ein Paradies. Über 100 Arten von Wasser- und Watvögeln können beobachtet werden, darunter die Bekassine. Man erkennt sie an ihrem meckernden Gezwitscher, das ihr den Spitznamen »Himmelsziege« eingetragen hat. In den Salzwiesen und dem Schilf fühlen sich zahlreiche Insekten wohl, in den von der Ostsee abgetrennten Boddengewässern findet man Barsche, Zander und auch Aale. Die vielen hübschen Orte der Gegend sind nicht Bestandteil des Nationalparks.

Die Sumpflandschaft eines Erlenbruchs prägt einen Teil des Nationalparks.

Darßwald

Der 58 Quadratkilometer große Darßwald, auch Darßer Urwald genannt, beansprucht den größten Teil der Halbinsel, die ihm den Namen gab. Über 30 Wanderwege kreuzen sich hier. Wer auf ihnen unterwegs ist, wird sich nur schwer vorstellen können, dass die Gegend einst intensiv bewirtschaftet wurde. Nachdem viele Bäume geschlagen wurden, überwog Heidelandschaft. Förster haben dann Douglasien, Fichten und auch Europäische Lärchen gepflanzt. Lange wurde hier gejagt. Dafür eigens angesiedelte Wisente sind inzwischen verschwunden. Heute hat das Rot- und Schwarzwild nichts mehr zu befürchten. Auch Eichhörnchen gibt es reichlich, und mit etwas Glück sieht man eine Kreuzotter. Verschiedene Spechtarten erfüllen die Luft mit ihren typischen Klopfgeräuschen. Außerdem sind hier Zwergschnepper und Karmingimpel zu Hause. Am besten lässt sich der Wald auf dem Rundweg, der teilweise über Holzbohlen führt, erleben.

Großes Bild: Auf den Dünen am Darßer Ort, der Landzunge im Norden der Halbinsel, wächst Strandhafer. Bilder linke Seite: Gewitterwolken und Küstenwald am Darßer Weststrand.

Hiddensee

Hiddensee ist überschaubar und doch die größte Insel im Nationalpark Vorpommersche Boddenlandschaft. Sie ist starker Bodenbewegung ausgesetzt. Sand wird im Westen an der Steilküste des Dornbuschs abgetragen und ostwärts getrieben. Dort hat er zwei Landzungen geschaffen, Nehrungshaken genannt, den Alten und den Neuen Bessin. Der neue Teil ist den Menschen nicht zugänglich, sondern ist ausschließlich den Wat- und Wasservögeln vorbehalten, die hier brüten und rasten. Er legt jedes Jahr um rund 40 bis 50 Meter zu. Der Altbessin ist etwa 400 Jahre alt und wächst seit geraumer Zeit nicht mehr. Man darf ihn betreten, Fahrräder sind allerdings nicht erlaubt. Man erreicht den Sandhaken über den Weg Richtung Enddorn. Geht man den Pfad zwischen Wiesen hindurch zum Ende, erreicht man eine Hütte, von der aus sich die Vögel auf dem Neuen Bessin sehr gut beobachten lassen. Pro Strecke sollte man mindestens eine Stunde einplanen.

Weitere Highlights Neben Vögeln und Wild gibt es weitere Tiere, die recht regelmäßig zu Gast im Nationalpark sind. Schweinswale lassen sich zwar nur selten sehen. Dafür kann man Seehunde und Kegelrobben häufiger beobachten. Für Fledermäuse, etwa Abendsegler oder Rauhautfledermaus, findet sich in den vielen Wäldern und abgestorbenen Bäumen reichlich Nahrung und Quartier. Kreuzottern begegnet man gerade in Gras- und Wiesenlandschaften immer wieder.

Outdoor-Aktivitäten Der Nationalpark ist groß und vielfältig. Einer seiner Stars ist ohne Zweifel der Kranich. Im Herbst kommt er in Scharen, aber auch im Frühjahr sind die eindrucksvollen Vögel über Norddeutschland unterwegs. In Groß Mohrdorf nördlich von Stralsund gibt es ein Kranich-Informationszentrum mit interessanter Ausstellung. Dies ist auch eine gute Adresse für Vorträge und vor allem für Exkursionen. Besondere Höhepunkte sind die Woche des Kranichs und organisierte Fotoexkursionen (www.kraniche.de).

Anreise/Unterkunft Anreise über die A20 und B105, per Bahn nach Ribnitz-Damgarten oder Rügen. Hiddensee ist per Schiff ab Stralsund oder Schaprode auf Rügen erreichbar. Unterkunft: Hotel Post Hiddensee Appartements, www.hotel-post-hiddensee.de; Jugendherberge und Zeltplatz, Born-Ibenhorst, Darß, www.born-ibenhorst.jugendherberge.de; Arcona Hotel Baltic, Stralsund, www.baltic.arcona.de.

Schöne Ausblicke auf Hiddensee: Grieben und Vitter Bodden

Großes Bild: Der Leuchtturm Dornbusch von Hiddensee. Rechts: Segelregatta auf dem Greifswalder Bodden.

+ TIPP + TIPP + TIPP +

↗ **Sundische Wiese und Hohe Düne** Wer auf der Suche nach absoluter Ruhe und beeindruckender Natur ist, sollte sich auf den Weg zum Aussichtsturm von Pramort machen. Mit dem Rad geht es vom Zingster Hafen auf dem Deich entlang. Der Blick auf die Boddenlandschaft ist absolut lohnend. Am Informationszentrum Sundische Wiese sollte man eine kurze Rast einplanen. Hier erfährt man einiges über die wechselvolle Geschichte des Landstriches, die von bäuerlicher Nutzung bis zum Schieß- und Bombenabwurfübungsplatz reicht. Weiter geht es in Richtung Hohe Düne, die bis zu 13 Meter hoch ist. Das letzte Stück muss man zu Fuß gehen. Vom hölzernen Turm hat man einen guten Blick auf die Insel Werder und das Windwatt. So nennt man den Boden, der aufgrund der Windverhältnisse ab und zu trocken fällt, als gäbe es hier Ebbe und Flut.

↗ **Ummanz** Westlich von Rügen liegt im Bodden das Inselchen Ummanz. Wiesen und Äcker recken sich kaum höher als drei Meter aus dem Wasser. Die Bevölkerung besteht traditionell aus Fischern und Landwirten. In Freesenort, einem alten Fischerdorf, kann man noch heute ein Hallenhaus im Zuckerhutstil und weitere historische Gebäude bewundern. Südlich des Ortes liegt die unbewohnte Insel Heuwiese. Dort kann man Möwen, Enten und Kormorane beim Brüten beobachten.

↗ **Surfen und Kiten** Zwischen den Inseln Hiddensee und Ummanz liegt eines der beliebtesten Surf- und Kite-Reviere der gesamten Region. In Suhrendorf kann man sich Material leihen oder auch Kurse belegen, um die ersten Versuche auf dem Brett zu unternehmen (Windsurfing-Rügen, Tel. 038305/822 40).

↗ **Kajaktour** Wasser ist das bestimmende Element des Nationalparks. Wer sportlich auf Entdeckungstour gehen möchte, sollte in ein »Einerseekajak« steigen. Damit lassen sich sowohl die Boddengewässer als auch die Ostsee erpaddeln. Ausrüstung inklusive einer Tourbegleitung für Neulinge und Geübte unter www.darss-tour.de.

↗ **Bodden-Radtour** Dass die Gegend neben Natur auch Kunst und Kultur zu bieten hat, kann man auf einer rund 25 Kilometer langen Rundtour über die Halbinsel Darß erleben. Start und Ziel ist das Ostseebad Ahrenshoop, genauer gesagt der Althäger Hafen. Über den Boddenweg geht es nach Born, wo die Häuser Reetdächer tragen und sich mit besonders hübschen Haustüren schmücken. Sowohl die Fischerkirche in Born als auch die Schifferkirche in Ahrenshoop, wohin es nach Durchqueren des Darßer Waldes geht, sollte man sich unbedingt ansehen. Übersichtskarte und mehr Informationen finden sich unter www.fischland-darss-zingst.net.

67

Nationalpark Jasmund

Nationalpark Jasmund
Stubbenkammer 2a
18546 Sassnitz
Tel. 038392/350 11 22
www.nationalpark-jasmund.de
poststelle@npa-vp.mvnet.de

Im Nordosten der Insel Rügen wurde im September 1990 Deutschlands kleinster Nationalpark gegründet. Er liegt auf der Halbinsel Jasmund, deren Namen er trägt und zieht sich von Lohme nach Sassnitz an der Küste entlang. Die Ausdehnung in das Inselinnere schließt vor allem die Kreideabbaugebiete, etwa bei Wittenfelde, ein. Neben den berühmten Kreidefelsen, die sich beinahe 120 Meter über die Ostsee erheben, hat der Park einen weiteren Höhepunkt zu bieten, nämlich einen der größten zusammenhängenden Buchenwälder der Küste. Auch zahlreiche Bäche, Moore und sogar kleine Wasserfälle sind hier zu entdecken. Die Pflanzenwelt ist überaus vielfältig. So gedeihen an den Steilküsten verschiedene Orchideen, im Moor sind Wollgras, Sonnentau und seltene Moose zu Hause. Ungewöhnlich ist auch die Vegetation der Strandflächen. Dort wachsen Salzmiere und -binse. So klein das Parkgebiet sein mag, so reich ist es an Tieren, die hier leben. In den feuchten Regionen sind es Amphibien, Schlangen und Co. Vor allem Moor-, Spring- und Grasfrosch sind zu nennen, ebenso Ringel- und Glattnatter, Teichmolch, Rotbauchunke und Erdkröte. An den Kreidefelsen brüten Mehlschwalben, im Wald sind es Zwergschnäpper.

Highlights Der sogenannte Königsstuhl ist die Attraktion des Parks. Den besten Blick darauf hat man vom Wasser aus. Touren starten ab Sassnitz. Trotzdem sollte man sich für die Wanderung dorthin entscheiden. Sie führt vom Parkplatz in Hagen vorbei an einem kleinen See, wo früher Torf abgebaut wurde, durch den Buchenwald zum Nationalpark-Zentrum. Dort sollte man sich Zeit für die Ausstellung und eine Multivisionsshow nehmen. Und dann wartet noch die Aussichtsplattform (www.koenigsstuhl.com).

Outdoor-Aktivitäten Ein wildromantisches Erlebnis ist der Fußmarsch vom Königsstuhl über die Stubbenkammer-Straße und über den Schwierenzer Damm sowie Ranzower Damm zum Schloss Ranzow. Hier kann man einkehren oder einfach die idyllische Parkanlage genießen. Dann geht es nach Lohme, wo man versuchen sollte, den Sonnenuntergang im kleinen Seglerhafen zu erleben. Das Ziel ist klar: der Königsstuhl. Wie wäre es, diesen einmal mit einem Lipizzaner-Gespann zu besuchen? Auch ein Ritt durch den Nationalpark Jasmund ist möglich und absolut empfehlenswert (www.perdehof-koenigsstuhl.de). Tiere im Freien gibt es im Tierpark Sassnitz zu sehen. Darunter sind Wölfe, Wildschweine, Rehe und Schwäne (www.tierpark-sassnitz.de).

Anreise/Unterkunft Anreise über die A11 oder A20 und B96 in Richtung Sassnitz, per Bahn über Stralsund oder Binz mit der Regionalbahn nach Sassnitz.
Unterkunft: Krüger Naturcamping, Lohme, Tel. 038302/92 44, www.ruegen-naturcamping.de; Blockhausferien, Zirmoisel, Tel. 03838/31 59 99 99, www.blockhausferien-ruegen.de; Pension Fährblick, Sassnitz, Tel. 038392/22901, www.faehrblick.de.

Bilder oben und links: Der Kreidefelsen der Halbinsel ist der Höhepunkt des Nationalparks. Mehr als hundert Meter ragen die Felsen an der Küste auf. Doch sie sind ein fragiler Schatz. Immer wieder brechen große Teile ab.

Caspar David Friedrich:

Die Kreidefelsen von Rügen

Caspar David Friedrich (1774 bis 1840) verewigte 1818 das Wahrzeichen der Insel auf dem Gemälde »Kreidefelsen auf Rügen«. Häufig werden die dargestellten Berge für die Wissower Klinken gehalten, doch die existierten zur Entstehungszeit des Kunstwerks noch nicht, sondern haben sich erst später herausgebildet bzw. wurden erst später durch Erosion freigelegt. Der Maler, der Personen häufig von hinten abbildete, wurde in Greifswald geboren. Es lohnt ein Besuch im dortigen »Caspar David Friedrich-Zentrum«. Neben einer interessanten Ausstellung, einer Galerie und dem kleinen Laden sollte man sich unbedingt die alte Seifensiederei ansehen, die der Vater des Künstlers betrieben hatte (www.caspar-david-friedrich-gesellschaft.de).

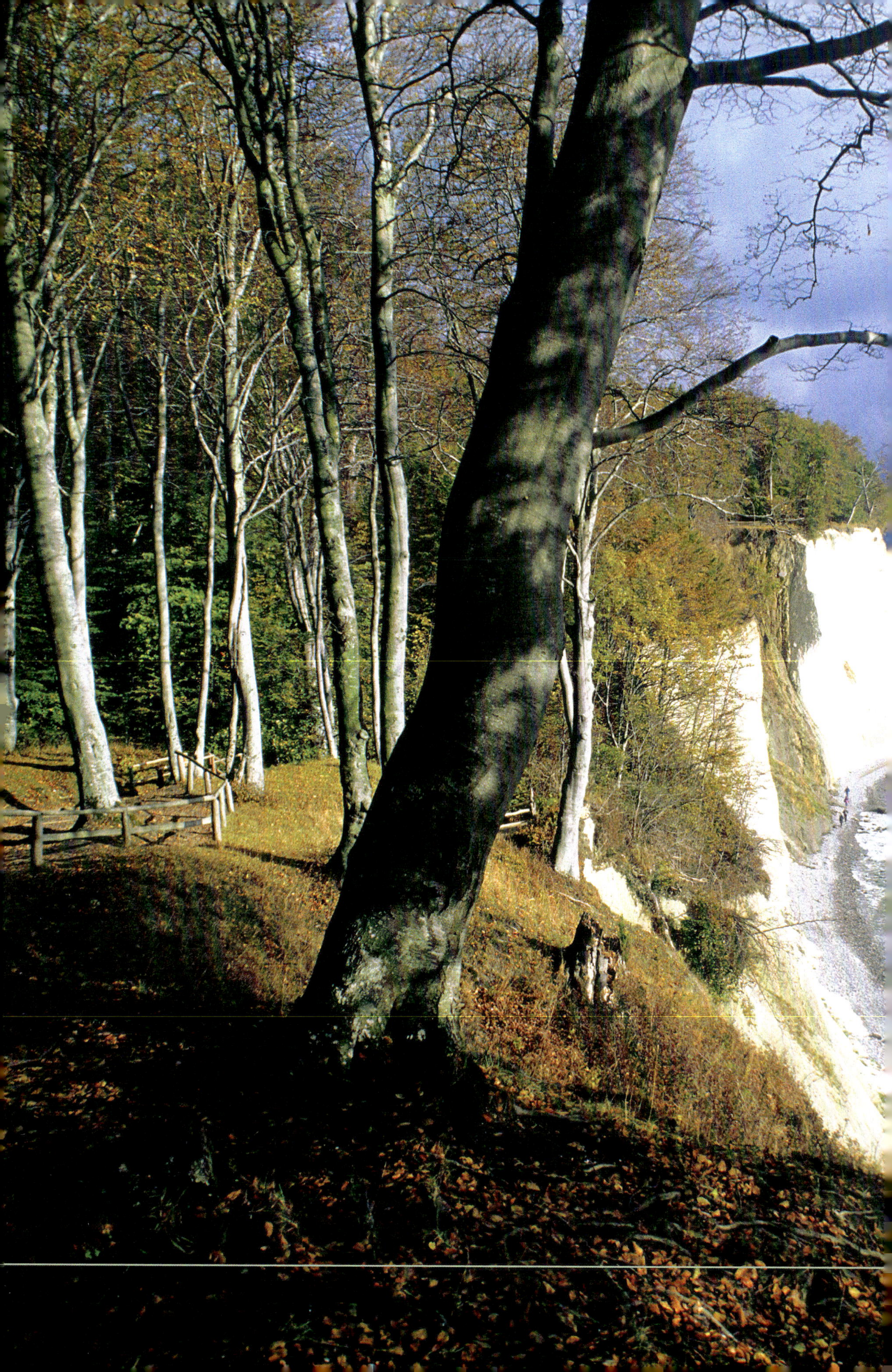

+ TIPP + TIPP + TIPP +

↗ **Fossiliensuche** Drei Treppen führen vom Höhenweg der Stubnitz, wie die Waldlandschaft im Herzen des Parks heißt, hinunter an den Strand. Zu Füßen des Kliffs kann man mit Glück Fossilien finden. Sie haben in der Kreide kleine Ewigkeiten überdauert, bevor sie durch Wind und Wetter zum Vorschein kamen. Die beste Zeit, um versteinerte Seeigel, Schwämme oder versteinertes Holz zu finden, ist das Frühjahr.

↗ **Vom Wasser aus** Von diversen Orten der Insel starten Ausflugsschiffe. Der Gast hat die Wahl, ob er ganz Rügen umrunden oder nur eine Tour entlang der Kreideküste und eventuell zu den Leuchttürmen von Kap Arkona machen möchte. Für Foto-Freunde bieten sich hier die besten Motive des Königsstuhls.

↗ **Kreidemuseum Gummanz** Über 60 Millionen Jahre hat das weiße Gold der Insel auf dem Buckel. Alles über seine Entstehung, den Abbau und die Verarbeitung erfährt man im Kreidemuseum Gummanz. Ein Ausflug dorthin lohnt sich schon wegen der herrlichen Sicht vom Lehrpfad über Jasmund und den Jasmunder Bodden (www.kreidemuseum.de).

↗ **Nordic Walking** Die gesunde Luft und der Schatten der Buchen laden Wanderer und Läufer ein, den Nationalpark sportlich zu erobern. Die Wege führen vorbei an Hünengräbern und Opfersteinen oder auf dem Hochuferpfad entlang. Dank der guten Beschilderung, zum Beispiel zu den Wissower Klinken im Süden, kann man auf eigene Faust walken. In der Gruppe macht es mehr Spaß. Geführte Tagestouren inklusive Material, Transfer und Verpflegung unter www.nordic-walking-auf-ruegen.de.

Nur 30 Quadratkilometer ist der Nationalpark im Norden Rügens groß, und trotzdem beherbergt er eine der bekanntesten Naturattraktionen Deutschlands: die Steilküste mit den Kreidefelsen.

Biosphärenreservat Südost-Rügen

*Amt für das Biosphärenreservat Südost-Rügen, Circus 1
18581 Putbus
Tel. 038301/882 90
www.biosphaerenreservat-suedostruegen.de
poststelle@suedostruegen.mvnet.de*

Viele Rügen-Besucher kennen vor allem die Strände und Promenaden von Binz oder Sellin. Sie ahnen nicht, dass sich ab Binz das 228 Quadratkilometer umspannende Biosphärenreservat Südost-Rügen über den Nordosten der Insel erstreckt. Im Jahr 1991 wurde es von der UNESCO anerkannt. Es umfasst sieben Naturschutzgebiete, darunter das Naturschutzgebiet Granitz mit dem 107 Meter hohen Tempelberg. Den flächenmäßig größten Anteil machen die Gewässer der Ostsee und vor allem der Rügische Bodden aus. Danach kommt anteilig Ackerfläche, Wald, Grünland und ein eher kleiner Anteil Sumpf und Moor. Auch Siedlungen gehören dazu, darunter die Ostseebäder Sellin, Baabe und Göhren. Steilufer wechseln sich mit Flachküsten ab, zum Meer hin liegen breite Strände, am Bodden sind geheimnisvoll raschelnde Schilfgürtel zu finden. Es gibt Buchenwälder, Trockenrasen und Salzweiden. Letztere werden zwar längst nicht so viel überflutet, wie es an der Nordsee der Fall ist, dennoch gedeihen hier typische Pflanzen, wie der essbare Queller, die Salzaster oder die Strand-Grasnelke. Der Greifswalder Bodden hat eine besondere Bedeutung für die Fischerei, denn es handelt sich um den größten Laichplatz des Ostseeherings.

Weite Graslandschaften prägen das Schutzgebiet der Halbinsel Mönchsgut.

Mönchsgut

Die Halbinsel Mönchsgut ist ein eigenes Naturschutzgebiet. Die Eiszeit hat die Landschaft geformt und Seen, Buchten und sanfte Hügel hinterlassen.

Großes Bild: Der Selliner See beim gleichnamigen Ort ist ein Naturparadies, das Rückzugsorte für Brutvögel bietet.

+ TIPP + TIPP + TIPP +

↗ **Eine Fahrt mit dem Rasenden Roland** Er schnauft und tutet und macht ordentlich Dreck. Dennoch gehört der »Rasende Roland«, wie die historische, mit Dampf betriebene Schmalspurbahn auf Rügen genannt wird, zum Biosphärenreservat dazu. Eine Strecke sollte man mit dem Kulturdenkmal mindestens fahren, zum Beispiel in Kombination mit einer Wanderung (www.ruegenschebaederbahn.de).

↗ **Putbus-Wanderung** Die hübsche Rosenstadt Putbus ist die Keimzelle der Bäderarchitektur. Schloss, Park und der zentrale Platz, »Circus« genannt, sind absolut sehenswert. Am Circus beginnt eine Wanderung über 14 Kilometer. Man geht zunächst in Richtung Göhren, kommt am edlen Badehaus Goor vorbei zum Hafen von Lauterbach. Dem Wegweiser mit blauem Querstrich folgend, kriegt man Wiesen und Wälder zu sehen, hat einen herrlichen Blick auf die Insel Vilm und kommt über Neuenkamp, Wreechen und Neukamp schließlich durch den Schlosspark zurück nach Putbus.

↗ **Tauchen** Um Rügen herum gibt es einige spektakuläre Tauchreviere. Wer die Unterwasserwelt des Biosphärenreservats erkunden möchte, ist mit den Gebieten von Südperd oder dem Seehundriff vor Sellin gut beraten. Informationen bei »Schöni's Tauchschule«, Göhren, Tel. 038303/862 76, www.schoenis-tauchschule.de.

↗ **Mit der Tauchgondel in die Tiefe** Selbst komplett trocken kann man die Ostsee aus der Nähe betrachten. Das funktioniert mit einer Tauchgondel, die direkt an der Seebrücke von Sellin immerhin vier Meter unter die Wasseroberfläche sinkt. Tauchgondel Sellin, Tel. 038303/927 77.

↗ **Baumwipfelpfad** Ein ebenso außergewöhnlicher wie imposanter Ausflug führt kurz hinter die Grenze des Biosphärenreservats. Zwischen dem Kleinen Jasmunder Bodden und der Prorer Wiek liegt das »Naturerbe Zentrum Rügen«. Seine Hauptattraktion ist der über einen Kilometer lange Baumwipfelpfad. Er führt auf Holzbohlen hinauf zu den Baumkronen. Erlebnisstationen unterwegs erklären die Natur. In der Mitte thront der 40 Meter hohe Aussichtsturm. In der dazugehörigen Dauerausstellung, die auch sehr gut für Kinder geeignet ist, können Besucher die verschiedenen Landschaften Rügens erleben (www.nezr.de).

Die Allee bei Lancken-Granitz ist typisch für die sanfte Vermischung von Natur und Infrastruktur auf Rügen.

Mäusebussard, Habicht, Turm- und Baumfalke sowie die Uferschwalbe brüten hier. Nicht nur die Ruhe und die wunderschöne Natur locken nach Mönchgut, auch die kleinen Fischerorte sind mehr als einen Besuch wert. Unbedingt sollte man sich das Pfarrwitwenhaus in Groß Zicker ansehen, eines der ältesten Gebäude Rügens.

Selliner See

Nur wenige Schritte von den Touristenzentren entfernt liegt der Selliner See, ein Kleinod der Stille. Ein Teil des 0,85 Kilometer breiten und 1,8 Kilometer langen Sees gehört zum Naturschutzgebiet Westufer Selliner See. Das Gewässer ist leicht salzhaltig, was an der Verbindung zur Having liegt, einer kleinen Bucht im Rügischen Bodden. Es ist in weiten Teilen von Schilf-Röhricht eingerahmt. Wasservögel können sich hier ideal verstecken und ihre Jungen aufziehen.

Insel Vilm

Das Naturschutzgebiet Insel Vilm ist eines der ältesten in Deutschland. Von März bis Oktober kann man das Eiland vor Putbus besuchen, allerdings nur bei einer Führung mit begrenzter Teilnehmerzahl. Besonders beeindruckend sind die alten Eichen und Buchen. Dauergast auf der Insel ist eine Außenstelle des Bundesamtes für Naturschutz. Den Ausflug zu Waldkauz, Graureiher und Steinmarder bucht man unter Tel. 038301/618 96, www.vilmexkursion.de.

Weitere Highlights Die Granitz ist ein weitläufiges Waldgebiet mit alten Buchen und Traubeneichen. Auf dessen höchster Erhebung, dem Tempelberg, thront das im 19. Jahrhundert erbaute Jagdschloss des Fürsten Wilhelm Malte I. zu Putbus (1783–1854). Über eine gusseiserne Wendeltreppe ist auf dem Turm eine Aussichtsplattform zu erreichen, die mit einem fantastischen Blick auf die Granitz, die umliegenden Seebäder und die Ostsee belohnt. Gleich neben dem Schloss befindet sich Granitzhaus, ein Informationszentrum des Biosphärenreservats.

Outdoor-Aktivitäten Auf dem Zickerschen Höft, der Spitze der Halbinsel Mönchgut, gedeihen bunte Blumen und würzige Kräuter. Letztere kann man vom Frühjahr bis zum Herbst auf einer geführten Wanderung erkennen lernen und auch probieren. Spannende Geschichten aus Rügens Sagenwelt gibt es noch dazu (www.naturgeyer.de).

Anreise/Unterkunft Anreise über die A11 oder A20 und B96 in Richtung Putbus, per Bahn nach Putbus oder Binz. Unterkunft: Regenbogen-Camping, Göhren, www.regenbogen.ag; Hotel Bernstein, Sellin, Tel. 038303/1717, www.hotel-bernstein.de.

Knorrige alte Eichen und Buchen wachsen im herrlich ursprünglichen Wald der nur 0,94 Quadratkilometer großen Insel Vilm (beide Abbildungen).

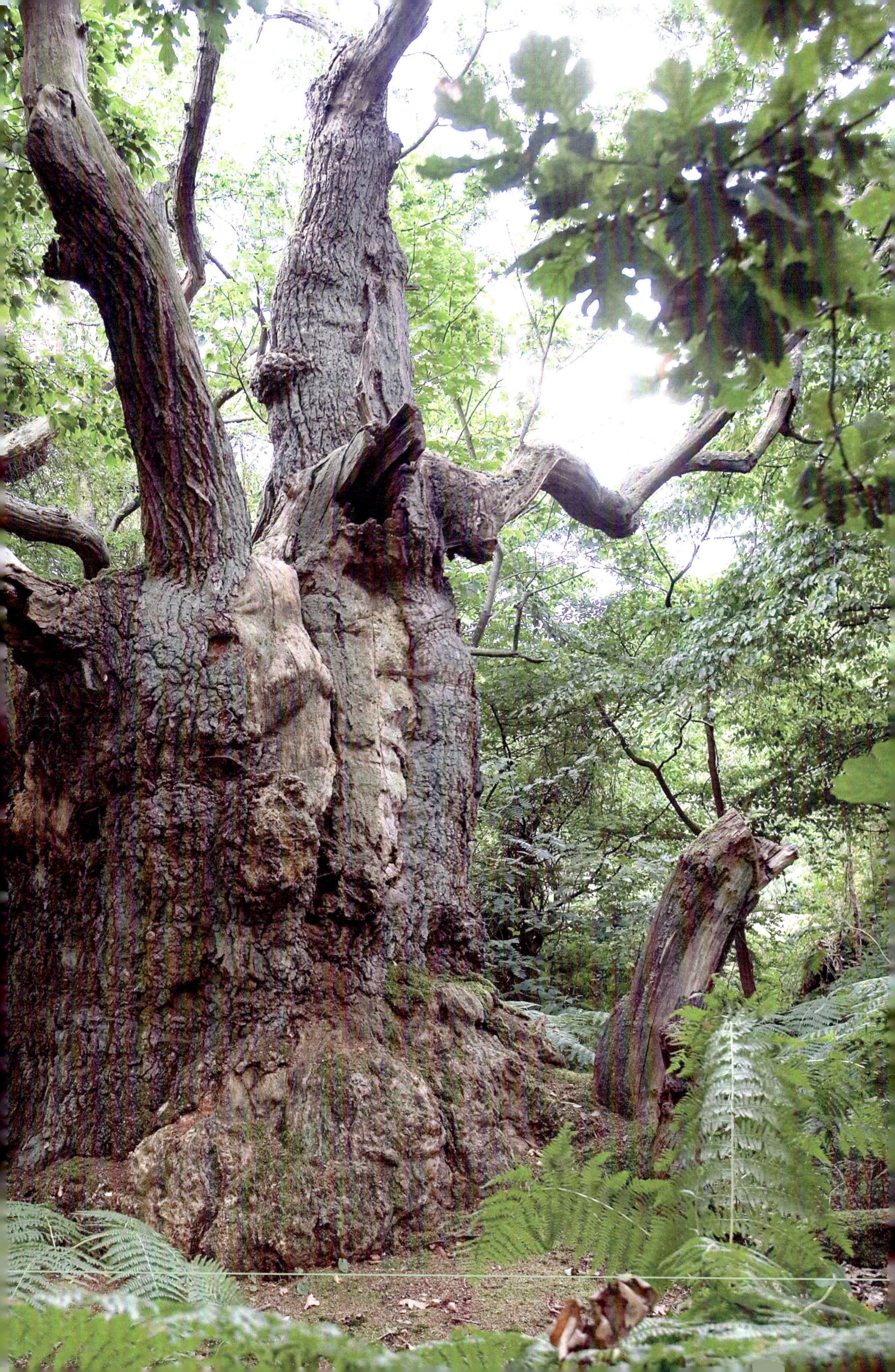

Naturpark
Insel Usedom

Naturpark Insel Usedom
Bäderstraße 5
17406 Usedom
Tel. 038372/76 30
www.naturpark-usedom.de
info-use@lung.mv-regierung.de

720 Quadratkilometer groß ist der Naturpark Insel Usedom und liegt direkt an der Grenze zum Nachbarland Polen. Natürlich sind die Steil- und Flachküsten, die Laub- und Nadelwälder, die Hügel und die Ebenen und nicht zuletzt das Meer landschaftlich reizvoll. Für die Tier- und Pflanzenwelt haben die stillen Gewässer, die Moore und Halbinseln jedoch das größte Gewicht. Die Windwatten des Peenemünder Hakens, Streifen, die aufgrund der Windverhältnisse trocken fallen, sind beispielsweise ein wichtiger Rastplatz für Wasservögel. Die Vogelwelt ist überhaupt herausragend. 150 Arten brüten auf der Insel. Damit ist Usedom diesbezüglich die artenreichste Gegend der gesamten Region. Die nicht gerade häufige Glattnatter ist hier ebenso heimisch wie der Fischotter. Buchen sind die typischen Bäume der Insel, an den Küsten findet man allerdings auch viele Kiefern und in den Moorgebieten Erlen. Neben der bemerkenswert vielfältigen Natur sind auch die Seebäder und kleinen Dörfer Anziehungspunkte des Parks. Kulturelle Erkundungstouren führen zu Großsteingräbern, gewähren Einblicke in die Slawenzeit und zeigen die Spuren der Herzöge und Könige sowie die militärische Vergangenheit Usedoms.

Greifswalder Oie

Die Oie zwölf Kilometer vor Peenemünde ist 1550 Meter lang und misst an der breitesten Stelle 570 Meter. Die gesamte Fläche ist Naturschutzgebiet und wichtig für den Vogelschutz. Jedes Jahr bekommen bis zu 22 000 Zugvögel hier ihre Ringe, das ist die zweitgrößte Beringungszentrale in ganz Europa. Empfehlenswert: ein Inselrundgang und ein Besuch des 49 Meter hohen Leuchtturms von 1855. Anmeldung erforderlich: Tel. 038308/83 89, www.boddenreederei-ruegen.de.

Achterwasser

Der niederdeutsche Begriff »achtern« bedeutet »hinter«. Und tatsächlich liegt das Achterwasser von der Ostsee aus gesehen hinter Usedom. Das flache Gewässer mit steinigem Grund hat über den Peenestrom Verbindung zum Meer. Besuchenswert sind die Inseln Böhmke, Werder und Görmitz, wo sich Schutzgebiete für Seevögel befinden. Auf Görmitz, wo einmal nach Öl gebohrt wurde, lebt nur eine Handvoll Menschen. Heute verbindet ein Damm das Eiland mit der Insel Usedom.

Highlights Usedoms schmalste Stelle liegt zwischen Zempin und Koserow. Der Ort Damerow, der sich dort einst befand wurde 1872 bei einer Sturmflut zerstört. Das Forsthaus Damerow erinnert noch daran. Heute schützt ein Deich die sensible Stelle, wo der Maler Otto Niemeyer-Holstein (1896–1984) sein Wohnhaus und Atelier hatte. Das Gelände, Lüttenort genannt, bietet eine gelungene Kombination aus Natur-Idylle und Kultur (www.atelier-otto-niemeyer-holstein.de).

Vom Parkplatz am Forsthaus kann man wunderbare Wanderungen durch den neu gepflanzten Klimawald starten, gern auch mit Nordic-Walking-Stöcken.

Outdoor-Aktivitäten Gerade der Peenestrom oder das Achterwasser sind hervorragende Wassersportreviere. Selbst Anfänger ohne Vorkenntnisse können hier beispielsweise mit dem Kanu unterwegs sein. Es gibt geführte Tagestouren, auch Mehrtagestouren sind möglich (www.kanuhof-spandowerhagen.de).

Anreise/Unterkunft Anreise über die A11 oder A20 und B110 oder B111, per Bahn über Züssow und dann weiter mit der Usedomer Bäderbahn. Unterkunft: Campingplatz Stubbenfelde, Tel. 038375/206 06, www.stubbenfelde.de; Steigenberger Grandhotel, Heringsdorf, Tel. 038378/49 50, www.de.steigenberger.com.

Großes Bild: Boote dümpeln im kleinen Hafen der Gemeinde Zempin am Achterwasser. Rechts: Sumpflandschaft im Erlenbruch.

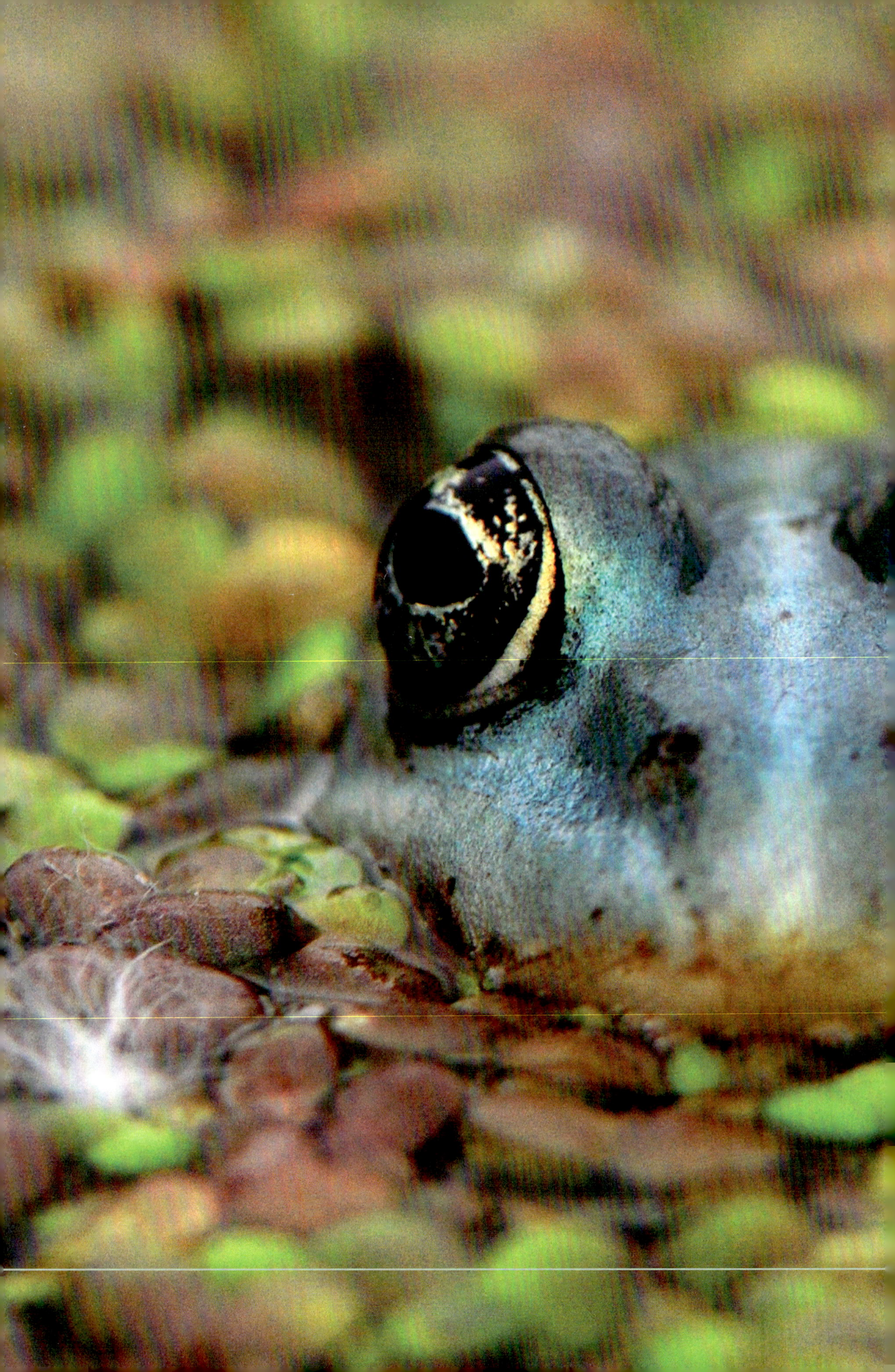

+ TIPP + TIPP + TIPP +

↗ **Bienenwanderung** Bienen sind für das Gleichgewicht der Natur extrem wichtig. Leider sind sie an immer mehr Orten bedroht. Usedom trägt den Beinamen »Bieneninsel«. Warum, kann man bei einer Bienenwanderung leicht verstehen. Es gibt viel Spannendes über das Leben der kleinen Brummer und über die Herstellung von Honig zu erfahren, einen Besuch beim Imker inklusive (Tel. 038378/314 54).

↗ **Insel-Safari** Mit einem Geländewagen auf Safari – das geht nicht nur in Afrika, sondern auch auf Usedom. Der Veranstalter bietet mehrere Tages- oder Mehrtagestouren an, zum Beispiel ins Grenzland oder zur Eisenbahn-Hubbrücke Karnin. Ganz neue Blickwinkel und echte Geheimtipps werden garantiert (www.insel-safari.de).

↗ **Falknerhof** Bussarde, Steinkäuze und natürlich Falken sind auf dem »Usedomer Falknerhof« zu erleben. Von April bis Oktober gibt es täglich Vorführungen. Besucher dürfen nicht nur gucken, sondern auch mit den Tieren interagieren (www.stolperhof.de/s9y_falkner/).

↗ **Mümmelkensee** Der Mümmelkensee, benannt nach der Gelben Teichrose, die im Niederdeutschen »Mümmelken« heißt, ist eine landschaftliche Rarität. Das Hochmoor hat eine Torfschicht von ungefähr 14 Metern Stärke, die nicht einmal teilweise abgebaut wurde. Vom Seebad Bansin führt ein 11,3 Kilometer langer Wanderweg herum. Begleitete Wanderungen sind über den Naturpark Insel Usedom (Tel. 038372/76 30) zu buchen.

↗ **Kletterwald** Bei Neu Pudagla gibt es einen Hochseilgarten mit verschiedenen Rundkursen und entsprechend unterschiedlichen Schwierigkeitsgraden (www.kletterwald-usedom.de).

In den Sumpf- und Moorgebieten auf Usedom finden viele Frösche ideale Bedingungen für ihre Laichplätze.

Biosphärenreservat Schaalsee

Amt für das
Biosphärenreservat Schaalsee
Wittenburger Chaussee 13
19246 Zarrentin am Schaalsee
Tel. 038851/30 20
www.schaalsee.de
post@afbr-schaalsee.mvnet.de

24 Quadratkilometer umfasst der Schaalsee, der dem Biosphärenreservat den Namen gab. Es ist insgesamt 309 Quadratkilometer groß und liegt zwischen den Hansestädten Lübeck und Hamburg sowie der ältesten Stadt Mecklenburg-Vorpommerns, Schwerin. Über die Hälfte des im Jahr 2000 von der UNESCO anerkannten Gebietes wird von Ackerflächen eingenommen. Außerdem gibt es viel Wald, vor allem Buche und Buchenbruch, und natürlich Gewässer. Ein ganzes Netz von Seen und Flüsschen durchzieht die Region. Häufig vertreten sind Sölle, so nennt man runde, von der Eiszeit geformte Senken. In diesem Umfeld fühlen sich zahlreiche Libellenarten wohl. Auch Laubfrosch und Rotbauchunke, deren Lebensräume immer mehr beschnitten werden, haben hier eine Heimat. Nur in Norddeutschland zu finden und für die Insekten- und Vogelwelt ausgesprochen wichtig sind die sogenannten Knicks. Im Biosphärenreservat Schaalsee kommen Hecken und Knicks in großer Zahl vor. Die extensiv bewirtschafteten Erdwälle werden nicht selten von weit über 1000 Tierarten bewohnt. Über 150 Kilometer Wander- oder Radwege machen es dem Besucher leicht, die Region zu erkunden. Hinzu

80

kommen sechs Aussichtsplattformen, die sich vor allem anbieten, um rastende oder überwinternde Vögel zu beobachten.

Highlights Die Wasserqualität der meisten Seen, allen voran die des Schaalsees, lädt zum Baden ein. Ein Strandbad findet sich in Zarrentin. Dort kann man auch Boote leihen oder ein Ausflugsschiffchen besteigen. Aufgrund der Schutzbedingungen sind Einschränkungen zu beachten. Informationen und Buchungen unter Tel. 038851/253 11, www.schaalseetour.de. Ein echter Höhepunkt ist die Kombination aus Schifffahrt, Kutschfahrt und Führungen durch das Moor sowie durch das Informationszentrum. Buchbar als »See-Pferd-Tour« unter Tel. 038851/253 11, www.see-pferd-tour.de.

Anreise/Unterkunft Anreise über die A24 nach Zarrentin, per Bahn über Ratzeburg. Unterkunft: Ferienwohnung Techin, Tel. 040/43 91 09 61, www.ferienwohnung-techin.de; Hotel Alter Gutshof, Demern, Tel. 038872/67 20, www.alter-gutshof.de.

Großes Bild: Ein Kranich kümmert sich liebevoll um seinen Nachwuchs. Links: Badestelle am Schaalsee.

+ TIPP + TIPP + TIPP +

↗ **Eselwanderung** Wandern in unversehrter Natur entspannt und ist gesund. Mit Tieren macht es noch mehr Spaß, vor allem, wenn sie so freundlich und ruhig wie Esel sind. Auf verschiedenen Routen kann man gemeinsam mit den Huftieren durch das Biosphärenreservat streifen, www.eselpfad.de.

↗ **Trakehnerhof** Eine gute Möglichkeit, die Schaalsee-Region auf eine gemütliche und romantische Weise kennenzulernen, ist eine Kutschfahrt. Darüber hinaus kann man auf dem Trakehnerhof Valluhn Reitunterricht nehmen und sich eine Ferienwohnung mieten (www.softsoul.de).

↗ **Wissenschafts- und Erlebnispark** Wie wird sich die Technik entwickeln? Was kann der Mensch von der Natur lernen? Auf einem großen Ausstellungsgelände geht es höchst spannend zu. Hautnah kann der Besucher die Geheimnisse der Natur erforschen, wie etwa in einem Tunnelsystem, in dem man unter dem Waldboden spazieren kann (www.zmtw.de).

Naturpark Mecklenburgische Schweiz und Kummerower See

Naturpark Mecklenburgische
Schweiz und Kummerower See
Wargentiner Straße 4
17139 Basedow
Tel. 039957/291 20
www.naturpark-mecklenburgi-sche-schweiz.de
info-msk@lung.mv-regierung.de

Ein alter Kastanienbaum steht in einem knallgelben Rapsfeld in der Mecklenburgischen Schweiz.

1997 wurde der 616 Quadratkilometer große Naturpark gegründet. Sein Name sagt es schon: Die teils hügelige Landschaft erinnert stellenweise an Mittelgebirgsregionen. Hinzu kommt ein Netz von Seen und Fließgewässern, wie etwa die Peene. Ein großer Teil ist Ackerland, durchzogen von Grünland und Wald. Hier, im nördlichen Bereich der Mecklenburgischen Seenplatte, sind vereinzelt über 100-jährige Eichen zu finden, ebenso wie Torfstiche und Streuobstwiesen. In vielen Dörfern sind Storchennester zu sehen, die noch bebrütet werden. Auch Kraniche und See-, Fisch- und Schreiadler brüten in nicht unerheblicher Zahl im Naturpark. Wer Vögel beobachten will, ist hier also richtig. Jährlich machen unzählige Enten und Gänse Rast. Aber auch am Boden, meist eher zu hören als zu sehen, herrscht reges Treiben. Die Rotbauchunke, der Laub- und der Moorfrosch sind hier heimisch. Und dann ist da noch ein ganz besonderer Besucher, der vor allem am Ufer der Peene deutliche Spuren hinterlässt: der Biber. Das gesamte Parkareal ist bestens erschlossen und beschildert. So lässt es sich wunderbar zu Fuß oder mit dem Rad durch die Natur streifen. Schlösser und Herrenhäuser locken außerdem mit interessanter Architektur und jeder Menge Kultur.

Highlights Das Wasser ist das bestimmende Element. Darum sollte man auch unbedingt eine Bootstour einplanen. Wo West- auf Ostpeene trifft, befindet sich der Wasserwanderrastplatz »Koesters Eck«. Dort kann man Kanus, Motor- oder Hausboote mieten. Wasserfreizeit Bremer, Tel. 03994/22 36 65, www.wasserfreizeit.com.

Outdoor-Aktivitäten Eine Wanderung durch die Vorwerker Schweiz begeistert durch die Vielfalt an Eindrücken. Von Demmin am südlichen Ufer der Peene geht es in Richtung Stavenhagen. Über das Devener Holz gelangt man dann in die Vorwerker Schweiz. Trittelwitz und Verchen liegen auf dem Weg, bevor man zurück nach Demmin kommt. Unterwegs gibt es herrliche Blicke auf den Fluss, kleine Kirchen und ein Gutshaus (www.demmin.de).

Anreise/Unterkunft Anreise über die A19 und B104 bzw. B108, per Bahn zum Beispiel nach Malchin.
Unterkunft: Forsthaus Niendorf (Ferienwohnungen), Tel. 03996/17 33 30, www.landpartie-mecklenburg.de; Schlosshotel Burg Schlitz, Tel. 03996/127 00, www.burg-schlitz.de.

Hechte (großes Bild), Forellen, Karpfen und Aale finden sich in den Gewässern der Mecklenburgischen Schweiz. Hobby-Angler können als Angelschein eine 28-tägige Urlaubslizenz erwerben.

+ TIPP + TIPP + TIPP +

↗ **Draisine** Sportliche Betätigung wartet auf der ehemaligen Bahnstrecke zwischen Malchin und Dargun. Auf über 16 Kilometern kann man hier Draisine fahren. Draisinenstation Dargun, Tel. 039959/278 04.

↗ **Skulpturenweg** Die Burg Schlitz wurde westlich des Malchiner Sees Anfang des 19. Jahrhunderts in ihrem heutigen Stil erbaut. Sie liegt in einem prächtigen Landschaftspark. Hübsche Wanderwege führen mitten hindurch. Von hier aus können Kunstliebhaber auf dem Skulpturenweg nach Görzhausen wandeln (www.burg-schlitz.de/freizeit-skulpturenweg.php).

↗ **Korn- und Backerlebnisstraße** Nicht nur Liebhaber von gutem Brot werden auf dieser Route Spannendes entdecken. Zum Beispiel den historischen Mühlenhof Altkalen, wo es Bio-Brot und -Kuchen gibt. Oder das Heimatmuseum Dargun, das sich mittwochs dem Weg vom Korn zum Brot widmet. Weiter gibt es Gutshöfe, Ausstellungen und Vorträge (www.korn-und-back.de).

↗ **Basedow** Die Anwesenheit des mecklenburgischen Adelsgeschlechtes von Hahn in Basedow ist bis in das 13. Jahrhundert nachweisbar. Im 19. Jahrhundert entstand das Herrenhaus. Es bildet zusammen mit dem von Lenné kreierten Park und dem Dorf eine sehenswertes Ensemble. Unbedingt hinfahren!

Nationalpark Müritz

Nationalparkamt Müritz
Schlossplatz 3
17237 Hohenzieritz
Tel. 039824/25 20
www.mueritz-nationalpark.de
poststelle@npa-mueritz.mvnet.de

Auf 322 Quadratkilometer Fläche befinden sich über 100 Seen, darunter Norddeutschlands größter See, die Müritz, die dem Park den Namen gibt. Davon gehört allerdings, um genau zu sein, nur ein Streifen zum Nationalpark. Östlich davon finden sich weitläufige Moorgebiete und Kiefernwälder mit Wacholdersträuchern. Der weitaus kleinere Teil des Parks ist von altem Buchenbestand und sanften Erhebungen geprägt. Einige Bereiche davon gehören seit 2011 zum UNESCO-Weltnaturerbe. Rotbuchenwälder haben früher ganz Mitteleuropa dominiert. Nur langsam erobern sie sich, wie hier, ihren Lebensraum zurück. Sich selbst überlassen, bietet Totholz Spechten eine neue Heimat. Zwei bemerkenswerte heimische Pflanzen sind die Seerose, die auf vielen Gewässern ihre Pracht entfaltet, und das Schneidried. Diese Sumpfpflanze, auch »Binsenschneide« genannt, kommt an kaum einem anderen Ort in Deutschland in dieser Fülle vor. Neben der Landschaft ist natürlich die Tierwelt ein faszinierender Anziehungspunkt. Das größte Säugetier des Landes, der Rothirsch, ist hier bei der Brunft zu beobachten und vor allem zu hören. Durch die Lüfte

segeln Kraniche und Fischadler auf ihrem Zug. Seeadler bleiben sogar das ganze Jahr über in dieser Region.

Müritz

Müritz, das Wort stammt aus dem Slawischen und bedeutet »Kleines Meer«. Es passt sehr gut, denn mit über 112 Quadratkilometern Fläche handelt es sich um den größten Binnensee, der vollständig auf deutschem Gebiet liegt. Sein zum Nationalpark gehörendes Ostufer verläuft flach hinein in das ausgesprochen saubere Wasser. Bei Waren geht es bis zu 30 Meter in die Tiefe. Schon der See an sich ist ein Magnet. Wasserratten können nach Herzenslust baden, surfen oder paddeln. Wem das noch nicht genug ist, der hat direkten Anschluss an die Strelitzer Seenplatte und von dort über die Müritz-Havel-Wasserstraße nach Berlin. Westlich erreicht man nach dem Durchqueren einiger großer Seen die Müritz-Elde-Wasserstraße, die zur Elbe führt. Achtung, Verwechslungsgefahr: Südlich von der Müritz zieht sich eine Seenkette entlang, zu der die Kleine Müritz und auch der Müritzsee gehören. Beide sind nicht Teil des Nationalparks.

Großer Fürstenseer See

Im Osten des Nationalparks zwischen Fürstensee und Herzwolde befindet sich einer der schönsten Badeseen der Region, der Große Fürstenseer See. Das Wasser ist klar, der Sand teilweise so fein, dass man den Eindruck hat, in einer besonders schönen Ostsee-Bucht zu sein. Außer in Fürstensee, wo sich die wohl beliebteste Badestelle befindet, sind die Ufergebiete bewaldet. Bis zu 25 Meter ist das von der Halbinsel Pankower Ort geteilte Gewässer tief. Angler schätzen das Revier wegen seines Fischreichtums. Die am häufigsten vorkommenden Fischarten sind Barsch, Hecht, Zander und auch Aal. Wer die Tiere lieber in ihrem Lebensraum beobachtet, sollte schnorcheln gehen. Das Tauchen mit Ausrüstung ist allerdings untersagt. Um den See herum ist eine interessante Fauna zu finden. Biber und Fischotter lieben die feuchten Uferzonen, lassen sich Menschen gegenüber jedoch kaum sehen.

Highlights Den Nationalpark auf eigene Faust erkunden und gleichzeitig ungewöhnlichen Urlaub machen, dafür eignen sich Ferien im Zigeuner-Wagen. Nach einer ausführlichen Einweisung darf man selbst die Zügel übernehmen und den Planwagen lenken. Sogar die Übernachtung darin ist möglich. Mehr Informationen unter Tel. 03991/747 82 83, www.pferdecamper.de.

Outdoor-Aktivitäten Von Mai bis September findet die Nationalpark-Radtour statt, bei der man in Begleitung die Höhepunkte der Region und deren Naturschönheit kennenlernen kann. Die 25 Kilometer lange Strecke führt zum Warnker See, durch Moorgebiete und zu dem einen oder anderen Vogelbeobachtungspunkt. Informationen unter Tel. 03961/66 88 49, www.nationalpark-service.de. Wenn man lieber zu Fuß unterwegs ist, führt ab Waren ein knapp zehn Kilometer langer Rundweg am Nationalpark entlang, im Norden befindet sich der Campingplatz Ecktannen (www.traumziel-mv.de/wandern_waren_mueritz_ecktannen.html).

Anreise/Unterkunft Anreise über die A19 oder A20 und B192 und B198, per Bahn etwa nach Neustrelitz oder Wesenberg. Unterkunft: Campingplatz Boek, Tel. 039823/218 07 oder 212 61, www.camping-bolter-ufer.de; Öko-Hotel (Zimmer und Ferienhäuser), Tel. 03981/20 31 45, www.basis-kulturfabrik.de.

Großes Bild: Luftaufnahme des Müritzsees. **Links:** Großer Fürstenseer See und Birkenwald im Nationalpark.

+ TIPP + TIPP + TIPP +

↗ **Müritz-Nationalpark-Ticket** Dieses Billett ist unbedingt empfehlenswert. Der Inhaber kann den Bus und das Schiff benutzen und dabei sein Fahrrad mitnehmen. Fahrpläne und Preise unter www.pvm-waren.de.

↗ **Müritz-Nationalpark-Weg** Mit 165 Kilometern ist er der längste Wanderweg, der durch einen deutschen Nationalpark führt. Er ist nicht besonders anspruchsvoll, niemals steil und daher auch für wenig trainierte Personen geeignet, wenn er in Etappen aufgeteilt wird. Start und Ziel befinden sich im Stadthafen von Waren an der Müritz. Mit einem blauen »M« ist er ausgeschildert. Praktisch alle Sehenswürdigkeiten des Parks, von den Seen über den Buchenwald bis hin zu Aussichtspunkten und Informationszentren, liegen auf der Strecke (www.wanderbares-deutschland.de).

↗ **Nationalpark-Information Federow** Im Informationszentrum gibt es nicht nur reichlich Tipps und Unterlagen, sondern auch einen Fahrradverleih, den Verleih von Ferngläsern und wechselnde Ausstellungen. Eine Attraktion ist die Live-Übertragung aus einem benachbarten Fischadlerhorst. Tel. 03961/66 88 49, www.nationalpark-service.de.

↗ **Wald-Erlebnis-Pfad** Während eines Spaziergangs von Serrahn nach Zinow oder natürlich in umgekehrter Richtung lernt man viel über Buche, Birke, Traubeneiche und Kiefer. Mehr im Forsthaus Serrahn, Tel. 039821/415 00.

↗ **Moorsteg** Östlich von Blankenförde führt ein Holzsteg mitten in das Moor. Eine Rote Rohrdommel ist das Symbol, das den Wanderer vom Parkplatz an der Verbindung Blankenförde nach Babke leitet. Es geht einmal zum Havelstein und zurück. So kurz die Strecke ist, so faszinierend sind die Eindrücke, die sie ermöglicht. Mit etwas Glück sieht man Wildschweine und Damwild.

↗ **Historischer Wolfsfang** Eine echte Rarität bekommt man am Großen Labussee zu sehen. Unweit von Zwenzow bei Wesenberg wurde eine Wolfsgrube entdeckt, die man Anfang des 18. Jahrhunderts nutzte, um die Siedlung und vor allem die darin gehaltenen Tiere zu schützen. Die Fanganlage hat einen Durchmesser von vier Metern und wurde rekonstruiert. Eine Gefahr für Tiere stellt sie heute nicht mehr dar.

↗ **Käflingsbergturm** Ein Muss ist der Aufstieg auf den 55 Meter hohen Käflingsberg-Aussichtsturm. Von oben hat man einen eindrucksvollen Blick über verschiedene Seen, darunter die Müritz und über dichte Waldgebiete. Vom einstigen Gutsdorf Speck führt ein Wanderweg auf den rund 100 Meter hohen Berg.

↗ **Müritzeum** Im Naturerlebniszentrum in Waren gibt es nicht nur Aquarien, Fossilien oder Gesteinssammlungen zu bestaunen, es gibt auch eine Menge zu tun. Im Haus der 1000 Seen können Kinder und Erwachsene mit Tieren und Pflanzen der Region auf Tuchfühlung gehen (www.mueritzeum.de).

↗ **Ankershagen** Das hübsche Dorf hat nicht nur die Ruine einer mittelalterlichen Burg sowie mehrere Hügelgräber zu bieten, ein besonderer Anziehungspunkt ist das Heinrich-Schliemann-Museum. Der berühmte Archäologe (1822 bis 1890) ist in dem Pfarrhaus aus dem 18. Jahrhundert aufgewachsen, in dem man jetzt seinem Leben und seiner Arbeit nachspüren kann (www.schliemann-museum.de).

↗ **Slawendorf** Direkt am Zierker See liegt die Erlebniswelt des Slawendorfs Neustrelitz. Hier wird geschnitzt und getöpfert, es gibt eine Kulthalle, einen Brunnen, eine Schmiede und einen Spielplatz (www.slawendorf.dg-webservice.net).

In den Marschen des Nationalparks trifft man auch auf dessen Bewohner: Teichrohrsänger (rechte Seite), Rohrdommel und Kranich (Bildleiste rechts).

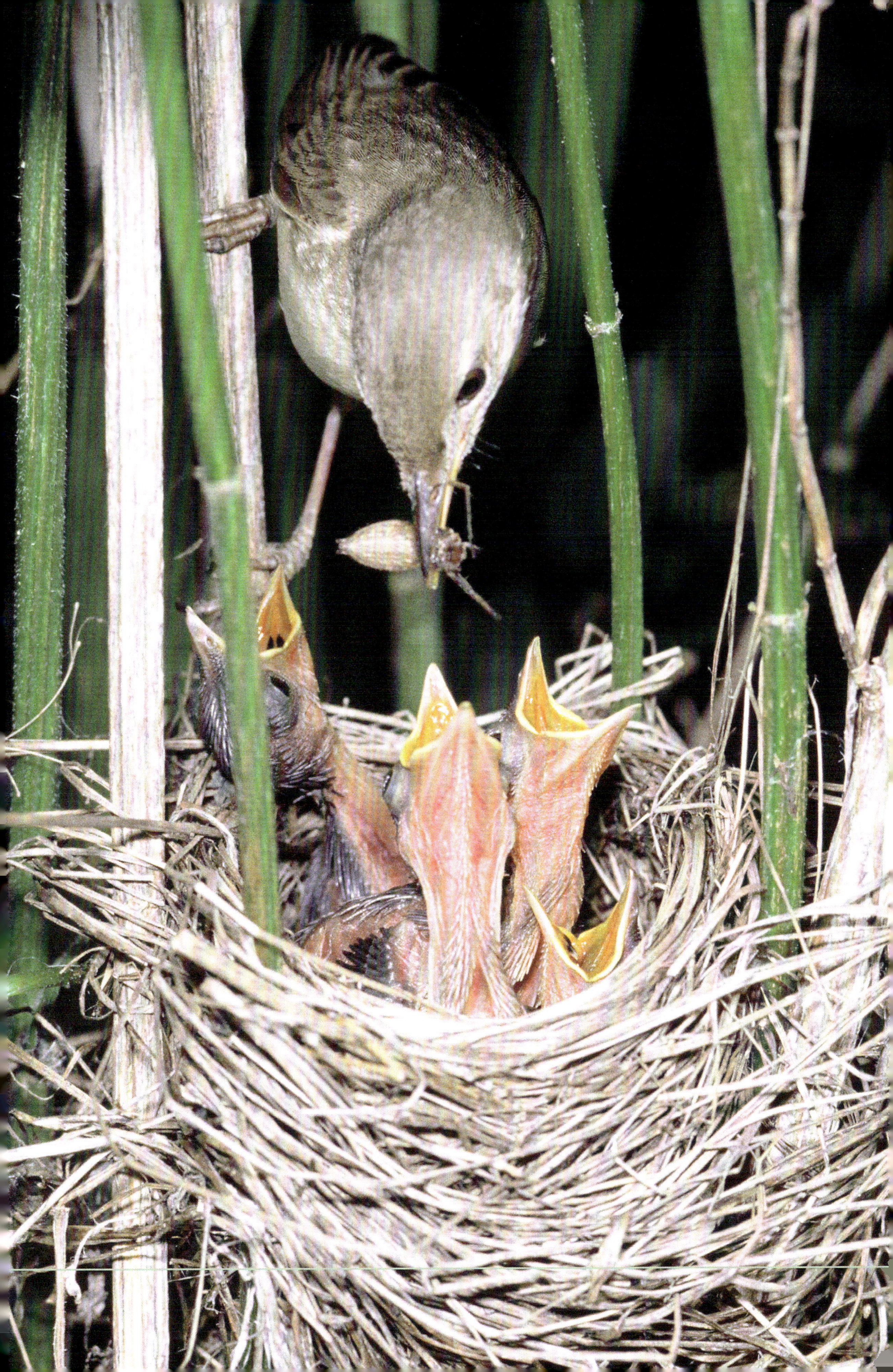

Naturpark Feldberger Seenlandschaft

Naturpark Feldberger Seenlandschaft, Strelitzer Straße 42, OT Feldberg, 17258 Feldberger Seenlandschaft
Tel. 039831/527 80
www.naturpark-feldberger-seenlandschaft.de
info-fsl@lung.mv-regierung.de

Der 347 Quadratkilometer große Naturpark hat an Besonderheiten einiges zu bieten. Im dazugehörigen Naturschutzgebiet mit dem passenden Namen »Heilige Hallen« steht der älteste Buchenwald Deutschlands. Bereits im 19. Jahrhundert beeindruckte er die Menschen, weil er mit seinem geraden Wuchs an einen Dom oder eine Kathedrale erinnert. Einige Exemplare sind 50 Meter hoch und bereits über 300 Jahre alt. Wenn die ältesten Buchen auch gerade nach und nach absterben, so bleibt der Wald doch etwas Außergewöhnliches. Junge Buchen wachsen nach, der Mensch greift in diesen Prozess nicht ein. So verwandelt sich diese Region allmählich in einen Urwald im besten Sinne. Ebenfalls erwähnenswert sind die Kesselmoore, eine Form, die nicht häufig zu finden ist. Es handelt sich um kleine Moore mit großem Torfreichtum. Besonders ist hier auch die Tierwelt. Fischotter werden immer wieder gesichtet. Sie sind das Wappentier des Parks. Auch Biber mögen die wasserreiche Gegend. Der Pommern- oder auch Schreiadler ist heimisch und auch See- und Fischadler sowie Schwarzstorch gehören hierher. Wer sich für Libellen interessiert, findet mit etwas Glück sehr seltene Arten. Hier ein paar Senken, dort ein Hügel oder einige Binnendünen sorgen – nach norddeutschen Maßstäben – für überraschende Höhenunterschiede.

Kleine Inseln liegen im Feldberger Haussee und warten auf Hobby-Angler.

Breiter Luzin

Die Eiszeit hat den knapp drei Kilometer langen Breiten Luzin geformt. Er wird von der Landzunge Mönkenwerder geteilt und ist bis zu 58 Meter tief, der zweittiefste See von ganz Mecklenburg. Es gibt vier Badestellen, von der eine für textilfreies Baden reserviert ist. Erwähnenswert sind zwei Seebewohner. Zum einen ist das die in Deutschland extrem rar gewordene Große Flussmuschel, und zum anderen die seltene Tiefenmaräne, die angeblich nur noch hier vorkommen soll.

Feldberger Haussee

Der bis zu zwölf Meter tiefe See teilt sich in drei Bereiche. Er schmiegt sich direkt an den Breiten und Schmalen Luzin. Im nördlichen Teil liegen die Liebesinsel und die Insel Grabenwerder, wo früher einmal Kreide abgebaut wurde. Im Gegensatz zu den anderen Gewässern ringsherum, sind Motorboote auf dem Feldberger Haussee mit Genehmigung erlaubt. Angler können hier ihre Rute nach Karpfen, Barsch, Hecht, Aal und Zander auswerfen.

Highlights Eine Wanderung durch die Heiligen Hallen sollte man sich keinesfalls entgehen lassen. Vom Waldparkplatz in Lüttenhagen führt ein sechs Kilometer langer Rundweg hindurch. Bevor es losgeht, lohnt ein Blick auf den Versuchsgarten in unmittelbarer Nähe des Parkplatzes. Jedes Jahr wird dort der aktuelle Baum des Jahres gepflanzt. Knapp zwei Kilometer geht man auf dem Neuen Damm, dann ein Stück auf dem Herrenweg. Immer links halten und schließlich der Beschilderung zurück nach Lüttenhagen folgen.

Die Buchen am Ufer des Schmalen Luzin zeigen ihr herbstliches Kleid.

Outdoor-Aktivitäten Eine Wanderung sei jedem Besucher ans Herz gelegt. Es ist der Haussee-Rundweg mit Start und Ziel am »Haus des Gastes« in Feldberg. Die Aussichten auf die Seenlandschaft sind unvergleichlich, Lehrpfade vermitteln Spannendes über die Natur der Umgebung. Markante Stellen sind der Barby Höhenweg, der Aussichtspunkt am Hüttenberg, das Dorf Wittenhagen, Carwitz und die Luzinfähre (www.wanderbares-deutschland.de).

Anreise/Unterkunft Anreise über die A19 oder A20, per Bahn nach Neustrelitz. Unterkunft: Camping am Bauernhof, Feldberg, Tel. 039831/210 84, www.camping-am-bauernhof.m-vp.de; Hotel Hullerbusch, Tel. 039831/202 43, www.hotel-hullerbusch.de.

Großes Bild: Die Chance, einen Seeadler zu beobachten, ist nirgendwo sonst in Deutschland so groß wie hier.

+ TIPP + TIPP + TIPP +

↗ **Naturlehrpfad Hullerbusch** Auf der Landzunge zwischen Wittenhagen und Carwitz sind neben Hochbuchen vor allem Kesselmoore zu bestaunen. Der Naturlehrpfad ist über Wittenhagen zu erreichen. Allerdings sollte man die Gelegenheit nutzen, und sich von Feldberg mit der handbetriebenen Seilfähre über den Luzin setzen lassen (www.luzinfaehre.de).

↗ **Kneippen in Feldberg** Wo könnte man besser etwas für seine Gesundheit tun als in einer üppigen Natur mit sauberer Luft? Schon Ende des 19. Jahrhunderts lockte eine Wasserheilanstalt erholungsbedürftige Menschen nach Feldberg. Und schon damals setzte man die Erkenntnisse von Pfarrer Kneipp ein. Inzwischen sind zwei Kneipp-Anlagen hinzugekommen. Außerdem gibt es den Kurpark mit Barfußpfad und Gräserlabyrinth, einen Fitness-Parcours und fünf Nordic-Walking-Strecken, auf denen man sich austoben kann.

↗ **Ranger-Touren** Den geschulten Augen von Rangern entgeht keine Tierspur. Sie kennen sich im Park aus, wissen, wie die Landschaft entstanden ist und haben viel Interessantes zu erzählen. Ob bei einer Kanu-Safari, auf dem Rücken eines Pferdes oder mit dem Elektroboot, immer sind außergewöhnliche Naturerlebnisse, gutes Essen und Begegnungen mit Land und Leuten garantiert (www.ranger-tours.de).

↗ **Quad-Tour** Weniger ruhig und umweltfreundlich als zu Fuß, dafür aber mit einer gehörigen Portion Abenteuer geht es bei einer Quad-Tour abseits der Straßen zu. Rücksicht auf die Natur wird natürlich dennoch genommen. Von der 45-minütigen Schnuppertour bis hin zur Tagesfahrt ist alles möglich (www.quad-tour.de).

↗ **Spaziergang durch die Windmühlenstadt Woldegk** Mit fünf Mühlen, alle liebevoll restauriert und zu besichtigen, kann sich Woldegk mit Recht »Mühlenstadt« nennen. Drei von ihnen haben noch ihre Flügel. Der Ort liegt zu Füßen der Helpter Berge, die mit knapp 180 Metern die höchste Erhebung Mecklenburg-Vorpommerns sind und sogar ein Gipfelkreuz tragen, zu dem man hinaufwandern kann. Besonders sehenswert ist die über 100 Jahre alte Holländermühle, die einzige ihrer Art im Bundesland, in der auch das Mühlenmuseum untergebracht ist (www.windmuehlenstadt-woldegk.de).

Ganze Teppiche voller Seerosen schwimmen auf zahlreichen Seen in der Feldberger Seenlandschaft. Bei einer Kanutour auf den Seen kann man die hübschen Pflanzen aus nächster Nähe betrachten. Kleine Kanäle verbinden etliche Seen miteinander und machen so den Übergang zwischen den Gewässern zu einem Kinderspiel.

Alte Stieleichen stehen im Biosphärenreservat Spreewald.

Brandenburg / Berlin

Die Region rund um Berlin ist gespickt mit idyllischen Seen, prachtvollen Gärten und alten Adelssitzen. Auch sonst ist Brandenburg noch sehr ländlich geprägt. Hier gibt es viel unberührte Natur, verträumte Fischerdörfer und beschauliche Kleinstädte. Im Verhältnis zu seiner Fläche ist Brandenburg das gewässerreichste deutsche Bundesland. Rund 33 000 Kilometer Flüsse, Bäche und Kanäle sowie gut 3000 Seen verwandeln es von der Uckermark im Norden bis zur Niederlausitz im Süden in einen faszinierenden Flickenteppich aus Wasser und Land.

Naturpark Uckermärkische Seen

Naturpark Uckermärkische Seen, Zehdenicker Straße 1, 17279 Lychen
Tel. 039888/645 30
www.lugv.brandenburg.de/cms/detail.php/bb1.c.331001.de
np-uckermaerkische-seen@lugv.brandenburg.de

Nähme man von Berlin aus den direkten Weg hinauf an die Ostsee, würde man mitten durch den Naturpark Uckermärkische Seen fahren. 897 Quadratkilometer ist er groß, knapp die Hälfte der Fläche ist von Wäldern bedeckt. Das sind im Norden vor allem Hain- und Rotbuchen, Eichen und Ahorn. Im Süden bestimmen Kiefern das Bild. Erwähnenswert sind auch mehrere Hundert Apfelsorten, die im Naturpark zu finden sind, sowie die mächtigste Lärche des gesamten Landes. Gewässer und Moore nehmen zehn Prozent des Umfangs ein. Trotzdem hat der Park 230 Seen zu bieten! Neben 25 Naturschutzgebieten, die hier eingerichtet wurden, sind vor allem zwei EU-Vogelschutzgebiete zu nennen, die zusammen 577 Quadratkilometer für sich beanspruchen. Nur an wenigen Orten tritt der Fischadler in so großer Zahl auf wie hier. Kein Wunder, dass er zum Wappentier des Parks erkoren wurde. An den Gewässern sind Krick-, Schell- und Knäkenten zu Hause. Doch nicht nur in der Luft ist die Artenvielfalt groß. Am Boden tummeln sich Fischotter, die in ihrem Bestand in Deutschland stark bedroht sind. Auch die Europäische Sumpfschildkröte, in freier Wildbahn nur selten zu sehen, ist im Park anzutreffen.

Ein an den Uckermärkischen Seen auch vorkommender Eisvogel hat einen stolzen Fang gemacht.

Großer Lychensee

Inmitten von sieben Seen, dem sogenannten Lychener Seenkreuz, liegt die Flößerstadt Lychen. In ihrem Herzen befindet sich das Strandbad des knapp

20 Meter tiefen Großen Lychensees. Vorbei an drei Inselchen gelangt man von hier aus über den Haussee in die Obere Havel-Wasserstraße. Vielleicht kommen deshalb viele Wasserwanderer hierher, die am Strandbad einen Liegeplatz und Übernachtungsmöglichkeiten vorfinden. Außer an den Badestellen ist das Seeufer meist bewaldet.

Highlights In Naugarten läuft im Restaurant des Hofes Kokurin eine Live-Übertragung aus dem 2,50 Meter tiefen See. Fische werden vom Futterautomaten vor die Unterwasserkamera gelockt. Vom Hof aus kann man wunderbar um den Naugartener See wandern. Es geht rechts am Wasser entlang, hinter der Feldhecke links in einen Sandweg und hinter der Siedlung hinauf in den Ort. Von dort geht es an der Badestelle vorbei zurück zum Hof.

Outdoor-Aktivitäten Bei Zehdenick liegt die sogenannte Tonstichlandschaft. Anfang des 20. Jahrhunderts wurden hier große Tonvorkommen im Tagebau abgetragen. Zurück blieben 60 Gräben, die begrünt wurden und sich mit Grundwasser gefüllt haben. Das ehemalige Ziegeleiwerk Mildenberg ist heute ein Erlebnisgelände. Ein Höhepunkt ist die Fahrt mit der »Tonlorenbahn« durch die Landschaft (www.ziegeleipark.de).

Anreise/Unterkunft Über die A10 über Mühlenbeck und Liebenwalde oder die A25 über Neuruppin und Löwenberg nach Zehdenick, per Bahn über Berlin nach Zehdenick oder Templin. Unterkunft: Wurlsee Camping Lychen, Tel. 039888/2509, www.wurlseecamping-lychen.de; Hotel Bornmühle, Fürstenberg/Havel, Tel. 039605/600, www.bornmuehle.de.

Oben: Abendlicht streift den Großen Lychensee in der Uckermark. Da der See sehr zergliedert ist, gibt es unzählige abgeschiedene Buchten.

+ TIPP + TIPP + TIPP +

↗ **Paddeln** Es empfiehlt sich, die Region vom Wasser aus zu erkunden. Besonders gut eignet sich die 60 Kilometer umfassende Rundtour Naturpark Uckermärkische Seen. Start und Ziel ist der Große Lychensee. Neben mehreren Seen wird die Havel befahren, sieben Schleusen liegen auf dem Weg, einmal wird ein Shuttle benötigt. Info unter www.tourismus-uckermark.de.

↗ **Natur-Idyll** Sowohl große als auch kleine Besucher können im Naturerlebnis Uckermark einen abwechslungsreichen und entspannten Tag erleben. Ziegen und Schafe, Hühner und Enten bevölkern den Haustierpark. Eingebettet in eine zauberhafte Gartenlandschaft gibt es außerdem einen Sinneslehrpfad, eine Streuobstwiese, einen traditionellen Holzbackofen und ganz viel zum Staunen und Lernen (www.naturerlebnis-uckermark.de).

↗ **Apfel pur** Wer den Naturpark Uckermärkische Seen besucht, sollte nicht die Apfelvielfalt verpassen. Ein besonderer Genuss ist der Besuch von Apfelhof, -café und -mosterei Lichtenhain. Man kann auf dem Gut inmitten blühender oder bereits schwer tragender Bäume Urlaub machen oder im Hofladen alles rund um den Apfel kaufen. Freitags gibt es eine Hofführung (www.die-apfelgraefin.de).

↗ **Westernstadt** Ein Tag voller Abenteuer ist in der Westernstadt El Dorado in Templin garantiert. Ponyoder für Größere Trailreiten, Goldwaschen, Bogenschießen oder Hufeisenwerfen – bezahlt wird mit »Eldorado-Dollar«. Auch eine Fahrt mit der Postkutsche oder im Kinder-Quad ist möglich (www.eldorado-templin.de).

Biosphärenreservat Schorfheide-Chorin

*Kulturlandschaft Uckermark e.V., Hoher Steinweg 5–6, 16278 Angermünde
Tel. 03331/365 40
www.schorfheide-chorin.de
br-schorfheide-chorin@lugv.brandenburg.de*

Das Biosphärenreservat war jahrhundertelang ein berühmtes Jagdrevier. Was für das Wild gefährlich war, war für die Flora die Rettung, denn man hat möglichst wenig in die Natur eingegriffen und die dichten Wälder belassen. Heute ist das 1258 Quadratkilometer große Areal das zweitgrößte Naturschutzgebiet Deutschlands. Ein Teil gehört sogar zum UNESCO-Welterbe. Es gibt Kiefern-, natürlichen Erlenbruchwald und Traubeneichenwälder. Besonders beeindruckend sind Eichen, deren Alter auf 400 bis 600 Jahre geschätzt wird. In dem 1990 gegründeten Reservat leben an den Ufern von 240 Seen und Tausenden Mooren nur wenige Menschen. Tiere, die woanders nur noch selten zu finden sind, kommen dafür in umso größerer Zahl vor. Biber und Fischotter zum Beispiel und auch Kraniche, Schwarzstörche und verschiedene Adler, wie der See-, der Schrei- und der Fischadler. Durch die Schorfheide verläuft die Nordsee-Ostsee-Wasserscheide von der dänischen bis zur tschechischen Grenze. Die Landschaft, vor allem die Gewässer, wurden von der Eiszeit geformt. Deutliche Spuren hinterließen auch die Askanier und die Zisterzienser, die Burgen und Klöster bauten, deren Reste noch zu besichtigen sind.

Sabinensee

Der sichelförmige See hat eine Badestelle und ist ein beliebtes Angel-Revier. Größtenteils ist sein Ufer von Schilf bewachsen, sodass man schwer an das Wasser vordringen kann. Um das Gewässer spinnt sich eine Sage, auf deren Spur man wandeln kann. Es ist die Sage von Sabine, die dem Teufel zur Frau versprochen wurde und sich mit einem Sprung in den See gerettet hat. Von Temmen aus am Reitweg Berlin-Usedom erreicht man einen Mythenplatz mit zwei Skulpturen.

Rummelsberg und Wesensee

Der Wesensee war nach der Eiszeit erst ein Gewässer, dann eine morastige Senke. Das blieb so, bis die Zisterzienser die Wälder rodeten. Der Boden konnte die Regenmengen nicht mehr aufnehmen, sodass sich wieder ein See bildete. Je nach Wasserstand sind darin noch Findlinge und Baumteile zu sehen, die dort einst auf feuchtem Grund standen und nun ein Rastplatz für Kormorane und Graureiher sind. Einen besonders schönen Blick darauf hat man vom gut 80 Meter hohen Rummelsberg.

Werbellinsee

An der breitesten Stelle misst er ungefähr einen Kilometer, dafür ist der Werbellinsee zehn Kilometer lang. Damit ist er einer der größten Seen Brandenburgs und mit 50 bis 60 Metern auch recht tief. Sieben Badestellen, zahlreiche Ausflugsschiffe und Bootsverleihe machen ihn zum perfekten Naherholungsgebiet für Berlin. Schon Theodor Fontane (1819–98) schwärmte für diese Landschaft. Highlight ist der nahezu original erhaltene Kaiserbahnhof in Joachimsthal.

Highlights Obwohl Wölfe, Wollschweine, Wisente und Elche im Biosphärenreservat leben, trifft man sie nicht leicht an. Wer sie beobachten möchte, fährt in den Wildpark Schorfheide. Auf sieben Kilometern kann man an ihren Gehegen vorüberstreifen. Ein besonderes Erlebnis sind die Wolfsnächte bei Vollmond inklusive Fütterung und Fackelwanderung (www.wildpark-schorfheide.de).

Outdoor-Aktivitäten Eine Erfahrung der besonderen Art verspricht eine Eselwanderung. Die Routen können zwischen zehn und 25 Kilometern lang sein. Der Esel übernimmt den Gepäcktransport und trägt auch Kinder ab zwei Jahren, die nicht mehr als 35 Kilogramm wiegen. Im Pauschalpaket sind Übernachtungen in einfachen Zimmern ebenso enthalten wie Lunchpakete und Kartenmaterial. Information und Buchung über www.belvento.de.

Anreise/Unterkunft Anreise über die A11, per Bahn über Berlin nach Angermünde. Unterkunft: Campingplatz am Werbellinsee, Tel. 033363/4232, www.campingplatz-werbellinsee.de; Hotel Döllnsee-Schorfheide, Tel. 039882/630, www.doellnsee.de.

Oben: Blick vom Rummelsberg auf den Wesensee. Bilder rechts: Landschaft am Werbellinsee; üppig gedeihen hier die Sumpf-Schwertlilien.

+ TIPP + TIPP + TIPP +

↗ **Zum Askanierturm** Eine empfehlenswerte Wanderung durch die Natur und durch die Geschichte beginnt in Eichhorst. Im Gasthaus Zum Wisent direkt am Werbellinkanal holt man sich den Schlüssel und macht sich auf den Weg, immer am Kanal entlang. Wo einmal eine Askanierburg gestanden haben soll, ließ Prinz Carl von Preußen (1801–83) einen Feldsteinturm errichten. Tatsächlich hat man bei Ausgrabungen Waffen und Mauerreste aus dem 12. Jahrhundert entdeckt. Ab Eichhorst gibt es einen Wanderweg zu dem Türmchen, das Ende des 19. Jahrhunderts eingeweiht wurde.

↗ **Kloster Chorin** Die Zisterzienser haben die Region stark beeinflusst. Sie haben Wälder abgeholzt und eindrucksvolle Bauwerke in die Landschaft gesetzt. Eines davon ist die prachtvolle Klosteranlage Chorin, deren Entstehung in das 13. Jahrhundert zurückreicht. Sie gilt als eines der bedeutendsten Baudenkmäler der Backsteingotik in Norddeutschland. Schon die Lage an einem See, eingebettet in ein parkähnliches Gelände, lohnt ein Ausflug an den Ort, den Fontane treffend als märchenhaft und gespenstisch beschrieb (www.kloster-chorin.org).

↗ **Buchenwald Grumsin** 2011 wurde der Buchenforst Grumsin in die Liste des UNESCO-Welterbes aufgenommen. Es ist einer der größten zusammenhängenden Tiefland-Buchenwälder, die es auf der Erde gibt. Betreten ist teilweise verboten, doch von einer alten Kopfsteinpflasterstraße aus hat man einen guten Einblick in die Welt der knorrig-eigenwilligen Baumgestalten und verwunschenen Moore. Eine geführte Wanderung ist besonders informativ. Sie beginnt am Besucher- und Informationszentrum Geopark. Dort kann man sich perfekt auf die Entstehung der Landschaft einstimmen und mit Säbelzahntiger und Gletscher auf Tuchfühlung gehen (Tel. 033361/633 80).

↗ **Biorama** Einen unvergleichlichen Blick über das Biosphärenreservat bekommt man von der 123 Meter hoch gelegenen Aussichtsplattform Biorama. Sie befindet sich auf dem Dach eines ehemaligen Wasserturms (www.biorama-projekt.org).

↗ **Kletterwald** Unweit des Wildparks Schorfheide gibt es seit 2012 einen Kletterwald. Seile, Netze und Holzsprossen oder -stufen führen in verschiedenen Höhen durch das Gelände. Hier gilt es, Körperbeherrschung und Gleichgewichtssinn zu trainieren. Gleichzeitig kommt man den beeindruckenden Stars der Region, den meterhohen Bäumen, besonders nah (www.kletterwald-schorfheide.de).

Ein im Biosphärenreservat vorkommender Fischadler verlässt seinen Horst, um für das Jungtier Beute zu machen.

Biosphärenreservat Spreewald

*Biosphärenreservat Spreewald
Schulstraße 9
03222 Lübbenau/Spreewald
Tel. 03542/89 21 11
www.lugv.brandenburg.de/cms/
detail.php/bb1.c.327425.de
br-spreewald@lugv.Brandenburg.de*

1991 wurde das 475 Quadratkilometer große Biosphärenreservat zwischen Cottbus, Dresden und Berlin von der UNESCO anerkannt. Die letzte Eiszeit hat dafür gesorgt, dass die Spree hier zu einem feinen Netz kleiner Fließgewässer wurde. Zu den natürlichen kamen im Lauf der Jahre künstliche hinzu, die es auf eine Länge von insgesamt rund 1550 Kilometern bringen. Daran angrenzend findet man Feuchtwiesen und Auenwälder. Das Gebiet ist in verschiedene Schutzzonen eingeteilt. Die Kernzone 1 mit zwei Prozent der Gesamtfläche beinhaltet naturnahen Wald, der nahezu unberührt ist. Der Schwerpunkt des Biosphärenreservats widmet sich interessanterweise der Nutzung durch den Menschen, genauer gesagt, der landwirtschaftlichen Nutzung. Die war in dieser Region durch kleine Hofstellen geprägt. Rein finanziell würde sich die Bewirtschaftung längst nicht mehr lohnen. Doch für die Kulturlandschaft ist deren Erhalt von großer Bedeutung. Darüber hinaus versucht man, Kanäle zu renaturieren und den Wasserhaushalt langfristig zu sichern. Denn auch der Erhalt des Lebensraums von Tieren und Pflanzen spielt natürlich eine bedeutende Rolle. Dazu gehören Weiß- und Schwarzstorch, Biber und Fischotter sowie über 800 Schmetterlings- und knapp 50 Libellenarten.

Highlights Eine Kahnfahrt gehört typischerweise zum Aufenthalt im Biosphärenreservat Spreewald dazu. Die Streusiedlung Burg besteht aus mehreren kleinen Bauernhöfen, häufig sind Holzbohlenhäuser mit Reetdächern zu sehen. Bei der Fahrt durch die Wasserarme, Fließe genannt, und durch verschiedene Schleusen erfährt der Gast einiges über den Alltag vergangener Zeiten. Besonders reizvoll ist die Kahnfahrt durch den zur Kernschutzzone 1 gehörenden Hochwald (www.spreehafen-burg.de).

Outdoor-Aktivitäten Eine Alternative zur klassischen Wanderung oder Radtour ist ein Ausflug mit dem motorisierten Stehroller Segway oder dem E-Cruizer. Nach Einweisung und Probefahrt geht es mit einem ortskundigen Führer los. Ob Waldschlösschen-, Hochwald- oder Schnapsbrenner-Tour, die Angebote sind ausgesprochen abwechslungsreich (www.scooterrent-spreewald.de). Auch für Reiter hat die Region etwas zu bieten. Von Schmogrow aus werden verschiedene geführte Ausritte ermöglicht. Es geht beispielsweise zur Pferdebahn, der ersten Eisenbahnroute der Lausitz. Wer mehrere Stunden unterwegs sein möchte, macht sich auf zum Byhleguhrer See mit seiner über 1000 Jahre alten Eiche »Florentine«. Infos bei der Touristinformation Burg, Tel. 035603/417.

Anreise/Unterkunft Anreise über die A13 oder A15 bis Dreieck Spreewald, per Regionalbahn 2 von Berlin zum Beispiel nach Lübben oder Vetschau. Unterkunft: Kneipp- und Erlebniscamping, Burg, Tel. 035603/ 75 09 66, www.caravan-kur-camping.de; Biobauernhof Buchan (Ferienwohnungen), Vetschau, Tel. 035433/3011, www.urlaub-beim-spreewaldbauer.de; Hotelanlage Starick, Lehde, Tel. 03542/899 90, www.spreewald.com.

Oben: 600 Fährleute warten in diesem größten Erlen-Auwald Europas darauf, Städtern in ihren Holzkähnen stakend ein Stück Natur näherzubringen.

+ TIPP + TIPP + TIPP +

↗ **Freilandmuseum** Zwei Kilometer vor Lübbenau liegt das Freilandmuseum Lehde. Es ist zu Fuß über einen Wanderweg, per Auto oder von Mai bis September sogar per Kahn vom Großen Spreewaldhafen Lübbenau aus zu erreichen. Auf dem Museumsgelände taucht der Besucher in den Alltag der Menschen im 19. Jahrhundert ein. Die Hofanlagen wurden aus dem gesamten Spreewald zusammengetragen und hier wieder aufgebaut. Obst- und Kräutergarten sowie eine Kahnbauerei runden die Ausstellung ab (www.museum.kreis-osl.de).

↗ **Gurkenmuseum** Der Spreewald ist berühmt für seine Gurken. Alljährlich wird sogar eine Gurkenkönigin gekrönt. Alles über den Anbau, das Einlegen und die Rezepte erfährt man im einzigem Gurkenmuseum des Landes (www.spreewald-starick.de).

↗ **Spreewaldmuseum** Ein einzigartiges Erlebnis für Groß und Klein ist die Zeitreise im Spreewaldmuseum in Lübbenau. Im roten Backsteingebäude Torhaus sind neben einem historischen Gemischt- und Kolonialwarenladen eine Kürschnerei, eine Leineweberei und eine Schuhmacherei zu sehen. Hinzu kommt der Konfektionsladen mit Trachten – alles aus der Zeit vor 100 Jahren. Hierzu kommt eine Dampflok mit Pack- und Personenwagen. Sogar der Führerstand darf besichtigt werden (www.museum.kreis-osl.de).

↗ **Neuendorfer See** Er ist der größte See im Biosphärenreservat. Seine vielen Buchten, oft umgeben von Kiefernwäldern, laden zum Baden ein. Wer mag, kann sich ein Ruder- oder Paddelboot leihen und die Umgebung erkunden.

Naturpark Nuthe-Nieplitz

Naturparkverwaltung Nuthe-Nieplitz, Beelitzer Straße 24, 14947 Nuthe-Urstromtal
Tel. 033732/50 60
www.naturpark-nuthe-nieplitz.de
np-nuthe-nieplitz@lugv.brandenburg.de

Flache Wiesenlandschaften in der Nähe von Beelitz

Es ist schon faszinierend: Nicht einmal eine Autostunde von Berlins Innenstadt entfernt findet man üppige Wildnis und Natur pur. Die Niederungen von Nuthe und Nieplitz bilden den Kern des 623 Quadratkilometer großen Parks. Seit der zweiten Hälfte des 18. Jahrhunderts wurden die beiden Flüsse ständig verändert und begradigt. Beinahe naturbelassen sind nur noch die Abschnitte der Nuthe auf dem einstigen Truppenübungsplatz Jüterbog West und der Nieplitz bei Treuenbrietzen. Feuchtwiesen, Bruchwälder, Heide und eine der wenigen aktiven Flugsanddünen im Binnenland liegen hier dicht beieinander. Sie sind der Lebensraum vieler bedrohter Pflanzen und Tiere. Hier brütet der Kranich, das Wappentier des Parks. Außer ihm bevölkern Wildgänse, Rot- und Schwarzmilane, Baumfalken und Silberreiher die Lüfte. Am Boden dominieren Lurch- und Kriechtiere. An bestimmten Plätzen sind sogar Schlingnattern, Kreuzkröten, Laubfrösche und Rotbauchunken zu entdecken. Auch Wölfe haben sich wieder angesiedelt, lassen sich jedoch nur selten sehen. Muffel-, Rot- und Damwild ist ebenfalls nicht mehr frei unterwegs, dafür umso besser im Gehege zu beobachten. Im Frühjahr dreht sich vor allem im nordwestlich gelegenen Beelitz alles um den dort angebauten Spargel.

Highlights Ein Besuch des Wildgeheges Glauer Tal darf während des Aufenthalts im Naturpark Nuthe-Nieplitz auf keinen Fall fehlen. Drei verschiedene Wanderwege zwischen einem und 5,5 Kilometern Länge führen hindurch. Dazu gibt es ein Insektenhotel, einen Barfußpfad und natürlich Aussichtspunkte. Gleich daneben befindet sich ein Naturparkzentrum, wo man vielfältige Informationen und Tipps für seinen Aufenthalt bekommt (www.wildgehege-glau.de).

Outdoor-Aktivitäten Zehn Kilometer Gesamtlänge und bis zu 100 Höhenmeter sind bei der Aussichtswanderung vom Blankensee in die Glauer Berge zu überwinden. Die Wanderung ist zwar nicht besonders anspruchsvoll, enthält aber durchaus steile Passagen. Los geht's auf dem Parkplatz im Süden von Trebbin.

Anreise/Unterkunft Anreise über die A9 oder A10 zum Beispiel nach Beelitz, mit der Bahn ab Berlin nach Jüterbog oder Treuenbrietzen.
Unterkunft: Camping Dobbrikow, Tel. 033732/403 27, www.camp-dobbrikow.de; Hotel Stadt Beelitz, Tel. 033204/47 70, www.hotel-stadt-beelitz.de.

Oben: Der Wolf hat in Brandenburg wieder Einzug gehalten, ist aber sehr menschenscheu. Kleine Bilder (im Uhrzeigersinn von links oben): Färber-Scharte, Schlangenknöterich, Sumpf-Schwertlilie und Frostpestwurz.

+ TIPP + TIPP + TIPP

↗ **Kräuterkate** Neben Spargel gehören Wildkräuter zu den kulinarischen Höhepunkten der Region. In der Kräuterkate Glau gibt es nicht nur einiges zum Probieren, zwei Kräuterpädagoginnen bieten interessante Veranstaltungen an und bringen einem vieles über das Sammeln, die Essbarkeit und die Zubereitung bei (www.kraeuterkateglau.de).

↗ **Kloster Zinna** Im Museum des am südlichen Rand des Naturparks gelegenen Klosters Zinna mit dazugehöriger Klosterkirche und Weberkolonie lässt sich die kulturelle Vergangenheit der Region erfahren. Auch eine Kostprobe aus der Kräuteressenzherstellung gehört unbedingt dazu (www.kloster-zinna.com).

Naturpark Niederlausitzer Heidelandschaft

Naturpark Niederlausitzer Heidelandschaft, Naturparkhaus, Markt 20, 04924 Bad Liebenwerda
Tel. 035341/47 15 94
www.naturpark-nlh.de
info@naturpark-nlh.de

Ähnlich wie der Niederlausitzer Landrücken ist auch dieser Naturpark zunächst eiszeitlich und danach vom Kohleabbau geprägt. Er liegt im Süden Brandenburgs und umfasst 484 Quadratkilometer. Herz des Parks ist ein ehemaliger Truppenübungsplatz, das heutige Naturschutzgebiet Forsthaus Prösa mit großen Flächen von violett blühender Callunaheide und Silbergras. Wo einmal die Panzer rollten, können jetzt Schäfer mit ihren Heidschnucken oder auch Pferdekutschen angetroffen werden. Daran schließt sich ein ausgedehnter Traubeneichenwald mit 200 bis 300 Jahre alten Bäumen an. Unweit davon wartet ein weiterer Höhepunkt, das Naturschutzgebiet »Der Loben«. Hier wurde früher Ton für die ansässigen Töpfereien abgebaut. Inzwischen wird aus dem Niedermoor nur noch Torf für medizinische Zwecke geholt. Es ist der Lebensraum verschiedenster Pflanzen, einige davon gelten als gefährdet. Kranich und Rauhfußkauz fühlen sich hier wohl. Und auch das Auerhuhn, Wappentier des Parks, das nur noch selten in freier Wildnis zu sehen ist. Blaubeeren und Pilze gedeihen prächtig in den Wäldern – doch nicht nur die. Brandenburgs größte Streuobstwiesen sind hier zu finden. Die Region ist bekannt für ihre Äpfel, Birnen, Nüsse und Kirschen.

Highlights Durch den Naturpark fließt die Schwarze Elster. Sie bietet ein herrliches Paddelrevier. Während der 35 Kilometer langen Rundtour »Kahn, Kanu und Kohle« ist man teilweise mit dem Fahrrad, teilweise mit dem Kanu unterwegs. Es geht in Bad Liebenwerda am »Haus des Gastes« los. Unterwegs gibt es viel zu sehen, unter anderem eine ehemalige Brikettfabrik und den Rothsteiner Felsen. Informationen beim Tourismusverband Elbe-Elster-Land e.V., Tel. 035341/306 52, www.elbe-elster-land.de.

Der Morgennebel taucht die Heidelandschaft in Pastelltöne.

+ TIPP + TIPP + TIPP +

↗ **Elstermühle** Früher gab es über 20 Mühlen an der Schwarzen Elster. Noch heute ist eine ehemalige Getreidemühle hinter dem Fischerdorf Plessa erhalten. Schon der Weg in die verwunschene Idylle zu Fuß oder per Rad lohnt sich. Während einer Führung kann man die liebevoll gepflegte Einrichtung bewundern. Anmeldung unter Tel. 03533/52 06.

↗ **Natoureum** In Maasdorf lädt das Natoureum dazu ein, von der Natur zu lernen und die Natur der Umgebung zu erkunden. Besonderheit: Die gesamte Region ist dort im Kleinen nachgebaut, sodass man gemütlich von Finsterwalde nach Bad Liebenwerda spazieren und dabei die unterschiedlichen Landschaftsformen studieren kann (www.maasdorf.de).

↗ **Grünewalder Lauch** Die Region ist reich an Badeseen, darunter der Grünewalder Lauch. Außer schwimmen, kann man hier auch tauchen, surfen und segeln. Eine Trampolinanlage und ein Fahrradverleih machen das Freizeitangebot komplett.

↗ **Energie-Route** Obwohl es ein Naturpark ist, spielt die Industrie hier eine große Rolle. Auf besonders faszinierende Art kann man sich ihr auf der Energie-Route nähern. Dazu gehören zehn Stationen, wie etwa ein Besucherbergwerk, www.energie-route-lausitz.de.

↗ **Miniaturenpark** Besonders für Kinder ist der Erlebnis- und Miniaturenpark Elsterwerda ein Spaß. Neben Naschobstgarten, Hochmooranlage und Wandelgartenlabyrinth gibt es auf dem mehr als 30 000 Quadratmeter großen Gelände eine historische Ritterburg (www.erlebnis-miniaturenpark.de).

Outdoor-Aktivitäten Eine sechsstündige Wanderung führt in das Herz des Parks, in das Naturschutzgebiet Forsthaus Prösa und zu den dort lebenden Heidschnucken. Ein Ranger bringt Besuchern die Tiere, die hier aktiv Landschaftspflege betreiben, näher. Zwischendurch wird gemeinsam Mittag gegessen. Informationen und Anmeldung unter Tel. 035341/101 92.

Anreise/Unterkunft Anreise über die A13 und B101, per Bahn nach Bad Liebenwerda. Unterkunft: Camping Zeischa, Tel. 035341/103 98, www.campingplatz-waldbad-zeischa.de, Hotel Weißes Roß, Tel. 03533/ 31 88, www.hotel-elsterwerda.de.

In der Heide lohnt sich auch der Blick für das Detail: Hier blühen Magerwiesen-Margeriten und Kuckucks-Lichtnelken (großes Bild), Geflecktes Knabenkraut und Lungen-Enzian (kleine Bilder) um die Wette.

Sachsen-Anhalt

In der Mitte Deutschlands gelegen, wird der nordöstliche Teil von Sachsen-Anhalt durch flaches Heideland sowie die fruchtbaren Böden der Magdeburger Börde bestimmt, während der südwestliche Teil Mittelgebirgsland ist. Höhepunkt ist natürlich der Harz: Tief eingeschnittene Täler zwischen urig verwitterten Felsformationen, wilde Flussläufe und der Gipfel des Brockens, der sich wie eine Insel aus dem Tiefland erhebt. Ausgedehnte Laub- und Nadelwälder wechseln sich ab mit Bergwiesen und Wasserfällen.

Die Wasserfälle des Bergflüsschens Ilse strömen durch bemooste Felsen am Heinrich-Heine-Weg im sachsen-anhaltinischen Teil des Harzes.

Biosphärenreservat Flusslandschaft Elbe

Biosphärenreservatsverwaltung Mittelelbe
Kapenmühle, Postfach 1382
06813 Dessau-Roßlau
Tel. 034904/42 10
www.mittelelbe.com
poststelle@bioresme.mlu.sachsen-anhalt.de

Weite Auenlandschaften charakterisieren das Biosphärenreservat Mittelelbe, das sich von Seehausen in der Altmark bis zur Lutherstadt Wittenberg erstreckt. Es ist der sachsen-anhaltinische Teil des Biosphärenreservats Flusslandschaft Elbe. Die weitgehend naturbelassenen Feuchtwälder an Elbe und Mulde sind ein Refugium für viele vom Aussterben bedrohte Tier- und Pflanzenarten. Das gilt besonders für den Elbe-Biber, der nach dem Zweiten Weltkrieg nur noch hier zu finden war, bevor er dank besserer Schutzmaßnahmen andere Regionen zurückeroberte. An die Auengebiete mit ihren Sumpfflächen und Altwasserarmen schließen sich ebenso wertvolle Magerrasen-Landschaften an, die wieder ganz andere Tiere und Pflanzen beherbergen. Besonders faszinierend ist der große Vogelreichtum. Neben 179 Brutvogelarten finden sich zur Zugzeit mindestens 100 weitere Arten ein, darunter riesige Schwärme von Kranichen.

Highlights Seinen besonderen Charme bekommt das Biosphärenreservat durch die enge Verzahnung von Natur und Kultur, die sich besonders im »Dessau-Wörlitzer Gartenreich« zeigt. Ganz naturnah ist dagegen etwas außerhalb des eigentlichen Reservats das Vogelschutzgebiet Colbitz-Letzlinger Heide mit Europas größtem geschlossenem Lindenwald.

Outdoor-Aktivitäten Das Biosphärenreservat stellt vor allem für Fahrradtouristen ein

+ TIPP + TIPP + TIPP +

↗ **Auf Auenpfaden** Die typischen Lebensräume des Biosphärenreservates kann man auf 19 sogenannten Auenpfaden erwandern. Informationen bekommt man im Informationszentrum Auenhaus oder auf www.mittelelbe.com/mittelelbe/wandern_60_1_1.html.

↗ **Den Vögeln auf der Spur** Für Vogelfreunde wurden 12 besonders lohnenswerte Aussichtspunkte angelegt. Informationen hierzu gibt es unter www.mittelelbe.com/mittelelbe/vogelbeobachtungs___punkte_112_1_1.html.

↗ **Mit dem Fahrrad durchs Gartenreich** Das »Dessau-Wörlitzer Gartenreich« lässt sich auch auf einer 65 Kilometer langen Rundtour mit dem Fahrrad erkunden. Informationen unter www.dessau.de/Deutsch/Kultur-und-Tourismus/Radtourismus-RadWandern-/Gartenreichtour-Fuer-03045.

↗ **Im Auenhaus** Das Auenhaus an der Straße zwischen Dessau und Oranienbaum ist das zentrale Info-Zentrum im Biosphärenreservat. Hier findet man eine Ausstellung, ein Biberfreigelände, einen Picknickplatz und einen Lehr-und Erlebnispfad mit Taststrecken, Kiefernlabyrinthen und vielem mehr, Informationen unter Tel. 034904/406 10.

↗ **Bauhaus am Fluss** Neben der Kunstschule findet man in Dessau noch weitere Bauten im bekannten Bauhausstil, darunter direkt am Elbufer im Stadtteil Roßlau die Ausflugsgaststätte Kornhaus. Außer stilechtem Bauhaus-Ambiente und leckeren Speisen, kann man hier auch den Anblick der in einem Bogen dahinfließenden Elbe genießen, www.kornhaus-dessau.de.

Die Elbe bei Arneburg und bei Dessau (großes Bild).

lohnendes Ziel dar. Neben dem Elberadweg gibt es eine Vielzahl von Rundkursen zu Natur- und Kulturschönheiten. Da die meisten kulturellen Sehenswürdigkeiten direkt an der Elbe liegen, lässt sich hier mit dem Paddel- oder Segelboot ein Sport-Kultur-Urlaub verbringen.

Anreise/Unterkunft Als Ausgangspunkt für Touren bieten sich zahlreiche Städte an, die mit zusätzlichen touristischen Highlights aufwarten können: etwa Magdeburg, Wittenberg und Dessau, aber auch Havelberg, Tangermünde, Jerichow und Stendal. Wasserratten und Campingfreunde können am Arendsee in der Altmark oder am Bergwitzsee südlich von Wittenberg Quartier nehmen. Unterkünfte buchen kann man auf buchen.sachsen-anhalt-tourismus.de. Unterkünfte für Radfahrer findet man unter www.bettundbike.de.

UNESCO-Weltkulturerbe Wörlitzer Park

Malerische Teiche und lauschige Haine, dazwischen immer wieder Sichtachsen, die den Blick auf kleine Tempel und Schlösschen freigeben, dazu künstliche Grotten, Klippen und Inselchen, Einsiedeleien, in denen nie ein Asket sein Leben fristete, Felsenlabyrinthe und schön geschwungene Brücken, die über die vielen Wasserläufe führen: So präsentiert sich der von Fürst Friedrich Franz von Anhalt-Dessau im 18. Jahrhundert geschaffene Wörlitzer Park. Er ist das Herzstück des »Dessau-Wörlitzer Gartenreichs«, einer einzigartigen Kulturlandschaft im Biosphärenreservat Mittelelbe, die auch die Parks Luisium, Georgium und Großkühnau bei Dessau, Mosigkau, Leiner und Sieglitzer Berg sowie Oranienbaum umfasst.

Nationalpark Harz (Hochharz)

Nationalparkverwaltung Harz
Lindenallee 35
38855 Wernigerode
Tel. 03943/550 20
www.nationalpark-harz.de
info@nationalpark-harz.de

Kahl und lang gezogen dominiert die Kuppe des Brockens den sachsen-anhaltinischen Teil des Nationalparkes Harz. Dieser ist nur 89 Quadratkilometer groß und erstreckt sich rund um Norddeutschlands höchsten Berg. Abgesehen vom Gipfel des Brockens ist das Nationalparkgebiet fast vollständig von dichten Wäldern bedeckt. Unter den Baumwipfeln verbirgt sich eine wildromantische, zerklüftete Landschaft mit zahlreichen tief eingeschnittenen Tälern und malerischen Granitklippen. Vor allem nach Norden fällt das Gebirgsplateau steil ab, während es nach Süden flacher ausläuft.

Selbst im Hochsommer zeigt sich die Ilse als ein Flüsschen mit rascher Fließgeschwindigkeit.

An den Hängen lassen sich alle Vegetationsstufen beobachten: von lichten Buchenwäldern über montane Fichtenwälder bis hin zur alpinen Zwergstrauchheide. Im 19. Jahrhundert wurden viele bergbaubedingte Kahlschläge mit schnell wachsenden und borkenkäferanfälligen Fichten wieder aufgeforstet. Inzwischen bemüht man sich, diese sukzessive wieder durch die ursprünglicheren Buchen und Bergahorne zu ersetzen. Besonders wertvoll sind die Hochmoorgebiete, die zu den am besten erhaltenen Mitteleuropas zählen und selten gewordene Pflanzen wie die Rosmarinheide, die Zwerg-Birke und verschiedene Torfmoosarten beherbergen. Eine besondere Rarität ist die weiß blühende Brockenanemone, die, zumindest in Deutschland, nirgendwo sonst zu finden ist.

Brocken

Der 1141 Meter hohe Brocken ist das Wahrzeichen des Harzes. Als einziger Mittelgebirgsgipfel Deutschlands ragt er über die Baumgrenze hinaus. Seine runde Kuppe ist einer der klimatisch rauesten Orte in Deutschland und oft von heftigen, eiskalten Winden umtost, in Nebel gehüllt oder unter meterdicken Schneedecken begraben. Kein Wunder also, dass die Menschen früher glaubten, hier würden sich die Hexen treffen. Später wurde auf dem Berg eine Reihe von Sendeanlagen installiert. Die exponierte Lage des Gipfels gewährleistet nicht nur eine große Reichweite von Funkwellen, sondern auch eine fantastische Aussicht. So lassen sich an klaren Tagen die mehr als 150 Kilometer entfernten Gipfel von Rothaargebirge und Rhön erkennen. Einzigartig ist auch die Vielzahl von Wanderwegen unterschiedlicher Längen und Schwierigkeitsgrade, die von den Ortschaften ringsum auf den Brocken führen. Einige davon sind auch mit dem Mountainbike bzw. im Winter mit Langlaufskiern zu befahren.

Ilsetal

Einer dieser Wege auf den Brocken führt durch das wildromantische Ilsetal. Er ist nach dem Dichter Heinrich Heine (1797–1856) benannt, der ihn 1824 im Rahmen einer Wanderung von Göttingen nach Ilsenburg ging, und seine Erlebnisse dann in dem Buch »Harzreise« festhielt. Darin schildert er die Wasser der »lieblichen Ilse« als eine Prinzessin, die im »weißen Schaumgewand« lachend und funkelnd die Schlucht hinabläuft. Der Weg von Ilsenburg durch die Schlucht auf den Brocken ist 12 Kilometer lang. Dabei passiert man zahlreiche Naturhighlights wie die Ilsefälle, die auf einer Wegstrecke von über einem Kilometer in vielen kleineren und größeren Kaskaden talwärts stürzen, oder die Hermann-, Bismarck- und Paternosterklippen. Für Trittsichere und Schwindelfreie lohnt sich, den fast senkrecht abfallenden Ilsenstein zu besteigen, der die Schlucht überragt und eine wunderbare Aussicht auf den Brocken bietet.

Highlights Einen Besuch wert ist die abwechslungsreiche Klippenlandschaft südöstlich des Brockens. Sie kann von Schierke aus auf dem 11,5 Kilometer langen Oberharzer Klippenweg erkundet werden, Infos unter www.sachsen-anhalt-tourismus.de/touren/details/tour/oberharzer-klippenweg-1. Die höchste Erhebung ist der Hohnekamm mit 900 Metern.

Outdoor-Aktivitäten Der Nationalpark Harz verfügt über ein großes Netz an Wanderwegen, von denen viele, aber keineswegs alle auf den Brocken führen. Ein großer Teil davon darf auch von Mountainbikern benutzt werden. Im Winter stehen Langläufern im Nationalparkgebiet (inkl. niedersächsischem Teil) 140 Kilometer gespurte Loipen zur Verfügung. Daneben werden auch Winterwanderwege geräumt und vor allem rund um Schierke Rodelbahnen angelegt. Wegen seines rauen Klimas und Niederschlagreichtums ist der Harz recht schneesicher.

Anreise/Unterkunft Ein guter Ausgangspunkt für Touren in den Nationalpark sind Bad Harzburg, Ilsenburg und Wernigerode am Fuß der Berge. Wer lieber »mittendrin« sein möchte, kann in der Brockenherberge auf dem Gipfel des Berges übernachten (www.brocken-hotel.de). Ansonsten bietet sich Schierke an, wo es eine große Auswahl an Hotels, Pensionen, Ferienwohnungen und -häusern sowie einen Campingplatz gibt (www.schierke-am-brocken.de). Eine Alternative sind auch die nahen Urlaubsorte im niedersächsischen Teil des Nationalparks wie Braunlage oder St. Andreasberg sowie Quartiere im sachsen-anhaltinischen Naturpark Harz, etwa in Elbingerode oder Beneckenstein.

Oben: Das grüne Ilsetal inspirierte schon Heinrich Heine.

111

+ TIPP + TIPP + TIPP +

↗ **Mit Dampf auf den Brocken** Trotz der schönen Wanderwege ist die Fahrt mit den Dampfzügen der Harzer Schmalspurbahn auf den Brocken ein besonderes Erlebnis. Die Züge haben Anschluss an die anderen Strecken der Schmalspurbahn, etwa nach Wernigerorde, Nordhausen, Harzgerode und Quedlinburg. Die Bahn bringt übrigens auch Rollstuhlfahrer auf den Brocken, die dort barrierefreien Zugang zu Brockenhaus und Brockengarten haben. Informationen unter www.hsb-wr.de

↗ **Durchs Elendstal** Trotz des wenig einladenden Namens lohnt sich eine Wanderung durch das romantische Tal der Kalten Bode zwischen Schierke und Elend unbedingt. Dabei sollte man auch einen Schlenker über die Schnarcherklippen machen, die eine wunderschöne Aussicht bieten.

↗ **Grenzweg** Die einstige deutsch-deutsche Grenze verläuft nicht nur mitten durch den Harz, sondern auch mitten durch den schönsten Teil des Nationalparks. Sie lässt sich auf dem Harzer Grenzweg von Ilsenburg nach Walkenried erwandern (www.wandern-im-harz.de/grenzweg/10).

↗ **Auf den Spuren der Hexen** In Ost-West-Richtung durchwandert man die schönsten Regionen des Harzes auf dem 97 Kilometer langen Hexenstieg, der von Thale über Rübeland und den Brocken nach Osterode führt. Auch hier ist es möglich, Pauschalangebote »ohne Gepäck« zu buchen. Informationen unter www.hexenstieg.de.

↗ **Mit Rangern unterwegs** Gleich mehrere Nationalparkhäuser und Stationen dienen als Anlaufpunkte für Besucher. Dort gibt es nicht nur Wandertipps und Ausstellungen über die ebenso spannende wie sensible Natur des Nationalparks, die Ranger bieten auch diverse Führungen an, etwa auf den Spuren von Luchs und Feuersalamander. Nationalparkhäuser gibt es auf dem Brocken, am Eingang des Ilsetals und in Schierke sowie in Torfhaus und St. Andreasberg auf niedersächsischer Seite. Dazu kommen das Natur-Erlebniszentrum Hohne-Hof in der Nähe der Drei Annen Höhe sowie eine kleine Rangerstation unterhalb der Scharfenstein-Klippe. Informationen unter www.nationalpark-harz.de/de/besucherzentren.

↗ Entdeckerpfad für Kinder In der Nähe des Bahnhofs Drei Annen Höhe gibt es den gemeinsam mit dem ZDF angelegten Löwenzahnpfad, der Kindern spielerisch Naturwissen vermittelt und am Erlebniszentrum HohneHof endet.

↗ Klettern in den Klippen Die Klippenlandschaft bei Schierke bietet Kletterrouten der Schwierigkeitsgrade I – VI. Für alle, die Klettern erst lernen wollen, bietet die Schierker Baude (www.schierkerbaude.de) Kurse an. Diese Freizeitstätte der Sportjugend verfügt auch über einen Niedrig-Seilgarten und eine Kletterwand in der Halle.

↗ Im Brockengarten Eine Sammlung, bestehend aus rund 1800 Hochgebirgspflanzen aus aller Welt, gibt es bereits seit 1890 auf dem Brocken. Im Sommer bieten die Ranger regelmäßig um 11 und 13 Uhr Führungen an.

Vom Wurmberg geht der Blick auf den Brocken (oben). Eine Fahrt mit der Schmalspurbahn gehört zu jedem Brocken-Besuch dazu (linke Seite).

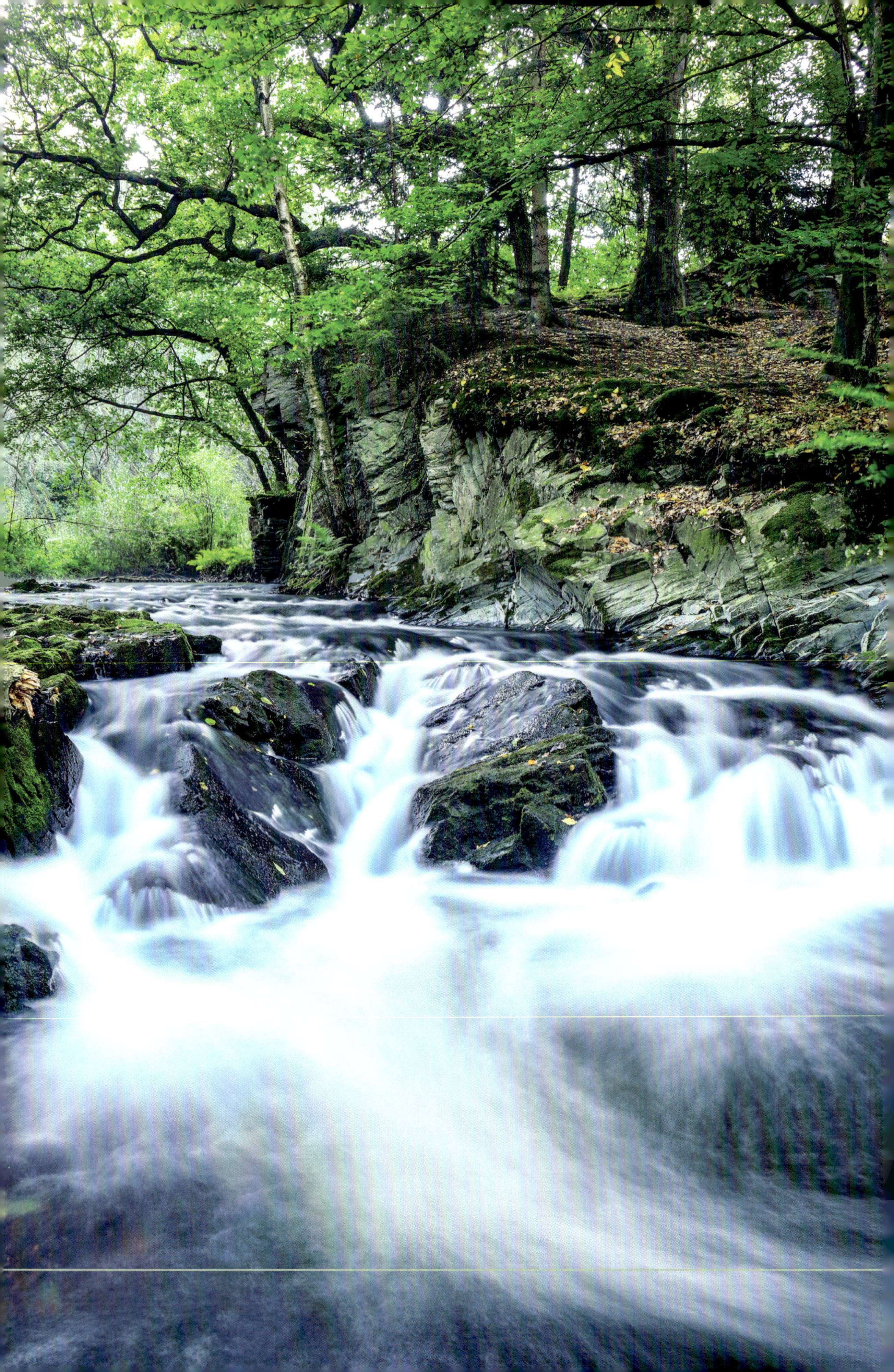

Naturpark Harz

Regionalverband Harz e.V.
Hohe Straße 6
06484 Quedlinburg
Tel. 03946/964 10
www.harzregion.de
rvh@harzregion.de

Ausgedehnte Wälder, tiefe romantische Täler, aber auch weite Hochebenen und große Stauseen prägen den 1660 Quadratkilometer großen Naturpark Harz, der sich im Osten an den Nationalpark Hochharz anschließt. Vor allem der Nordrand zwischen Wernigerode und Thale ist von steilen Felswänden, schroffen Klippen und Wasserfällen geprägt, um dann hinter Thale Richtung Falkenstein ebenso wie nach Süden in lieblichen Tälern auszulaufen, die auch klimatisch im Schatten des Hochharzes liegen und deswegen mit milderen Temperaturen und weniger Regen punkten können. Auf dem zerklüfteten Hochplateau finden sich heute mehrere Hochwasser-Schutzsperren. Sehenswert ist auch das »Innenleben« des Gebirges. Es gab nicht nur wegen der reichen Bodenschätze schon seit dem Mittelalter einen regen Bergbau, bei Rübeland lassen sich auch zwei schöne Tropfsteinhöhlen besichtigen.

Holtemmetal

In einer steilen, engen Schlucht, der Steinernen Renne, stürzt das Flüsschen Holtemme von den Hängen des Brockens Richtung Wernigerode. Das Tal mit seinen vielen kleinen Wasserfällen und Stromschnellen gehört schon seit Mitte des 19. Jahrhunderts zu den beliebtesten Wandergebieten des Harzes – unter anderem auch deswegen, weil am Ende der Schlucht ein Waldgasthaus lockt. Von dort führt ein Wanderweg weiter zu den Ottofelsen und den Hohensteinklippen.

Bodetal und Hexentanzplatz

Das vielleicht berühmteste der Harztäler ist die nur 15 Kilometer lange, wildromantische Schlucht, die die Bode zwischen Altenbrak und Thale durchfließt. Stellenweise ist sie bis zu 280 Meter tief eingeschnitten. Am Grund durchschreitet man eine verwunschen scheinende Landschaft mit Felsklippen, Wasserfällen und bizarr geformten Bäumen, zwischen denen man eine Vielzahl seltener Pflanzen und Tiere entdecken kann wie Wasseramseln und Feuersalamander, Alpenaster und Hirschzungen, die sich speziell an diesen Lebensraum angepasst haben. Wer die Mühen nicht scheut, kann aus dem Tal zu schönen Aussichtspunkten aufsteigen, vor allem auf die beiden exponierten Plateaus Hexentanzplatz und Rosstrappe, die bei Thale ein Tor zum Bodetal bilden. Beide sind auch mit einer Seilbahn bzw. einem Sessellift erreichbar.

Selketal

Im Gegensatz zu den schroffen Tälern im Norden präsentiert sich das Selketal im Osten sanft und stimmungsvoll. Zwar erheben sich auch hier rechts und links steile, waldbestandene und von Burgen und Ruinen gekrönte Hänge, die das Tal von der Außenwelt abschirmen, doch der breite Talgrund, wo sich der Fluss durch Wiesenlandschaften mit alten Eichen und Buchen schlängelt, hat einen friedlichen Charakter. Vor allem zwischen Selkemühle und Meisdorf eignet sich die Strecke wunderbar zum Fahrradfahren.

Outdoor-Aktivitäten Genau wie der Nationalpark ist auch der Naturpark Harz mit mehreren Tausend Kilometern ausgeschilderter Wege ein Refugium für Wanderer, Mountainbiker und im Winter auch für Langlauf-Freunde. Für Radfahrer, die es weniger anstrengend lieben, empfiehlt sich vor allem der Europaradweg R1, der am Nordrand des Harzes entlangführt und Abstecher in die schönsten Täler erlaubt. Kletterreviere gibt es an der Teufelsmauer und im Steinbachtal. Wassersport ist auf den großen Talsperren leider nicht möglich, aber viele Orte verfügen über Bäder und kleine Badeseen.

Anreise/Unterkunft Dank seiner Größe gibt es im Harz ein schier unübersehbares Angebot an allen erdenklichen Unterkünften – vom mondänen Stadthotel am Harzrand bis zur einsamen Bergbaude, von Wellnesstempeln bis zu Natur-Campingplätzen. Buchungsportale sind etwa www.harzinfo.de oder www.buch-den-harz.de, auf denen auch viele Pauschalangebote zu finden sind.

Linke Seite: Der Selkefall im gleichnamigen Tal trägt zur schönen Stimmung in diesem Harz-Abschnitt bei. Unten: Impressionen vom Bodetal.

+ TIPP + TIPP + TIPP +

↗ Auf den Spuren des Bergbaus Auf den Bergbauwanderwegen rund um Neudorf bei Harzgerode (www.neudorf.com/texte/bergbauwander.pdf) oder bei Straßberg (www.strassberg-harz.de) lassen sich viele Relikte des einstigen Bergbaus im Harz besichtigen. Ausflüge unter die Erde kann man zum Beispiel im Schaubergwerk von Elbingerode (www.schaubergwerk-elbingerode.de) oder in der Grube Glasebach, ebenfalls in Straßberg (www.grube-glasebach.de), unternehmen.

↗ Zur Talsperre Eine leichte, aber schöne, 9 Kilometer lange Wanderung führt von Rübeland über den Philosophenweg auf die Sperrmauer der imposanten Rappbode-Talsperre. Nicht nur die Besichtigung der Staumauer selbst, sondern auch die Aussicht von dort auf die Umgebung lohnt sich. Für den Rückweg kann der Bus 265 benutzt werden.

↗ Nur für Mountainbiker Mit der Website www.volksbank-arena-harz.de gibt es ein eigenes Portal für Mountainbiker, auf dem, sortiert nach Schwierigkeitsgraden und Ausgangsorten, 74 Touren von insgesamt 2200 Kilometern Länge vorgestellt werden. Außerdem lassen sich Unterkünfte finden, wo man u. a. Werkzeug, Lunchpakete, einen verschließbaren Parkplatz und Möglichkeiten zum Waschen der verschmutzen Kleidung bekommen kann.

↗ Baden und Bootfahren Ein geeigneter Ort für eine Erfrischung an heißen Sommertagen ist der ganz von Wald umgebene Mühlenteich, oft auch als Bergsee von Güntersberge bezeichnet, direkt an der Selkebahn. Im kleinen Waldbad werden Tret- und Ruderboote verliehen.

Die Neurathener Felswände sind Teil des Elbsandsteingebirges in der Sächsischen Schweiz.

Sachsen

Der Freistaat Sachsen ist das östlichste deutsche Bundesland. Im Osten bilden Oder und Neiße die Grenze zu Polen. Das Erzgebirge im Süden des Bundeslandes erreicht Höhen von über 1200 Metern. Dennoch erscheint es vielerorts wie eine ansteigende, leicht wellige Hochebene, durchzogen von tief eingeschnittenen Tälern. Einzigartige Felsformationen bietet das Elbsandsteingebirge südöstlich von Dresden.

Naturpark Erzgebirge/Vogtland

Zweckverband Naturpark
Erzgebirge/Vogtland
Geschäftsstelle Schlettau
Schlossplatz 8, 09487 Schlettau
Tel. 03733/62 21 06
www.naturpark-erzgebirge-
vogtland.de
naturpark@tira.de

Wellige Hügel im Westen, raue Höhenzüge im Osten, so präsentiert sich Deutschlands längster Naturpark. Er zieht sich von der Weißen Elster im Vogtland bis zur Freiberger Mulde im Osterzgebirge über 120 Kilometer an der deutsch-tschechischen Grenze entlang. Wie der Name nahelegt, wurde hier bereits seit dem Mittelalter intensiver Bergbau betrieben. Heute stellt der Kontrast zwischen der abwechslungsreichen Kulturlandschaft und den Relikten fast unberührter Natur den besonderen Reiz der Gegend dar. Unbesiedelte Täler mit Schluchtenwäldern und Quellmooren, Hochmoore in den Kammlagen, Feucht- und Bergwiesen sowie die Reste der ursprünglichen Bergmischwälder bieten seltenen Tier- und Pflanzenarten wie dem Sperlingskauz, dem Birkhuhn, dem Eisvogel, der Flussperlmuschel und der Feuerlilie sowie vielen Enzian- und Orchideenarten ein einzigartiges Refugium. Daneben zeugen alte Bergwerksstollen, Halden, Stauanlagen, idyllische Heckenlandschaften und Bergbaustädtchen von Jahrhunderten menschlicher Nutzung.

Sanftes Morgenlicht zaubert eine fast mystische Stimmung an diesem Bach im Vogtland.

Erzgebirge Mit Erhebungen über 1200 Meter gehört das Erzgebirge zu den höchsten deutschen Mittelgebirgen. Markante Berggipfel sind jedoch Mangelware. Denn als sogenanntes Pultschollengebirge steigt das Erzgebirge auf der deutschen Seite flach an und läuft in Hochflächen aus, die dann jenseits des Kammes auf der tschechischen Seite steil abfallen. Dazwischen finden sich einzelne Gipfel, deren höchster auf deutscher Seite der Fichtelberg ist. Unterteilt wird der Gebirgsstock von den tiefen Flusstälern des Schwarzwasser, der Zschopau, Flöha und Freiberger Mulde. Trotz der jahrhundertelangen menschlichen Nutzung sind noch immer über 60 Prozent des Naturparks von ausgedehnten Wäldern bedeckt. Auch die

Hochwälder, die einst stark von Industrieabgasen gezeichnet waren, haben sich in den letzten Jahrzehnten sichtbar erholt. Dort finden sich auch seltene alpine Tier- und Pflanzenarten.

Vogtland Im Westen schließt sich an das Erzgebirge das idyllische Vogtland an, das sich bis Gera, Lobenstein und Hof erstreckt. Zum Naturpark gehört jedoch nur ein kleiner Teil des Oberen Vogtlandes. Im Süden ragt ein Zipfel in das deutsch-tschechische Elstergebirge hinein, dessen höchster Gipfel mit 759 Metern der Kapellenberg bei Schönberg ist. Von seinem Aussichtsturm hat man bei gutem Wetter einen wunderbaren Blick über Erz- und Fichtelgebirge sowie den Oberpfälzer Wald und das tschechische Bäderdreieck. Auch auf deutscher Seite finden sich mit Bad Brambach und Bad Elster historische Badeorte, die ihre mineralischen Quellen der vulkanischen Vergangenheit der Region verdanken. Ein weiterer wunderbarer Aussichtspunkt ist Schöneck, der »Balkon des Vogtlandes«. Hier fällt eine Landstufe bis zu 200 Meter ab und markiert den geografischen Übergang zwischen Vogtland und Erzgebirge.

Greifensteine

Die markanten Greifensteine ragen aus den Wäldern um Ehrensfriedersdorf im westlichen Erzgebirge. Die ehemals dreizehn, heute noch sieben Granitfelsen sind entstanden, als vor mehreren Hundert Millionen Jahren flüssiges Magma zur Erdoberfläche aufstieg und dann erkaltete. Im Laufe der Zeit verwitterte das weichere Gestein rundherum, sodass nur die Magmasäulen stehen geblieben sind. Die Felsregion ist heute ein beliebtes Wander- und Klettergebiet sowie eine ergiebige Fundstätte für Mineraliensucher.

Fichtelberg

Mit 1215 Metern Höhe ist der Fichtelberg bei Oberwiesenthal der höchste Gipfel des deutschen Erzgebirges. Er liegt inmitten der größten geschlossenen Waldfläche Sachsens und weist etwa 165 Kilometer Wanderwege sowie zahlreiche Mountainbike-Routen auf. Der Aufstieg von Oberwiesenthal auf das Fichtelbergplateau ist nicht anspruchsvoll und in knapp einer Stunde zu machen. Rund um den Gipfel bringt es die exponierte Lage des Berges mit sich, dass dort auch viele seltene Gebirgspflanzen gedeihen wie der Alpen-Flachbärlapp oder die Grüne Hohlzunge und der Weiße Höswurz, zwei Orchideenarten. Deshalb gibt es am Fichtelberg – neben einem ausgedehnten Wintersportzentrum – auch gleich drei Naturschutzgebiete. Die weiten Moorflächen und zahlreichen Quellmulden in den oberen Lagen des Fichtelbergs sorgen dafür, dass hier viele Flüsse entspringen, deren bedeutendster die Zschopau ist.

Pöhlsee

Der fast vier Quadratkilometer große See etwas außerhalb des Naturparks im Herzen der »Vogtländischen Schweiz« zwischen Plauen und Elsterberg wurde einst als Hochwas-

Oben: Wiesen-Schaumkraut wächst auf einer Lichtung im Erzgebirge. **Links:** Der Seekofel, einer der Greifensteine.

serschutz angelegt. Heute ist er nicht nur ein Refugium für seltene Vogelarten, sondern auch ein beliebtes Wassersport-Revier. Seinen Namen erhielt er von dem überfluteten Dorf Pöhl, dessen Ruinen auf dem Seegrund von Tauchern erkundet werden können. Für Wanderer gibt es einen knapp 20 Kilometer langen, reizvollen Rundweg um den See.

Weitere Highlights Im Osterzgebirge verbindet die Silberstraße die wichtigsten alten Bergbauorte wie Freiberg und Annaberg-Buchholz. Hier kann man nicht nur technische Denkmäler wie Schaubergwerke, Papiermühlen, Schmiedehämmer, Pochwerke und vieles mehr besichtigen, sondern auch auf Lehrpfaden die historischen Bergbaulandschaften erkunden und bei Stadtrundgängen erleben, welchen Reichtum Silber und Erz brachten. Für Naturfreunde besonders reizvoll ist das malerische Zschopautal zwischen Oberwiesenthal und Flöha mit seinen schroffen Felshängen und geschichtsträchtigen Burgen, Schlössern und Kirchen am Wegesrand.

Outdoor-Aktivitäten Der Naturpark bietet eine Vielzahl abwechslungsreicher Wanderwege, darunter auch Natur- und Bergbaulehrpfade, die auf die Besonderheiten der Region hinweisen. Klettergebiete gibt es u. a. rund um die Greifensteine. Aufgrund der häufigen Niederschläge im Winter ist das Erzgebirge ein recht schneesicheres Wintersportgebiet. Es gibt ein großes Netz an Langlaufloipen sowie zahlreiche Wintersportzentren mit Liftanlagen, etwa in Oberwiesenthal, Klingenthal, Johanngeorgenstadt oder Altenberg. Funparks für Snowboarder finden sich am Fichtelberg, in Eibenstock, Holzhau, Hermsdorf, Rehefeld, Altenberg und Schellerhau. Wassersportfans kommen nicht nur am Pöhler See, sondern auch an den großen Talsperren bei Rauschenbach, Markersbach, Sosa, Eibenstock, Muldenberg, Falkenstein und Werda auf ihre Kosten.

Gerstenfeld im Frühjahr

Anreise/Unterkunft Das Vogtland ist von Plauen aus, das Erzgebirge von Chemnitz mit dem Auto zu erreichen. Bahnverbindungen gibt es in die Hauptorte Bad Elster, Bad Brambach, Auerbach, Falkenstein, Klingenthal, Johanngeorgenstadt, Annaberg-Buchholz, Oberwiesenthal, Marienberg und Olbernhau. An manchen Sommerwochenenden verkehrt auch die Ausflugsbahn zwischen Annaberg und Schwarzenberg (www.vse-eisenbahnmuseum-schwarzenberg.de/Aussichtsbahn.htm). Übernachtungen können über die Tourismusverbände Erzgebirge in Annaberg-Buchholz, www.erzgebirge-tourismus.de und Vogtland in Auerbach, www.vogtlandtourist.de, gebucht werden.

+ TIPP + TIPP + TIPP +

↗ **Kammweg** Der bekannteste Wanderweg durch den Naturpark ist der 289 Kilometer lange Kammweg zwischen Geising und Blankenstein. Die Tourismusverbände Erzgebirge und Vogtland bieten Arrangements mit 3, 5, 14 oder 18 Übernachtungen, Kartenmaterial und Gepäcktransfer an. Weitere Informationen unter www.kammweg.de.

↗ **Vogtland-Panorama-Weg** Zu den schönsten Aussichten des Vogtlandes führt der Panorama-Weg, ein 228 Kilometer langer Rundweg, der von der Göltzschtalbrücke bei Greiz, einem eindrucksvollen Viadukt von 1851, über Plauen ins Elstergebirge und von dort über Klingenthal wieder zurückführt. Da der Weg meist nahe an den Trassen der Vogtlandbahn verläuft, sind auch einzelne Etappen gut machbar. Hier werden Abschnitte von bis zu fünf Etappen als Arrangements mit Gepäcktransfer angeboten. Infos unter www.vogtlandpanoramaweg.de.

↗ **Anton-Günther-Weg** Der nach dem Volksdichter Anton Günther (1876-1937) benannte Wanderweg führt von Oberwiesenthal aus über die höchsten Gipfel des Erzgebirges, den Fichtelberg sowie auf tschechischer Seite den Klínovec (Keilberg), Blatenský vrch (Plattenberg) und Plešivec (Pleßberg). Bei einer Gesamtlänge von 49 Kilometern sowie 1282 Höhenmetern Aufstieg ist er jedoch nur als Mehrtages-Tour zu bewältigen, Infos unter de.wikipedia.org/wiki/Anton-Günther-Weg. Daneben finden sich auf www.oberwiesenthal.de/sommer/wandern/ zahlreiche andere Wanderwege rund um Oberwiesenthal.

↗ **Erlebnispfad für Kinder** Für Familien mit kleinen Kindern gibt es rund um Oberwiesenthal »Fichtelchens Erlebnispfad«, einen 3,5 Kilometer langen Rundkurs mit Wissens- und Mitmach-Stationen.

↗ **Kamm-Loipe** Die 36 Kilometer lange Langlauf-Loipe zwischen Schöneck und Johanngeorgenstadt gilt als eine der schönsten und schneesichersten in ganz Deutschland. Dazu kommen etwa 90 Kilometer Einstiegs- und Anschlussloipen. Information unter www.kammloipe.de.

↗ **Biathlon-Training** Wer selbst ausprobieren möchte, wie treffsicher er nach körperlicher Anstrengung noch mit einem Gewehr ist, der kann dies in Zinnwald-Georgenfeld tun. Je nach Jahreszeit werden die Schießübungen mit Runden per Langlaufski, Fahrrad oder Inlineskates kombiniert, Tel. 035056/22 96 74, www.activ-camp-beer.de.

↗ **Rodeln** In Rehefeld-Zaunhaus bei Altenberg können Rodelfahrer die Sesselbahn benutzen und dann auf einer 1100 Meter langen Naturrodelbahn zu Tal flitzen. Außerdem gibt es eine »Tube«, in der man auf dicken, aufblasbaren Reifen »rodelt«.

Ob Seenlandschaften (großes Bild) oder die Rissfälle (oben): der Naturpark bietet vielfältige Aussichten.

Nationalpark Sächsische Schweiz

Nationalparkverwaltung Sächsische Schweiz, An der Elbe 4, 01814 Bad Schandau Tel. 035022/90 06 00 www.nationalpark-saechsische-schweiz.de poststelle.sbs-nationalparkverwaltung@smul.sachsen.de

Wenige Landschaften haben die Romantiker des 19. Jahrhunderts so begeistert wie die Sächsische Schweiz: ein idyllisches Flusstal, gesäumt von den ebenso malerischen wie bizarren Felsformationen des Elbsandsteingebirges, in denen oft der Nebel hängt. Geformt wurde diese Landschaft durch die Erosion, die im Verlauf von Millionen von Jahren dem weichen Sandstein zusetzte. Der Nationalpark umfasst die schönsten Gebiete am nördlichen Elbufer. Ein Teil erstreckt sich westlich von Bad Schandau rund um die Bastei bis Stadt Wehlen, der andere reicht östlich von Bad Schandau bis zur tschechischen Grenze und geht dort in den Nationalpark Böhmische Schweiz über. Die zerklüfteten Felsregionen wurden aber nicht nur wegen ihrer Schönheit unter Schutz gestellt, sondern auch, weil sich durch die starke Gliederung der Landschaft eine Vielzahl kleiner Lebensräume ergibt, in denen sich Pflanzen mit speziellen Bedürfnissen ansiedeln konnten. Die große geschlossene Waldfläche im westlichen Teil des Nationalparks dient zudem vielen seltenen Tierarten als Rückzugsraum. Hier findet man 16 der 18 in Deutschland heimischen Fledermausarten, Eulen und Habichte, Wanderfalken, Kolkraben, Schwarzstörche sowie Gämsen, Mufflons und Luchse, die hier schon einmal ausgestorben waren.

Bastei

Die fast 200 Meter hohe Felsformation, die bei Rathen steil am Elbufer aufragt, gehört zu den größten Attraktionen der Sächsischen Schweiz. Von außen hat sie – wie ihr Name nahelegt – einen festungsähnlichen Charakter, während sich im Inneren ein wahres Schluchtenlabyrinth auftut. Während man vom Gipfel des Felsens einen atemberaubenden Blick auf das Elbtal hat, bewegt man sich zu ihren Füßen in einer verwunschenen Welt. Entdeckt wurde diese Schönheit zu Beginn des 19. Jahrhunderts durch romantische Maler wie Caspar David Friedrich, die über den immer noch bestehenden Malerweg zur Bastei aufstiegen. Bereits 1826 errichtete man die erste hölzerne Brücke, die in rund 40 Metern Höhe die Kluft zwischen Bastei und Neurathener Felsentor überwindet. 1851 wurde sie durch die Sandsteinbrücke mit ihren sieben Bögen ersetzt.

Felsenburg Neurathen

Über die Basteibrücke erreicht man die Relikte einer einstigen Burganlage, die spätestens im 13. Jahrhundert in die steilen Felsen hineingebaut wurde. Beeindruckend ist vor allem die exponierte Lage, die sich über die rekonstruierten Wehrgänge und Brücken erkunden lässt. Von den Gebäuden selber sind nur Fundamente erhalten, da Burg und Burgturm aus Holz und Fachwerk bestanden. Zahlreiche Info-Tafeln sorgen jedoch dafür, dass man einen guten Eindruck von der einstigen Anlage bekommt.

Lilienstein

Der 415 Meter hohe Gipfel, der zwischen Rathen und Bad Schandau in einer Elbschleife liegt, gilt als das Wahrzeichen der Sächsischen Schweiz. Das Plateau, von dem aus man eine großartige Rundsicht hat, war vermutlich schon in der Bronzezeit besiedelt und trug später eine Burg. Heute ist die Westsei-

Der Blick von der Bastei inspirierte schon viele Maler der Romantik.

Eine alte Buche hat im Laufe der Jahrhunderte ihren Stamm um einige Felsen gewunden.

te des Felsens ein beliebtes Klettergebiet, während an der Ostseite nach der Wende wieder Wanderfalken angesiedelt wurden. Wanderer können den Gipfel sowohl von der Fähre Halbestadt im Süden wie von Norden her erklimmen.

Schrammsteine

Zu den malerischsten Formationen im östlichen Teil des Nationalparks gehören die Schrammsteine, eine stark zerklüftete Felsenkette. Der höchste der Gipfel ist mit 425 Metern der Hohe Torstein. Die Schrammsteine sind ein Paradies für Kletterer. Es gibt jedoch auch diverse Wanderwege, etwa auf die Schrammsteinaussicht und über den Grat, die allerdings wegen der steilen, teils mit Leitern und Steigen gesicherten Aufstiege eine gute Kondition, Trittsicherheit und Schwindelfreiheit erfordern.

Pfaffenstein

Der von zahlreichen Schluchten, Gängen und Höhlen durchzogene Pfaffenstein liegt etwas außerhalb des Nationalparks am südlichen Elbufer bei Königsstein. Aufgrund seiner zerklüfteten Gestalt hat er zahlreiche interessante Aufstiegswege und Aussichtspunkte zu bieten, vor allem aber ist er ein Paradies für Sportkletterer, die hier rund 850 Routen vorfinden. Daneben ist der Pfaffenstein ein Refugium für seltene Pflanzenarten, Wanderfalken und Fledermäuse, weshalb er auch unter Naturschutz steht.

Bielatal

Bei Königsstein mündet die Biela in die Elbe, die im tschechischen Elbsandsteingebirge entspringt. Vor allem der Oberlauf des Flüsschens zwischen der tschechischen Grenze und der Schweizermühle hat sich tief in den Fels hineingegraben, sodass eine Vielzahl steiler Kletterfelsen entstand. Die malerischsten sind die beiden dünnen Herkulessäulen zwischen Schweizer- und Ottomühle. Aber auch Wanderer finden hier zahlreiche malerische, wildromantische Wege.

Elbetal

Ihren besonderen Reiz erhält die Sächsische Schweiz jedoch durch das Nebeneinander von schroffen Felsen und dem lieblichen Elbetal, vor allem zwischen Stadt Wehlen und Bad Schandau, wo der Fluss sich in zwei großen Schleifen durch das Gebirge schlängelt. Genauso wie man von den zahlreichen Aussichtspunkten rechts und links der Elbe einen wunderbaren Blick auf das Flusstal hat, so bieten sich auch vom Fluss aus wunderschöne Ausblicke auf all die Türmchen, Zinnen und Felsgipfel, die da aus den dichten Wäldern ragen. Dazu kommen malerische kleine Städte, Kirchen und Burgen sowie die imposante Festung Königstein, die die Ufer des Flusses säumen.

Besonders geruhsam lässt sich all dies natürlich von den Ausflugschiffen aus genießen, die die Elbe entlangfahren. Aber auch der Elberadweg, der teilweise sogar an beiden Flussufern entlangläuft, präsentiert sich hier besonders reizvoll.

Weitere Highlights Einen Besuch wert ist das romantische Kirnitzschtal, das sich von Bad Schandau aus bergan schlängelt. Wer es gemütlich liebt, kann mit solarbetriebenen Straßenbahn 8 Kilometer bis zum Lichtenhainer Wasserfall fahren. Von dort aus führen weitere Wanderwege zu interessanten Felsformationen wie dem Kuhstall oder den Affensteinen bzw. dem Großen Winterberg, einem weiteren schönen Aussichtspunkt.

Outdoor-Aktivitäten Die Sächsische Schweiz ist nach den Alpen wohl das beliebteste Kletter-Revier Deutschlands. Sportkletterer finden hier eine schier unendliche Fülle von Möglichkeiten, sollten aber beachten, dass manche Felsen unter Naturschutz stehen oder aus Sicherheitsgründen gesperrt sind. Auch für Wanderer gibt es ausreichend Touren unterschiedlicher Schwierigkeitsgrade. Ferner kann die Elbe per Kajak oder Kanu, Schlauchboot oder Floss erkundet werden, für Fahrradfahrer bietet sich der Elberadweg an. Auch ein Abstecher ins Kirnitzschtal ist trotz der Steigung zu empfehlen.

Anreise/Unterkunft Die Sächsische Schweiz ist von Dresden aus sowohl mit dem Auto wie mit der Bahn gut zu erreichen. Unterkünfte, aber auch Pauschalarrangements findet man über www.saechsische-schweiz.de/unterkuenfte.html. Am Elberadweg gibt es auch spezielle, radfahrerfreundliche Unterkünfte, die ohne Probleme Quartiere nur für eine Nacht anbieten und Stellplätze haben. Wasserwanderer finden an der Festung Königsstein einen Rastplatz.

Einen großartigen Blick auf die Elbe hat man von der Bastei (rechts). Kleine Bilder: Pfaffenstein, Schrammsteine und Herkulessäulen.

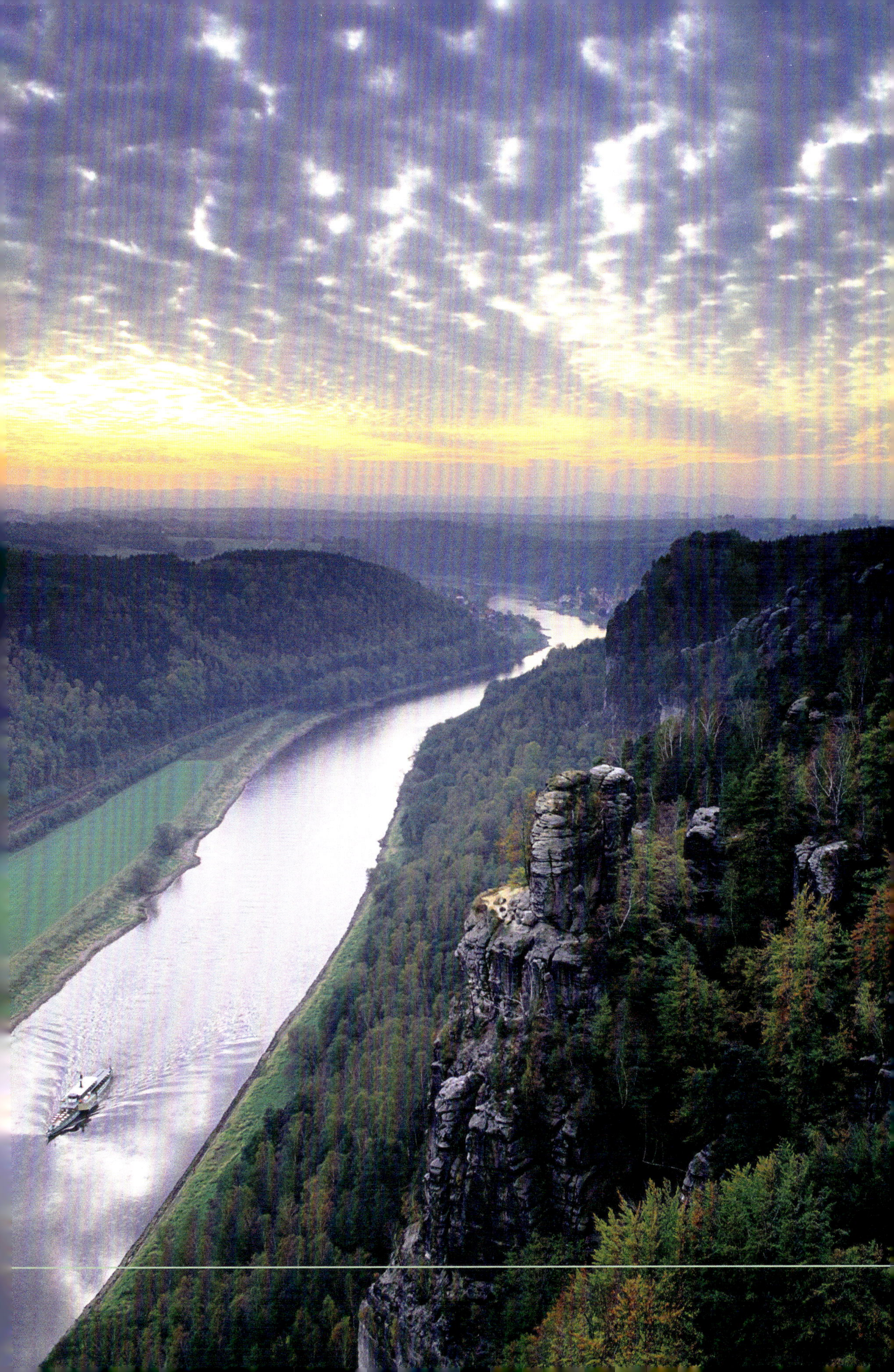

+ TIPP + TIPP + TIPP +

↗ **Auf dem Malerweg** Der Fernwanderweg, der den Spuren der romantischen Maler folgt, führt vom Liebethaler Grund bei Pirna über die Bastei und den Lichtenhainer Wasserfall an die tschechische Grenze und von dort südlich der Elbe über Königstein wieder zurück nach Pirna. Entlang der insgesamt 112 Kilometer langen Strecke finden sich ausgewiesene »wandererfreundliche Unterkünfte«, die auf Etappenwanderer spezialisiert sind und etwa Lunchpakete oder Gepäcktransfer anbieten. Daneben gibt es auch Pauschalangebote für »Wandern ohne Gepäck«. Informationen beim Tourismusservice Sächsische Schweiz in Pirna unter www.saechsische-schweiz.de/malerweg/.

↗ **Flößersteig** Viele Informationstafeln über die Geschichte der Flößer sowie die Geologie und die Natur des Elbsandsteingebirges findet man entlang des Flößersteiges, einer 16 Kilometer langen, nicht sonderlich anspruchsvollen Wanderung entlang der Kirnizsch von Bad Schandau nach Neumannsmühle, Informationen unter www.bad-schandau.de/flosersteig/.

↗ **Wanderung mit Kahnfahrt** Von Hinterhermsdorf nahe der tschechischen Grenze führt ein fünf Kilometer langer Wanderweg zur Oberen Schleuse, wo man zwischen Mai und Oktober mit dem Kahn durch die Kirnitzschklamm fahren kann. Für den Rückweg gibt es dann verschiedene Wege als Alternative. Informationen unter www.hinterhermsdorf.de/obere-schleuse.html.

↗ **Über Heilige Stiege und Wilde Hölle** Eine wildromantische Rundtour durch die zerklüftete Felslandschaft, für die man aber keine Kletterausrüstung braucht, führt von Schmilka über die »Heilige Stiege«, die »Wilde Hölle«, die »Untere Affensteinpromenade« und den Großen Winterberg. Sie ist 13 Kilometer lang und fordert wegen der steilen Steige und Leitern Kondition und Schwindelfreiheit.

↗ **Klettern** Die Sächsische Schweiz ist ein Paradies für Sportkletterer (siehe vorhergende Seiten). Infos zu Routen auf www.teufelsturm.de.

↗ **Felslabyrinth** Von der Festung Königsstein führt ein Forstweg zu einem Felslabyrinth, das vor allem Kindern ungetrübtes Klettervergnügen ohne Gefahren bietet.

↗ **Auf dem Kasperpfad** Ebenfalls für Kinder ab 4 Jahren angelegt, ist ein 2,8 Kilometer langer Wanderweg bei Hohnstein auf den Spuren des Puppenspielers Max Jacob (1888 bis 1967) und seiner berühmten Kasperfigur. Unterwegs gibt es 8 Stationen und zum Abschluss kann man noch die Kasperausstellung in der Touristinformation von Hohnstein, Tel. 035975/194 33, besuchen.

↗ **Waldhusche** Für Familien mit Kindern empfiehlt sich ein Besuch auf dem 66 Hektar großen Erlebnisgelände bei Hinterhermsdorf nahe der tschechischen Grenze. Entlang verschiedener, kinderwagentauglicher Wege sind über 40 Attraktionen zu finden, wie ein bekletterbares »Spinnennetz«, ein unterirdischer Wurzelweg oder eine »Fuchsbaurutsche«. Dazu gibt es kindgerechte Info-Tafeln (www.hinterhermsdorf.de/waldhusche.html).

↗ **Im Winter** Langlaufloipen und kleinere Hänge mit Liftanlagen findet man in Sebnitz, Rugiswalde und Hinterhermsdorf. Infos unter www.skiarena-saechsische-schweiz.de/.

↗ **Mit dem E-Bike** Da Touren in der Sächsischen Schweiz abseits des Elberadwegs meist recht anstrengend sind, geht der Trend hier eindeutig zum E-Bike. Beim Tourismusverband in Pirna, Tel. 03501/47 01 47 oder unter http://karte.saechsische-schweiz.de/top-tipps/e-bike-touren.html gibt es ein Faltblatt mit Verleihstationen und Tourenvorschlägen.

↗ **Mit dem Fahrrad rund um die Bastei** Eine sehr schöne, aber auch anstrengende 56-Kilometer-Runde führt von Lichtenhain über Altendorf, das Polenztal nach Walthersdorf, Rathen und Stadt Wehlen und von dort über Rathewalde und Hohburkersdorf zurück, Infos unter http://karte.saechsische-schweiz.de/top-tipps/e-bike-touren/e-bike-tour-5.html.

↗ **Auf der Elbe** Für alle, die die Elbe per Boot erkunden wollen, gibt es die Möglichkeit, Kajaks oder Kanadier zu leihen. Für größere Gruppen werden auch Arrangements mit Floss (Kanu Aktiv Tours in Königstein, www.kanu-aktiv-tours.de) bzw. großen Schlauchbooten (Elbe Adventure in Stadt Wehlen, www.elbe-adventure.de) angeboten.

Kletterer an der kleinen Herkulessäule am Alter Weg im Bielatal. Die Felsen sind ein beliebtes Übungsgebiet für erfahrene Gipfelstürmer.

127

Biosphärenreservat Oberlausitzer Heide- und Teichlandschaft

*Biosphärenreservatszentrum
Warthaer Dorfstraße 29,
OT Wartha, 02694 Malschwitz
Tel. 035932/36 50
www.biosphaerenreservat-oberlausitz.de
poststelle.sbs-broht@smul.sachsen.de*

Erlen sind die typischen Bäume der Wälder der Oberlausitz.

Ein Mosaik glitzernder Wasserflächen, dazwischen ausgedehnte Auen- und Bruchwälder sowie karge, weite Heidelandschaften – so präsentiert sich die Oberlausitz zwischen Hoyerswerda, Bautzen und Niesky. Die ersten Teiche wurden hier schon im 13. Jahrhundert von slawischen Siedlern angelegt, da das nährstoffarme Urstromtal landwirtschaftlich nicht viel abwarf. Heute findet man hier die teichreichste Gegend Deutschlands. Viele Flächen dazwischen versteppten durch landwirtschaftliche Übernutzung, sodass sich große Heideflächen ausbreiteten. Heute macht gerade dieser stete Wechsel zwischen Gewässern, Feuchtwiesen und Auwäldern mit trockenen Heide- und Dünenflächen sowohl den ökologischen Wert wie auch den landschaftlichen Reiz dieser Region aus. Dank der nährstoffarmen Böden finden sich über 1200 Tier- und Pflanzenarten, die auf der Roten Liste stehen, weil sie auf den überdüngten Böden anderswo nicht existieren können, etwa Sandstrohblume und Moorveilchen, Glockenheide, Sumpfporst, Sonnentau und Moosbeeren sowie verschiedene Wildbienen, Grab- und Wegwespen, Feldgrillen, Wasserkäfer, Laub- und Moorfrösche, Rotbauchunken, Kammmolche, viele Tagfalter und über 50 Libellenarten. Ebenfalls charakteristisch sind Seeadler, Kranich und Storch sowie Fischotter.

Highlights Zu den schönsten Gegenden gehören die Guttauer Teiche. Hier durchquert man eine Wasserlandschaft, in der oft nur schmale Wege die Teiche trennen. Wald und Heide findet man vor allem östlich des Olbasees Richtung Mücka.

Outdoor-Aktivitäten Die flache, weitläufige Gegend lässt sich am besten mit dem Rad erkunden. Es gibt zahlreiche Themenwege wie den »Frosch-«

Kammmolche sind in der Sumpflandschaft heimisch.

oder den »Spreeradweg«. Auch Wanderer finden interessante Routen. Während die Teiche das Refugium der Angler sind, laden geflutete Kohle- und Kiesgruben in und um das Biosphärenreservat zum Schwimmen ein. Im Olbasee ist es möglich, nach Bergbaurelikten wie Loren und Stolleneingängen zu tauchen.

Anreise/Unterkunft Wer mit Fahrrad und Bahn unterwegs ist, kann an der Linie Hoyerswerda-Niesky bzw. in Bautzen seine Tour starten. Unterkünfte finden sich im Biosphärenreservat vor allem zwischen Guttau und dem Olbasee, wo es auch einen Campingplatz gibt. Ansonsten bietet sich Bautzen als Ausgangspunkt für Touren an. Unterkünfte findet man auf www.urlaubsregion-oberlausitz.de.

Die Ringelnatter liebt die Sümpfe der Oberlausitz und ist völlig ungefährlich.

+ TIPP + TIPP + TIPP +

↗ **Naturerlebnispfad** Ein 8 Kilometer langer Wanderweg führt von Guttau durch die Guttauer Teichlandschaft zum Olbasee und wieder zurück. 30 Stationen laden vor allem Kinder zum Spielen, Schauen, Riechen und Fühlen ein und vermitteln dabei spannendes Naturwissen, Informationen unter www.biosphaerenreservat-oberlausitz.de/de/naturerlebnispfad_guttau.

↗ **Auf den Spuren des Seeadlers** Der 88 Kilometer lange »Seeadler-Rundweg« führt Fahrradfahrer durch das Herz des Biosphärenreservates. Man passiert sowohl ausgedehnte Heide- wie Teichlandschaften, aber auch viele malerische Orte. Dazu kommen 13 Stationen mit Informationstafeln über die Gegend. Ein Faltblatt mit ausführlichen Informationen, inklussive der Zubringerfahrradwege von allen großen Orten rundherum gibt es im Biosphärenreservatszentrum in Wartha oder als Download unter www.biosphaerenreservat-oberlausitz.de

↗ **Baden in der »Adria«** Der See bei Großdubrau am Rande des Biosphärenreservats verdankt seinen Namen der ungewöhnlichen blauen Farbe, die vom ehemaligen Kaolinabbau herrührt. Es gibt dort ein Strandbad und einen Campingplatz. Informationen unter www.blaueadria.de.

↗ **Info-Zentrum** Informationen über die Heide- und Teichlandschaft bekommt man im »Haus der 1000 Teiche«. Angeschlossen ist auch ein Wassererlebnisgelände für Kinder. Es ist täglich außer Montag geöffnet und befindet sich in Wartha in der Dorfstraße 29, Tel. 035932/36 50, www.haus-der-tausendteiche.de.

129

Die historische Landschaft Eichsfeld besticht durch idyllische Dörfer, die eingebettet zwischen sanften Hügeln liegen.

Thüringen

Der Freistaat Thüringen – im Uhrzeigersinn umgeben von Niedersachsen im Norden, dann Sachsen-Anhalt, Sachsen, Bayern und Hessen – liegt in der Mitte Deutschlands und wird wegen seines Waldreichtums das »Grüne Herz Deutschlands« genannt. Mittelgebirge begrenzen das zentrale Thüringer Becken. Den gesamten Süden dominiert der Thüringer Wald.

Naturpark Eichsfeld-Hainich-Werratal

Naturpark Eichsfeld-Hainich-Werratal, Dorfstraße 40,
37318 Fürstenhagen
Tel. 036083/46 63
www.naturpark-ehw.de
poststelle.ehw@nnl.thueringen.de

Der Park setzt sich aus drei unterschiedlichen Naturregionen zusammen, umfasst eine Fläche von 870 Quadratkilometern und ist fast zu 50 Prozent bewaldet. Der Naturpark ist mit seiner Gründung im Jahr 2012 noch relativ jung. Aber deshalb keineswegs weniger attraktiv: Vor allem seltene Schmetterlingsarten und eine Vielzahl an Lurchen, aber auch Uhus und die extrem scheuen Wildkatzen finden in der Region ein Zuhause.

Eichsfeld

Satte Streuobstwiesen, trockene Kalkmagerrasen und blühende Wacholderheiden, die 1540 Quadratkilometer große Region Eichsfeld im nordwestlichen Thüringen ist ein buntes Landschaftsmosaik, das nicht nur bei Wanderern, sondern bei mehr als 100 geschützten Brutvogelarten beliebt ist. Für das Landschaftsbild prägend sind vor allem die hier zahlreich vorkommenden Muschelkalkplateaus und die blühenden Teppiche aus Buschwindröschen und wilden Märzenbechern in den Frühlingsmonaten.

Die malerische Allee aus Schwedischen Mehlbeeren bei Kefferhausen im Eichsfeld

Hainich

Er wird wegen seiner Buchenwälder auch der »Urwald der Region« genannt. Der Hainich gilt mit seiner Größe von 130 Quadratkilometern als einer der größten geschlossenen und naturnahen Buchenwälder Europas. Einen märchenhaften Charakter bekommt er dadurch, dass vielerorts umgefallenes Totholz von urigen Moosen, Flechten und Pilzen bewachsen ist. Der Baumbestand im südlichen Teil des Hainich wurde zum Nationalpark erklärt.

Werratal

Der Wechsel von Auenlandschaften und steilen Felsen bietet nicht nur dem menschlichen Auge einiges an Abwechslung, sondern auch den tierischen und pflanzlichen Bewohnern des Werratals. So ist an den Uferbereichen der Werra, aber auch in den vielen kleinen Nischen der Felswände eine große Anzahl seltener Vögel anzutreffen. Neben dem Uhu kann man Falken beobachten. Da die kargen Felswände Wärme speichern, wachsen hier sogar seltene Orchideen.

Highlights Wildkatzen sind nicht nur sehr seltene, sondern vor allem besonders scheue Tiere. Um dennoch die Möglichkeit zu bekommen, die Samtpfoten zu beobachten, gibt es in Hütscheroda das bundesweit einzige Wildkatzendorf. Die Besucher werden hier über das Verhalten der Tiere aufgeklärt und können sich anschließend auf einen Aussichtsturm begeben, um die Vierbeiner erspähen zu können.

Outdoor-Aktivitäten Ob mit einem kleinen Boot oder einem Kanu, der Werralauf zwischen Creuzburg und Treffurt zeigt sich von seiner malerischen Seite, egal, womit man ihn erkundet. Die Wassertour führt nicht nur durch wild bewachsene Uferregionen, sondern auch an gut erhaltenen, mittelalterlichen Bauten vorbei.

Anreise/Unterkunft Eingerahmt von den Autobahnen A4 und A38 ist der Naturpark bequem mit dem Auto zu erreichen. Und auch in touristischer Hinsicht gibt es eine Vielzahl Übernachtungsmöglichkeiten. Unterkunft: Klausenhof Bornhagen, www.klausenhof.de; Waldhotel »Klostermühle« Effelder, www.waldhotel-klostermuehle.de.

Großes Bild: Blick vom Mommelstein ins Werratal; rechts: Paddeln auf der Werra.

+ TIPP + TIPP + TIPP +

↗ **Pilgerweg** Durch den Naturpark führt eine Teilstrecke des Pilgerwegs, der die ehemaligen Zisterzienserklöster Loccum und Volkenroda miteinander verbindet. Insgesamt umfasst der Weg eine Strecke von rund 300 Kilometern; eine Teilstrecke von 20 Kilometern führt durch die Region. Sehenswert sind entlang der Strecke nicht nur die Natur, sondern auch die vielen gut erhaltenen Klöster.

↗ **Bärenpark Worbis** Bären gehören zwar nicht mehr zu den frei lebenden Tieren der Region, bewundern kann man sie vor Ort aber dennoch. Im Alternativen Bärenpark Worbis haben u.a. solche Bären eine neue Bleibe gefunden, die andernorts keine guten Lebensumstände erfahren haben. So sind hier vor allem Tanz- und Zirkusbären zu sehen. Als weiteres Wildtier-Highlight gibt es im Bärenpark auch ein Wolfsrudel zu beobachten (www.baerenpark.de).

↗ **Radfahren auf Schienen** Umweltfreundlich und abenteuerlich zugleich ist es, wenn man die Region mit der Fahrraddraisine erkundet. Die Tour beginnt am Bahnhof Lengenfeld unterm Stein und führt über die ehemalige Kanonenbahnstrecke durch die Landschaft und sogar durch einen Tunnel. Infos unter www.erlebnis-draisine.de.

Nationalpark Hainich

Nationalpark-Verwaltung Hainich, Bei der Marktkirche 9, 99947 Bad Langensalza
Tel. 03603/390 70
www.nationalpark-hainich.de
nationalpark.hainich@nnl.thueringen.de

Seit 1997 existiert dieser 13. Nationalpark Deutschlands, der der einzige Nationalpark Thüringens ist. Diese Auszeichnung gilt vor allem dem Schutz des Buchenwaldes, der übrigens das größte zusammenhängende Laubwaldgebiet Deutschlands bildet. Der im Westen Thüringens liegende Nationalpark umfasst dabei eine Fläche von 75 Quadratkilometern, die gesamte Waldfläche ist sogar mehr als doppelt so groß. Neben der hier dominierenden Buche sind in der Region auch andere Laubbäume wie Esche, Linde oder Ahorn zu finden. Bekannt ist der Nationalpark vor allem für seinen üppigen Pilzbestand sowie die zahlreichen Frühlingsblüher, die sich zu Jahresbeginn wie ein bunter Blütenteppich über den Waldboden legen. Besonders stolz ist man in der Region auch über die Artenvielfalt der Tierwelt. Allein 15 verschiedene Fledermaus- und mehr als 500 Käferarten sind hier zu finden. Das absolute Aushängeschild des Parks sind jedoch die scheuen und vor allem extrem selten gewordenen Wildkatzen. Die wilden Samtpfoten sind zwar in der freien Natur leider kaum zu sehen; dafür können sie im »Wildkatzendorf« aus der Nähe bestaunt werden.

Auf dem nahrungsreichen Waldboden gedeihen auch viele farbenfrohe Blütenpflanzen.

Highlights So nah ist man dem Himmel nur selten. Auf einer Höhe von 44 Metern führt der sogenannte Baumkronenpfad in zwei Etappen von 238 und 308 Metern zwischen den Baumkronen entlang. Mit etwas Glück hat man hier nicht nur eine atemberaubende Sicht, sondern auch ein Treffen mit Fledermäusen oder Spechten.

Outdoor-Aktivitäten Passend zur märchenhaften Anmutung des Nationalparks führt der Erlebnispfad »Feensteig« durch die bekanntesten Erzählungen und schönsten Landschaften des Waldes. An 14 Stationen gilt es märchenhafte Aufgaben zu lösen und sich so in eine Welt der Feen und Kobolde entführen zu lassen.

Anreise/Unterkunft Die A4 und die A38 umschließen den Nationalpark und machen ihn daher aus allen Richtungen mit dem Auto gut erreichbar. Was das touristische Angebot angeht, arbeitet der Nationalpark mit insgesamt elf Partnerbetrieben zusammen. Diese Gastgeber stehen im engen Kontakt mit der Parkorganisation und sind daher immer über Besonderheiten und Neuigkeiten informiert, die natürlich gern an die Gäste weitergegeben werden (www.nationalpark-hainich.de/einsteigen/unterkunft-partner.html). Unterkunft: Gasthof und Herberge »Alter Bahnhof« Heyerode, www.alterbahnhof.net; Landpension »Minna« Herbsieben, Tel. 036041/322190.

Großes Bild: Im Hainich wird die Natur größtenteils sich selbst überlassen. Über den Baumkronenpfad (rechts) erhält man Eindrücke.

+ TIPP + TIPP + TIPP +

↗ **Grünes Klassenzimmer**
Da man nie auslernt, richtet sich das Angebot der sogenannten grünen Klassenzimmer nicht nur an Schulklassen, sondern auch an alle erwachsenen Besucher des Nationalparks. Auf insgesamt vier verschiedenen kurzen Wanderwegen (den vier Klassenzimmern) sind 19 Stationen aufgebaut, die einen Biologieunterricht der besonderen Art erlebbar machen. Erklärt werden die dortigen Lebensräume, ihre Bewohner und die Interaktion zwischen Mensch und Natur. Mehr Infos zu den Pfaden und Strecken gibt es unter www.nationalpark-hainich.de.

↗ **Pilze, Pilze, Pilze** Umgefallenes, vermodertes Totholz bietet den idealen Nährboden für Pilze aller Art. Und das kann man im Nationalpark hautnah erleben. Nachgewiesen sind zwar »nur« 1646 verschiedene Pilzarten, Experten schätzen jedoch, dass mehr als 2000 tatsächlich vorhanden sind. Darunter sind 230 Arten, die auf der roten Liste stehen sowie 55 Arten, die in Thüringen noch vor wenigen Jahren gar nicht registriert worden sind.

↗ **Junior-Ranger** Ausgebildete Naturführer haben sich für den Nachwuchs im Nationalpark etwas ganz Besonderes ausgedacht. Spezielle Führungen für Kids machen Naturkunde nicht nur für Kinder spannend und vor allem auch erlebbar. Selbst Eltern können dabei noch etwas lernen. Ob es darum geht, Bodenproben zu nehmen, Tiere zu beobachten oder Spuren zu lesen: Die Senior-Ranger erklären alles ganz genau. Infos über die Führungen kann man unter www.junior-ranger.de nachlesen.

Naturpark Thüringer Wald

*Naturpark Thüringer Wald e.V.
Rennsteigstraße, OT Friedrichshöhe, 98678 Sachsenbrunn
Tel. 036704/709 90
www.naturpark-thueringer-wald.de
verband@naturpark-thueringer-wald.de*

Rund um den Rennsteig zwischen Eisenach und Sonneberg liegt der Naturpark Thüringer Wald. Charakteristisch für die Landschaft dieses Kammgebirges sind die extremen Höhenunterschiede. Das enorme Gefälle zwischen Tal und Berggipfel zeigt sich vor allem im Herzen des Naturparks, beispielsweise im Tal des Schneetiegels. Zu den höchsten Erhebungen der Region zählen der Große Inselsberg, der Große Beerberg, der Schneekopf, der Große Finsterberg, der Ruppberg und der Kickelhahn. Die Waldgebiete des Parks werden vor allen durch verschiedene Buchenarten geprägt, die durch ihre üppigen Kronen und das dichte Blattwerk ideale Lebensbedingungen für eine Vielzahl von Vögeln schaffen. Auf einem Quadratmeter kommen daher bis zu 100 Brutvögel vor. Typisch für diese Buchenwälder ist der Waldlaubsänger. Daneben kommen aber auch Schwarzspecht, Raufußkauz und Hohltaube sowie verschiedene Fledermausarten vor. Kein Wunder, dass sich die Vögel hier so wohl fühlen: Da der überwiegende Teil der Waldbewohner aus Insekten besteht, ist schließlich immer ausreichend Nahrung zu finden. Über 208 verschiedene Insektenarten konnten auf dem Gebiet des Thüringer Waldes nachgewiesen werden.

Drei Gleichen

Die Burg Gleichen, die Mühlburg und die Wachsenburg thronen auf drei beieinanderliegenden Erhebungen im Landkreis Gotha und Ilm-Kreis. Dass dieses Trio den Namen »Drei Gleichen« trägt, obwohl alle Burgen unterschiedlich aussehen, liegt der Sage nach daran, dass sie nach einem Blitzeinschlag im Jahr 1231 alle in gleicher Weise gebrannt haben. Verschiedene Umbau- und Restaurierungsarbeiten haben ihren Erhalt gesichert und damit die natur- und kulturgeschichtlichen Monumente heute zu einem Besuchermagnet gemacht (www.drei-gleichen.de).

Drachenschlucht

Die Drachenschlucht bei Eisenach gilt als eines der bedeutendsten Geotope der Region und ist ein geologisches Naturdenkmal. Die schmale Klamm trägt ihren Namen wegen der sagenhaften Kämpfe zwischen Rittern und Drachen, die hier früher angeblich stattgefunden haben sollen. Die Schlucht ist

Großes Bild: Sonnenstrahlen durchdringen den Thüringer Wald; links: See im Naturpark.

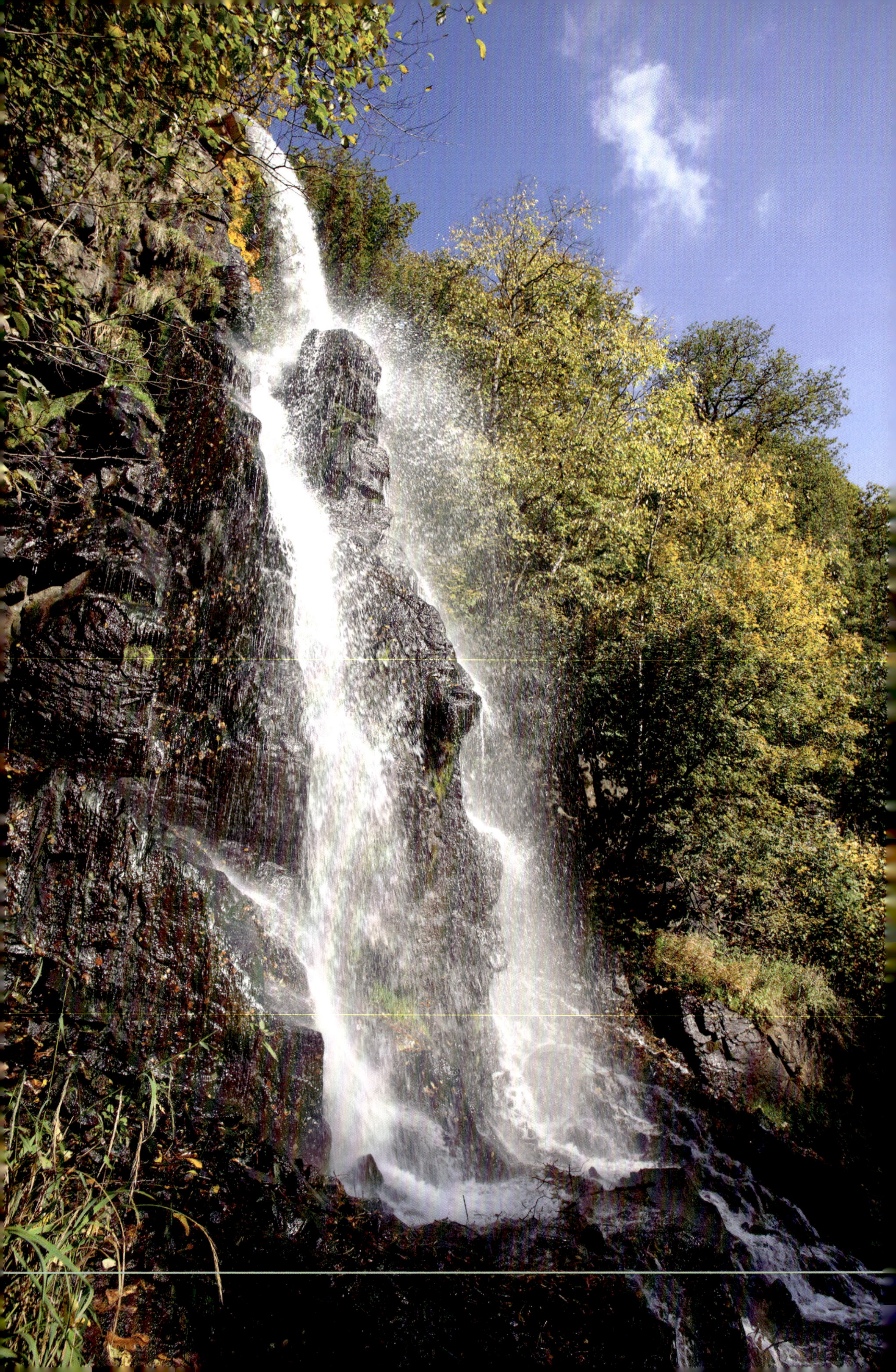

etwa drei Kilometer lang, teilweise nur 86 Zentimeter breit und wird von imposanten Felsen umsäumt, ein beeindruckendes Erlebnis.

Inselsberg

Er ist mit rund 916 Metern der höchste Berg des Thüringer Waldes. Seine markante Spitze zählt nicht nur zu den Wahrzeichen der Region, sondern sie ist auch ein beliebter Anlaufpunkt für Wanderer. Auf dem Berg wurden nämlich Aussichtsplattformen errichtet, die einen Rundum-Panorama-Blick über das gesamte Areal zulassen. Früher verlief hier die Grenze zwischen Gotha und Hessen, weshalb es noch heute zwei Gaststätten auf dem Gipfel gibt.

Trusetal

Das Trusetal liegt am Südwesthang des Thüringer Waldes. Neben seinen dichten Buchen- und Nadelwäldern, die vor allem dem Rotwild ein geschütztes Rückzugsgebiet ermöglichen, ist die Gegend hauptsächlich für seinen beeindruckenden Wasserfall bekannt, der im Jahr 1865 künstlich angelegt wurde und eine Falltiefe von rund 58 Metern hat. Für Besucher ist dieses Wasserschauspiel optimal erschlossen. Über 228 Stufen kann man am Fall entlang hinauf steigen.

Haseltal

Mitten im Herzen des Thüringer Waldes, in der Nähe des Wintersportortes Oberhof, liegt das malerische Haseltal. Vor allem in den Sommermonaten ist die Region für ihre blühenden Blumenwiesen bekannt. Vom Tal aus hat man eine gute Sicht auf die umliegenden Gipfel, die eine Höhe von bis zu 900 Metern erreichen. Die Nähe zum bekannten Wanderweg »Rennsteig« macht die Region vor allem für aktive Naturfreunde zu einem beliebten Anlaufpunkt.

Highlights Das Wahrzeichen der Region thront über der Stadt Eisenach, ist mehr als 900 Jahre alt und auf jeden Fall einen Besuch wert: In der geschichtsträchtigen Wartburg werden heute standesamtliche Trauungen vollzogen und Feste gefeiert. Aber auch Führungen für historisch Interessierte finden regelmäßig statt. Seit mehr als zehn Jahren zählt die Wartburg als »ein hervorragendes Denkmal der feudalen Epoche in Mitteleuropa« zum Welterbe.

Outdoor-Aktivitäten Der Begriff Rennsteig wird hier nicht nur als Synonym für einen Wanderweg unter vielen anderen, sondern als Bezeichnung des einzigen Originals verstanden. Der »Rennsteig« im Thüringer Wald ist vielleicht der bekannteste Wanderweg der Republik. Entweder erwandert man sich allein die 170 Kilometer lange Strecke oder schließt sich einer organisierten Tour an (www.rennsteig.de).

Anreise/Unterkunft Während die A4 parallel zum Naturpark liegt, führt die A71 sogar mitten durch das Gebiet hindurch, was für eine gute Erreichbarkeit mit dem Auto sorgt. Und auch das Angebot an Unterkünften lässt keine Wünsche offen. Ob man einen Wellness-Urlaub oder eine Campingreise plant: Im Thüringer Wald ist alles möglich. Unterkunft: Landhaus Hotel Romantik, www.landhaus-hotel-romantik.de; Pension Rennsteigblick, www.pension-rennsteigblick.de.

Linke Seite: Der Wasserfall im Trusetal ist ein beliebtes Wanderziel im Thüringer Wald und auch einen Abstecher vom Rennsteig wert. Besonders in den Morgenstunden bietet sich die Gelegenheit, Rothirsche zu beobachten (oben).

+ TIPP + TIPP + TIPP +

↗ **Veste Heldburg** Wegen ihrer landschaftlichen Dominanz ist sie auch als »fränkische Leuchte« bekannt. Die Veste Heldburg ist ein Schloss, wie man es sonst nur aus Märchen kennt. Leider wurden bei einem Brand im Jahr 1982 große Schäden angerichtet. Seit etwa zehn Jahren sind die Renovierungs- und Restaurierungsarbeiten im Gange. Für Besucher steht die Anlage dennoch ganzjährig zur Verfügung.

↗ **Sommerrodelbahn** Rodelfans brauchen hier keinen Schnee, um sitzend den Berg herabzusausen. Die Sommerrodelbahn Saalburg bietet eine kurvenreiche Strecke, auf der die ganze Familie Spaß an der Geschwindigkeit findet. Mehr Infos zum Standort und den Öffnungszeiten gibt es unter www.saalburg.de/sr.htm.

↗ **Glitzernde Höhle** Man fühlt sich, als wäre man in einem Zimmer voller Diamanten. In der Marienglashöhle glitzern bis zu knapp einem Meter große, klare Kristalle und warten darauf, besichtigt zu werden. Besucher gelangen über einen 100 Meter langen Eingangsstollen in diese natürlich entstandene Grotte, in der neben den funkelnden Steinen auch ein echter Höhlensee für staunende Bewunderung sorgt. Neben Führungen finden in der Höhle hin und wieder auch Konzerte statt, die von der besonderen Akustik der Grotte profitieren. Informationen zur Höhle und deren Besuch unter www.marienglashoehle.de.

Neben der Marienglashöhle ist auch die Höhle am Großen Hermannstein am Goethe-Wanderweg sehenswert.

Naturpark Thüringer Schiefergebirge/ Obere Saale

*Naturpark Thüringer Schiefergebirge/Obere Saale
Wurzbacher Straße 16
07338 Leutenberg
Tel. 036734/230 90
www.thueringer-schiefergebirge-obere-saale.de
poststelle.schiefergebirge@nnl.thueringen.de*

Auf 800 Quadratkilometern Fläche erstreckt sich der Naturpark Thüringer Schiefergebirge/Obere Saale mit einer bunten Vielfalt an Landschaften. So finden sich im Süden der Region Berge, die eine Höhe von 900 Metern erreichen. Dieser stark bewaldete Teil steht in deutlichem Kontrast zu den tiefen Tälern mit zahlreichen Bächen, die auch als das »Blaue Band« der Region bekannt sind. Der Fluss Saale fließt hier hindurch. Zwischen

den Orten Probstzella, Lehesten und Ludwigsstadt liegt außerdem ein altes Schieferbergbaugebiet, in dem noch heute Dach- und Wandschiefer abgebaut wird. Wie prägend der Bergbau für die Region war und ist, erkennt man daran, dass hier fast jedes Haus mit Schiefer gedeckt ist. In der Nähe der zwei Saale-Stauseen sind außerdem seltene Tierarten wie die Wasseramsel und der Feuersalamander heimisch.

Highlights Es steht unter Denkmalschutz und ist das Wahrzeichen von Plothen: Das Pfahlhaus am Hausteich ist nicht nur wegen seiner altertümlichen Bauweise nett anzusehen, auch in seinem Inneren hat es etwas zu bieten. Ein Museum für Teich- und Fischwirtschaft wartet hier darauf, von Besuchern erkundet zu werden.

Outdoor-Aktivitäten Der Naturlehrpfad »Land der Tausend Teiche« führt durch die Wasserlandschaft der Region und informiert über Vogelarten, Amphibien und Libellen, die hier leben. Außerdem erfährt man einiges über die Natur- und Kulturgeschichte des Gebietes.

Anreise/Unterkunft Die Bundesstraße B90 führt durch den Naturpark, aber auch gute Anreisemöglichkeiten mit dem Fernbus sind gegeben. Auskunft über die Busverbindungen bekommt man unter www.fahrtenfuchs.de. Auch touristisch hat der Naturpark viel zu bieten: Von Ferienwohnanlagen über Hotels bis hin zu Eco-Campingplätzen ist alles zu finden. Unterkunft: Aparthotel am Rennsteig, www.am-rennsteig.de; Waldhotel Mellestollen, www.mellestollen.de.

Großes Bild: Schwarzatal mit Fluss Schwarza bei Bad Blankenburg. Links: Neben dem Schieferlehrpfad kann man auch im Schaubergwerk »Feengrotten« in Saalfeld erleben, wie das Gestein abgebaut wurde.

+ TIPP + TIPP + TIPP +

↗ **Schieferlehrpfad** Er ist als »blaues Gold« bekannt: Schiefer ist ein wesentlicher Industriezweig im Naturpark und auch prägend für das landschaftliche Erscheinungsbild der Region. Wer mehr über Abbau, Verarbeitung und Entstehung des blauen Goldes wissen will, kann das auf aktive Weise erfahren: Der Schieferlehrpfad enthält auf unterschiedlichen Rundwegen zwischen drei und acht Kilometern Länge insgesamt 30 Informationstafeln. Starten kann man die Wanderung in den Orten Probstzella, Lehesten, Ludwigsstadt und Gräfenthal.

↗ **Wasser marsch!** Im »Land der tausend Teiche« rund um das sehenswerte Örtchen Plothen, gibt es unzählige Freizeitmöglichkeiten für Wassersportfans. Ob man Kanu oder Wasserski fahren möchte, Paddeln oder Tauchen, hier ist für jede Wasserratte etwas dabei. Infos über die Wassersportmöglichkeiten gibt es unter www.thueringer-wald.com.

↗ **Pilzerlebnispfad** Der humose, stark verwilderte Waldboden macht die Region zu einem Paradies für Pilze. Wer mehr über diese teils schmackhaften, mitunter aber auch giftigen Gewächse lernen will, ist auf dem Pilzlehrpfad genau richtig. Zwischen Gräfenwarth und der Wettera-Brücke gibt es hier auf 4,5 Kilometern Länge zahlreiche Infotafeln, die Auskunft über die Pilze der örtlichen Wälder geben. Immer wieder passiert man dabei tolle Aussichtsplätze, die einen Panoramablick über das Gebiet zulassen. Durch die steilen Anstiege ist der Pfad jedoch nicht unbedingt für Kinderwägen oder Rollstühle geeignet.

Auf dem Rothaarsteig im Rothaargebirge trifft man auf die Felsformation der Bruchhauser Steine.

Nordrhein-Westfalen

Das einwohnerstärkste Bundesland umfasst das größte Ballungsgebiet Deutschlands, beeindruckt aber auch durch seine Vielfalt unterschiedlicher Landschaften. Die Wege durchs Münsterland und den Teutoburger Wald führen vorbei an satten Weiden, romantischen Windmühlen und trutzigen Wasserschlössern. Und wo einst noch Schlote rauchten oder Kohlefördertürme emporragten, erstrecken sich heute reizvolle Landschaftsparks.

Naturpark Teutoburger Wald/ Eggegebirge

Naturpark Teutoburger Wald/ Eggegebirge
Felix-Fechenbach-Straße 5
32756 Detmold
Tel. 05231/62 79 44
www.naturpark-teutoburger-wald.de
info@naturpark-teutoburger-wald.de

Mit einer Fläche von 2711 Quadratkilometern bildet er das grüne Herz Nordrhein-Westfalens und ist einer der größten Naturparks Deutschlands. Da der Naturpark Teutoburger Wald / Eggegebirge zu mehr als 60 Prozent bewaldet ist, kommt ihm zudem eine wichtige ökologische Ausgleichsfunktion in der Region zu. Prägend für sein Erscheinungsbild sind Buchenwälder. Von Waldmeister- über Waldgersten- bis hin zu Orchideenbuchenwäldern bietet der Boden der Region für fast jede Buchenart gute Bedingungen. Am westlichen Rand des Naturparks sind außerdem einige Moorvorkommen zu finden, die wegen ihrer Seltenheit unter einem besonderen Schutz stehen und daher nicht vollständig für Besucher erschlossen sind. Besucher schätzen diese grüne Erholungsregion auch wegen ihrer vielen Sehenswürdigkeiten. Immerhin gibt es hier rund 1000 eingetragene Naturdenkmäler, von denen vor allem das Silberbachtal, die Hardehauser Klippen sowie der nördlichste Vulkan Deutschlands bei Sandebeck sehenswert sind. Darüber hinaus ist das Gebiet des Naturparks als »Heilgarten Deutschlands« bekannt. Der Grund für diese Bezeichnung ist die bundesweit einmalige Dichte an natürlichen Heilmitteln, ebenso wie Sole, Moor und kalten sowie warmen Heilquellen. Eine Vielzahl von Luft- und Kneippkurorten liegt vor allem am Rande des Teutoburger Walds.

Externsteine

»Man mag sich drehen und wenden, wie man will, man findet sich wie in einem magischen Kreis gefangen...«, schrieb bereits Goethe über die 13 grauen Sandsteinfelsen, die nahe Horn-Bad Meinberg in einer Reihe stehend bis zu 38 Meter hoch in den Himmel ragen. Bei diesem Naturdenkmal handelt es sich um eine steil aus dem Boden ragende Felsgruppe, die die herausragende Sehenswürdigkeit des umliegenden Naturparks ist. Die Felsen bestehen aus hartem Osning-Sandstein, der in der unteren Kreidezeit entstand und vor etwa 70 Millionen Jahren durch Verwerfungen in der Erdkruste steil aufgefaltet wurde. Durch Erosion wurde das weichere Gestein mit der Zeit abgetragen, so dass die härteren Felsen freigelegt wurden. Der Name »Externsteine« leitet sich wohl von der Vogelart Elster ab, die sich hier zu früheren Zeiten massenhaft tummelte.

Highlights Ein absolutes Muss für Naturfreunde ist die »blaue Blume von Blankenrode«. Im Naturschutzgebiet Bleikuhle ist nämlich eine weltweite Einzigartigkeit zu sehen: das Galmeiveilchen, das von den Botanikern als Viola guestphalica bezeichnet wird und nur an diesem exklusiven Standort, der Bleikuhle, zu Hause ist. Diese Senke trägt ihren Namen übrigens deshalb, weil der Boden Reste von Schwermetallen enthält und daher für gewöhnliche Pflanzenarten giftig ist.

Outdoor-Aktivitäten In der Region sind seit dem Jahr 2006 rund 26 ausgebildete Naturparkführer im Einsatz. Sie bieten ein breites Exkursionsprogramm an, welches die Besucher mit Natur, Landschaft, Kultur und Geschichte des Teutoburger Waldes, der Senne und des Eggegebirges vertraut machen soll. Die Touren sind auf verschiedene Altersgruppen und Mobilitätsansprüche abgestimmt. Mehr Infos zu den Touren unter www.naturparkfuehrer.org.

Anreise/Unterkunft Ein besonderer Service der Region ist der Naturparkbus. Viele Sehenswürdigkeiten des Kreises Lippe sind durch diesen Bus verbunden. Wer in der Region eine besonders exklusive Übernachtungsmöglichkeit sucht, ist im »Gräflichen Park Hotel & Spa« bestens aufgehoben. Seit über 225 Jahren ist dieses historische Haus im Besitz der Grafen von Oeynhausen-Sierstorpff. Infos unter www.graeflicher-park.de. Wer einen Aktivurlaub im Einklang mit der Natur verbringen möchte, sollte den Naturcampingplatz Elisabethsee, Tel. 05221/334 11, www.camping-elisabethsee.de, ansteuern.

Großes Bild: Gewitterwolken ziehen sich über einem Getreidefeld im Eggegebirge zusammen. Rechts: Hermannsweg im Teutoburger Wald.

+ TIPP + TIPP + TIPP +

↗ **Wisentgehege Hardenhausen** Wenn man das Trampeln der schweren Hufe am Vibrieren des Bodens spürt, kann man schon Angst bekommen – muss man aber nicht. Der europäische Bison, der Wisent, ist friedlich. Im Wisentgehege Hardenhausen kann man sich davon selbst einen Eindruck verschaffen. Auf einer Flächengröße von knapp einem Quadratkilometer mit urwaldähnlichen Mischwäldern sowie Wiesen und Freiflächen werden die braunen Riesen gehalten und gezüchtet. Pferdefreunde können überdies eine Zuchtgruppe von etwa fünfzehn bis zwanzig Tarpanen bewundern. Diese Wildpferdeart ist typisch für die Region, doch gegen Ende des 19. Jahrhunderts leider ausgestorben. Durch eine Rückkreuzung mit anderen ursprünglichen Pferderassen wird nun versucht, den Wildpferdecharme dieser Tiere wieder aufleben zu lassen. Überdies gibt es ein Schwarzwildgatter, in dem Wildschweine und weißes Rotwild beobachtet werden können.

↗ **Eiche Borlinghausen** Sie ist der älteste und größte botanische Zeitzeuge Nordrhein-Westfalens und für viele Besucher ein andächtiger Ort der Ruhe. Die alte Eiche von Borlinghausen soll der Sage nach vor mehr als 1000 Jahren von Karl dem Großen gepflanzt worden sein. Die im Volksmund auch als »dicke Eiche« bekannte Stieleiche ist durch Verlust des Kernholzes inzwischen in zwei Schäfte geteilt, die von Eisenstäben und Mauerwerk zusammengehalten werden. Ihr Stammumfang beträgt unglaubliche 11 Meter, womit dieses

Naturdenkmal mit Abstand der stärkste und vermutlich älteste Baum Westfalens ist.

↗ **Vulkan Desenberg** Er ist untypisch für den Norden und gerade deshalb eine solche Besonderheit. Der Vulkan Desenberg ragt nordöstlich von Warburg mit einer Höhe von 150 Metern aus der Warburger Bördelandschaft. Seinen Gipfel schmückt die Burgruine Desenburg. Obwohl der Desenberg optisch aussieht wie der Prototyp eines Vulkanes, kam es nie zum Ausbruch. Der Schlot aus Basalt ist nämlich derart eng, dass die Magmamassen erkaltet sind, ehe sie die Spitze erreicht haben. Heute ist der Vulkan ein beliebter Aussichtspunkt.

Beide Abbildungen: Bizarr geformt sind die Externsteine im Teutoburger Wald, die sich in der Wiembecke spiegeln.

Naturpark Diemelsee

Naturpark Diemelsee
Waldecker Straße 12
34580 Willingen
Tel. 05632/40 11 64
www.naturpark-diemelsee.de
info@naturpark-diemelsee.de

Es sind die höchsten Berge des Sauerlandes, die man hier zu sehen bekommt. Der Naturpark Diemelsee erstreckt sich vom äußersten Nordwesten Hessens ins angrenzende Nordrhein-Westfalen hinein. Die höchsten Erhebungen der Region sind der Langenberg und der Hegekopf, beide erreichen eine Höhe von 843 Metern. Als Teil des Rothaargebirges, das auch als »Hochsauerland« bekannt ist, zeigt sich der Park zum großen Teil mit farbenprächtigen Laubgehölzen bewaldet, darin hin und wieder verstreut liegen Felder und Weideland, Blumenwiesen und Hochheiden. In der Mitte dieser grünen Lunge liegt der Namensgeber der Region, der Diemelsee. Typisch für das Naturschutzgebiet ist der stete Wechsel von Überflutungen und Trockenfallen, was vor allem für Wasservögel ideale Lebens- und Brutbedingungen ermöglicht.

Zu den bekanntesten gefiederten Bewohnern der Region gehören Blässhühner, Stockenten, Teichhühner, Reiherenten, Gänsesäger und sogar Haubentaucher. Zu den ebenfalls geflügelten und viel bestaunten Anwohnern zählen 81 Schmetterlings- und neun Libellenarten. Die bekanntesten darunter sind der Kaisermantel, der Mädesüß-Perlmuttfalter und der Große Schillerfalter.

Bunt blühen Löwenzahn und Wiesenschaumkraut auf den Wiesen des Naturparks.

Highlights Für alle schwindelfreien Wasserfreunde ist die Diemelseesperre sicher der Höhepunkt des Naturparkbesuchs. Die Mauer des Diemelsees wurde im Zweiten Weltkrieg aus rund 72 000 Kubikmetern Bruchsteinen erbaut. Der Speicherraum des Sees umfasst ganze 19,9 Millionen Kubikmeter.

Outdoor-Aktivitäten Anglerherzen schlagen höher. Große Aale, Hechte mit mehr als 20 Pfund, 10-Pfünder-Zander oder 4-Pfünder-Barsche sind nur eine kleine Auswahl an Fischen, die der Diemelsee zu bieten hat. Angeln ist von allen Uferbereichen aus möglich und auch der Einsatz von E-Motoren ist erlaubt. Im Winter findet auf dem See sogar Eisangeln statt – eine gewisse Eisdecke natürlich vorausgesetzt.

Anreise/Unterkunft Die Autobahn A7 und die A44 sind aus den meisten Regionen der direkteste Weg in Richtung Diemelsee. In der Region stehen zahlreiche Ferienwohnungen, Hotels und Campingplätze zur Verfügung, die übersichtlich auf der Homepage www.diemelsee.de aufgelistet und beschrieben sind. Unterkunft: Landhaus Bornemann, Tel. 05633/396, www.landhausbornemann.de; Seehotel Sonnengruß, Tel. 02991/963 60, www.hotelsonnengruss.de.

Großes Bild: An den Ufern des Diemelsees erstrecken sich zum Teil hübsche Waldflächen, in deren Schatten man die Stille genießen kann. Rechts: Bootsverleih am Diemelsee.

+ TIPP + TIPP + TIPP +

↗ **Kanutouren auf dem Diemelsee** Ob man gemütliche Runden auf dem ruhigen Diemelsee drehen möchte oder lieber das sportliche Erlebnis auf einer Naturwildwasserstrecke sucht, beides ist im Naturpark Diemelsee möglich. Denn wirklich jeder Kanu-Fan findet hier die passende Tour. Bootsrutschen, Biegungen, viel Strömung und sogar einige Stromschnellen sind auf den Strecken geboten; natürlich ebenso wie ein wunderschönes Landschaftspanorama. Mehr Infos unter www.kombinatour.de.

↗ **Goldgräberlaune** Wer auf Gold stoßen will, sollte den Lehrpfad »Goldspur Eisenberg« begehen. Hier wird an insgesamt 18 Stationen die Geschichte des Goldbergbaus am Eisenberg veranschaulicht. Der Lehrpfad ist dabei in zwei Teilstrecken unterteilt, die insgesamt auf 3,3 Kilometern durch Goldhausen zur Burgruine Eisenberg auf den 562 Meter hohen Gipfel des Eisenbergs führen.

↗ **Aussicht von ganz oben** Er ist der Wächter des Eisenbergs und ein Anlaufpunkt für alle, die die Weitsicht lieben. Der Georg-Viktor-Turm, der zum Ende des 20. Jahrhunderts errichtet wurde, bietet mit seiner Höhe von 22,5 Metern einen malerischen Panoramablick ins Sauerland sowie auf die Ederberge, den Habichtswald und auf die Stadt Korbach. Von Mai bis Oktober ist die Aussichtsplattform täglich von 9 Uhr bis 18 Uhr geöffnet.

Naturpark Rothaargebirge

*Zweckverband Naturpark
Rothaargebirge
Am Rothaarsteig 1
59929 Brilon
Tel. 02961/94 32 23
www.naturpark-rothaargebirge.de
naturparke@hochsauerland-kreis.de*

Der Naturpark Rothaargebirge liegt im südöstlichen Teil Nordrhein-Westfalens und wurde im Jahr 1963 eingerichtet. Seinen Namen verdankt der Naturpark dem Rothaargebirge, das sich dem Astengebirge in südwestlicher Richtung anschließt. Die Gesamtfläche dieses Naherholungsgebiets beträgt 1355 Quadratkilometer und liegt in den Kreisen Olpe, Hochsauerland und überwiegend im Kreis Siegen-Wittgenstein. Das Rothaargebirge ist Quellgebiet der Flüsse Eder, Sieg und Lahn und darüber hinaus Wasserscheide zwischen Rhein und Weser. Die markantesten Erhebungen sind der Dreiherrenstein und der Gillerberg im Bereich Hilchenbach sowie im Westen in der Nähe der Stadt Kreuztal der Kindelsberg und die Martinshardt. Aus kulturhistorischer Sicht ist diese Region vor allem wegen ihrer Vielzahl an Burgen, Schlössern und Turmruinen interessant. Die bekanntesten hiervon sind das Kloster Grafschaft sowie die Schlösser in Bad Berleburg und Bad Laasphe.

842 Meter hoch ragt der Kahle Asten auf.

Kahler Asten

Wenn über dem Tal die Wolken hängen, ist es nicht selten, dass hoch oben auf dem Gipfel des Kahlen Asten die Sonne scheint. Mit einer Höhe von rund 842 Metern ist er der dritthöchste Berg des Rothaargebirges. Über den Berg verläuft die Rhein-Weser-Wasserscheide und im Bereich des Gipfels entspringt die Lenne. Mit einer Höhenlage von 820 Metern zählt sie zur höchstgelegenen Quelle Nordwestdeutschlands. Die Zwergstrauchheide, die hier zu bewundern ist, ist ein Überbleibsel der letzten Eiszeit.

Bruchhauser Steine

Die vier Felsen, die sich oberhalb von Bruchhausen auf dem 727 Meter hohen Istenberg befinden, überragen die Baumkronen und spitzen wie kleine Zipfelmützen zwischen ihnen hindurch. Die Brauchhauser Felsen mit den Namen Bornstein, Goldstein, Feldstein und Ravenstein sind aber nicht nur bei Besuchern beliebt, sondern ein wichtiger Lebensraum wild wachsender Blütenpflanzen, Flechten und Moose sowie der Brutplatz seltener Vogelarten wie zum Beispiel des Wanderfalken.

Weitere Highlights Die »Könige der Wälder« sind zurück: Im Rahmen eines Artenschutzprojektes wurde eine Herde Wisente im Rothaargebirge ausgewildert. Nachdem die Ureinwohner der Region fast ausgestorben waren, sorgen sie mit ihrer Rückkehr nun für eine ganz besondere Überraschung: ein kleines Kalb ist in der Wildherde zur Welt gekommen.

Outdoor-Aktivitäten »Frauen wandern anders«: Unter diesem Motto werden am Rothaarsteig spezielle Wandertouren für das weibliche Geschlecht angeboten. Die Wanderungen sind mehr auf die malerische Kulisse der Natur bedacht als auf sportliche Höchstleistungen. Infos unter Tel. 02733/28 81 17.

Anreise/Unterkunft Die Nähe zu den Ballungszentren von Rheinland und Ruhrgebiet bringt eine gute Verkehrsanbindung über die A4 und A45 mit sich. Unterkunft: Hotel-Pension Haus Erna, www.haus-erna.de; Hotel Jagdhof Glashütte, www.jagdhof-glashuette.de.

Großes Bild: Liebliche Morgenstimmung im Frühherbst auf dem Kahlen Asten.

+ TIPP + TIPP + TIPP +

↗ **Kräuterwanderungen** Dass gegen jedes Wehwehchen ein Kraut gewachsen ist, beweist das Rothaargebirge. Vom Frühjahr bis zum Herbst wächst hier eine Vielzahl heilsamer Kräuter, die für den Laien nicht immer leicht zu entdecken sind. Wer mehr über die blühenden Heilmittel und deren Verwendung in Küche und Hausapotheke erfahren will, sollte sich unbedingt einer Kräuterwanderung anschließen. Auf diesen geführten Touren lernt man alles über das Aussehen und die wichtigsten Merkmale zur richtigen Bestimmung, um Verwechslungen mit ähnlichen Pflanzen zu vermeiden. Die Wanderungen erfolgen unter der Leitung von ausgebildeten Wildkräuter- und Heilpflanzenpädagogen. Sie führen entlang des Rothaarsteigs, dauern in der Regel zwei Stunden und kosten ab 10 Euro pro Person. Mehr Informationen finden sich unter www.wildkraeuterpaedagogik.de.

↗ **CO_2-Waldlehrpfad** Seit Ende des Jahres 2013 lädt der deutschlandweit erste CO_2-Waldlehrpfad am Rothaarsteig bei Dillenburg zum Lernen und Staunen ein. Auf der Tour sind 18 interaktive Schautafeln und Demonstrationsobjekte, die die Zusammenhänge zwischen Klimawandel, Kohlendioxid, Wald und Holznutzung erklären und darüber hinaus aufzeigen, wie man im persönlichen Umfeld Treibhausgasemissionen reduzieren kann.

↗ **Nachts im Wald** Wer traut sich nachts in den dunklen Wald? Unter der richtigen Anleitung kann das ab sofort die ganze Familie ganz ungefährdet unternehmen. Geführte, ganzjährige Nachttouren durch die Wanderwelt Wittgenstein zeigen die Natur zu einer Tageszeit, wie man es sonst nur aus Dokumentarfilmen kennt. Da der Mond allein nicht hell genug scheint, sind Taschen- oder Stirnlampen unbedingt erforderlich. Auch festes Schuhwerk sollte bei der Tour dabei sein, da einige Passagen der Wegführung steinig und uneben sind. Das Erlebnis und die Eindrücke, die man im dunklen Wald gewinnt, sind aber unvergesslich! Infos unter www.wanderwelt-wittgenstein.de.

↗ **Schuhe aus!** Der tolle Barfußpfad in Langewiese am Rothaarsteig führt Besucher ohne Schuhe über Waldboden und Holzhackschnitzel sowie durch erfrischende Kneipp-Wassertretbecken. Der Pfad ist dabei aber nicht nur ein Erlebnis für die Sinne, sondern auch etwas für wissensdurstige Köpfe, da zahlreiche Infostationen spannende Details über die Region erklären (www.langewiese.de).

Naturpark Bergisches Land

Zweckverband Naturpark Bergisches Land, Moltkestraße 34, 51643 Gummersbach
Tel. 02261/88 69 09
www.naturparkbergischesland.de
naturpark@bergischesland.de

Der Naturpark Bergisches Land liegt zwischen der Köln-Siegburger Bucht, den Ausläufern des Sauerlandes, dem Westerwald im Süden und dem Städteband Wuppertal-Remscheid-Solingen. Anders als der Name vermuten lässt, ist das Landschaftsbild nicht von spitzen Gipfeln oder Schluchten geprägt. Vielmehr herrschen sanfte Höhenzüge vor, die bewaldet sind und wie in weichen Wogen die Landschaft durchziehen. Um den ökologischen Wert noch weiter auszubauen, soll der Anteil von Laubhölzern in den nächsten Jahren stetig verstärkt werden. Beheimatet sind hier seltene Tierarten wie der Feuersalamander, die Wasseramsel oder der Uhu. Die zahlreichen Niederschläge im Bergischen Land machten die Region schon früh für die Nutzung von Wasserkraft und die Anfänge der Industrialisierung interessant. 16 Wasserspeicher sind hier entstanden. Von den zahlreichen Aussichtstürmen sind diese beliebten Sehenswürdigkeiten im Park gut zu überblicken. Zur malerischen Kulisse der Region trägt neben der Natur insbesondere der hiesige Baustil bei. Fachwerk und dunkle Dächer bilden gemeinsam mit dem Weiß der Fenster- und Türlaibungen sowie den grünen Fensterläden Heimatfilmambiente.

Highlights Das Bergische Land ist unter Wanderern ein Geheimtipp. Mit dem »Bergischen Weg« und dem «Bergischen Panoramasteig» gibt es gleich zwei Fernwanderwege in der Region. Neu sind überdies die verschiedenen Themenwege, die »Bergischen Streifzüge«, die historische, naturkundliche, technische wie literarische Themen erlebbar machen.

Outdoor-Aktivitäten Milch ist in der Region ein wichtiges Gut. Und zwar nicht nur für die Bauern, sondern auch für die Gestaltung der Landschaft. Durch die großen Weideflächen treten Mensch, Nutztier und Natur in eine unmittelbare Interaktion. Zu diesem Thema wurde extra ein Milchwanderweg konzipiert. Mit einer Länge von 4,2 Kilometern startet er in Wipperfürth und führt entlang an acht Info-Stationen. Und natürlich geht es an Weiden vorbei, auf denen die fleißigen Milchproduzenten gestreichelt werden können (www.kuhlturlandschaft.de).

Anreise/Unterkunft Die Autobahnen A1, A3, A4 und A45 führen direkt in die Region. Man hat sich auf eine große Besucherzahl eingestellt und hält ein breites Angebot an Hotels, Campingplätzen und Ferienwohnungen bereit. Unterkunft: Hotel Dürscheider Hof, www.duerscheiderhof.de; Landhotel Napoleon Wipperfürth, www.landhotel-napoleon.de.

Großes Bild: Sanft gewellte Hügel, auf denen Landwirtschaft betrieben wird, prägen das Bergische Land. Die Stechpalme (kleines Bild) nimmt in den Wäldern immer mehr zu.

+ TIPP + TIPP + TIPP +

↗ **Ausflugstipp: Altenberger Dom** Seine Bezeichnung »Bergischer Dom« trägt dieser Prachtbau wohl deshalb, weil er der größte gotische Bau der Region – sogar ganz Deutschlands – ist. Der Altenberger Dom ist die Kirche der ehemaligen Zisterzienserabtei Altenberg und heute Pfarrkirche der katholischen Pfarrgemeinde St. Mariä Himmelfahrt in Altenberg. Nach französischem Vorbild wurde diese Gottesstätte in den Jahren 1259 bis 1379 als turmlose Querschiff-Basilika mit Chorumgang und Kapellenkranz erbaut. Ein Brand zerstörte große Teile der Kirche. Der Wiederaufbau erfolgte in den Jahren 1833 bis 1847. In jüngster Zeit kam es zu aufwendigen Renovierungsarbeiten, sodass der Dom heute wieder erstrahlt.

↗ **Aussicht von Schloss Burg** Auf geht es zu einer Reise ins Mittelalter mit Ritterspielen und dem alltäglichen Leben auf einer prächtigen Burganlage. Der ehemalige Stammsitz der Grafen und Herzöge von Burg präsentiert mit seinem Museumsbetrieb und der einmaligen Kulisse die größte rekonstruierte Burganlage Nordrhein-Westfalens sowie Erlebnisse für Mittelalterfans. Landschaftsliebhaber kommen ebenfalls auf ihre Kosten. Unvergleichlich ist beispielsweise die Aussicht über die Täler und Höhen des Bergischen Landes von der Schlossterrasse aus. Ein sehenswertes Naturschauspiel ist auch die sogenannte Kaiserlinde. Der majestätische Baum ist mit einem Alter von 250 Jahren der älteste Bewohner des Schlosses und steht direkt im Pfarrgarten (www.schlossburg.de).

↗ **Bergisches Freilichtmuseum** Hier ist noch alles wie früher. In Lindlar kann man in den Alltag der bergischen Landbevölkerung des 19. und 20. Jahrhunderts eintauchen. Auf einer Fläche von 250 000 Quadratmetern wurden Häuser, Höfe und Werkstätten errichtet, in denen das altertümliche Leben tobt und zum Mitmachen einlädt, www.bergisches-freilichtmuseum.lvr.de.

Naturpark Hohe Mark-Westmünsterland

*Naturpark Hohe Mark-Westmünsterland e.V.
Hagenwiese 40, 46348 Raesfeld
Tel. 02865-609113
www.hohemark-westmuensterland.de
info@hohemark-westmuensterland.de*

Dort, wo das Münsterland, das Rheinland und das Ruhrgebiet aufeinandertreffen, liegt einer der größten Naturparks Nordrhein-Westfalens. Seit dem Jahr 1964 trägt die Region dieses Prädikat. Der Park Hohe Mark-Westmünsterland hat auf 1040 Quadratkilometern ein besonders abwechslungsreiches Szenario an Landschaften zu bieten. Von blühenden Heiden über dichte Wälder bis hin zu kleinen Erhebungen, Seen und Flüssen gleicht der Park fast einer Postkartenkulisse. Die teils abgetorften Hochmoore »Weißes Venn« bei Haltern und »Schwarzes Venn« bei Heiden dienen heute teilweise als Truppenübungsgelände, aber auch als Naturschutzgebiete. Das Landschaftsbild dominiert vor allem der Fluss Lippe. Er durchströmt das Gebiet mit einer Vielzahl enger Windungen und formt eine malerische Auenlandschaft. Kulturhistorisch bedeutsam ist vor allem die hohe Dichte an Wasserschlössern und Burgen, deren Geschichte sich ins 18. Jahrhundert zurückverfolgen lässt. Die meisten dieser Kulturstätten sind noch gut erhalten oder restauriert und laden ihre Besucher zu einer Reise in die Vergangenheit ein.

Merfelder Bruch

Als »Stadt der Wildpferde« ist Dülmen im ganzen Land bekannt. Denn einige Kilometer westlich vor den Toren der Stadt liegt im Merfelder Bruch, einem weitläufigen Moor- und Heidegebiet, das einzige Wildpferdegestüt Europas. Das Gebiet umfasste ursprünglich eine Fläche von rund 40 Quadratkilometern, die großteils von Wildpferdebahnen geprägt war. Im 19. Jahrhundert kam es durch die Erweiterung der Siedlungen zur Vertreibung der Wildpferde. Einzig der Merfelder Bruch ist für sie als Lebensraum erhalten geblieben. Bis heute kann man die Tiere hier entweder in freier Natur oder beim Wildpferdefang am letzten Samstag im Mai beobachten.

Highlights Es ist ein echtes Märchenschloss, mit kleinen Türmen, großen Sälen, Prachtgärten, Nebengebäuden und der Sage nach sogar inklusive Schlossgespenst. Das Wasserschloss Burg Anholt aus dem 12. Jahrhundert ist das größte Wasserschloss des Münsterlandes und ein Muss für alle Besucher der Region. In der Anlage sind Schlossführungen möglich, zudem wurden ein Museum und eine exklusive Hotelanlage eröffnet. Mehr Informationen unter www.wasserburg-anholt.de.

Outdoor-Aktivitäten Malerische Natur, mächtige Schlösser und unzählige Museen erwarten Radfahrer auf der längsten Tour durch die Naturpark-Region. Auf 280 Kilometern führt die »Naturpark-Hohe Mark-Route« an den wichtigsten Sehenswürdigkeiten, die man hier besichtigt haben muss, vorbei.

Anreise/Unterkunft Von Ost nach West verläuft die B58 von Lüdinghausen über Haltern am See nach Wesel. In Nord-Süd-Richtung verlaufen einige Eisenbahnstrecken sowie die Bundesautobahnen A3, A31 und A43. Natürlich ist die malerisch schöne Region auch auf Tourismus eingestellt. Unterkunft: Berghotel Hohe Mark, www.berghotel-hohemark.de; Pension Kühler, www.pension-kuehler.de.

Großes Bild: Wildpferde im Merfelder Bruch. **Linke Seite:** Heidschnucken und Eichenallee in der Hohen Mark.

+ TIPP + TIPP + TIPP +

↗ **Sandbruch** Eine Besonderheit der Region sind die sogenannten Halterner Sande. Darunter versteht man kreidezeitliche Quarzsande, auf denen die gesamte Hügellandschaft der Region ruht. Im Sandbruch nahe Reken sind diese Erdschichten mit ihrem ganz besonderen Phänomen des »Wüstenlacks« gut zu sehen. Hier kann man bestaunen, was sonst nur in großen Wüsten geschieht: Ist das Material nämlich der Sonne zugewandt, verdampft das zuvor eingefallene Regenwasser und lässt die gelösten Eisenverbindungen der Quarzsande an der Oberfläche des Materials als schwarze, sichtbare Schicht zurück.

↗ **Wassermühle** Die alte Wassermühle Sythen arbeitete ehemals als Korn- und Ölmühle. Heute wird das Wasserrad von einem aufgestauten Arm des Halterner Mühlenbachs gespeist und treibt damit ein Wasserkraftwerk an, von dem das Stromnetz der Region profitiert. Bei 1600 Litern Wasser pro Stunde entstehen 23 Kilowatt Strom. Die Mühle ist aber vor allem wegen ihrer altertümlichen Schönheit beliebt. Jeden Donnerstag können sich die Besucher bei Führungen davon überzeugen.

↗ **Hoch hinaus** Im Herzen des Naturparks in Haltern am See können Besucher in den Himmel – oder jedenfalls über die Gipfel des üppigen Buchenwaldes – klettern. Im Kletterwald Haltern stehen insgesamt elf Parcours (davon zwei Kinderparcours) mit 117 Elementen zur Verfügung. Darunter findet man auch einen Partner-Parcours, bei dem das Klettern zu zweit nicht nur erwünscht, sondern erforderlich ist, um weiterzukommen (www.kletterwald-haltern.de).

Naturpark Maas-Schwalm-Nette

*Naturpark Maas-Schwalm-Nette, Godsweerderstraat 2, NL-6041 GH Roermond
Tel. 0031/475/38 64 80
www.naturpark-msn.de
silke.weich@grenspark-msn.nl*

Als internationaler Naturpark umfasst der Naturpark Maas-Schwalm-Nette in Deutschland und den Niederlanden insgesamt rund 100 Quadratkilometer Naturschutz- und Vogelschutzgebiete. Von sehr feuchten und nährstoffreichen bis hin zu extrem trockenen, sandigen und nährstoffarmen Böden sind hier die unterschiedlichsten Bodenverhältnisse zu finden. Der Park wurde im Jahr 2002 gegründet und trägt seinen Namen wegen der Flüsse Maas, Schwalm und Nette. Das hohe Wasseraufkommen des Gebiets macht es zu einem Mühlen-Eldorado. Allein an der Schwalm liegen 25 Wassermühlen – die zahlreichen Mühlen, die sich an den Nebenbächen und anderen Wasserläufen befinden, sind darin noch nicht enthalten. Fälschlicherweise wird der Naturpark oft dem Naturpark Schwalm-Nette gleichgestellt, der jedoch bereits im Jahr 1986 gegründet wurde und inzwischen in den Naturpark Maas-Schwalm-Nette integriert ist. Das Areal bietet optimale Lebensbedingungen für selten gewordene Tierarten wie den Eisvogel, das Blaukehlchen, den Pirol, Bachforellen, Barben oder Biberratten (Nutria). Auch das Pflanzenreich besticht durch eine Vielfalt. Wasserhahnenfuß oder Gabelstrauch sind hier keine Seltenheit.

Krickenbecker Seen

Die Seen Hinsbecker Bruch, Glabbacher Bruch, Poelvenn und Schrolik sind vier durch Abtorfung entstandene Krickenbecker Seen im Nettetal. Ihre Namenszusätze »-Bruch« und »-Venn« deuten auf ihren Ursprung als Niedermoor hin. Diese Ausflugsziele sind heute ein Lebensraum für seltene Tiere wie den Haubentaucher und Graureiher. Kleiner Tipp: Vom Turm auf den Hinsbecker Höhen aus hat man einen sagenhaften Blick auf die im Sommer von Seerosen bedeckten Seen.

Highlights Wegberg ist die Stadt der Mühlen. Mehr als 20 dieser historischen Kraftwerke liegen im Gebiet um die Stadt, 14 Mühlen an Bachläufen und Weihern sind zu besichtigen, bei neun Exemplaren ist das Mühlrad sogar noch vorhanden.

Anreise/Unterkunft Über die Autobahn A61 führt der direkte Weg in den Naturpark. Unterkunft: Hotel Haus am Rieth, Tel. 02153/801 00, www.hotel-haus-am-rieth.de; Pension Klaashof, Tel. 02153/49 84, www.pension-klaashof.de.

Auch Fasane gehören zur vielfältigen Vogelwelt des Naturparks.

+ TIPP + TIPP + TIPP

↗ **Lokfahren** Ehemals war die Bahnstrecke der Geilenkirchener Kreisbahn stolze 38 Kilometer lang. Heute erhalten sind davon leider nur noch 5,5 Kilometer. Doch auch die kurze Strecke macht das Lok-Erlebnis zu einem bleibenden Eindruck für Besucher. Die historischen Schmalspurlokomotiven fahren an jedem Sonn- und Feiertag von Ostern bis Ende September durch die malerische Landschaft. Wer nach der gemütlichen Fahrt noch immer nicht genug hat, kann in der großen Museumshalle in Schierwildenrath die Zuggeschichte früherer Zeiten bewundern und vor allem selbst begehen. Teilweise sind hier originalgetreu sanierte Züge und Waggons zum Betreten ausgestellt.

Auenlandschaften am Niederrhein

*Naturforum Bislicher Insel,
Bislicher Insel 11, 46509 Xanten
Tel. 02801/98 82 30
www.naturforum-bislicher-insel.de
naturforumbislicherinsel@
rvr-online.de*

Eine besondere Auenlandschaft unweit von Xanten am Niederrhein ist die Bislicher Insel. Sie zählt zu den letzten Auenlandschaften Deutschlands und ist daher auf einer Fläche von fast neun Quadratkilometern unter Naturschutz gestellt. Deshalb dürfen sich Besucher nur auf den markierten Wegen und einigen Ausguckhütten aufhalten, welche ein Panorama auf die renaturierten Kiesgruben und den Altrhein mit seinen Schlammufern ermöglichen. Bei Hochwasser werden weite Teile des Gebietes überflutet. Fischarten wie Steinbeißer, Groppe, Flussneunauge und Bitterling leben hier. Aber auch an Land gibt es allerlei seltene Tierarten zu bewundern. Im Winter kann man bis zu 25 000 arktische Wildgänse beobachten, die hier Station machen. Wer etwas Glück hat, kann darüber hinaus auch auf einen Silberreiher oder sogar einen Biber treffen.

Highlights Die Gebäude des Eyländer Hofs wurden zu einem Informationszentrum umgebaut, das sich mitten im Naturschutzgebiet Bislicher Insel befindet. Neben interessanten Ausstellungen bietet das Forum auch einen Rundweg durch die geschützten Landschaften und sogar geführte Exkursionen an, bei denen alles Wissenswerte über die Hochwasserregionen erfahren werden kann.

Outdoor-Aktivitäten Seltene Pflanzenarten entdecken, Vögel beim Nisten beobachten oder die landschaftlich schönsten Ecken der Region finden? Das ist vor allem als Ortsunkundiger nicht immer auf eigene Faust möglich. Wer die Natur dennoch hautnah erleben möchte, schließt sich einer geführten Tour an. Unter verschiedenen Schwerpunkten werden beispielsweise vom »Niederrheinführer« geführte Exkursionen angeboten. Infos und Anmeldung unter www.niederrheinfuehrer.de.

Anreise/Unterkunft Parallel zum Auengebiet führen die Autobahnen A3 und A57, die gemeinsam mit dem Netz der Bundesstraßen B8, B57 und B58 für eine gute Erreichbarkeit sorgen. Die Region ist zudem reich an Übernachtungsmöglichkeiten. Unterkunft: Schloss Gnadenthal Kleve, www.gnadenthal.de; Gaststätte & Pension Peters Kevelaer, www.gaststaette-pension-peters.de.

+ TIPP + TIPP + TIPP

↗ **Natur und mehr** Das NaturForum Bislicher Insel hat es sich in erster Line zur Aufgabe gemacht, seine Besucher über die Flora und Fauna der von Hoch- und Niedrigwasser geprägten Region zu informieren, lässt aber auch das kulturelle Angebot nicht zu kurz kommen – im Gegenteil: Regelmäßig veranstaltet die Einrichtung Kunstausstellungen, Lesungen, Vorträge oder sogar Konzerte. Die Veranstaltungen sind dabei nicht immer nur für Erwachsene interessant. Spezielle Kinder-Events bringen auch die kleinen Niederrhein-Freunde auf den Geschmack von Natur und Kultur. Eine nach Monaten sortierte Übersicht über die Veranstaltungen findet man online unter www.metropoleruhr.de oder unter der Telefonnummer 02801/98 82 30.

↗ **Paddeln auf der Niers** Parallel zu Maas und Rhein fließt die Niers, die auf über 70 Kilometern Flusslänge mit dem Kanu befahrbar ist. Unterwegs lassen sich die unberührten Auen vom Wasser aus genießen. Infos zum Verleih: www.niederrhein-kanu.de.

Pappeln, grasende Kühe, kleine Teiche mit Schilfufern und knorrige Weiden bestimmen das Bild der Auenlandschaften am Niederrhein (Bildleiste links). Entspannt geht es beim Paddeln auf der Niers zu (oben, bei Vinkrath).

Nationalpark Eifel

Nationalparkforstamt Eifel
Urftseestraße 34
53937 Schleiden-Gemünd
Tel. 02444/951 00
www.nationalpark-eifel.de
info@nationalpark-eifel.de

Er liegt nur 65 Kilometer vom Ballungsraum Köln entfernt und bietet ein Wildnis-Erlebnis der ganz ursprünglichen Art. Im Nationalpark Eifel wird die Natur seit dem Jahr 2004 auf einer Fläche von 110 Quadratkilometern komplett sich selbst überlassen; ebenso wie es in den Nationalparks weltweit die Regel ist. Diese Maßnahme hat sich bezahlt gemacht: Im 14. Nationalpark Deutschlands leben inzwischen mehr als 1.600 bedrohte Tier- und Pflanzenarten. Darunter findet man Exemplare wie den Biber, Luchse, Wildkatzen und Uhus. Und auch was die Vegetation angeht, ist das Gebiet äußerst abwechslungsreich: Die großen Waldgebiete werden durch Wiesen, Moore, Heiden, Felsen, Bäche und Seen zu einem bunten Garten Eden, in dem die Idylle nur durch ein Relikt der Vergangenheit gestört wird. Nahe der Staumauer der Urfttalsperre existieren Glasminenfelder aus dem Zweiten Weltkrieg, deren Räumung nahezu unmöglich ist. Dieses Gebiet wird daher wohl auf ewig für die Öffentlichkeit gesperrt bleiben.

Blick über den malerischen Rur-Stausee bei Sonnenuntergang

Rur-Stausee

Seine Ausmaße sind gigantisch: Der Rur-Stausee liegt in den Kreisen Aachen und Düren am Kermeter und erreicht bei vollem Wasserstand eine Länge von 10,6 Kilometern, eine Gesamtfläche von 7,83 Quadratkilometern und ein Stauvolumen von 203,2 Kubikmetern. Mit diesen Abmessungen zählt der See zu den größten Talsperren Deutschlands. Die drei Inseln sind bei Besuchern beliebt, da man sie bei niedrigem Wasserstand auch zu Fuß erreichen kann und sie sogar über einen Badestrand verfügen.

Highlights Als »Garten Eden« wird das Kloster Maria Laach nicht umsonst bezeichnet. Es liegt direkt am größten Vulkansee der Region, dem Laacher See, und verzaubert seine Gäste mit einem romantischen Klostergarten.

Auch Maikäfer kennen Frühlingsgefühle.

Outdoor-Aktivitäten Sie haben nicht nur ein Auge für seltene Tier- und Pflanzenarten, sondern überdies auch einen Sinn für lustige Anekdoten: Die Park-Ranger bieten lehrreiche Führungen durch das gesamte Gebiet an. Infos unter www.nationalpark-eifel.de.

Anreise/Unterkunft Der Regionalverkehr Köln stellt eigene Buslinien bereit, die in das Gebiet des Nationalparks führen (www.rvk.de). Die Eifel-Region ist reich an touristischen Angeboten. Ob man Arrangements, Wanderurlaube oder einen Tagungsaufenthalt sucht: Eine Übersicht der Möglichkeiten findet man unter www.eifel.info. Unterkunft: Hotel Theis-Mühle, www.theismuehle.de; Landhaus Bad Bertrich, www.landhaus-bad-bertrich.de.

Großes Bild: Buche auf Sandsteinfelsen bei Nideggen.

+ TIPP + TIPP + TIPP +

↗ **Spirituelles Wandern** Auf dem Schöpfungspfad in Einruhr-Hirschrott wandert man nicht auf sich allein gestellt. Der etwa drei Kilometer lange Weg will einen spirituellen Zugang zur Natur schaffen, indem er zehn Infostationen mit nachdenkenswerten biblischen und literarischen Texten an die Hand gibt. Am Ende des Weges wartet der »Weg zur Mitte«, ein begehbares Labyrinth, auf die Ankömmlinge.

↗ **Durch die Wildnis** Der Wildnis-Trail ist ein Fernwanderweg von 85 Kilometern, der einmal quer durch das Schutzgebiet führt. Auf vier vorgesehenen Tagesetappen geht es von Monschau-Höfen im Süden bis zur nördlichen Spitze bei Hürtgenwald-Zerkall. Auf der Homepage des Nationalparks können sämtliche Infos, Filme, GPS-Daten und Bilder von diesem Wanderweg eingesehen werden. Sogar Arrangements mit Übernachtungsmöglichkeiten sind online buchbar (www.nationalpark-eifel.de).

↗ **Nationalpark-Tore** Insgesamt fünf »Tore« hat der Nationalpark Eifel zu bieten. Diese Häuser sind nicht nur ideale Ausgangspunkte für Wanderungen, sondern auch lehrreiche Informationszentren. Auf kleinen Modellen kann man sich einen Überblick über Tourrouten verschaffen, in Filmen etwas über die Parkbewohner lernen oder viel weiteres Wissenswertes und Details der hiesigen Wildnis erfahren. Natürlich stehen auch die Mitarbeiter persönlich für Tipps und Fragen zur Verfügung. Ein Überblick über die Standorte, Inhalte und Öffnungszeiten der Zentren gibt es unter www.nationalpark-eifel.de.

Naturpark Hohes Venn-Eifel

Verein Naturpark Nordeifel e.V. im Deutsch-Belgischen Naturpark Hohes Venn-Eifel, Bahnhofstraße 16, 53947 Nettersheim
Tel. 02486/91 11 17
www.naturpark-eifel.de
info@naturpark-eifel.de

Dieser Naturpark umfasst eine Fläche von 2700 Quadratkilometern, die jedoch nicht allein auf deutschem Gebiet liegt. Auch Teile von Belgien gehören zum Naturpark Hohes Venn-Eifel. Besonders stolz ist man im Park auf die gut erhaltenen Hochmoore der Region. Überhaupt ist die Gegend wegen ihrer überdurchschnittlich hohen Niederschläge sehr wasserreich. Insgesamt gibt es hier 15 Talsperren, die zusammen ein Wasservolumen von 350 Millionen Kubikmeter fassen. Daneben hat der Naturpark aber auch bewaldete Flächen, die Berghöhen der Hocheifel und die Ausläufer der Vulkaneifel zu bieten. Nicht nur Naturfreunde, sondern auch Geschichtsinteressierte dürfen sich in dieser grünen Lunge wohlfühlen. Denn immer wieder trifft man hier auf Zeugen der Vergangenheit, wie Höhlen aus der Steinzeit, römische Bauten (z. B. eine gigantische Wasserleitung) und mehr als 100 Burgen, Schlösser und Klöster. Wahrzeichen und gleichzeitig ganzer Stolz des Naturparks ist das Birkhuhn. Es gehört zu der Familie der Fasane und ist in der Bundesrepublik äußerst selten geworden. Wer etwas Glück hat kann seine zischenden Balzrufe vor allem in den Frühlingsmonaten im Naturpark Hohes Venn-Eifel hören.

Totholz ragt aus der Moorlandschaft des Hohen Venn.

Highlights Im Monschauer Heckenland kann noch heute die Kreativität der früheren Einwohner bewundert werden, mit welchen Tricks sie sich und ihre Felder vor den eisigen Winden der Region geschützt haben. Die Häuser und Höfe haben vielfach tief gezogene Dächer, die bis auf den Boden reichen. Typisch für die Landschaft sind zudem dichte und extrem hohe Buchenhecken, die Felder und Häuser wie Schutzschilde umschließen.

Outdoor-Aktivitäten Wer sich in der Natur bewegen und zudem viel von ihr sehen will kann gleich zwei Fliegen mit einer Klappe schlagen. In diesem Fall wandert man nämlich am besten zu einer der Panorama-Plattformen des Naturparks, von denen aus man einen tollen Blick über die Landschaft bekommt. Die genauen Standpunkte dieser Aussichtspunkte sind online hinterlegt unter www.eifel-blicke.de.

Anreise/Unterkunft Nur etwa eine Autostunde liegt der Naturpark von Aachen entfernt. Aber auch die Anbindung an das öffentliche Verkehrsnetz ist gut. Die Abfahrtsorte und -zeiten von Bus und Bahn sind unter folgenden Homepages ersichtlich: www.busse-und-bahnen.nrw.de sowie www.oleftalbahn.de. Unterkunft: Hotel-Restaurant Haus Tiefenbach, Tel. 0032/80/64 73 06, www.haus-tiefenbach.be; Hotel du Lac, Tel. 0032/80/447414, www.hoteldulac.be.

Großes Bild: Abendstimmung legt sich über das Hohe Venn.

+ TIPP + TIPP + TIPP +

↗ **Bildliche Erinnerungen** Die Landschaftsbilder, die in der freien Natur des Naturparks Hohes Venn-Eifel entdeckt werden können, sind malerisch. Kein Wunder, dass die meisten Besucher sie nicht nur in ihren Erinnerungen, sondern vor allem auch mit ihrer Kamera festhalten wollen. Kein Problem: Wer die schönsten Motive der Region und vielleicht auch ein paar Tipps zum richtigen Umgang mit Auslöser und Objektiv sucht, schließt sich einer geführten Foto-Tour an. Nähere Infos über Termine und Kosten dieses Angebots findet man online unter www.niederrhein-foto.de.

↗ **Blühende Hecken** Das Vennvorland ist als Hecken-Region bekannt. Hier dienen die Hecken allerdings nicht wie andernorts als Windschutz, sondern als Abgrenzung der Viehweiden, hübsch anzusehen sind die vielen Weißdornhecken vor allem in der Blütezeit im Frühjahr. Bei der Weidebepflanzung greift man übrigens zu Weißdornhecken, weil sie anders als Buchenhecken von den Vierbeinern unangetastet bleiben.

↗ **Burg Reuland** Als größte Burgruine der Region ist sie zu einem echten Wahrzeichen geworden. Die Burg Reuland ist im gleichnamigen Örtchen zu finden und wurde im mittelalterlichen Stil restauriert, um ihren Besuchern so viel Authentizität wie möglich zu bieten. Und wer ohnehin schon vor Ort ist, nutzt den Besuch gleich noch für eine Besichtigung der ebenfalls sehenswerten St. Stephanus Kirche, in der die Familiengruft der Adelsfamilie Pallandt erhalten ist.

Holzstege führen über das Hochmoorgebiet des Hohen Venn.

161

Die Felsformation im Pfälzerwald ist als »Teufelstisch« bekannt.

Rheinland-Pfalz / Saarland

Der Südwesten Deutschlands – die Bundesländer Rheinland-Pfalz und Saarland – ist geprägt von Kontrasten. Eine überwältigende Kulturlandschaft an Flüssen wie Rhein, Ahr, Nahe, Mosel und Saar geht über in die heute teils museale Industrieregion des Saarlands. Es ist ein geschichtsträchtiges Gebiet mit Burgen, Kirchen und Klöstern – und eine Landschaft für Genießer obendrein: Nirgendwo in Deutschland wird so viel Wein angebaut – ein Erbe der Römer.

Naturpark Vulkaneifel

Natur- und Geopark Vulkaneifel GmbH, Mainzer Straße 25, 54550 Daun
Tel. 06592/93 32 03
www.geopark-vulkaneifel.de
geopark@vulkaneifel.de

Am 31. Mai 2010 wurde der Naturpark Vulkaneifel aus der Taufe gehoben. Er ist damit der achte Naturpark von Rheinland-Pfalz und rund 980 Quadratkilometer groß. Der vulkanische Ursprung ist das große Plus der Region. Er hat typische Kegel, Maare, erkaltete Lava und Mineralwasserquellen hinterlassen. Im ganzen Land gibt es keinen Ort, an dem solche geologischen Spuren in dieser Dichte zu finden sind. Noch vor rund 11 000 Jahren waren die Vulkane aktiv. Aus erdgeschichtlicher Sicht handelt es sich also um eine sehr junge Landschaft. Doch nicht nur die geologische Seite ist höchst interessant und sehenswert, auch die Natur ist es. Unvergleichlich präsentiert sich die Gegend beispielsweise im Frühjahr, wenn wilde Narzissen weite Wiesen in leuchtendes Gelb tauchen. Ebenfalls zu erwähnen ist das Vogelschutzgebiet Sangweiher im Herzen des Naturparks.

Gemündener Maar

Das Gemündener Maar gehört zu den acht verbliebenen Maarseen der Vulkaneifel. Ein Maar ist eine meist runde oder auch ovale Mulde, die durch eine gewaltige Explosion und das gleichzeitige Einsacken von Gestein entsteht. Am Rand sammelt sich häufig Material, das tief aus der Erde stammt. Grund- und Regenwasser haben aus den Mulden Seen gemacht, von denen die meisten inzwischen allerdings ausgetrocknet sind. Nicht so das Gemündener Maar mit seinem tiefblauen Wasser. Es ist 38 Meter tief, ein Naturfreibad lädt zum Schwimmen ein.

Weinfelder Maar

Rund zwei Kilometer von der Stadt Daun entfernt liegt das mit 51 Meter tiefste der drei Dauner Maare, das Weinfelder Maar. Schwimmen ist hier nicht erlaubt, dafür laden Stille, saubere Luft und knorrige Bäume zu Spaziergängen ein. Den Ort Weinfeld gibt es nicht mehr, die Pest hat ihn einst seiner Bewohner beraubt. Nur noch eine Kapelle mit einem Friedhof am Ufer des Maares erinnert an das Dorf und gibt dem Gewässer den Beinamen Totenmaar.

Schalkenmehrener Maar

Das dritte der Dauner Maare ist mit etwa 550 Metern Durchmesser das größte. Und das, obwohl ein Teil des ursprünglichen Doppelmaars von Asche bedeckt zu einem Moor wurde. In dem verbliebenen Maarsee kann man baden oder Wassersport betreiben. Im Winter ist es ein Paradies für Schlittschuhläufer. Empfehlenswert ist ein Spaziergang zum Mäuseberg. Von dort kann man alle drei Dauner Maare, die zu den sogenannten Augen der Eifel gehören, gut sehen.

Pulvermaar

Mit 72 Metern Tiefe ist das Pulvermaar der tiefste Maarsee der Vulkaneifel. Und er hat auch eine stattliche Größe von 700 Metern Durchmesser. Schwimmen darf man trotzdem nur im Naturbad am östlichen Ufer. In den restlichen, meist von hohen Buchen bewachsenen Uferzonen sollen seltene Libellen und bedrohte Vögel Schutz finden. Besonders gut lässt sich die Natur bei einem 2,3 Kilometer langen Spaziergang um das nahezu kreisrunde Gewässer genießen.

Holzmaar

Im südlichen Bereich des Naturparks liegt das Holzmaar, das eine Besonderheit aufweist. Ein kleiner Bach, an dem früher eine Holzmühle stand, gibt ihm nämlich einen Wasserzu- und -ablauf. Auf keinen Fall sollte man sich den Rundweg zum Hetschenmärchen entgehen lassen. Es handelt sich um das kleinste Maar weltweit. Unterwegs erfährt man Interessantes über die Entstehung der Landschaft, auch ein sumpfiges Trockenmaar liegt auf dem Weg.

Meerfelder Maar

Unweit der Stadt Manderscheid liegt eins von Deutschlands wichtigsten Geotopen. Knapp 200 Meter tief ist der Trichter des größten Maarkessels der Vulkaneifel. Darin liegt der Maarsee, dessen Uferbereich von wunderschönen Seerosen und auch Schwertlilien bewachsen ist. Eine Besonderheit sind die in der nahen Umgebung liegenden Gesteinsbrocken aus Olivin, die vor Tausenden von Jahren aus dem Inneren des Vulkans geschleudert wurden.

Outdoor-Aktivitäten Von Daun im Herzen des Naturparks startet der knapp 28 Kilometer lange »7-Maare-Weg«. Durch ihn verbunden sind nicht nur mehrere Maare und Vulkankegel, sondern der Besucher bekommt außerdem Hoch- und Niedermoore zu sehen und kann das Vulkanhaus in Strohn besuchen. Kartenmaterial beim Landesamt für Vermessung und Geobasisinformation, Koblenz, Tel. 0261/49 20.

Anreise/Unterkunft Anreise über die A1 oder A48, per Bahn zum Beispiel nach Gerolstein. Unterkunft: Naturcamping Manderscheid, Tel. 06572/921 10, www.naturcamping-vulkaneifel.de; Wohlfühlhotel Michels, Tel. 06592/92 80, www.landgasthof-michels.de.

Das Schalkenmehrener Maar (großes Bild und linke Seite oben) hat noch ein Nebenmaar, das im Moor aufgegangen ist. Linke Seite unten: Pulvermaar bei Gillenfeld.

+ TIPP + TIPP + TIPP +

↗ **Landschaftstherapeutischer Park Römerkessel**
Wenn Menschen keinen Kontakt mehr zur Natur haben, treten vermehrt Erkrankungen auf. Pflanzen können helfen, einer solchen Entwicklung vorzubeugen. Der im Mai 2012 eröffnete Landschaftstherapeutische Park in Bad Bertrich am Rand des Naturparks ist auf dieses Ziel abgestimmt. Den Erholungsuchenden erwarten ein Lava- und ein Bewegungsgarten (www.bad-bertrich.de).

↗ **Birresborner Eishöhlen**
Seit 1938 stehen die Mühlsteinhöhlen etwas außerhalb von Birresborn unter Denkmalschutz. Hier hat man früher den Eifelbasaltschlacken in harter Arbeit Mühlsteine abgetrotzt. Den Beinamen Eishöhlen haben sie, weil es hier im Winter große Eiszapfen zu bestaunen gibt. Dann sind allerdings nur vier der fünf Höhlen geöffnet. Die andere dient Fledermäusen als Rückzugsort.

↗ **Krimi-Wanderungen** Eifel-Krimis haben eine große Fangemeinde. Wer Lust hat, kann sogar auf zwei Eifelkrimi-Wanderungen gehen. Dabei entdeckt man nicht nur Schauplätze literarischer Verbrechen, sondern auch Sehenswertes der Umgebung. So zum Beispiel den Wasserfall Dreimühlen. Mehrere Bäche fließen an diesem Naturdenkmal zusammen und fallen über von Laubmoosen bewachsenes Kalksintergestein hinab.

↗ **Mineralquellen-Radweg**
Die Vulkaneifel ist berühmt für ihr Mineralwasser. Auf einem 31 Kilometer langen Radwanderweg kann man einige Quel-

len erkunden. Auch Maare und Tuffgestein liegen auf der Strecke, die auch für Personen mit nicht sehr ausgeprägter Kondition gut zu schaffen ist. Die Route führt auf Rad- oder Wirtschaftswegen ohne Autoverkehr von Ahrdorf nach Daun (www.eifel.info/mineralquellen-route.htm).

↗ **Adler- und Wolfspark** Zu Füßen einer Burgruine aus dem zwölften Jahrhundert liegt der Adler- und Wolfspark Kasselburg. Einmal im Monat gibt es eine Burgführung, einmal jährlich Ritterspiele für Kinder. Aber die Stars sind natürlich die Greifvögel und das größte Wolfsrudel, das in Westeuropa beheimatet ist (www.adler-wolfspark.de).

Oben: Luftbild des Weinfelder Maars bei Nebel im Herbst; links: Angler sind auf dem Meerfelder Maar unterwegs.

Deutsch-Luxemburgischer Naturpark

Zweckverband Naturpark Südeifel, Auf Omesen 2, 54666 Irrel
Tel. 06525/792 06
www.naturpark-suedeifel.de
www.deutsch-luxemburgischer-naturpark.info
info@naturpark-suedeifel.de

Schon im April 1964 gründeten Luxemburg und Deutschland einen gemeinsamen Naturpark, den ersten seiner Art in Westeuropa, der eine Staatsgrenze überschritt. Insgesamt bringt er es auf rund 790 Quadratkilometer, von denen 432 Quadratkilometer in Rheinland-Pfalz liegen. Tiefe Flusstäler mit teilweise spektakulären Schluchten, dann wieder weite Wiesen, auf denen Obstbäume gedeihen, oder dichte Wälder, Feuchtwiesen, Niedermoore und Heide. Dazu kommen idyllische Dörfer mit malerischen Gässchen. Das macht den Reiz des Parks aus – nicht nur für die Menschen. Pflanzen und Tiere, deren Lebensräume immer knapper werden, finden hier hervorragende Bedingungen vor. So kann das geschulte Auge beispielsweise 32 Orchideenarten entdecken. Eisvogel, Wasseramsel, Schwarzstorch und Haselhuhn leben hier. Auch etwa 500 Schmetterlingsarten sind für den Naturpark nachgewiesen. Wildbienen, vielerorts in arger Bedrängnis, summen hier in großer Zahl durch die Lüfte. Nicht zu vergessen auch die Wildkatze, für die der Naturpark ein ideales Rückzugsgebiet ist. Festungen und Burgen erinnern an die Zeit der Römer und Kelten. Ein gut ausgebautes Rad- und Wanderwegenetz sorgt dafür, dass der Besucher die gesamte Vielfalt ohne großen Aufwand genießen kann.

Prümtal

Zwischen Waxweiler und Biersdorf fließt die Prüm. Ihr Tal ist sehr artenreich, weshalb es besonderen Schutz genießt. Bei Echtershausen liegt das Naturschutzgebiet Urprümschleife. Hier sollen Feuchtwiesen und Niedermoore erhalten werden, damit sich Heuschrecken, Schmetterlinge und seltene Vogelarten weiterhin wohlfühlen. Wer die Gegend erwandern will, sollte sich für die Stausee-Prümtal-Route entscheiden, die zum Stausee Bitburg führt.

Teufelsschlucht

Das Ferschweiler Plateau ist eine Hochfläche aus Sandstein, die sich über 4 × 8 Kilometer erstreckt. Als die letzte Eiszeit zu Ende ging, führten die starken Temperaturschwankungen zu Erdrutschen und Felsabbrüchen. Bei einem solchen Ereignis entstand ein 28 Meter tiefer Spalt, der heute Teufelsschlucht genannt wird. Ein Naturparkzentrum in Ernzen informiert über die Entstehung, auch eine Wanderung um das Plateau herum ist möglich.

Sauertal

Die Sauer fließt durch eine intakte Natur mit reichlich Mischwald. Folgt man ihr durch ihr Tal, stößt man immer wieder auf hübsche Dörfer. In das nahe gelegene Elsaß ist es nur einen Katzensprung. Vor allem Radfahrer kommen hier voll auf ihre Kosten. So zum Beispiel auf einer ehemaligen Bahntrasse, die zum Radweg umfunktioniert wurde. Darauf kann man vom Bahnhof Ettelbrück in Luxemburg zur Mündung der Sauer bei Wasserbillig fahren.

Kleine Luxemburgische Schweiz

Im Nordosten von Luxemburg liegt eine Gegend, die das Gefühl vermittelt, man habe sich in einen Märchenwald verlaufen. Kleine Wasserfälle plätschern zwischen von Moos bewachsenen Sandsteinfelsen. Darüber spannen mächtige Bäume ihr grünes Dach. Das Müllerthal ist ein Magnet für Wanderer, Radfahrer und Kulturinteressierte. Auch Kletterer kommen auf ihre Kosten, zum Beispiel an der schroffen Wanterbaach in Berdorf.

Weitere Highlights Um zu verstehen, wie die faszinierende Landschaft entstanden ist, sollte man das Devonium in Waxweiler besuchen. Das hübsch angelegte Museum ist auch für Kinder spannend (www.devonium.de). Auch nicht verpassen sollte man die zwischen Irrel und Prümzurlay gelegenen Irreler Wasserfälle. Sie sind ähnlich entstanden wie die Teufelsschlucht, nämlich durch Abrutschen bzw. Abbrechen von Sandsteinblöcken.

Outdoor-Aktivitäten Im Naturpark sind zahlreiche Reiterhöfe und Reitwege zu finden. Man kann eine Liste verschiedener Stationen einsehen und seine individuellen Routen planen. Neben dem Urlaub auf eigene Faust sind auch geführte Ritte und Leihpferde im Angebot. Informationen unter www.eifelzupferd.de.

Anreise/Unterkunft Anreise über die A1, A60 oder A64, per Bahn nach Bitburg, Trier oder Luxemburg.
Unterkunft: Landgasthaus Hinkelshof (Zimmer oder Heuherberge), Tel. 06566/930 46, www.hinkelshof.de; Hôtel Bel-Air, Echternach, Tel. 00352/72 93 83, www.hotel-belair.lu.

Bildleiste von oben nach unten: Buntsandsteinformationen in der Teufelsschlucht; Stromschnellen der Prüm bei Irrel; junge Turmfalken.
Rechte Seite: Sandsteinfelsen.

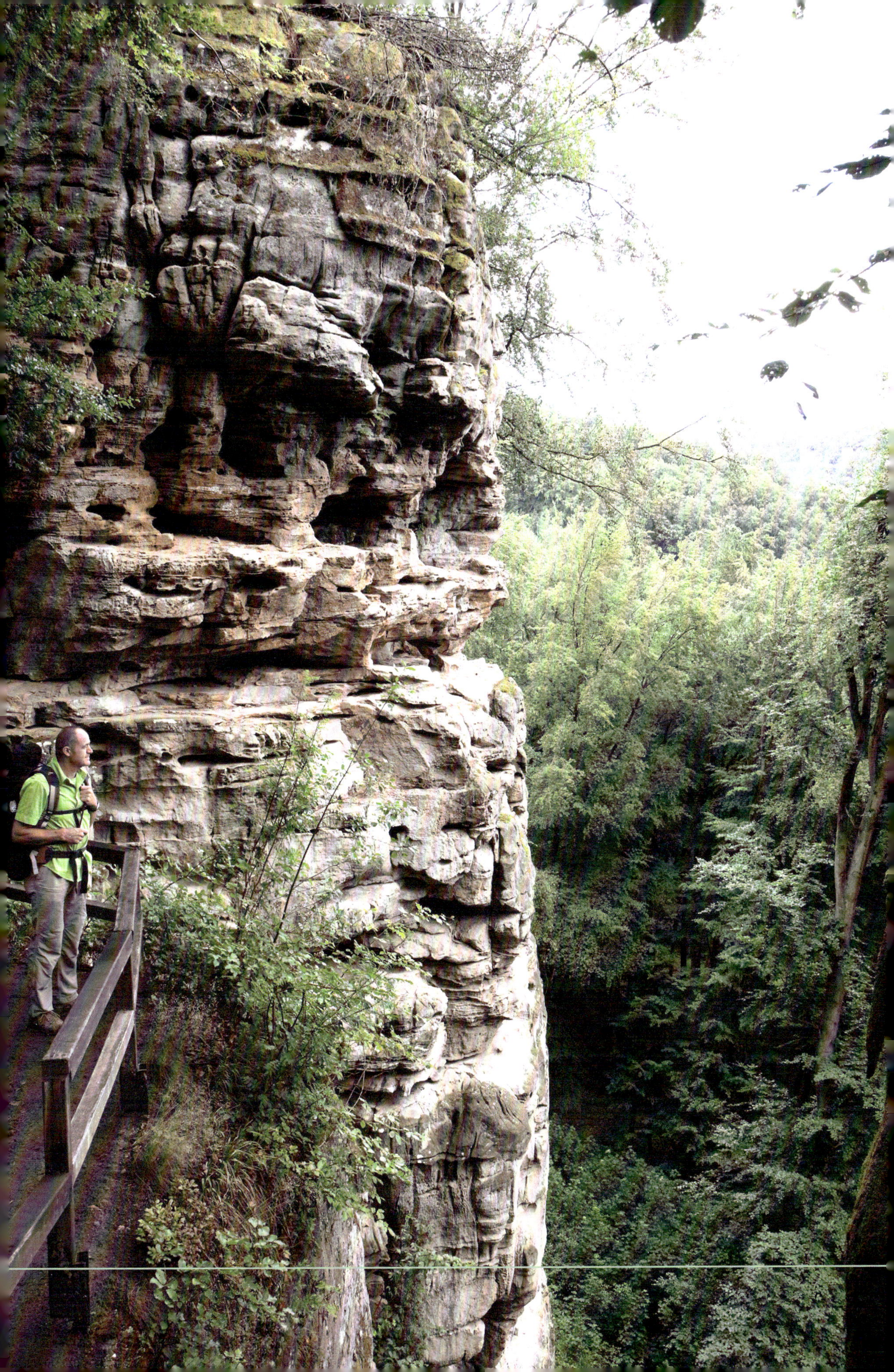

+ TIPP + TIPP + TIPP +

↗ **Mountainbiken im Naturpark Our** Wer gern in die Pedale tritt, kann sich in Luxemburg richtig austoben. Dort warten anspruchsvolle Mountainbike-Strecken. Etwa 22 Kilometer vom Busbahnhof Vianden über Walsdorf und Bivels zurück nach Vianden, auf denen mehr als 700 Höhenmeter zu schaffen sind. Einfacher geht es im Norden an der deutschen Grenze zu. Die Rundtour vom Lieler Campingplatz ist nur zwölf Kilometer lang und erstreckt sich über gut 300 Höhenmeter.

↗ **Deutsch-Luxemburgischer Felsenweg** Der Felsenweg ist ein Wanderweg für Fortgeschrittene. Er besteht aus verschiedenen Rundwegen. Eine 30 Kilometer lange Strecke führt von Ralingen über Olk entlang der Sauer über Wintersdorf, Born, Moersdorf und dann auf luxemburgischer Seite nach Norden über Rosport zurück nach Ralingen. 919 Höhenmeter sind auf dieser recht schwierigen Route zu überwinden, für die man zwei Tage einplanen sollte. Dafür gibt es reichlich Belohnung: großartige Blicke in das Sauertal, spektakuläre Schluchten und das Schloss Tudor in Rosport, ehemalige Residenz des Erfinders der Bleibatterie, samt Mitmach-Museum. Weitere Infos unter www.naturwanderpark.eu.

↗ **Hochseilgarten** Unweit der Urprümschleife können Mutige im Hochseilgarten des Dorint Hotels Bitburg ausprobieren, ob sie schwindelfrei sind. In bis zu elf Metern Höhe wird balanciert und geklettert (www.hotel-eifel-bitburg.dorint.com).

An einigen Abschnitten der Sauer kann man Kajak fahren (oben). Rechts: Kleine Luxemburgische Schweiz.

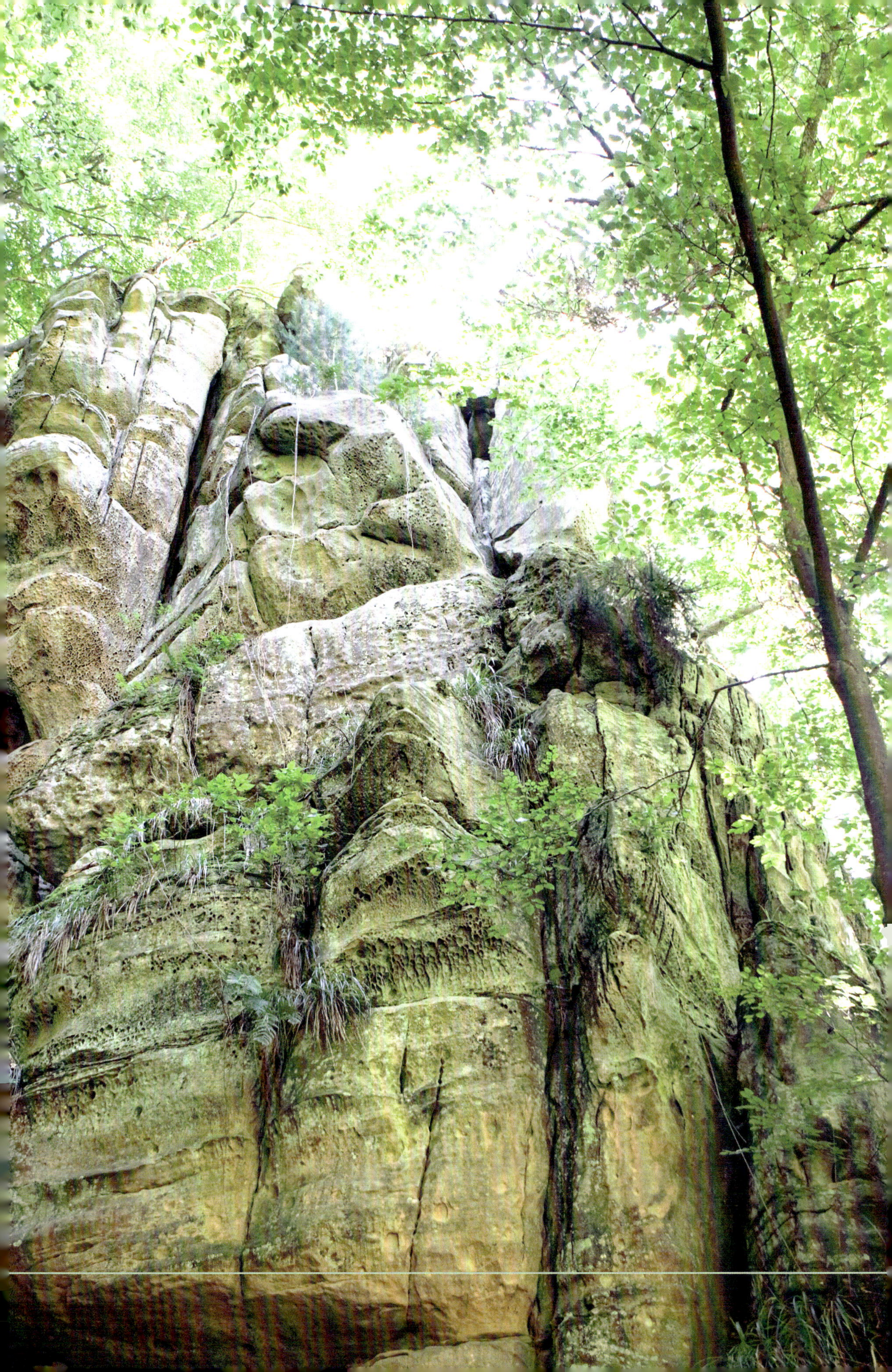

Naturpark Nassau

Zweckverband Naturpark
Nassau, Bachgasse 4,
56377 Nassau
Tel. 02604/43 68
www.naturparknassau.de
info@naturparknassau.de

Der 590 Quadratkilometer große Naturpark liegt im Rheinischen Mittelgebirge. Die höchste Erhebung ist die Montabaurer Höhe mit dem Köppel, der es auf stolze 546 Meter bringt. Das seit 1979 geschützte Gebiet ist von unterschiedlichen klimatischen Bedingungen geprägt. Die Flusstäler von Rhein und Lahn sind eher mild und trocken. In höheren Lagen ist es dagegen kühler und es gibt mehr Niederschläge. Entsprechend unterschiedlich und vielfältig ist die Natur. Buchen-, Buchenmisch- und Eichenwälder sowie Erlenbrüche sind hier zu finden. Auch verschiedenste Orchideen, der Blutstorchschnabel oder auch die Astlose Grasli-lie gedeihen vielerorts hervorragend. Mindestens ebenso beeindruckend ist die Vogelwelt. Schätzungsweise 100 Brutvogelarten sind zu entdecken, darunter der Eisvogel oder der Wanderfalke. Hinzu kommen 35 Libellen-, 39 Heuschrecken- und 15 Fledermausarten.

Lahntal

Das Lahntal verläuft in ostwestlicher Richtung mitten durch den Naturpark Nassau. 57 Kilometer liegen in Rheinland-Pfalz. Seine hübschen Fachwerkbauten, Schlösser und Burgen haben ihm den Ruf eingebracht, eines der romantischsten Flusstäler Deutschlands zu sein. Am besten erkundet man es zu Wasser, beispielsweise per Kanu. Zahlreiche Ein- und Ausstiegsstellen sowie Rast- und natürlich Übernachtungsplätze sind vorhanden (www.daslahntal.de).

Highlights Höhenzüge und tiefe Schluchten sind typisch für den Naturpark Nassau. Sie sind bestens durch Wanderwege erschlossen, die den Besucher an Orte mit traumhaften Ausblicken führen. Ein Beispiel ist die 26,5 Kilometer lange Vier-Täler-Tour. Diese anspruchsvolle Wanderung verbindet vier der schönsten Täler der Umgebung von Nassau: das Lahntal, das Gelbach-, das Dörsbach- und das Mühlbachtal. Deutlich kürzer und einfacher ist der etwa neun Kilometer lange Limesrundwanderweg. Mehr Informationen: www.nassau-touristik.de.

Outdoor-Aktivitäten Eine Kanutour auf der Lahn lässt sich mühelos auf eigene Faust unternehmen. Natürlich sind auch komplett organisierte Fahrten mit Begleitung möglich, sogar mit anschließender Übernachtung im Tipi-Dorf. Mehr bei www.outdoor-zentrum-lahntal.de.

Anreise/Unterkunft Anreise über die A3 oder A48, per Bahn zum Beispiel nach Nassau oder Montabaur. Unterkunft: Campingpark Lahnbogen, Tel. 02621/83 09, www.camping-lahnbogen.de; Hotel Lahnromantik, Nassau, Tel. 02604/953 10, www.lahnromantik.de.

Besonders Hobby-Ornithologen haben im Naturpark ihre wahre Freude. Neben den häufiger anzutreffenden Rotkehlchen, Feldsperlingen und Grünfinken (kleine Bilder von links nach rechts) ziehen hier auch Waldkauze ihre Jungen groß (großes Bild). Linke Seite: Die Lahn zwischen Laurenburg und Obernhof.

+ TIPP + TIPP + TIPP

↗ **Mit dem Mountainbike** Auf zwei Rädern kommt man weiter. In der Region kann man sich vielerorts ein Fahrrad, ein Mountainbike oder auch ein E-Bike leihen. Eine bereits ausgearbeitete »Drei-Flüsse-Tour« gibt es bei »Burg & Bike« gleich mit dazu. Tel. 02621/408 38, www.burg-bike.de.

↗ **Lahnschifffahrt** Einen besonderen Teil des Naturparks vom Wasser aus genießen, ganz ohne Anstrengung, das geht bei einer gemütlichen Schifffahrt – viele Informationen inklusive. Neben Touren auf der Lahn kann man auch auf Rhein und Mosel schippern. Informationen zum Beispiel über Personenschifffahrt Lahnstolz, Tel. 02603/43 76, www.lahnstolz.de.

Naturpark Saar-Hunsrück

Naturpark Saar-Hunsrück e.V.
Trierer Staße 51
54411 Hermeskeil
Tel. 06503/921 40
www.naturpark.org
info@naturpark.org

2055 Quadratkilometer groß ist der 1980 gegründete Naturpark Saar-Hunsrück. Die Hälfte dieser Fläche ist von Wald bedeckt. Schon die Lage macht den Park zu etwas Besonderem. Er erstreckt sich nicht nur über die Bundesländer Saarland und Rheinland-Pfalz, sondern bildet im Dreiländereck Deutschland, Frankreich und Luxemburg gewissermaßen das Zentrum von Europa. Bestechend ist die Vielfalt der Landschaft. Märchenhafte Felsformationen stehen Hangmooren und -brüchen gegenüber, der höchste Berg von Rheinland-Pfalz, der 816 Meter hohe Erbeskopf, gehört ebenso dazu wie Weinberge und tiefe Flusstäler. Man findet Kalk- und Sandsteinhänge. Nicht weniger eindrucksvoll ist der Reichtum der Tier- und Pflanzenwelt. Waldhyazinthe, Arnika und einige seltene Orchideenarten erfreuen das Auge. Bekassine und Haselhuhn sind heimisch, ebenso das Braunkehlchen, der Raufuß- und der Steinkauz. Über die Wiesen und durch die Wälder huschen Fuchs, Dachs und Marder. Es gibt Schwarz- und Rotwild, auch Fledermäuse. Eine besondere Bewohnerin ist die Wildkatze, die sonst nicht mehr häufig anzutreffen ist. Nicht zuletzt findet man hier einige Nattern- sowie verschiedene Eidechsenarten und auch den Feuersalamander, diverse Krötenarten, Teich- und Kammmolch, die vor allem in den Tälern leben.

Highlights Wenn es in diesem Naturpark ein dominierendes Thema gibt, dann sind es die Wälder. Mitten hindurch führt die sogenannte Eichenlaubstraße. Wer zu Fuß oder mit dem Rad die kompletten 110 Kilometer oder einen Teil davon erlebt, wird hier und da noch Eichenniederwald sehen, der der Route zu ihrem Namen verholfen hat. Ebenfalls erwähnenswert sind die Eichenlaubwirte, die zu einer Rast einladen. Die Strecke verläuft von Perl im Westen nach Freisen-Oberkirchen im Osten.

Die Ehrbachklamm im Hunsrück ist ein beliebtes Ausflugsziel der Region.

Outdoor-Aktivitäten Der Naturpark bietet zu jeder Jahreszeit Vergnügen an der frischen Luft. Im Winter locken Langlaufloipen ebenso wie präparierte Abfahrten und Rodelstrecken. Auch Natureisbahnen für Schlittschuhläufer sind vorhanden, zum Beispiel eine 3500 Quadratmeter große Anlage in Kell am See und eine kleinere im Wintersportzentrum Erbeskopf.

Anreise/Unterkunft Anreise über A1, A62 oder A64, per Bahn beispielsweise nach Saarburg.
Unterkunft: Campingplatz Sensweiler-Mühle (auch Ferienwohnungen), Tel. 06781/32 53, www.sensweiler-muehle.de; Hochwälder Wohlfühlhotel, Losheim, Tel. 06872/969 20, www.hochwaelder-wohlfuehlhotel.de.

Großes Bild: Den besten Blick auf die Saarschleife bei Mettlach hat man von der Cloef aus, einem hohen Felsen.

+ TIPP + TIPP + TIPP +

↗ **Hochseilgärten** Gleich mehrere Hochseilgärten hat der Naturpark Saar-Hunsrück zu bieten. Einer liegt direkt an der höchsten Erhebung, dem Erbeskopf, ein anderer am Wild- und Wanderpark Weiskirchen. Geboten werden jeweils unterschiedliche Parcours mit verschiedenen Schwierigkeitsstufen, teilweise in beeindruckender Höhe, inmitten eines natürlichen Waldstückes (www.highlive.org).

↗ **Gartenkultur** Das Projekt »Gärten ohne Grenzen« bezieht Teile des Naturparks mit ein. Vom Kräuter- über den Stauden- bis hin zum Rosengarten ist alles dabei. Neben der Besichtigung stehen unterschiedliche Veranstaltungen auf dem Programm. So darf man manchmal in einer der traumhaften Anlagen unter freiem Himmel übernachten (www.gaerten-ohne-grenzen.de).

↗ **Rollstuhlwanderweg** Auch Menschen mit eingeschränkter Mobilität wollen die Natur in aller Ruhe und an der frischen Luft genießen. Viele Naturparks sind darauf eingestellt. In Beckingen gibt es sogar einen speziellen Rollstuhlwanderweg. Drei Kilometer schlängelt er sich vom barrierefreien Parkplatz durch den Beckinger Wald.

↗ **Nordic-Walking-Park** Das flotte Gehen mit Stöcken spricht viele Muskelgruppen an und ist gut für Gesundheit und Fitness. Umso schöner wenn der Sportler ganz nebenbei auch noch herrliche Aussichten genießen kann wie an der Saarschleife. Fünf eigens ausgeschilderte Routen für verschiedene Ansprüche, von 4 bis 11 Kilometern Länge beginnen in Mettlach-Orscholz. Informationen bei Saarschleife Touristik, Tel. 06864/83 34, www.tourist-info.mettlach.de.

↗ **Wildfreigehege Wildenburg** Es ist immer wieder ein Erlebnis, wilde Tiere zu beobachten. Im Freigehege Wildenburg sind es Luchs, Marder, Iltis und Waschbär. Hinzu kommen Rot-, Dam-, Muffel-, Steinwild sowie Uhu und Bussard, Pfau und Fasan. Für Kinder gibt es Spielplätze und einen Streichelzoo. Besonders beliebt ist das Wildkatzenzentrum. Hier findet man auch die Naturpark-Informationsstelle (www.wildfreigehege-wildenburg.de).

↗ **Reitferien** Gemeinsam mit Pferden macht es noch mehr Spaß, die Natur zu erleben. Für Kinder werden Reitferien auf Islandpferden angeboten (www.hof-ruwerbach.de). Freizeit- und Westernreiten steht beim Eichenlaubhof auf dem Programm, Tel. 06876/15 18.

Biosphärenreservat Bliesgau

Biosphärenzweckverband Bliesgau, Paradeplatz 4, 66440 Blieskastel
Tel. 06842/96 00 90
www.biosphaere-bliesgau.eu
info@biosphaere-bliesgau.eu

Im Südosten des Saarlands an der Grenze zu Frankreich liegt das 361,5 Quadratkilometer große, herrliche Biosphärenreservat Bliesgau. Knapp die Hälfte ist ausgewiesenes Landschaftsschutzgebiet. Charakteristisch sind Buchenwälder, Streuobstwiesen und die Auenlandschaft des kleinen Flusses Blies. Hinzu kommen Eichen-Hainbuchenwälder, Wiesen und Kalk-Halbtrockenrasen. Rund die Hälfte aller in Deutschland heimischen Orchideenarten sind hier auf engstem Raum zu finden. Auch der vom Aussterben bedrohte Steinkauz wird im Reservat so häufig gesichtet wie an kaum einem anderen Ort.

Eine Besonderheit der Region ist die hohe Bevölkerungsdichte. Viele hübsche Städte bieten dem Urlauber jede Menge Abwechslung, bergen aber auch Gefahren für die umliegende Natur. Dieses Zusammenspiel zu erforschen und negativen Entwicklungen entgegenzuwirken, ist eine Hauptaufgabe der Reservatsleitung.

Highlights Während einer Bliesgau-Rundfahrt mit süßer Verführung lernt man ein Schwerpunktthema des Biosphärenreservats näher kennen, die Streuobstwiesen. In der drei Stunden dauernden Tour ist ein Besuch beim Imker eingeschlossen. Mehr bei der Tourismus-Zentrale Saarland, Tel. 0681/92 72 00.

Outdoor-Aktivitäten Die Südroute des Pfälzer Jakobswegs verläuft mitten durch das Biosphärenreservat. Eine 31 Kilometer lange Etappe beginnt in Kirrberg und führt den Wanderer über Schwarzenacker und Lautzkirchen nach Blieskastel und weiter über Mittelbach nach Hornbach, zahlreiche nette Sehenswürdigkeiten inklusive. Auch per Kanu lässt sich die Region umweltverträglich und mit viel Spaß erkunden. Es gibt ein- oder zweitägige Touren. Geübt wird im Niederwürzbacher Weiher, bevor es auf die Blies geht. Informationen bei www.saarpfalz-touristik.de.

Anreise/Unterkunft Anreise über die A6 oder A8, per Bahn beispielsweise nach Homburg oder St. Ingbert. Unterkunft: Ferienwohnung LandArt, Mandelbachtal, Tel. 06893/15 33, www.ferienwohnung-landart.de; Annahof, Blieskastel-Niederwürzbach, Tel. 06842/960 20, www.annahof.de.

Im Bliesgau (links: Blick auf Blickweiler) gedeihen viele Orchideenarten, darunter Männliches Knabenkraut, Hummel-Ragwurz, Helm-Knabenkraut, Stendelwurz, Waldhyazinthe und Geflecktes Knabenkraut (von links nach rechts).

+ TIPP + TIPP + TIPP +

↗ **7-Weiher-Tour** Eine gemütliche Tagestour für Radfahrer ist diese Tour. Los geht es auf dem Stiefelparkplatz St. Ingbert-Sengscheid. Die Route mit geringen Steigungen ist gekennzeichnet. Man folgt dem grünen Frosch auf blauem Schild.

↗ **Buntsandsteinhöhle** An der Grenze des Biosphärenreservats liegen die größten Buntsandsteinhöhlen von ganz Europa, die sich über viele Kilometer und zwölf Stockwerke erstrecken. Einige Etagen der durch den Abbau des Gesteins entstandenen Hallen und Gänge sind bei Führungen zu besichtigen. Anmeldung unter Tel. 06841/20 64.

↗ **Orchideenblüte** 30 Orchideenarten wachsen auf einem geschützten Gebiet in der Gemeinde Gersheim. Wer im Mai oder Juni in der Gegend ist, sollte sich auf keinen Fall eine Führung entgehen lassen, denn dann stehen die seltenen Pflanzen in voller Blüte. Termine und Anmeldung unter Tel. 06843/80 13 02.

↗ **Römermuseum** Die Römer waren im Bliesgau ansässig und trieben dort Handel. In Schwarzenacker kann man eine Zeitreise unternehmen und durch eine römische Siedlung spazieren. Straßen und Gebäude wurden ausgegraben und teilweise restauriert (www.roemermuseum-schwarzenacker.de).

↗ **Burgwanderung** Einen großartigen Blick auf das Biosphärenreservat hat man von der über 1000 Jahre alten Kirkeler Burg. Ein Spaziergang an den Burgmauern entlang lohnt sich. Es gibt hier auch Veranstaltungen wie etwa einen Mittelalterflohmarkt (www.kirkeler-burg.de).

Naturpark Pfälzerwald

Naturpark Pfälzerwald
Franz-Hartmann-Straße 9
67466 Lambrecht
Tel. 06325/955 20
www.pfaelzerwald.de
info@pfaelzerwald.de

Schon 1959 wurde der Naturpark Pfälzerwald aus der Taufe gehoben. Seit 1998 bildet er mit den französischen Nordvogesen, an die er grenzt, das UNESCO-Biosphärenreservat Pfälzerwald-Nordvogesen. Der deutsche Teil umfasst rund 1790 Quadratkilometer, wovon drei Viertel von Wald bedeckt sind – es handelt sich um das größte zusammenhängende Waldstück Deutschlands. Vor allem Mischwälder mit hohem Kiefernanteil bestimmen das Bild. Im östlichen Bereich des Parks sind Kastanienwälder zu finden, eine absolute Seltenheit. Generell ist das Gebiet ein umfangreicher Wasserspeicher und Sauerstoffproduzent. Typisch für die Mittelgebirgsregion ist neben dem überwiegend rötlichen Buntsandstein eine hohe Zahl tiefer Flusstäler. Das milde, beinahe mediterrane Klima ist ideal für den Weinanbau. Kein Wunder, dass ein Teil des Naturparks von der Deutschen Weinstraße durchzogen wird. Luchs und Wildkatze sind in der Region zu Hause. Der Wanderfalke

Das milde Klima der Region begünstigt den Weinanbau.

dreht seine Runden, auch Eisvogel, Wasseramsel und Bergbachstelze fühlen sich hier rundum wohl. Das gilt auch für menschliche Besucher, auf die beispielsweise ein extrem umfangreiches und gut gepflegtes Wegenetz wartet. Ergänzt wird das Ganze durch ein spannendes kulturelles Angebot. Burgen sind zu besichtigen, hübsche Städte laden zum Bummeln ein.

Deutsche Weinstraße

Etwa 85 Kilometer lang ist die Route der Deutschen Weinstraße. Sie führt von der französischen Grenze durch Deutschlands zweitgrößtes Weinbaugebiet nach Bockenheim. Wer erwartet, hier nur Weinreben zu sehen, täuscht sich. Ein Besuch lohnt sich besonders im Frühjahr, wenn die Mandeln blühen.

Morgennebel steigt über dem Lautertal auf.

Auch Feigen, Kiwis, Pinien und selbst Bananen gedeihen hier. Klima und Vegetation haben der Region den Namen »Toskana Deutschlands« eingebracht.

Kalmit

Die höchste Erhebung im Pfälzerwald ist der etwas über 672 Meter hohe Große Kalmit. Drei schmale Straßen führen hinauf, die allen voran Rennradfahrer anziehen. Der Aufstieg zum Gipfel ist sowohl mit dem Rad als auch zu Fuß – selbst an heißen Tagen – machbar, da der Wald angenehmen Schatten spendet. Aus dem Ort Maikammer führt ein steiler Wanderweg hinauf. Oben angekommen belohnt ein spektakulärer Blick vom Freisitz für die Anstrengung.

Lautertal

Die Lauter ist ein Nebenfluss des Rheins und heißt im Bereich des Naturparks Wieslauter. Zusammen mit drei weiteren Flüssen bildet sie das Entwässerungssystem des Pfälzerwaldes. Wer einen Teil des Naturparks erwandern möchte, kann sich das Lautertal vornehmen. Von der Quelle im Zentrum des Parks geht es vorbei an der Ruine der Burg Gräfenstein aus dem frühen 13. Jahrhundert. Überhaupt ist die Region um die Wieslauter reich an Burgen.

Trifels

In 494 Metern Höhe auf dem Sonnenberg liegt die Burg Trifels, die als Kulturgut geschützt ist. Sie gilt als liebste Burg von Kaiser Barbarossa (1122 bis 1190). Der englische König Richard Löwenherz (1157–1199) wird sie weniger in sein Herz geschlossen haben. Er saß dort in Kerkerhaft. Außer im Dezember ist die Burg täglich zu besichtigen. Es werden Führungen angeboten. Von Mai bis Oktober findet ein Schauspiel um die Geschichte von Richard Löwenherz statt.

Großes Bild: Die Anlage der Reichsburg Trifels bei Annweiler schmiegt sich harmonisch in die Hügellandschaft des südlichen Pfälzerwaldes ein.

Dahner Felsenland

Das Dahner Felsenland ist ein Paradies für Wanderer und Kletterer. 16 Burgen bzw. deren Überreste gibt es dort zu sehen. Manche der Buntsandsteinfelsen haben nicht nur poetische Namen – etwa Teufelsstich oder Jungfernsprung –, sondern sind auch Inhalt von Sagen. Einige davon lassen sich auf dem 90 Kilometer langen Felsenland-Sagenweg erkunden. Ebenfalls sehenswert ist das Besucherbergwerk Nothweiler. Infos unter www.dahner-felsenland.de.

Drachenfels

Obwohl nur noch eine Ruine von der einst stolzen Burg Drachenfels geblieben ist, lohnt sich ein Besuch. Sie thront südlich von Busenberg auf einer 367 Meter hohen Erhebung. Ihre Ursprünge sind nicht vollständig bekannt, gehen aber mindestens auf das 12. Jahrhundert zurück. Der Aufstieg ist leicht. Oben warten neben Türmen und Mauern Felsenkammern sowie ein in den Sandstein geritzter Drache. Höhepunkt ist der Ausblick über die Sandsteinfelsen des Dahner Felsenlandes.

Die Ruine der Burg Altdahn liegt hoch oberhalb des Wasgaus.

Wasgau

Etwa die südliche Hälfte des Naturparks Pfälzerwald sowie der nördliche Teil der Vogesen fast bis nach Saverne gehört zum Wasgau. Die höchste Erhebung ist der 581 Meter hohe Große Wintersberg. Im gesamten Gebiet kann man bizarre

Sandsteinformationen und Burgen bewundern. Trifels und Drachenfels gehören dazu. Auch hübsche Weiher, Bäche und Quellen sind weitverbreitet. Die kann man während der Wasgau-Seen-Tour entdecken. Infos unter Tel. 06391/919 62 22.

Weitere Highlights Eine perfekte Sicht auf die Gipfel und Wälder des Naturparks Pfälzerwald bekommt man vom Luitpoldturm. Der 30 Meter hohe Turm steht auf dem 607 Meter hohen Weißenberg. 1909 wurde das Bauwerk offiziell eröffnet. Auf der Aussichtsplattform gibt es Hinweise auf Sehenswertes in der Umgebung.

Outdoor-Aktivitäten Das Wasgau ist eine der besten Regionen zum Klettern. Vor allem zwischen Annweiler, Pirmasens und Weißenburg im Elsaß findet man geeignete Felswände und solitäre Sandsteintürme. Da der Stein weich ist und es hier schwierige Formationen gibt, sollte man Kletter-Erfahrung mitbringen. Anfänger können erste Versuche in der Landauer Kletterhalle unternehmen (www.fitzrocks.de). Weniger Adrenalin, dafür mehr Entspannung verspricht die Wanderregion Pfälzerwald. Ein besonderer Service sind die zahlreichen ehrenamtlich bewirtschafteten Hütten, die zu einer Rast einladen. Oft werden dort nicht nur Erfrischungen und Stärkungen, sondern auch gemeinsame Wanderungen und Übernachtungsmöglichkeiten angeboten. Mehr unter www.pwv.de.

Wo sich Schotter- oder Sandwege durch Mittelgebirge schlängeln, fühlen sich Mountainbike-Fahrer meist sehr wohl. Das gilt auch für diesen Naturpark. Da seltene Pflanzen und Tiere nicht beschädigt oder gestört werden dürfen, müssen Radler auf den Wegen bleiben. Ausnahmen gibt es im Mountainbikepark Pfälzerwald, der neben fünf ausgeschilderten Routen für verschiedenste Ansprüche auch besondere Angebote bereithält. Zum Beispiel die »Abdampftour«, die Radfahren mit der von einer Dampflok gezogenen Kuckucksbahn kombiniert. Auch ein Technik-Parcours und Fahrtechnikkurse dürfen nicht fehlen (www.mountainbikepark-pfaelzerwald.de).

Anreise/Unterkunft Anreise über die A6 oder A65, per Bahn zum Beispiel nach Neustadt an der Weinstraße. Unterkunft: KNAUS Campingpark Bad Dürkheim, Tel. 0 6322/613 56, www.knauscamp.de; Hotel Gutshof Ziegelhütte, Edenkoben, Tel. 06323/949 80, www.gutshof-ziegelhuette.de.

Großes Bild: Naturdenkmal Teufelstisch bei Hinterweidenthal. Kleine Bilder: Auch wenn er schön aussieht, sollte man den Fliegenpilz meiden und zum Steinpilz greifen.

+ TIPP + TIPP + TIPP +

↗ Haus der Nachhaltigkeit Nachhaltigkeit ist zum Modewort geworden. Was dahinter steckt, kann man hervorragend im Haus der Nachhaltigkeit in Trippstadt erleben. Neben wechselnden Ausstellungen und Veranstaltungen, wie etwa Bogenbauseminaren, gibt es hier Kletterbäume, eine Klimastation, einen Garten mit einheimischen Pflanzen und die Streuobstwiese der Generationen (www.hdn-pfalz.de).

↗ Biosphärenhaus Ein weiterer lohnender Anlaufpunkt für Groß und Klein ist das Biosphärenhaus in Fischbach. Eine interaktive Ausstellung bringt den Lebensraum Wald näher. Noch besser gelingt das mit dem 270 Meter langen Baumwipfelpfad. Der windet sich in einer Höhe von 18 bis 35 Metern zwischen den Kronen von Eichen, Buchen, Fichten und Kiefern entlang. Wer sich traut, kann auf Hängebrücken umsteigen oder auf der 40 Meter langen Rutsche wieder nach unten gelangen (www.biosphaerenhaus.de).

↗ Kinderwagen-Wanderung Wenn man auch mal längere und anspruchsvolle Strecken bewältigen möchte, ist Wandern mit Kleinkindern vielerorts nahezu unmöglich. Im Dahner Felsenland gibt es elf Touren, die für Kinderwagen geeignet sind (www.dahnerfelsenland.net).

↗ Kräuterwanderung Während einer Kräuterwanderung lernt man die essbaren Kräuter der Region kennen, die am Wegesrand wachsen. Wem das nicht reicht, der kann auch lernen, mit Wildkräutern Köstliches zu kochen. Überlebenskurse im Wald und eine komplette Ausbildung in der Kräuterheilkunde werden ebenfalls angeboten (www.wildwiese.com).

↗ Berittene Naturführer Die abwechslungsreiche Natur mit ihren sanften Hügeln und bizarren Felsen, mit weiten Waldgebieten und Weinhängen ist geradezu ideal, um sie auf einem Pferderücken zu erkunden. An einigen Reitstationen in der Pfalz stehen Naturführer zur Verfügung, die Ausritte mit Führungen verbinden. Von ihnen lernt man einiges über die Flora und Fauna der Region, über Kultur und Architektur (www.diepfalzzupferd.de).

↗ Weinlehrpfad Ein Gläschen Wein schmeckt noch besser, wenn man etwas über Anbau und Verarbeitung der Trauben weiß und wenn man mit den verschiedenen Aromen und Rebsorten vertraut ist. Rheinland-Pfalz ist Weinbaugebiet und hält mehrere Weinlehrpfade bereit. Zum Beispiel den über den Kalmitwingert. Der Weg ist 2,6 Kilometer lang und beginnt in Ilbesheim am Ortsausgang in Richtung Landau-Arzheim. Mehr beim Tourismusbüro Südliche Weinstraße, Tel. 06345/35 31.

↗ Themenwandern Nicht nur Wein ist typisch für die Region, auch Edelkastanien und Mandeln sind es. Ihnen sind wunderschöne Themenwanderungen gewidmet. Der etwa 56 Kilometer lange Keschdeweg führt immer wieder durch Kastanienwälder. Man kann zwischen drei Varianten wählen (www.keschdeweg.de). In Maikammer startet der rund 50 Kilometer lange Pfälzer Mandelpfad. Eine rosa Mandelblüte im blauen Rahmen führt den Wanderer bis nach Bergzabern. Am schönsten ist die Route im März oder April während der Blütezeit (www.mandelbluetepfalz.de).

↗ Rietburgbahn Burgen sind das Wahrzeichen des Pfälzerwaldes. Meist liegen sie hoch über Tälern und Dörfern. Wie schön, wenn man bequem mit einer Sesselbahn hinaufgelangt und den Blick hinunter genießen kann (www.rietburgbahn-edenkoben.de).

Neben dem Mountainbikepark und zahlreichen Orten für Felsenkletterer (siehe auch vorhergehende Seite) bietet der Pfälzerwald auch für weniger Abenteuerlustige viele Wanderwege und tolle Aussichten.

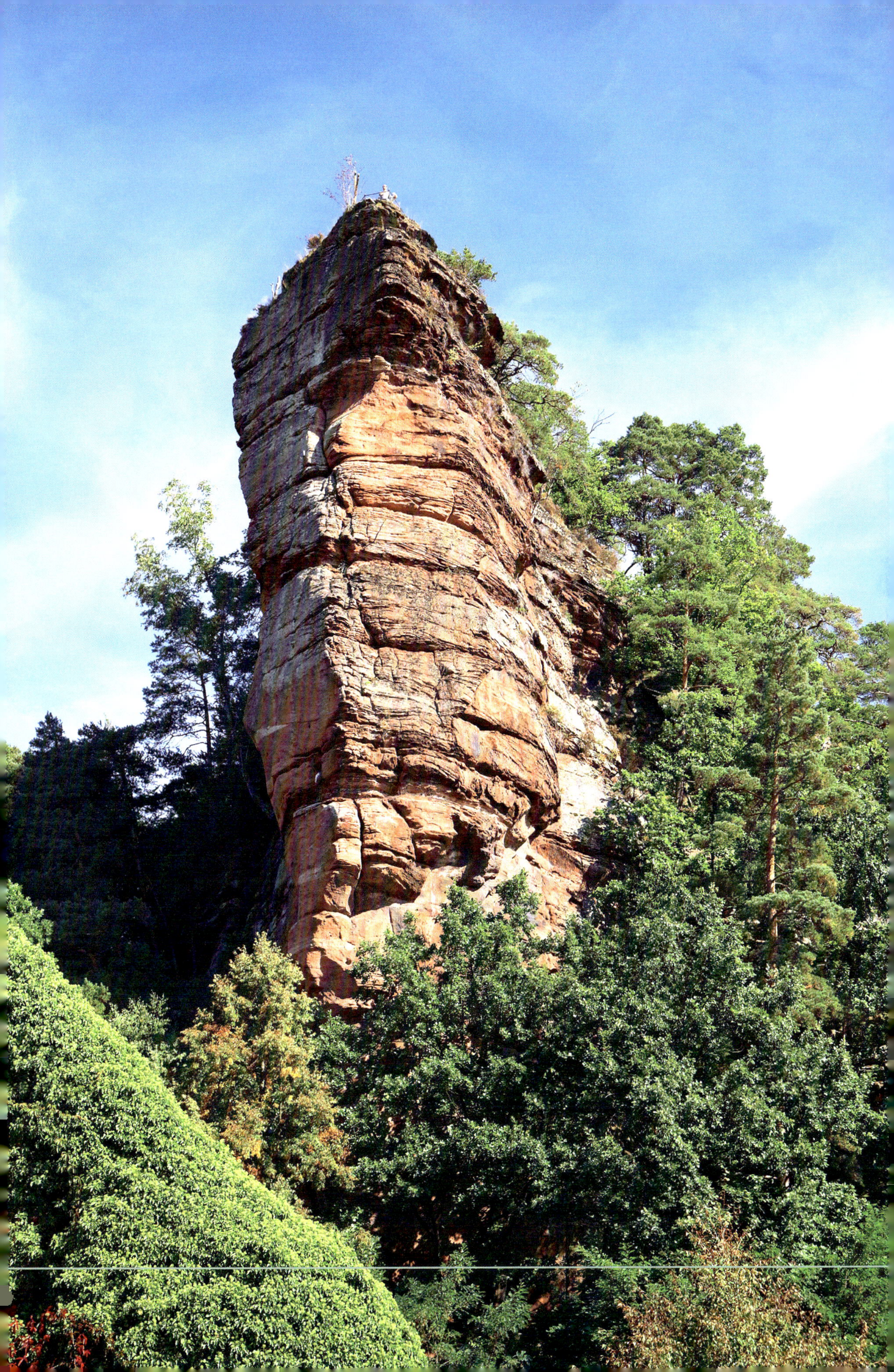

Urwald im Reinhardswald: Nahmen hier die Märchen der Brüder Grimm ihren Ausgang?

Hessen

In der Mitte Deutschlands liegend, grenzt Hessen an Nordrhein-Westfalen, Niedersachsen, Thüringen, Bayern, Baden-Württemberg und Rheinland-Pfalz. Geografisch geprägt wird das Bundesland durch zahlreiche Mittelgebirge sowie die Ebenen des Rhein-Main-Gebiets, die Wetterau und Teile der Oberrheinischen Tiefebene. Ganz im Westen sowie nach Norden schließen sich die »Hessischen Beckenlandschaften« an.

Naturpark Habichtswald

Naturparkzentrum Habichtswald, Auf dem Dörnberg 13, 34289 Zierenberg
Tel. 05606/53 32 66
www.naturpark-habichtswald.de
info@naturpark-habichtswald.de

Im Norden des Hessischen Berglandes liegt der 474 Quadratkilometer große Naturpark Habichtswald. Fast die Hälfte des Gebietes nehmen Waldflächen ein, in denen Buchen dominieren. Neben dem Wald sind es die verstreut liegenden Weiden, die sanft geschwungenen Hügel und die bizarren Basalt-Formationen, die die Landschaft prägen. Herausragend sind im wahrsten Sinne des Wortes der Hohe Gras (615 Meter) mit Sendeturm und der südlich davon liegende Langenberg mit 556 Metern. Der 1962 gegründete Park ermöglicht neben Naturerlebnissen auch einen Blick in die Geschichte des Mittelalters. Zahlreiche Burgen und Befestigungsanlagen befinden sich im Wald und machen einen Spaziergang auch für Kinder zum Erlebnis. Dass oft nur noch Ruinen und Reste der Wallanlagen stehen, die zur Verteidigung der Handelswege und umliegenden Orte dienten, macht den Besuch nicht weniger spannend.

Highlights Eine besonders sehenswerte Burgruine im Habichtswald ist die Weidelsburg. Sie liegt bei Ippinghausen, einem Ortsteil von Wolfhagen, auf einem fast 500 Meter hohen Basaltkegel. Sie ist die größte Burgruine in Nordhessen. Dank umfangreicher Sanierungsmaßnahmen kann der südlich gelegene Burgturm heute als Aussichtsturm genutzt werden. In Schriften wird das Bauwerk bereits im zwölften Jahrhundert erwähnt. 1273 wurde die Burg zerstört und ca. 100 Jahre später wieder aufgebaut, bevor sie ab dem 16. Jahrhundert sich selbst überlassen blieb und zerfiel. Bis im Jahr 1979 die Sanierung begann, lag die Burg im Dornröschenschlaf.

Outdoor-Aktivitäten Wer nicht nur wandern möchte, sondern sich auch für Kulturgeschichte und Archäologie interessiert, findet auf den Eco-Pfaden zahlreiche Hintergrundinformationen zur Region. Im Naturschutzgebiet liegen der Eco-Pfad »Kulturgeschichte Habichtswald« sowie der Pfad »Der Silbersee – Basalt im Habichtswald«.

Anreise/Unterkunft Anreise über die B7 und B44, mit der Bahn bis nach Kassel.
Unterkunft: Kinder-Märchenbauernhof Weidelshof, Tel. 05625/17 54, www.weidelshof.de; Schlosshotel Bad Wilhelmshöhe, Tel. 0561/308 80, www.schlosshotel-kassel.de.

Großes Bild: Sonnenstrahlen streifen über den Boden des dicht bewachsenen Habichtswaldes in Nordhessen.

+ TIPP + TIPP + TIPP

↗ **Wasserspiele** Im Sommer finden im Bergpark Wilhelmshöhe zweimal in der Woche die Wasserspiele statt. Dann stürzt das Wasser über die Kaskaden und den Wasserfall den Berg hinunter. Der enorme Wasserdruck, der dabei entsteht, lässt im Schlossteich die große Fontäne ihr Wasser bis zu 50 Meter in die Höhe schießen.

↗ **Löwenburg** Sehenswert im Park Wilhelmshöhe ist die Löwenburg. Was aussieht wie eine mittelalterliche Burganlage, entstand Ende des 18. Jahrhunderts und war als Lustschloss geplant. Die fürstlichen Wohnräume, die Kapelle und die Rüstkammer mit Exponaten aus dem 16. und 17. Jahrhundert können besichtigt werden.

UNESCO-Weltkulturerbe: Bergpark Wilhelmshöhe

Der Bergpark Wilhelmshöhe in Kassel gehört seit 2013 zum UNESCO-Weltkulturerbe. 2,4 Quadratkilometer Fläche machen ihn zum größten Bergpark in Europa. Die barocke Anlage wurde zu Beginn des 18. Jahrhunderts im Stil eines englischen Landschaftsgartens angelegt. Fürsten, Könige und Kaiser nutzten das im Park gelegene Schloss Wilhelmshöhe als Sommerresidenz. Neben dem Schloss beeindruckt der Park vor allem mit seinen Wasserkünsten, einem System aus Teichen, Wasserläufen und Wasserfällen, die eine riesige Fontäne speisen. Über die Landesgrenzen hinaus ist der »Herkules« bekannt, das Wahrzeichen der Stadt. Die 8,30 Meter hohe Statue steht auf einem achteckigen Bau mit einer pyramidenförmigen Spitze. Das Oktogon lässt sich besteigen. Von der Besucherplattform in fast 30 Metern Höhe hat man einen wunderbaren Blick auf die Kaskaden unterhalb des Denkmals, über die Parkanlage und über die Stadt Kassel.

Reinhardswald

*Forstamt Reinhardshagen
Obere Kasseler Straße 27
34359 Reinhardshagen
Tel. 05544/951 00
ForstamtReinhardshagen@forst.hessen.de*

Nordhessen ist Märchenland: Hier lebten die Gebrüder Grimm und sammelten ihre Märchen. Wer sich auf die Suche nach den märchenhaften Orten begeben möchte, wird im Reinhardswald, dem »Schatzhaus der europäischen Wälder«, fündig. Er liegt zwischen den Flüssen Weser, Fulda, Esse und Diemel und den Orten Bad Karlshafen und Hann. Münden. Das sehr ursprüngliche und kaum besiedelte Waldgebiet ist das größte Deutschlands. In den Urwaldgebieten Sababurg und Wichmanessen lassen sich urtümliche Landschaft und Baumriesen bestaunen und beim Besuch des Dornröschenschlosses Sababurg oder des Rapunzelturms auf der Trendelburg werden Sagen und Märchengestalten lebendig. Zahlreiche gut ausgeschilderte Rad- und Wanderwege, wie etwa der Reinhardswaldradweg oder der Märchenlandweg, führen zu den schönsten Stellen des Gebietes. Viele Touren sind im Wanderführer »Unterwegs im Reinhardswald« versammelt.

Outdoor-Aktivitäten Wem das Wandern zu beschaulich ist, der kann auf einer der sechs gut ausgeschilderten Nordic-Walking-Routen bei Bad Karlshafen einen Schritt zulegen. Die Touren sind unterschiedlich lang, landschaftlich schön gelegen und sehr abwechslungsreich. Markiert sind sie mit Routennummer, Schwierigkeitsgrad und Länge.

Anreise/Unterkunft Anreise über die A7 oder A44, mit der Bahn bis Kassel. Unterkunft: Dornröschenschloss Sababurg, Tel. 05671/80 80, www.sababurg.de; Campingplatz Trendelburg, Tel. 05675/301, www.campingplatz-trendelburg.de.

Die perfekte Kulisse für deutsche Märchen: Der Reinhardswald war für die Brüder Grimm eine Fundgrube. Hier stießen sie auch auf das Schloss von Dornröschen.

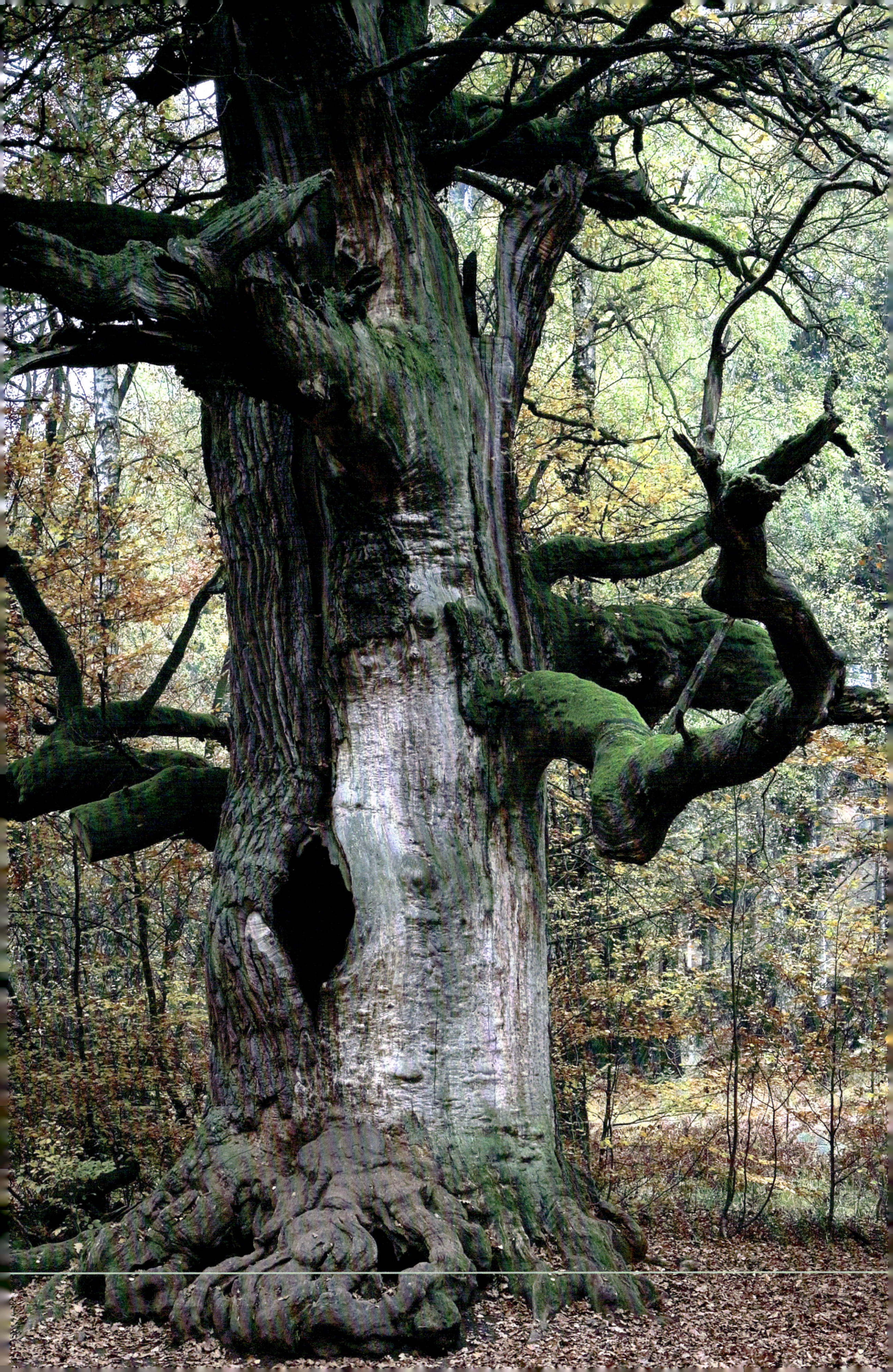

Nationalpark Kellerwald-Edersee

Nationalpark Kellerwald-Edersee, Laustraße 8, 34537 Bad Wildungen
Tel. 05621/75 24 90
www.nationalpark-kellerwald-edersee.de
info@nationalpark-kellerwald-edersee.de

Der Nationalpark Kellerwald-Edersee liegt im Norden des gleichnamigen Naturparks und südlich des Edersees. Er wurde 2004 gegründet (Naturpark: 2001) und ist damit einer der jüngsten Nationalparks in Deutschland. Auf 57 Quadratkilometern finden sich neben einem ausgedehnten urwaldartigen Buchenwald, der Teil des UNESCO-Weltnaturerbes ist, weitere große Laubbaumbestände. Eichen, Ahorn, Ulmen und Linden wachsen hier ebenso wie zahlreiche seltene Blütenpflanzen. Auf einem Spaziergang über Hänge, durch Wiesentäler und entlang der Bachläufe kann man Arnika, Pfingst- und Heidenelken, Teufelskralle und auch das Breitblättrige Knabenkraut entdecken. Etwas mehr Glück braucht es, um den seltenen und scheuen Schwarzstorch zu Gesicht zu bekommen. Er findet in der Kombination von tiefem Wald und fischreichen Gewässern gute Lebensbedingungen. Diese sind auch für mehr als 800 Käfer- und Schmetterlingsarten sowie zahlreiche Fledermausarten ideal.

Buchen sind die vorwiegende Baumart im Kellerwald.

Hallohwald

Etwas außerhalb des Nationalparks in südöstlicher Richtung befindet sich bei Albertshausen ein uralter Hutewald. Die knapp 200 mächtigen Buchen, die knorrig und ausgehöhlt in den Himmel ragen, wurden mehrere Hundert Jahre als Weide für Schweine genutzt. Die Tiere verbissen die Bäume derart, dass manche nur halbseitige Kronen und bizarr geformte Äste ausbilden konnten. Im Jahr 1985 wurde der Hutewald zum Naturdenkmal erklärt.

Edersee

An der Nordgrenze des Nationalparks liegt der Edersee, ein Stausee, der sich auf einer Länge von 27 Kilometern durch die waldreiche Landschaft erstreckt.

Die gigantische Staumauer ist ebenso sehenswert wie das Schloss Waldeck, das hoch über dem See thront und mit der Seilbahn bezwungen werden kann. Einmal im Jahr wird das Wasser abgelassen und Ruinen der gefluteten Orte kommen zum Vorschein, etwa die Brücke von Asel.

Highlights Der Urwaldsteig trägt seinen Namen nicht ohne Grund. Auf 68 Kilometern Länge führt er über Stock und Stein durch krüppelige und verwunschene Wälder, über Bachläufe und an tief eingekerbten Tälern entlang. Immer wieder gibt der Wald Blicke auf den Edersee frei (www.urwaldsteig-edersee.de).

Outdoor-Aktivitäten Der Edersee ist ein Eldorado für Wasserfreunde. Er lässt sich gut per Ausflugsschiff erkunden und wer selbst aktiv werden möchte, findet auf dem knapp 12 Quadratkilometer großen See zahlreiche Wassersportangebote oder nutzt eine der vielen Badebuchten für eine Erfrischung.

Anreise/Unterkunft Anreise über die A7 oder A44, mit der Bahn bis nach Bad Wildungen, Korbach oder Frankenberg. Unterkunft: Belvedere – Bio Hotel, www.belvedere-edersee.de; Jugendherberge Hohe Fahrt am Edersee, www.djh-hessen.de.

Der Rotmilan (kleines Bild) ist in den Wäldern des Nationalparks zu Hause. Großes Bild: Aufstieg zum Traddelkopf.

+ TIPP + TIPP + TIPP +

↗ **Urwald kennenlernen**
Das Nationalparkzentrum informiert auf kurzweilige Art über die Lebensräume im »Urwald-Kellerwald«. Viele interaktive Exponate laden zum Ausprobieren ein und im 4-D-Kino sind alle Sinne gefordert.

↗ **Baumwipfelpfad** Wer einmal den Wald in seiner Vertikalen erwandern möchte, kann dies auf dem Baumwipfelpfad »TreeTopWalk« am südlichen Ende des Edersees tun. Stufenlos und mit geringer Steigung führt der Weg vom Waldboden aus bis über die Baumkronen hinauf und gewährt dabei Einblicke in den Lebensraum Baum und das Ökosystem Wald. Der Eichhörnchenpfad, der zum Baumwipfelpfad hinführt, stimmt mit Erlebnisstationen auf das Thema Wald ein.

↗ **Wildtierpark Edersee**
Im Wildtierpark können Wolf, Luchs, Fischotter und Wisent beobachtet werden. Rot-, Dam- und Muffelwild bewegen sich im Park völlig frei. Die Greifenwarte veranstaltet Flugschauen, bei denen Gänsegeier, Uhu und Steinadler ihr Können zeigen. Der Wildtierpark liegt bei Hemfurth und ist mit öffentlichen Verkehrsmitteln – von der Sperrmauer aus auch zu Fuß – gut zu erreichen (www.wildtierpark-edersee.eu).

Naturpark Taunus

Zweckverband »Naturpark Taunus«, Hohemarkstraße 192
61440 Oberursel
Tel. 06171/97 90 70
www.naturpark-taunus.de
info@naturpark-taunus.de

Nordwestlich von Frankfurt liegt der Naturpark Taunus, der ein beliebtes Naherholungsgebiet auch für die anderen angrenzenden Städte Bad Homburg und Wetzlar sowie die umliegenden Gemeinden darstellt. Er ist mit 1348 Quadratkilometern Fläche der zweitgrößte Naturpark Hessens. Die höchste Erhebung ist mit 881,5 Metern der Große Feldberg. Dieser ist im Sommer ein beliebtes Ausflugsziel für Wanderer und Mountainbiker, im Winter tummeln sich hier bei guter Schneelage Skifahrer und Rodler. Von der 40 Meter hohen Aussichtsplattform hat man einen weiten Blick über den Taunus, bei guter Fernsicht kann man sogar die Höhenzüge von Odenwald, Spessart, Eifel und Rhön ausmachen. Während im Hochtaunus vor allem Nadelwälder die Hänge bedecken, dominieren im Hintertaunus Laubwälder. Charakteristisch für die Apfelwein-Region sind außerdem großflächige Streuobstwiesen.

Highlights Quer durch den Naturpark, von West nach Ost, verläuft der Limes, der seit 2005 zum UNESCO-Welterbe zählt. Der Grenzwall trennte das Römische Reich von Germanien. Er war mit Wachtürmen und Kastellen versehen, in denen römische Soldaten ihren Dienst taten. Auf dem Wanderweg Limeserlebnispfad von Glashütten nach Obermörlen kann man dem ehemaligen Grenzverlauf folgen. Auf der rund 33 Kilometer langen Strecke kommt man an den Überresten von mehreren Römerkastellen und Wachtürmen vorbei. Tafeln am Wanderweg liefern geschichtliche Hintergrundinformationen.

Roter Fingerhut blüht auf einer Waldlichtung im Taunus.

Outdoor-Aktivitäten Über 1000 Kilometer Wanderwege können auf eigene Faust oder unter fachkundiger Führung, z. B. durch die Ranger des Naturparks, begangen werden. Radfahren, Kanutouren auf der Lahn oder Ski-Langlauf in gespurten Loipen vervollständigen das reichhaltige Angebot.

Anreise/Unterkunft Anreise über die A3, A5 und A45, mit der Bahn nach Frankfurt, Bad Homburg oder Wetzlar, Unterkunft: Hardtwald Hotel, www.hardtwald-hotel.de; Jugendherberge Bad Homburg, www.bad-homburg.jugendherberge.de.

Bei schönem Wetter ist die Sicht vom Großen Feldberg bei Niederreifenberg schier endlos (Bild ganz oben).
Rechts: Auch am Walterstein der Lorsbacher Wand bei dem hübschen Mittelalterstädtchen Eppstein kann man klettern.

+ TIPP + TIPP + TIPP +

↗ **Taunus-Informationszentrum (TIZ)** Im TIZ in Oberursel bekommen Besucher ausführliche Informationen zum Naturpark und können in der interaktiven Ausstellung ihr Wissen zu den Lebensräumen im Park testen und erweitern. Das TIZ ist Ausgangspunkt für Wanderungen und es können dort E-Bikes geliehen werden.

↗ **Saalburg** Die Saalburg am Limeserlebnispfad ist das einzige römische Kastell an der römischen Grenze, das vollständig rekonstruiert und wieder aufgebaut wurde. Es befindet sich an strategisch wichtiger Stelle an einem natürlichen Passeinschnitt. Aus einem Holzkastell mit 160 Grenzsoldaten entwickelte sich im Laufe der Jahre eine mächtige Anlage, in der mehr als 2000 Menschen lebten. Als der Limes aufgegeben wurde, zogen die Soldaten ab und das Kastell wurde zerstört. Im 19. Jahrhundert begann man mit der Rekonstruktion der Gebäude, die heute besichtigt werden können. Um die Anlage führt ein Rundwanderweg (2,4 Kilometer) mit Hinweistafeln, auf denen über die Denkmäler informiert wird (www.saalburgmuseum.de).

↗ **Eschbacher Klippen** Lohnenswert ist ein Ausflug zu den Eschbacher Klippen. Kletterer können sich an dem 12 Meter hohen Quarzgestein-Felsen erproben. Verschiedene Touren mit Schwierigkeitsgraden von I–VII sind gesichert. Im Sommer finden hier Open-Air-Konzerte statt.

↗ **Kubacher Kristallhöhle** Diese Höhle ist einzigartig in Deutschland. Im 19. Jahrhundert entdeckten Bergleute dort eine Tropfsteinhöhle. Mit dem Ende des Bergbaus wurden die Stollen verfüllt und die Höhle geriet – wie auch ihre genaue Lage – in Vergessenheit. Als man sich in den 1970er-Jahren auf die Suche nach ihr begab, fand man stattdessen die Kristallhöhle mit den schönen Perltropfsteinen (www.kubacherkristallhoehle.de).

Naturpark Rhein-Taunus

Zweckverband Naturpark Rhein-Taunus, Veitenmühlweg 5,
65510 Idstein
Tel. 06126/43 79
www.naturpark-rhein-taunus.de
info@naturpark-rhein-taunus.de

Der Naturpark Rhein-Taunus liegt nördlich der Landeshauptstadt Wiesbaden und grenzt von Südwesten bis Nordosten direkt an das Stadtgebiet. Im Westen reicht er bis an den Rhein, der an dieser Stelle eine große Biegung macht, und im Osten bis nach Reichenbach. Gegründet wurde der Park bereits im Jahr 1968. Von den 808 Quadratkilometern Fläche, die der Park umfasst, sind ca. 60 Prozent bewaldet. Einen großen Raum nimmt dabei der Hinterlandswald ein, das größte zusammenhängende Waldgebiet Hessens. Während der Rhein nur den Rand des Parks streift, fließen Wisper und Aar über weite Strecken hindurch. Ist das Tal der Wisper weitestgehend ursprünglich und wild, geht es im Aartal zwischen Wiesen und Feldern beschaulicher zu. Auf enge Schluchten muss man trotzdem nicht verzichten, denn auf vielen der gut ausgeschilderten Rad- und Wanderwege begegnet man steinernen Zeugen der Vergangenheit. Zahlreiche Klöster, Burgen und Kirchen wie auch der Limes, der Schutzwall der Römer vor den Germanen, laden zum Entdecken und Erkunden ein. Besonders im Rheingau lassen sich diese Zeitreisen hervorragend mit einer Weinverkostung verbinden. Empfehlenswert sind Wanderungen durch die Weinberge hoch über dem Rhein oder auf den speziell angelegten Wein-Lehrpfaden.

Am Flussufer bei Eltville kann man herrlich am Rhein spazieren.

Aartal

Die Aar entspringt bei Taunusstein, fließt auf ca. 50 Kilometern durch den Taunus und mündet schließlich in die Lahn. Die zentrale Lage im Naturpark, die verhältnismäßig dünne Besiedlung sowie die zahlreichen Burgen, Kirchen und Ruinen machen Touren durch das Aartal so reizvoll. Der Aartal-Radweg verläuft auf einer Länge von 45 Kilometern von Diez bis nach Taunusstein. Bis Aarbergen-Michelbach ist er weitestgehend eben und dadurch auch für Kinder geeignet.

Rheingau

Der Rheingau ist untrennbar mit dem Riesling verbunden. Die Rebsorte wird auf 80 Prozent der Fläche angebaut und diese ist immerhin 30 Quadratkilometer groß. Der Rheingau ist damit eines der bedeutendsten Weinanbaugebiete in Deutschland. Die sanft gewellte Kulturlandschaft rechts des Rheins erstreckt sich von Walluf bis Lorchhausen. Landschaftsprägend sind neben den Weinstöcken die vielen bedeutenden Klöster, Schlösser und Burgen.

Highlights Der Hinterlandswald nimmt knapp ein Viertel der Naturparkfläche ein. Keine Autobahn und keine Landstraße stören die Ruhe des Waldes oder zerschneiden das Gebiet, sodass hier ein Rückzugsraum für Luchs, Wildkatze, Wildschaf oder den Kolkraben entstanden ist. Wanderer, die die Abgeschiedenheit mögen, finden hier abseits der breiten Forstwege einsame Pfade und nahezu menschenleeres Gebiet, sprich die pure Natur.

Outdoor-Aktivitäten Zahlreiche regionale und überregionale Rad- und Wanderwege wie die Europäischen Fernwanderwege 1 und 3 verlaufen im Naturpark, darunter viele Lehr- und Themenwege. Auf den Rheingauer-Riesling-Routen lassen sich die Wanderungen sogar mit einer Einkehr in die beliebten Straußwirtschaften verbinden.

Anreise/Unterkunft Anreise über die A3 und A66, mit der Bahn bis Idstein oder Wiesbaden. Unterkunft: Gästehaus Kloster Eberbach, Tel. 06723/99 32 00, www.klostereberbach.de; Jugendherberge Rüdesheim, Tel. 06722/27 11, www.ruedesheim.jugendherberge.de.

Großes Bild: Weinberge gehören fest zum Landschaftsbild des Rheingaus, hier bei Geisenheim.

+ TIPP + TIPP + TIPP +

↗ **Aartalbahn** Mit der Nassauischen Touristik-Bahn, der sogenannten Aartalbahn, geht es dampfbetrieben von Wiesbaden-Dotzheim über Bad Schwalbach bis nach Hohenstein. Bis zu 34 Prozent Steigung bewältigt die Bahn auf ihrer Fahrt, damit gehört die Route zu den steilsten Eisenbahnstrecken in Deutschland. An jedem Haltepunkt kann zu- oder ausgestiegen werden, sodass sich Wandertouren gut mit der Bahnfahrt kombinieren lassen.

↗ **Loreley-Besucherzentrum** Die Ausstellung im Besucherzentrum informiert über die Geschichte der Rheinlandschaft und des Weinbaus und gibt Einblicke in Flora und Fauna. Wissenswertes über die Rheinschifffahrt und die Sagengestalt der Loreley runden das Bild ab (www.loreley-besucherzentrum.de).

↗ **Kloster Eberbach** Es ist eines der Wahrzeichen des Rheingaus: Das ehemalige Zisterzienserkloster wurde im 12. Jahrhundert gegründet und ist heute eine der am besten erhaltenen Klosteranlagen aus dem Mittelalter. Es war Drehort für »Der Name der Rose« und andere Filmproduktionen (www.kloster-eberbach.de).

↗ **Rheingauer Gebückwanderweg** »Rheingauer Gebück« ist der Name einer Grenze aus dem 12. Jahrhundert, die errichtet wurde, um den Rheingau vor Feinden zu schützen. Sie bestand nicht aus Wällen oder Palisaden, sondern aus Hainbuchen, deren Äste derart verflochten wurden, dass sie zu einer undurchdringlichen, lebendigen Mauer heranwuchsen. Der 49 Kilometer lange Wanderweg folgt dem alten Grenzverlauf.

Geo-Naturpark Bergstraße-Odenwald

Geo-Naturpark Bergstraße-
Odenwald e.V.
Nibelungenstraße 41
64653 Lorsch
Tel. 06251/70 79 90
www.geo-naturpark.net
info@geo-naturpark.de

Der Geo-Naturpark Bergstraße-Odenwald liegt zwischen Rhein, Main und Neckar und umfasst ein Gebiet von mehr als 3500 Quadratkilometern. 1960 wurde er gegründet und im Jahr 2004 zum Geopark erklärt. Ausschlaggebend für die Ernennung war der geologische Reichtum des Gebietes, der geschützt, aber dennoch für die Öffentlichkeit zugänglich und erlebbar gemacht werden sollte. Das vielfältige Landschaftsbild mit Bergkuppen, Felsenmeeren und Hängen, dem dicht bewaldeten Odenwald mit seinen zahlreichen Quellbächen bis hin zu den Rheinebenen mit Streuobstwiesen und Magerrasenflächen machen den Reiz dieses Naturparks aus. Für viele seltene Tier- und Pflanzenarten wie die Äskulapnatter ist er ein einzigartiger Lebensraum. Thematisch angelegte Geo-Pfade erschließen die Landschaft und führen den Besucher zu geologisch und kulturgeschichtlich interessanten Orten.

Felsenmeer bei Reichenbach

Der Sage nach entstand das Felsenmeer im Lautertal, weil sich zwei Riesen im Streit mit Felsbrocken bewarfen. Tatsache ist, dass sich hier ein Blick in 340 Millionen Jahre Erdgeschichte werfen lässt, also in jenen Zeitraum, in dem das Felsenmeer entstand. Im Verhältnis dazu wirkt die Epoche, als römische Steinmetze hier ihre Arbeit taten, wie eben erst vergangen. Die Riesensäule und der Pyramidenstein, die aus dieser Zeit stammen, sind – wie das gesamte Felsenmeer – zugänglich.

UNESCO-Welterbe: Grube Messel

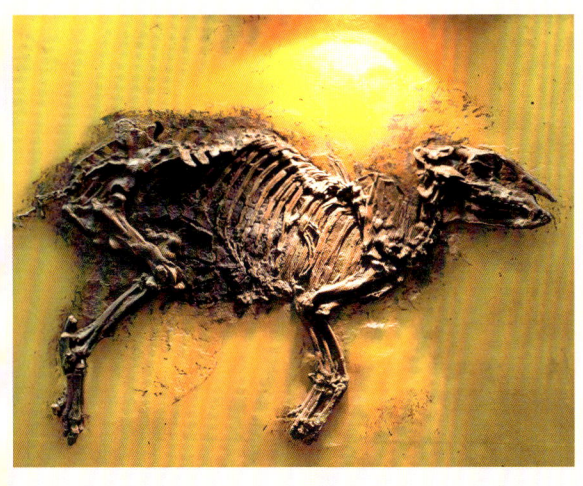

Die Grube Messel bei Darmstadt entstand vor 47 Millionen Jahren durch eine gewaltige Explosion. Es bildete sich ein 300 bis 400 Meter tiefer Magmakrater, der sich anschließend mit Wasser füllte. Seine tiefen sauerstoffarmen Wasserschichten waren die Voraussetzung dafür, dass tote Tiere und abgestorbene Pflanzen gut erhalten blieben und sich in einer 130 Meter dicken Schicht als Sediment ablagerten. Die Grube Messel ist eine der bemerkenswertesten Fossilien-Fundstätten weltweit.

Insekten, Urpferde, Vögel, Amphibien – die gesamte Tierwelt des Eozäns, der Zeit zwischen 57 und 36 Millionen Jahre vor Christus, ist im Ölschiefer der Grube konserviert. Daneben fanden sich Pflanzen in nie vermuteter Vielfalt, aus denen sich Rückschlüsse auf die damals vorherrschenden klimatischen Bedingungen ziehen lassen. Seit 1995 ist die Grube Teil des UNESCO-Welterbes.

Highlights Das Kloster Lorsch, eine 764 gegründete Benediktinerabtei, ist seit 1991 Weltkulturerbe der UNESCO. Eines der wenigen erhaltenen Baudenkmale aus der Karolingerzeit, die Königshalle, ist zu besichtigen (www.kloster-lorsch.de).

Outdoor-Aktivitäten Unzählige Wanderrouten wie die zu den ehemaligen Standorten von über 30 Wassermühlen im Mühltal sind im Geopark ausgeschildert. Die Routen sind als Flyer im Infozentrum und als Download unter www.geo-naturpark.net erhältlich. Mit über 4000 Höhenmetern, die zu bewältigen sind, ist der Fernwanderweg Nibelungensteig von Zwingenberg an der Bergstraße bis Freudenberg am Main eine lohnenswerte Herausforderung. Er ist mit dem Qualitätssiegel des Deutschen Wanderverbandes »Wanderbares Deutschland« ausgezeichnet. Mountainbiker finden 26 ausgeschilderte Rundtouren durch den Geopark.

Anreise/Unterkunft Anreise über die A5 und A67, per Bahn bis Heidelberg, Heppenheim oder Weinheim. Unterkunft: Ferienhof Schaffer, www.ferienhof-schaffer.de; Design-Hotel »die träumerei«, www.die-traeumerei.com.

Linke Seite oben: Der Blick vom Schloss Auerbach bei Bensheim geht über die Region der Bergstraße zur Starkenburg bei Heppenheim. Nicht minder idyllisch zeigt sich der Odenwald bei Michelstadt (links unten).

+ TIPP + TIPP + TIPP +

↗ **Felsenmeer-Informationszentrum (FIZ)** Das FIZ in Lautertal bietet Informationen rund um die Entstehung des Felsenmeeres sowie einen Einblick in das Leben und Arbeiten der römischen Steinmetze. Außerdem gibt es Interessantes über die Sehenswürdigkeiten im Geo-Naturpark, Führungen und Vorträge runden das Angebot ab.

↗ **Erbach** Das Städtchen lohnt einen Abstecher wegen seiner historischen Altstadt und des Schlosses. Es beherbergt die berühmten gräflichen Antiken- und Mittelaltersammlungen. Ebenfalls sehenswert ist das Deutsche Elfenbeinmuseum, das Exponate vom Mittelalter bis zum 20. Jahrhundert zeigt. Der Standort ist kein Zufall, denn Graf Franz I. zu Erbach-Erbach etablierte 1783 die Elfenbeinschnitzerei, und die Stadt entwickelte sich zu einem wichtigen europäischen Zentrum dieser Schnitzkunst.

↗ **Tropfsteinhöhle Eberstadt** Die Höhle wurde 1971 zufällig bei einer Sprengung entdeckt. Ein bis zwei Millionen Jahre, schätzen Experten, besteht die 600 Meter lange Höhle bereits. Der Weg vorbei an Tropfsteinen mit Namen wie Vesuv oder Haifischrachen ist ohne Stufen und auch mit Kinderwagen möglich (www.tropfsteinhoehle.eu).

↗ **Michelstadt** Der Ort besticht neben historisch bedeutenden Bauten wie der Einhardsbasilika mit dem Eulbacher Park, einem englischen Landschaftspark mit Jagdschloss, römischen Denkmälern und einem Wildtiergehege. Die Geo-Pfade »Kulturhistorischer Wanderweg Steinbach« und »Landschaft im Wandel« starten hier.

Links: Felsenmeer bei Reichenbach

Naturpark Hessische Rhön

Naturpark Hessische Rhön
Groenhoff-Haus-Wasserkuppe
36129 Gersfeld
Tel. 06654/961 20
www.biosphaerenreservat-rhoen.de
vwst@brrhoen.de

Östlich von Fulda liegt der 700 Quadratkilometer große Naturpark Hessische Rhön, der 1963 eingerichtet wurde. Die Mittelgebirgslandschaft Rhön erstreckt sich über die Landesgrenzen hinweg nach Bayern und Thüringen. Das gilt auch für das seit 1991 anerkannte Biosphärenreservat Rhön. Die unbewaldeten Kuppen und der damit verbundene freie Blick haben der Region den Beinamen »Land der weiten Fernen« eingebracht. Laubwälder gibt es dennoch, allerdings immer wieder unterbrochen von Grünland. Dieses wird mit Rhönschafen, einer alten Schafrasse, beweidet, damit die einzigartige Kulturlandschaft zuverlässig offen gehalten wird. Moore und Trockenbiotope sind weitere Lebensräume für seltene Pflanzen wie Orchideen und gefährdete Tierarten. In den Moorgebieten wächst Woll-

Blick von der Wasserkuppe über die Landschaft der Hessischen Rhön

gras, und Birkhühner wie Bekassinen nisten dort.

Wasserkuppe

Vom höchsten Punkt Hessens, der 950 Meter hohen Wasserkuppe, hat man einen wunderbaren Ausblick. Ihn kann man von einer Plattform genießen, die rund um das Radom, der letzten verbliebenen Radarkuppel auf dem Berg, verläuft. Die Wasserkuppe ist ein bei Sportfreunden sehr beliebtes Ziel. Hier treffen sich im Sommer Wanderer, Mountainbiker, Segel- und Modellflieger, im Winter kommen Ski- und Snowboarder, Snowkiter und Rodler auf den Berg.

Haunetal

Die Haune, ein Nebenfluss der Fulda, entspringt im Naturpark Hessische Rhön. Ihre Quelle bei Dietershausen am Giebelrain ist mit einer Tafel gekennzeichnet. Der Fluss mündet bei Bad Hersfeld in die Fulda. Da die Haune immer mal wieder über die Ufer trat, wurde eine Talsperre errichtet. Sie ging 1989 in Betrieb. Der so entstandene Haunestausee und die Flussauen sind ein beliebtes Naherholungsgebiet. Neben dem Fluss verläuft der Haune-Radweg.

Highlights Zwischen Wasserkuppe und Heidelstein liegt das Rote Moor. Es ist das zweitgrößte Hochmoor der Rhön und eines der ältesten Naturschutzgebiete Hessens. Seit 1979 wird es renaturiert. Ein drei Kilometer langer Rundweg, der Moorlehrpfad, führt auf Bohlen durch europaweit einzigartige Karpatenbirkenwälder und am Moorweiher entlang. Wer möchte, kann sich auf Informationstafeln über das Moor, den Torfabbau und die Renaturierung sowie die Pflanzen- und Tierwelt informieren. Der Lehrpfad ist, bis auf den Aussichtsturm, auch für Rollstuhlfahrer und Kinderwagen geeignet. Von ihm aus kann man Bekassinen und Wiesenpieper, aber auch Fuchs und Marder beobachten.

Outdoor-Aktivitäten Am besten lässt sich der Naturpark auf einem der vielen Wander- und Radwege erkunden, die je nach Strecke auch mit dem Mountainbike oder mit Inlinern befahren werden können.

Anreise/Unterkunft Anreise über die A7, per Bahn bis Fulda. Unterkunft: Jugendherberge Oberbernhards, www.jugendherberge-oberbernhards.de; Land & Wellness Hotel »Lothar-Mai-Haus«, www.lothar-mai-haus.de.

Großes Bild: Der 705 Meter hohe Wachtküppel ist das Überbleibsel eines Vulkans und bietet tolle Fernsicht.

+ TIPP + TIPP + TIPP +

↗ Der Hochrhöner Dieser Wanderweg ist insgesamt 180 Kilometer lang und verläuft von Bad Kissingen bis Bad Salzungen. Im Gebiet der Hessischen Rhön führt er am Roten Moor, der Wasserkuppe und Milseburg vorbei. Die Strecke ist in verschiedene Etappen unterteilt, zu denen es beschriebene Verläufe sowie Entfernungsangaben gibt. Sie können unter www.rhoen.de heruntergeladen werden. Eine weitere schöne Wanderung führt rund um den malerischen Gukaisee und startet an der Wasserkuppe. Der Weg ist knapp über 20 Kilometer lang und in rund sieben Stunden Laufzeit zu bewältigen. Auch um die Milseburg verläuft ein Rundweg. Stationen der 17,5 Kilometer langen Strecke sind neben der Milseburg das Naturschutzgebiet Wacholderheide Oberbernhardser Höhe, Mambach- und Biebertal, Karwald und der 727 Meter hohe Stellberg.

↗ Wie ein Vogel Die Wasserkuppe ist der Berg der Flieger. Die Geburtsstunde des Segelflugs wurde hier ebenso gefeiert wie andere bedeutende Ereignisse der Luftfahrtgeschichte, darunter der erste bemannte Raketenflug der Welt. So ist zu erklären, dass ausgerechnet hier 1987 ein Segelflugmuseum gebaut wurde. Auf 4000 Quadratmetern Fläche erfährt man alles Wissenswerte über die Geschichte dieser beliebten Sportart und kann neben Segelfliegern in Originalgröße auch deren kleine Geschwister, die Modellflugzeuge bestaunen. Mehr unter www.segelflugmuseum.de. Wer sich nach dem Besuch des Museums sportlich betätigen möchte, kann dies zum Beispiel im Kletterwald auf der Wasserkuppe tun. Acht unterschiedliche Parcours in verschiedenen Schwierigkeitsstufen reichen bis in eine Höhe von acht Metern.

↗ Milseburg Anders als der Name vielleicht vermuten lässt, ist die Milseburg kein Bauwerk, sondern ein Basaltberg. Der Legende nach soll hier der Riese Mils vom Teufel unter Steinen begraben worden sein. Aus 835 Metern Höhe hat man eine fantastische Rundumsicht auf die Rhön und das Fuldaer Land. Den Gipfel zu besteigen lohnt aber auch wegen einer kleinen Wallfahrtskapelle und eines keltischen Ringwalls. Informationen dazu findet man auf dem archäologischen Lehrpfad, der einen Teil des Aufstiegs begleitet. Am Milseburg verläuft der 27 Kilometer lange Milseburg-Radweg, der auf 1172 Metern durch einen beleuchteten Tunnel führt. Ist er gesperrt, kann er auf einer ausgewiesenen Strecke umfahren werden. Informationen gibt es unter www.milseburgradweg.de.

↗ Burg Hauneck Die Burg im Tal der Haune entstand wahrscheinlich im 14. Jahrhundert. Sie befindet sich auf der Kuppe des Stoppelsbergs. Von der Burganlage sind heute noch Teile der Ringmauer mit Torbögen und des Bergfrieds erhalten. Auch Überreste des Palas, von einem Saalbau sowie des Küchentraktes sind zu sehen. Die Burgruine ist ganzjährig frei zugänglich.

↗ Wildpark Gersfeld Im Wildpark leben etwa 150 Tiere. Darunter sind alle europäischen Hochwildarten wie Rot- und Damwild, Rehe, Mufflons, Gämsen und Steinböcke. Wildschweine, Waschbären und Rotfüchse gibt es hier ebenso wie Fasane, Pfauen und Rebhühner. Die Gehege sind weitläufig und Besucher dürfen den Tieren Futter geben, das es im Park zu kaufen gibt.

Im Naturpark Hessische Rhön lassen sich große und kleine Abenteuer erleben: Waghalsigere Gemüter versuchen sich an einem Segelflug oder erlernen das Gleitschirmfliegen (oben links und rechts). Für Familien wiederum bieten sich geführte Trekkingtouren mit Lamas an, die unter www.rhoenlamas.de gebucht werden können. Vogelliebhaber und Hobby-Ornithologen erfreuen sich dagegen am Anblick eines Rotkopfwürgers (rechte Seite).

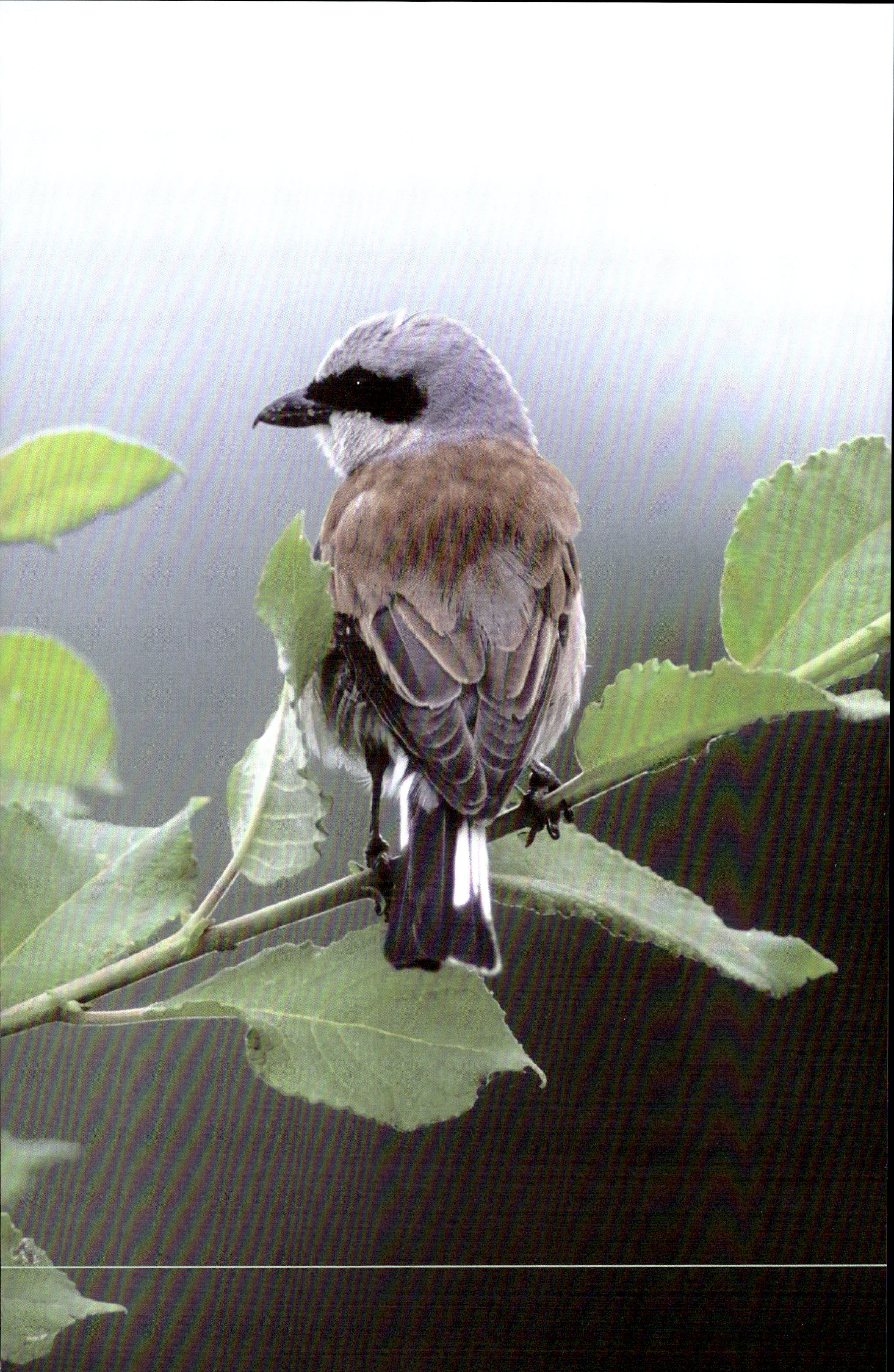

Baden-Württemberg

Das »Ländle«, wie sich das erst 1952 aus den damaligen Bundesländern Baden, Württemberg-Baden und Württemberg-Hohenzollern entstandene neue Bundesland Baden-Württemberg nennt, ist in Wahrheit eher ein Riese von großer landschaftlicher Attraktion. Die prägenden Landschaftsräume sind im Westen die Oberrheinische Tiefebene mit den Randgebirgen Schwarzwald und Odenwald, im Zentrum die Schwäbische Alb und im Südosten Bodensee und Alpenvorland.

Ein Dachs schleicht durch das Dickicht des Schwarzwalds.

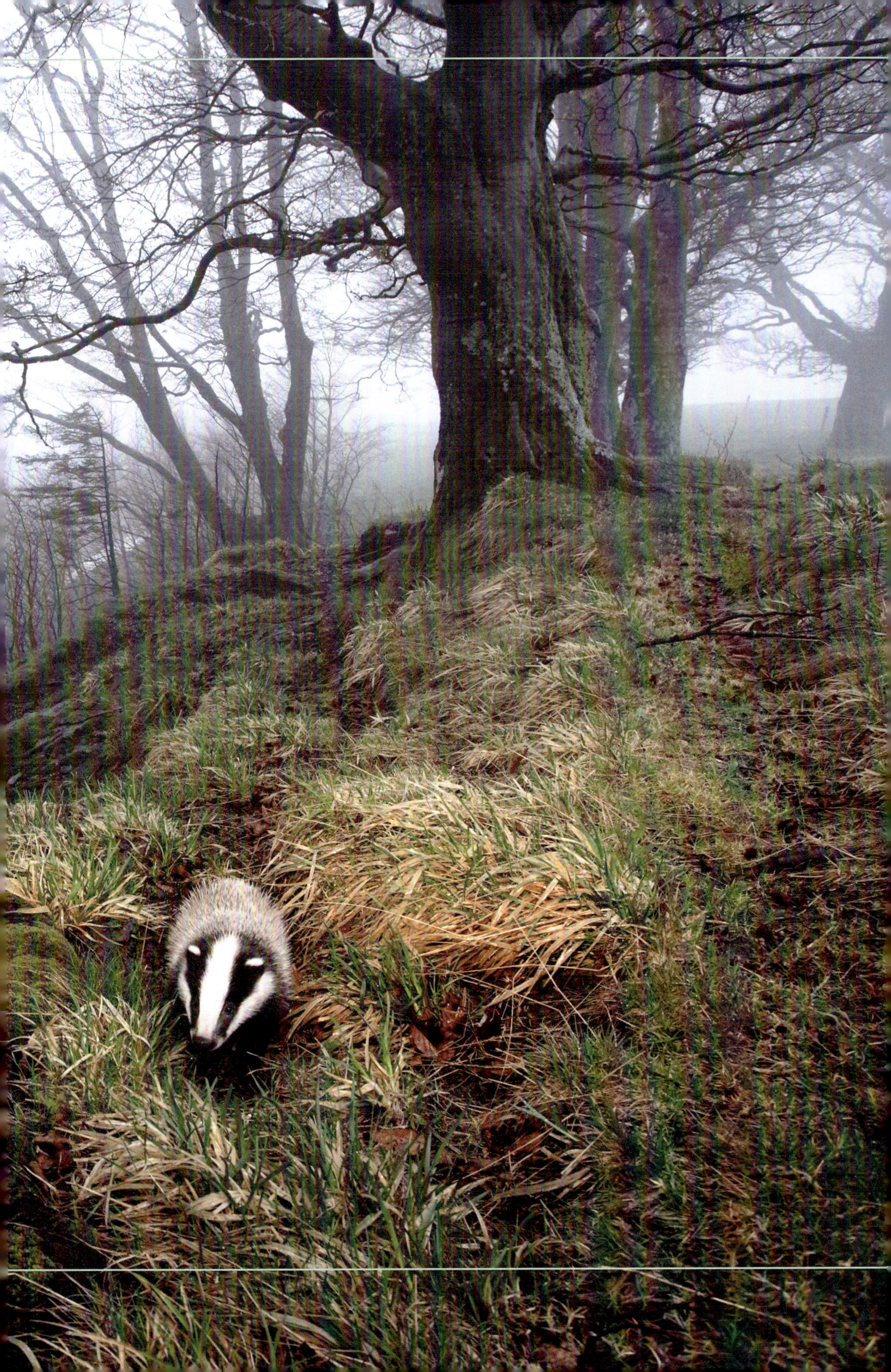

**Naturpark
Schönbuch**

*Naturpark Schönbuch
Im Schloss, 72074 Tübingen
Tel. 07071/60 22 62
www.naturpark-schoenbuch.de
naturpark.schoenbuch@rpt.bwl.de*

Er ist die grüne Lunge des mittleren Neckarraums und der älteste Naturpark des Landes Baden-Württemberg: der Naturpark Schönbuch. Das fast durchgängig von Wäldern durchzogene, 156 Quadratkilometer große Gebiet liegt südwestlich von Stuttgart, grenzt an das Tübinger Stadtgebiet und wurde im Jahr 1972 zum Naturpark erklärt. In früheren Zeiten ein Jagdrevier des Württemberger Adels, ist Schönbuch heute ein beliebtes Naherholungsgebiet. Seine Landschaft ist von naturnah bewirtschafteten Wäldern, feuchten Talwiesen und Bächen geprägt. Aber nicht nur der Mensch, sondern vor allem Tiere und Pflanzen fühlen sich hier heimisch. Dadurch, dass der Park straßenverkehrstechnisch kaum erschlossen ist, wurde er zu einem ungestörten Rückzugsgebiet all jener Tier- und Pflanzenarten, die in der Region ansonsten selten geworden sind. Neben Eisvögeln kann man hier mit etwas Glück auch Wasseramseln oder sogar

Im Herbst strahlt der Schönbuch in prächtigen Farben.

ein paar Steinkrebse beobachten. Eine Besonderheit des Schönbuchs ist auch sein alter Baumbestand. Vor allem Eichen, teilweise älter als 350 Jahre, sind hier zu finden. Die sogenannte Dicke Eiche im Lindach galt mit ihren mehr als 500 Jahren als der älteste Baum des Parks. Im Januar 2013 ist sie durch starke Winde gefallen, wird nun aber als Naturdenkmal erhalten.

Highlights Zu einem Spaziergang der besonderen Art laden die in ihrem Lauf weitgehend naturbelassenen Flüsse Goldersbach und Schaich ein. Sie sind der Lebensraum für viele Tierarten. Die andernorts geringe Chance, einen fischenden Eisvogel oder seltene Wasserbewohner wie Bachneunauge oder Mühlgroppe zu sehen, ist hier sehr groß.

Outdoor-Aktivitäten Den Besuchern des Naturparks stehen 560 Kilometer Wanderwege zur Verfügung, die nur zu einem geringen Teil asphaltiert sind. Hinzu kommen 38 Spielplätze, 84 Feuerstellen, 75 Schutzhütten und fünf Lehrpfade. Mülleimer sucht man im Waldgebiet übrigens vergebens. Wegen zu hoher Kosten wurden sämtliche Mülleimer abmontiert. Die Besucher werden gebeten, ihren Müll mitzunehmen und selbst zu entsorgen.

Anreise/Unterkunft Die Hauptverbindung in den Schönbuch ist die Bundesstraße 464, die im Osten durch den Schönbuch führt, sowie die Landesstraße 1208. Vom nördlich gelegenen Böblingen führt die Schönbuchbahn bis unmittelbar an den Rand des Naturparks.
Unterkunft: Hotel Schönbuch, Tel. 07127/97 50, www.hotel-schoenbuch.de; Pension Schönbuch, Tel. 07031/28 32 61, www.pension-schoenbuch.de.

Großes Bild: Neben Rothirschen leben vor allem zahlreiche Wildschweinverbände in den Eichenwäldern des Naturparks Schönbuch.

+ TIPP + TIPP + TIPP

↗ **Pilz-Paradies** Durch die besondere Zusammensetzung des Baumbestandes haben sich im Schönbuch Bodenverhältnisse entwickelt, die für Pilze ideal sind. Mehr als 800 verschiedene Arten wurden im Naturpark gezählt. Sogar der seltene Steinpilz findet hier gute Bedingungen. Sammler kommen voll auf ihre Kosten – und zwar das gesamte Jahr über. Selbst im tiefsten Winter sind noch Pilze wie der Samtfußrübling oder der Austernseidling zu finden.

Nationalpark Schwarzwald

Nationalpark Schwarzwald
Schwarzwaldhochstraße 2
77889 Seebach
Tel. 07449/9 10 20
www.nordschwarzwald-nationalpark.de
info@nlp.bwl.de

Der Naturpark Schwarzwald Nord/Mitte umfasst insgesamt eine Fläche von 3750 Quadratmetern und bildet damit das größte zusammenhängende Naturparkgebiet Deutschlands. Seit dem 3. Mai 2014 wurde im Gebiet des Naturparks der Nationalpark Schwarzwald eröffnet, der vor allem den Nordschwarzwald umfasst. Für das Erscheinungsbild des Parks typisch sind dichte Mischwälder mit den charakteristischen Weißtannen. Typisch für den Schwarzwald ist ein Nebeneinander von naturbelassener Landschaft und landwirtschaftlich genutzten Flächen. Allen menschlichen Eingriffen zum Trotz, zählt der Nationalpark Schwarzwald aber noch immer zu einem der am wenigsten zerschnittenen Waldgebieten Deutschlands. Bannwälder und Karseen aus der Eiszeit prägen das naturbelassene Areal. Eine Besonderheit dieser Region ist außerdem seine klimatische Vielseitigkeit, die sowohl mediterran anmutende Weingebiete, aber auch anspruchslose Heideflächen oder in den Höhenlagen sogar fast skandinavisch wirkende Gebirgsgegenden hervorbringt. Der Nationalpark Schwarzwald ist Heimat für Rehe, Hirsche, Wildschweine, aber auch selten gewordene Wildtiere wie der Kolkrabe, der Dreizehenspecht, der Sperlingskauz und der Auerhahn ist hier zu Hause, was ihn zum Symbolvogel des Schwarzwaldes machte.

Eyachtal

Das Herzstück des im Landkreis Calw gelegenen Eyachtals ist die Eyach. Dieser 18,5 Kilometer lange Fluss fließt zwischen Höfen und Neuenbürg und mündet in die Enz. Das Wasser der Eyach ist besonders klar und daher für die Beobachtung der vielen verschiedenen Fischarten ideal. Besonders häufig entdeckt man Forellen, Saiblinge und Karpfen, die man in den nahe gelegenen Fischzuchtstationen übrigens auch kaufen und zubereiten kann.

Keine atemberaubenden Attraktionen, sondern stille, verborgene Schönheiten kann man im Nördlichen und Mittleren Schwarzwald entdecken. Tagelang kann man hier durch dichte Wälder wandern und kommt dabei immer wieder an rauschenden Bächen voller Forellen vorbei.

Geroldsauer Wasserfall

Der Wasserfall des Grobbachs im Baden-Badener Stadtteil Geroldsau ist ein neun Meter hohes Naturdenkmal, das wegen seiner Einmaligkeit die besondere Schutzwürdigkeit der Deutschen Naturschutzbehörden genießt. Die Wasserqualität entspricht der höchsten Klasse »sehr gut«. Besonders sehenswert ist auch die umliegende Bepflanzung mit Rhododendron-Büschen, die sich vom Frühjahr bis in den Hochsommer in einer bunten Blütenpracht zeigt.

Bühlertal

Es ist ein blühendes, idyllisches Kleinod, das sich zwischen den Sandsteinhochwänden der rauen Keuperberge auftut und dem Besucher ein buntes Mosaik aus Äckern, Weiden, Wiesen und Streuobstflächen darbietet. Das Bühlertal ist ein breiter Talraum aus weichem Keupergestein und für viele

Naturfreunde im besten Sinne ein Ort zum Aufatmen. Das Bühlertal trägt nämlich das Prädikat »staatlich anerkannter Luftkurort«, das an Landschaften und Orte vergeben wird, deren Klima und Luft für die Gesundheit förderlich sind. Im gesamten Bühlertal kommen selten gewordene Biotoparten vor, die unter Naturschutz stehen. Eine ganz besondere Stimmung geht von den urigen Auenwäldern mit Erlen, Eschen und Weide aus. Eine malerische Naturromantik strahlen daneben auch die vereinzelten Felshöhlen und die aus Muschelkalk modellierten Felsen aus, die von einer üppigen Felsspaltenvegetation übersät sind.

Hohloher Moor

Der historische Hohlohturm ragt wie ein stiller Wächter auf dem nördlichen Gipfel des Berges Hohloh, blickt über die Regenmoore und Moorseen und lädt seine Besucher zum Mitstaunen und natürlich zum Erkunden ein. Der Turm wurde im Jahr 1897 mit einer Höhe von damals 22,20 Metern erbaut. Aufgrund des hohen Baumwuchses wurde er im Jahr 1968 um 6,40 Meter erhöht, sodass er heute 28,60 Meter in den Himmel ragt. Bei besonders guten Sichtverhältnissen kann man von hier aus sogar die Gipfel der Schweizer Alpen erkennen. Über Holzbohlenwege ist das feuchte Gebiet des großen Hohlohsees erschlossen. Wegen der massiven Eingriffe durch die Holzwirtschaft in den letzten Jahrhunderten musste beim Auslauf des Sees ein Damm gebaut werden, um die natürlichen Wasserverhältnisse nicht noch weiter zu gefährden. Für Besucher ist dieser Damm kaum sichtbar und im Landschaftsbild nicht störend.

Großes Bild: Hohlohsee im Hohloher Moor; linke Seite: Eyachtal und Geroldsauer Wasserfall; links: Gertelbachwasserfälle im Bühlertal.

Mummelsee

Eingegraben in den Südhang der Hornisgrinde, des höchsten Berges der Region, und umsäumt von einem Heer stolzer Nadelbäume, die das Ufer des Sees nur an einer Stelle aussparen und als flachen Einstieg zugänglich machen, präsentiert sich eine der urigsten Naturlandschaften des Schwarzwalds. Der Mummelsee ist der größte (30 000 Quadratmeter) und tiefste (17 Meter) der sieben Karseen der Region.

Das Hochmoor am Wildsee in der Nähe von Bad Wildbad

Schliffkopf

Offene Feuchtheiden in den Kammlagen, historische Rinderrassen und Schafherden sowie malerische Fernblicke prägen die Naturkulisse, die das 13,8 Quadratkilometer große und älteste Naturschutzgebiet der Region zu bieten hat. Der Schliffkopfgipfel ist der höchste Punkt eines Buntsandstein-Höhenzuges zwischen Hornisgrinde und Kniebis. Auch »lebende Überbleibsel« der letzten Eiszeit, wie den Dreizehenspecht, den Sperlingskauz oder die Alpine Gebirgsschrecke, findet man hier.

Allerheiligen-Wasserfälle

Die Wasserfälle bei der frühgotischen Klosterruine Allerheiligen gehören zu den höchsten und beliebtesten im Schwarzwald. Nur wenige Hundert Meter vom ehemaligen Kloster entfernt stürzt der Lierbach über sieben Stufen in einem natürlichen Fall insgesamt 83 Meter in das Tal hinunter. Die steile Spalte wurde erst im Jahr 1840 erschlossen. Heute führen mehrere Brücken und Treppen durch die Schlucht, die die Natursehenswürdigkeit erlebbar machen.

Wildsee

In absoluter Abgeschiedenheit liegt der Wildsee in einem bis zu 120 Meter tiefen würmeiszeitlichen Kar, umrankt von historischen Moränenwällen. Das Gewässer hat eine Fläche von 20 000 Quadratmetern und misst 11,50 Meter an seiner tiefsten Stelle. Einen guten Blick auf die fast runde Form des Sees bekommt man vom benachbarten Seekopf, der 100 Meter über dem Wildsee liegt. Umgeben ist er von einem Bannwald, der schon 1911 eingerichtet wurde.

Frühlingslandschaft am Huzenbacher See in der Nähe von Baiersbronn

Huzenbacher See

Von Mitte bis Ende Juli zeigt sich der Huzenbacher See in seinem gelben Sommerkleid. Ein dichter Teppich aus Teichrosen ist die bekannteste Attraktion, die der Karsee in der Nähe von Baiersbronn zu bieten hat. Für Naturfreunde nicht minder interessant ist das Seeufer. Es wurde 1985 für die Errichtung eines Wehrs angehoben. Durch die damit einhergehende Erhöhung des Wasserspiegels wurde das ufernahe Gelände überschwemmt und hat sich so zu einem Geflecht von Moosen, Wurzeln und Bäumen entwickelt, das einen Teil der Seeoberfläche einnimmt.

Hornisgrinde

Die Hornisgrinde ist mit 1163 Metern der höchste Berg des Nordschwarzwalds. Namensgeber ist vermutlich der lateinische Begriff »mons grinto«, was so viel wie »sumpfiger Kopf« bedeutet und einen Hinweis auf das Hochmoor der Region verbirgt. Das bis zu fünf Meter tiefe Moorgebiet bedeckt den südöstlichen Teil des Gipfels und wird auf ein Alter von 6000 Jahren geschätzt. Die umliegende Feuchtheide entstand dagegen erst im 15. Jahrhundert durch Rodung der Waldgebiete zur Erschließung von Weidefläche.

Weitere Highlights Im Sommer erfreuen sich viele Besucher an einem abkühlenden Naturerlebnis mit Köpfchen. Der Zeller Bachsteig ist ein Erlebnispfad von 1,6 Kilometern Länge, bei dem teilweise zu Fuß durch das kühle Nass des Bachs gewatet wird und an 17 Erlebnisstationen aufregende Natur-Sehenswürdigkeiten entdeckt werden können. Es wird erklärt, wie man die Wasserkraft des Baches zur Energiegewinnung nutzen kann, wie man nach Gold schürft, aber auch die Tiere des Wassers werden erkundet. Eine der Stationen hält sogar einen Horchstock bereit, mit dem man den Fischen bei ihrem Treiben zuhören kann. Denn auch Fische machen Geräusche. Der Einstieg in den Zeller Bachsteig ist am Sonnenparkplatz am Ortseingang von Zell am Harmers-

Großes Bild: Vom Schliffkopf eröffnet sich ein weiter Blick über die endlos erscheinenden Wälder des Schwarzwalds.

bach (Hauptstr. 5). Ziel ist der Fürstenberger Hof in Zell-Unterharmersbach.

Outdoor-Aktivitäten Ein Wandererlebnis für Schwindelfreie bekommt man in der Nähe der Ortschaft Ottenhöfen, die durch ihre neun teilweise noch funktionierenden Mühlen auch als Mühlendorf des Schwarzwalds bekannt ist. Auf einer Länge von 700 Metern wird mitten im Wald aus einem Wanderweg ein alpiner Felsweg. Hierbei ist Körpereinsatz gefragt: von Kriechen bis Klettern werden alle Formen der alpinen Fortbewegung verlangt. Wer sich die Kletter-Herausforderung nicht zutraut, umgeht die Jahrtausende alte Felsformation über die ausgeschilderte Alternativroute durch den nahen Wald oder wandert auf dem zwölf Kilometer langen Mühlenweg. Weitere Infos unter www.ottenhoefen-tourismus.de

Anreise/Unterkunft Die Anreise ist über eine Vielzahl von Autobahnen und Bundesstraßen möglich. Interessant für alle, die autofrei anreisen möchten, ist vor allem die gute Anbindung mit der Bahn und den öffentlichen Verkehrsmitteln, die für alle Schwarzwald-Touristen mit ermäßigten Tickets (z. B. dem RIT-Ticket oder der Konus-Karte) gefördert wird. Informationen darüber findet man unter www.schwarzwald-tourismus.info. Unterkunft: Darmstädter Hütte, www.darmstaedter-huette.de; Winterhaldenhof, www.winterhaldenhof.de.

Rechte Seite und ganz unten: Zwischen den Bäumen hindurch stürzen die Allerheiligen-Wasserfälle in die Tiefe.

+ TIPP + TIPP + TIPP +

↗ **Naturpark-Scout** Eine Besonderheit der Region ist der sogenannte Naturpark-Scout. Auf der Homepage (www.naturparkscout.de) ermittelt dieses Online-Tool einen individuellen Tourenvorschlag, in dem alles inbegriffen ist, was das Herz von Naturfreunden begehrt (z. B. Höhenprofil, Länge und Gesamtanstieg). Aber auch die Beschaffenheit der Wege wird angezeigt und macht den Wanderer auf wichtige Sicherheitsvorkehrungen aufmerksam. Natürlich lassen sich auch Sehenswürdigkeiten und Beschreibungen der Landschaft in die Online-Routenplanung integrieren.

↗ **Winterparadies** Der Winter im Schwarzwald ist mit seinen durchschnittlich 100 Schneetagen in den Hochlagen ein Erlebnis der besonderen Art – und zwar nicht nur für Naturfreunde, die Tierspuren im Schnee lesen und die Winterlandschaft genießen wollen, sondern vor allem auch für Sportler. Gespurte Loipen für Langläufer und Biathleten sowie Schneeschuhwanderwege durchziehen breitflächig das Naturparkgebiet.

↗ **Naturpark zu Ross** Das große Naturspektrum kann man im Naturpark Schwarzwald Nord nicht nur zu Fuß, sondern auch hoch zu Ross erkunden. Beim Wanderreitprojekt »LEADER« wurde ein Naturerlebnisangebot geschaffen, bei dem sich insgesamt 29 Betriebe zu einem Netz von Wanderreitstationen zusammengeschlossen haben. Sie bieten Übernachtungs- und Einkehrmöglichkeiten für Reiter und Pferd. Alle Betriebe liegen so dicht beieinander, dass sie mit einem Tagesritt bequem erreichbar sind. Mehr Informationen gibt es online unter www.wanderreiten-nordschwarzwald.de.

↗ **Kinzigtal-Radweg** Die Natur ist für jeden da. Nach diesem Motto wurden im Naturpark Schwarzwald Nord barrierefreie Strecken und Erlebnispfade geschaffen, die allen Besuchern – ob Groß oder Klein, mit Handicap oder ohne – die Schönheit der Natur zugänglich machen sollen. Eine dieser Touren ist der Kinzigtal-Radweg. Er führt von Freudenstadt durchs Kinzigtal nach Offenburg und ist mit einem Fahrrad mit Anhänger, einem Handbike oder sogar einem Elektro-Rollstuhl gut zu bewältigen. Im Internet unter www.naturparkschwarzwald.de/sport-erlebnis/barrierefrei kann man alle Informationen über Länge, Höhenunterschiede und die Tauglichkeit des Weges für die verschiedenen Fortbewegungsmittel finden, sodass man perfekt auf das Naturerlebnis vorbereitet ist.

↗ **Naturgenuss** Naturerlebnisse im Naturpark Schwarzwald Nord kann man nicht nur sehen und erleben, sondern auch schmecken. Ob Käse, Honig, saisonales Obst oder Fleisch- und Wurstspezialitäten: Die Produzenten der Region haben für Genussfreunde viele natürliche und ursprüngliche Köstlichkeiten zu bieten. Teilweise laden die Produktionsstätten und Bauernhöfe sogar zu Verkostungen oder Führungen ein. Termine und Adressen entnimmt man der Onlinedatenbank auf www.naturparkschwarzwald.de/regional/regionalvermarkter.

↗ **Luchs-Erlebnispfad** Luchse sind in Deutschland selten geworden und daher eine ganz besondere Attraktion des Naturparks Schwarzwald Nord. Ein spezieller Luchs-Pfad von ca. vier Kilometern Länge lädt zur Erkundung der scheuen Tiere ein. Wer besonders viel Glück hat, entdeckt auf der drei- bis vierstündigen Route sogar ein Wildtier. Alle anderen lernen jedenfalls eine Menge über die Vierbeiner. Die beliebtesten Attraktionen der 24 Erkundungsstationen sind Fernrohre mit Blick auf mögliche Beutetiere, ein Schleichparcours, eine Hörstation mit Tierstimmen sowie eine Weit- und Hochsprunganlage. Der Kurs ist das ganze Jahr über geöffnet und kostenfrei. Nur bei extremen, winterlichen Bedingungen ist der Besuch des Pfades aus Sicherheitsgründen verboten. Der Luchspfad liegt im Stadtwald Baden-Baden. Startpunkt ist der Parkplatz an der Schwarzwaldhochstraße (B 500) am Hotel Plättig.

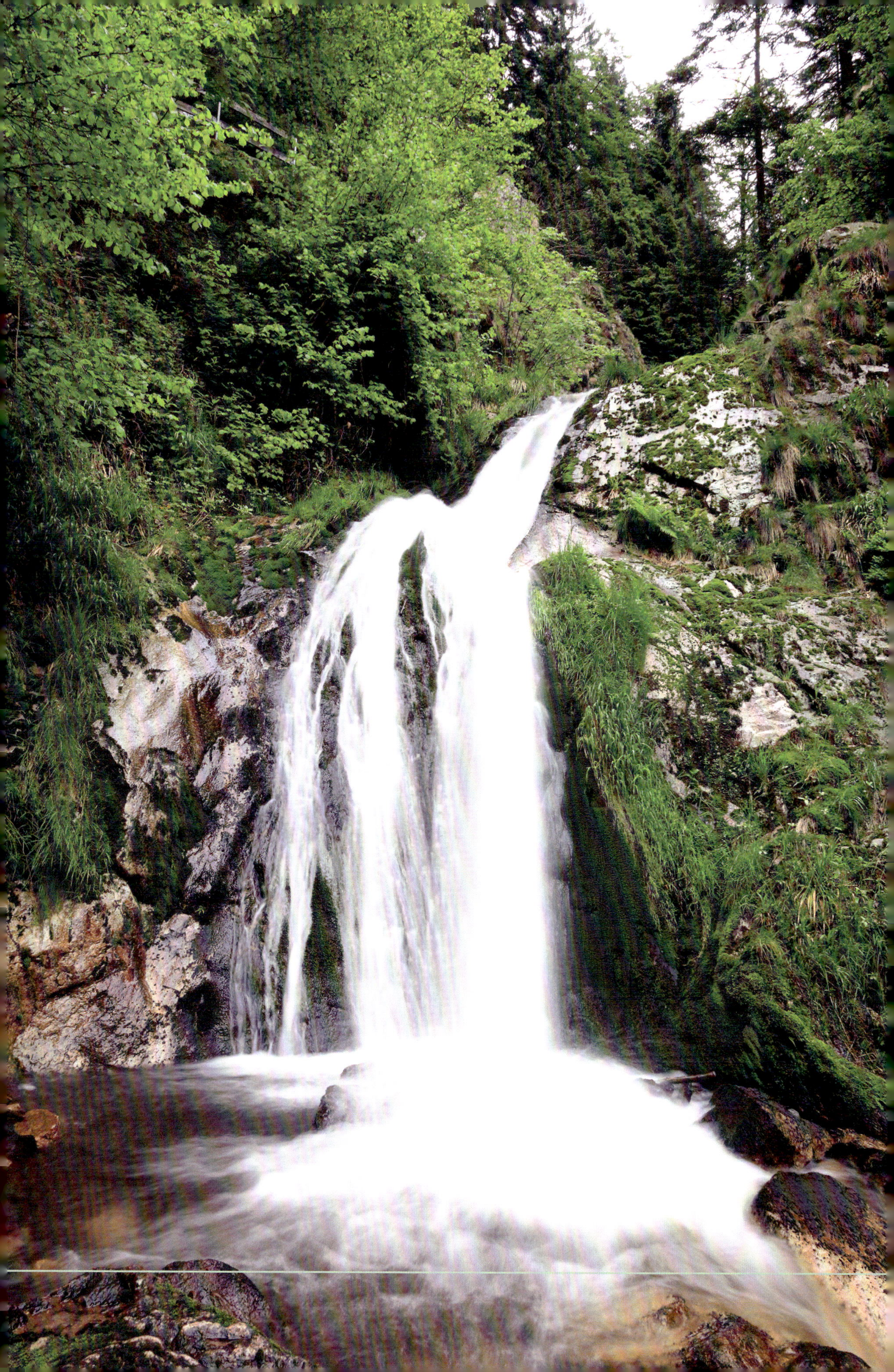

Naturpark Schwarzwald Mitte/Nord

Naturpark Schwarzwald Mitte/ Nord e. V., Naturpark-Haus auf dem Ruhestein
Schwarzwaldhochstraße 2
77889 Seebach
Tel. 07449/91 30 54
www.naturparkschwarzwald.de
info@naturparkschwarzwald.de

Nicht nur die Geologie und das Klima, sondern vor allem auch die Nutzung durch den Menschen haben die Landschaft des Naturparks Schwarzwald Mitte/Nord geprägt. So präsentiert sich die Region heute als bunter Wechsel von Naturlandschaft und kultivierter Agrarlandschaft. Tiefe Täler, Felsen, Bäche, Nutztierherden und Streuobstwiesen bestimmen das Landschaftsbild ebenso wie eiszeitliche Moore, Karseen und Grinden. Namensgebend für den Schwarzwald sind die sehr dunkel erscheinenden Mischwälder, die rund zwei Drittel der Fläche ausmachen. Seit Gründung des Naturparks Schwarzwald Mitte/Nord bis Ende des Jahres 2010 wurden rund 600 Naturschutzprojekte mit Fördermitteln des Landes, der Lotterie Glücksspirale und der EU unterstützt. Ziel ist neben dem Erhalt der Natur sowie Artenschutz auch der Ausbau touristischer Attraktionen, wie beschilderten Wanderwegen, barrierefreien Strecken und Mountainbike-Touren.

Burgbach-Wasserfälle

Ihr Rauschen und Plätschern kann man schon aus der Ferne hören: Die Burgbach-Wasserfälle sind ein Naturerlebnis für Augen und Ohren. Sie liegen ganz in der Nähe von Bad Rippoldsau-Schapbach und zählen zu den höchsten frei fallenden Wasserfällen in Deutschland. Die Gesamthöhe dieses geologischen Naturdenkmals beträgt 32 Meter, die freie Fallhöhe 15 Meter. Die Fallstufe hat sich aus verkieseltem Sandstein gebildet, der über verwitternden Graniten liegt.

Elztal

Von Waldkirch aus erstreckt sich das Elztal über eine Länge von 20 Kilometern in nordöstlicher Richtung. In Prechtal, einem Ortsteil von Elzach, führen der Fluss Elz und das Elztal dann gen Süden und ziehen sich als bewaldetes Tal in einer Länge von zehn Kilometern fort bis zum Rohrhardsberg. Hier findet man auch die Quelle der Elz. Sehenswert ist vor allem der Siebenfelsen, ein meterhohes Steingebilde, das aus sieben übereinander liegenden Felsen besteht.

Großes Bild: Unter lautem Tosen stürzen sich die 32 Meter hohen Burgbach-Wasserfälle über mehrere Stufen hinunter. Gemächlicher geht es am Bach im oberen Elztal zu (links).

215

Triberger Wasserfälle

Die Triberger Wasserfälle unterteilen sich in die oberen Fälle mit drei Hauptstufen, einen steilen Sturzbachabschnitt und schließlich die siebenstufigen Hauptfälle. Schön ist der Anblick auch in den Abendstunden, da die Wasserfälle bis 22 Uhr beleuchtet sind. Es gibt wohl nur eine weitere Attraktion, die dieser Naturkulisse die Show zu stehlen vermag: die vielen Eichhörnchen, die rund um die Wasserfälle leben und inzwischen so sehr an Menschen gewöhnt sind, dass sie sich sogar von Hand füttern lassen.

Schwenninger Moos

Das inzwischen unter Schutz gestellte Moorgebiet Schwenninger Moos blickt auf eine nacheiszeitliche Entstehungsgeschichte zurück, die sich weit über zehntausend Jahre erstreckt. Etwa 12 000 v. Chr. befand sich hier ein großer See, der durch Schmelzwasser der Eiszeit entstanden ist und allmählich vermoorte. In der Neuzeit, etwa bis zur Mitte der 1950er-Jahre, wurde das Gebiet zum Abbau von Torf genutzt. Heute wird versucht, durch Sperrenbau in den zu dieser Zeit entstandenen Gräben, die immer stärker voranschreitende Verwaldung zurückzudrängen, um so eine Renaturierung zu erreichen.

Outdoor-Aktivitäten Wer den Naturpark Schwarzwald Mitte erkunden will, kann dies unter Anleitung eines Naturpark-Profis tun. Speziell geschulte Guides bieten über das ganze Jahr verteilt Führungen an, bei denen die Teilnehmer zu einem bestimmten Thema oder Gebiet spannende Infos erfahren. Egal ob man etwas über die Beobachtung von Vögeln, die verschiedenen Moossorten oder die Wildblumen lernen möchte: Für jeden Natur-Interessierten ist ein passendes Themengebiet dabei. Termine und Themen der Touren findet man unter www.naturparkschwarzwald.de/shop_service/downloads.

Anreise/Unterkunft Eine praktische und günstige Möglichkeit der Anreise bieten die öffentlichen Verkehrsmittel, mit denen man als Tourist preiswert anreisen kann. Mehr Informationen darüber findet man online unter: www.schwarzwald-tourismus.info. Auf dieser Homepage findet man auch eine Übersicht der zahlreichen Übernachtungsmöglichkeiten.
Unterkunft: Schornhof Oberwolfach, Tel. 07834/94 64, www.schornhof.com; Schätzlemühle (Ferienwohnungen), Tel. 07641/933 44 92, www.schaetzle-muehle.de.

Oben: Im Moorgebiet des Schwenniger Moos hat der Neckar seine Quelle, von hier aus wächst der Bach, bis er im Flachland zu einem breiten Fluss anschwillt. Rechte Seite: Triberge Wasserfälle.

+ TIPP + TIPP + TIPP +

↗ **Naturpark-Wirte** Die Naturpark-Wirte sind ein Zusammenschluss von Gastronomen aus dem Naturpark Schwarzwald Mitte. Ihr Motto heißt: »Schmeck den Schwarzwald«. Alle Wirte bieten ganzjährig mindestens drei Gerichte an, deren Hauptzutaten aus dem Naturpark stammen. Prämisse ist außerdem, dass in den Gerichten keine Waren zum Einsatz kommen, die der Philosophie des Naturparks widersprechen (z. B. Erdbeeren im Winter). Die regionalen Spezialitäten wie das Schwarzwald-Brot, Wurst, Eier, Käse und Honig, können als Ausflugserinnerung übrigens auch daheim genossen werden. Regelmäßige Naturpark-Märkte mit regionalen Erzeugnissen laden zum Bummeln und Kaufen ein. Neben Verkaufsständen bieten die Märkte auch Unterhaltungsprogramme, bei denen nicht nur die kleinen Besucher staunen können. Welche Wirte teilnehmen und wann und wo Märkte stattfinden, findet man online unter www.naturparkschwarzwald.de/regional/naturpark-wirtegemeinschaft.

↗ **Zum Kugeln** »Zorbing« nennt sich der Trendsport und die wohl abenteuerlichste Art, einen Hang hinunterzugelangen. Wer sich traut, steigt dabei ins Innere einer riesigen Plastikkugel und lässt sich mit ihr eine ausgebaute Strecke am Hang hinunterkugeln. Der sogenannte Zorb rollt und hüpft mit einer Geschwindigkeit von fast 30 Stundenkilometern. Keine Sorge: Das Kugeln ist aufgrund der Stabilität des Zorbs absolut ungefährlich. Mehr Infos gibt es unter www.myzorbing.de.

↗ **Naturcamp** Zum Naturschutzzentrum Ruhestein an der Schwarzwaldhochstraße/B500 gehört eine Erlebnis-Waldfläche mit Naturcamp. Auf circa 300 000 Quadratmetern haben große und kleine Besucher die Möglichkeit, das Gebiet zu durchwandern, Schlafunterkünfte aus Zweigen zu bauen, Feuerholz zu hacken und danach sogar ein offenes Lagerfeuer zu entzünden. Jeder Gast erhält einen »Erlebnisrucksack« mit nützlichen Dingen für das Abenteuer in der freien Natur. Wer nicht allein auf Erkundungstour gehen will, kann sich den Führungen des Naturschutzzentrums anschließen und Erstaunliches über essbare Wildpflanzen, Fledermäuse oder den Sternenhimmel erfahren. Mehr Infos gibt es online unter www.naturschutz.landbw.de.

↗ **Schwarzwald zu Floß** Früher war die Flößerei einer der wichtigsten Wirtschaftszweige der Region. Baumstämme wurden durch Flößer über die Flüsse des Schwarzwaldes zum Rhein und weiter bis nach Amsterdam transportiert. Wer die Flößerei heute hautnah erleben will, kann dies auf dem zwölf Kilometer langen »Flößerpfad« zwischen Lossburg und Alpirsbach tun und den Flößer Johann mit seinem Sohn auf einer Floßfahrt begleiten. Mehr Infos: Tel. 07446/95 04 60 oder www.floesserpfad.de.

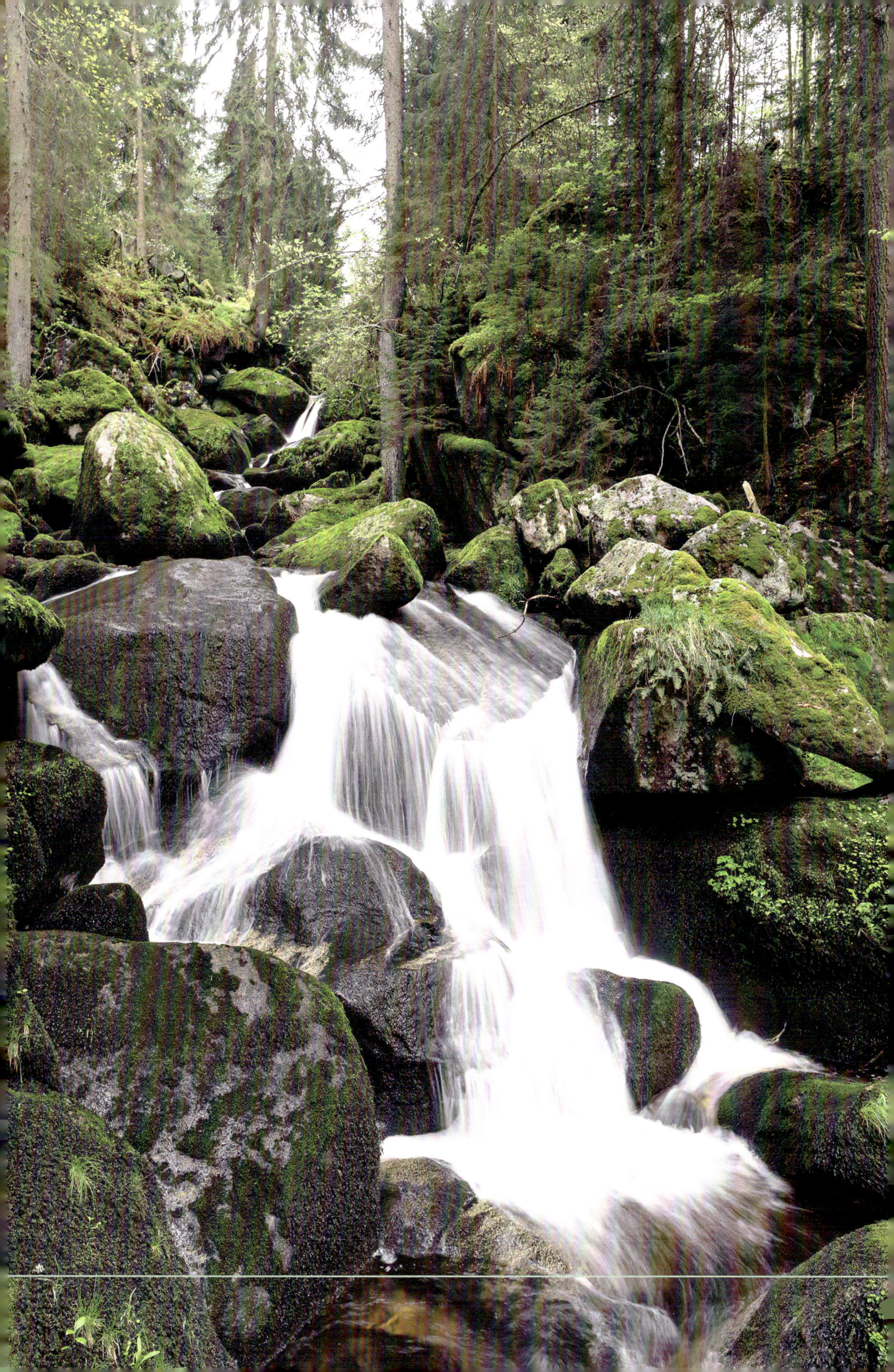

Naturpark Südschwarzwald

*Naturpark Südschwarzwald e.V.,
Haus der Natur
Dr.-Pilet-Spur 4
79868 Feldberg
Tel. 07676/93 36 10
www.naturpark-suedschwarz-wald.de
info@naturpark-suedschwarz-wald.de*

Er ist groß und hoch, der Naturpark Südschwarzwald. Das Gebiet dieses Parks erstreckt sich von Elzach und Triberg im Norden bis zum südlichen Waldshut-Tiengen und Lörrach. Im Westen ist die Vorbergzone bis Freiburg und Emmendingen ins Gebiet einbezogen, nach Osten dehnt es sich bis Donaueschingen und Villingen-Schwenningen auf der Baar-Hochebene aus. Die enorme Größe von 3700 Quadratkilometern lässt den Südschwarzwald zum zweitgrößten Naturpark der Bundesrepublik werden. Und auch an Höhenlagen fehlt es hier nicht. So sind die drei größten Erhebungen des Schwarzwaldes, der Feldberg, das Herzogenhorn und der Belchen, hier zu finden. Dadurch, dass sich unterschiedliche Klimabereiche durch das Gebiet ziehen und auch die Gesteinsuntergründe enorm variieren, hat sich im Südschwarzwald ein extrem hoher Artenreichtum an Tieren und Pflanzen ausbreiten können.

Glottertal

Spätestens seit der Fernsehserie »Die Schwarzwaldklinik« ist das Glottertal wohl bundesweit bekannt. Bunte Streuobstwiesen und die höchstgelegenen Weinberge Deutschlands, dunkle Mischwälder, Felsen und beeindruckende Ausblicke:

Die hiesige Landschaft ist quasi urtypisch für den Schwarzwald und daher zur Prachtkulisse des TV-Formats geworden. Mit nur rund 14 Kilometern Entfernung zur Universitätsstadt Freiburg ist das Glottertal übrigens

Zu den Kaskaden des »Gletschermühle« genannten Wasserfalls (links) gelangt man auf einer abwechslungsreichen Wanderung von Todtmoos aus.

auch ein beliebtes Wochenendausflugsziel der Einheimischen.

Schauinsland

Er erreicht eine Höhe von 1284 Metern und ist der Hausberg von Freiburg im Breisgau: der Schauinsland. Bei günstigen Wetterlagen ist hier ein Ausblick bis in die Alpen möglich. Ein Streitpunkt in der Region waren die Windkraftanlagen, die 2003 errichtet wurden. Aus Gründen des Naturschutzes wurden diese allerdings nicht direkt auf dem Gipfel errichtet, sondern darunter auf einer Höhe von ca. 1000 Metern. Auch die Rotorblätter erreichen nicht die Höhe des Gipfels, sodass die Aussicht weiterhin ungestört ist.

Obermünstertal

Die Region Obermünstertal besteht aus mehreren Seitentälern und erstreckt sich von Staufen im Breisgau in Richtung Belchen, über den Ortsteil Stohren in Richtung des Berges Schauinsland. Malerisch ist das Tal vor allem durch die Vielzahl seiner noch erhaltenen historischen Schwarzwaldhöfe, die teilweise sogar Führungen und einen Blick hinter die Kulissen anbieten.

Der Wasserfall in der Ravennaschlucht stürzt über mehrere Stufen hinunter.

Ravennaschlucht

Die Ravennaschlucht ist etwa vier Kilometer lang, führt vom Höllental zur Gemeinde Breitnau und beeindruckt nicht nur durch den tosenden Wasserfluss. Vor allem der 30 Meter hohe Hügel Galgenbühl, der sich am Eingang der Ravennabrücke erhebt, ist die absolute Attraktion der Schlucht. Hier befand sich früher ein Galgen, der auch als solcher für Hinrichtungen benutzt wurde. Heute findet man an dieser Stelle einen mit Holzschindeln gedeckten Pavillon.

Herbstliches Laub bedeckt den Wanderweg, der auf den Feldberg führt.

Jostal

Das Jostal, das seinen Namen von einer dem heiligen Jodocus gewidmeten Kapelle hat, ist eine Streusiedlung im Hochschwarzwald, die mit ihren fünf Zuflüssen Schildwende, Siedelbach, Eckbach, Bruckbach und Einsiedel eine schöne Tallandschaft bildet. Seit jeher lebt die Region von Ackerbau und Viehzucht, was noch heute die Landschaft prägt und einen sehr aufgeräumten und kultivierten Eindruck im Vergleich zur Urigkeit der stärker bewaldeten Schwarzwaldregionen erweckt.

Feldsee und Feldberg

Hier treffen zwei Giganten des Schwarzwaldes aufeinander: Der Feldsee in der Nähe der Gemeinde Feldberg ist der größte Karsee (97 500 Quadratmeter) im Schwarzwald und liegt zu Füßen des größten Bergs der Region, dem Feldberg (1439 Meter). Der fast kreisrunde See mit einer Tiefe von bis zu 32 Metern ist durch die Gletscherschmelze der letzten Eiszeit entstanden und von bis zu 300 Meter hohen Steilwänden eingefasst. Inzwischen herrscht im Feldsee ein generelles Badeverbot, um den Schutz eines seltenen Unterwasserfarns, der in geringer Tiefe gedeiht und in Deutschland außer im Feldsee nur noch im Titisee vorkommt, zu gewährleisten. Auch das Erklettern der angrenzenden Felsen ist aus Gründen des Naturschutzes streng verboten. Die Schönheit des dunklen Sees lässt sich aber auch anders genießen – beispielsweise bei einer Wanderung auf dem gut ausgebauten Seerundweg.

Großes Bild: Weit und wild ist der Südschwarzwald immer noch, auch wenn er längst touristisch voll erschlossen ist. Die Aussichten sind einfach einmalig.

Schluchsee

Ursprünglich hatte der Schluchsee eine Länge von drei Kilometern. Er ist in der letzten Eiszeit bei der Vergletscherung des Feldberggebiets entstanden. Später kam es zu der Errichtung einer Talsperre. So wurde der Wasserspiegel in den Jahren 1929 bis 1932 um 30 Meter angehoben und es entstand der heutige Stausee mit seiner Länge von 7,5 Kilometern und einer Breite von bis zu 1,5 Kilometern. Der Touristenmagnet dient auch als Pumpspeicherkraftwerk.

Bernauer Hochtal

Das Hochtal hat eine Länge von acht Kilometern, ist nach Süden hin offen und liegt südlich des Feldbergs im Herzen des Naturparks Südschwarzwald im Landkreis Waldshut. Landschaftlich besticht es vor allem durch seine Vielfalt. Tiefe Täler mit idyllischen Hofkulissen sind ebenso zu entdecken wie Gipfel mit Panorama-Ausblick auf einer Höhe von bis zu 1415 Metern. Der anerkannte Schwarzwald-Luftkurort Bernau gilt übrigens auch als beliebter Wintersportort und ist eine der Hochburgen im Schlittenhundesport.

Bewaldete Hügel bis zum Horizont: die Aussicht vom Belchen über den Südschwarzwald.

Der Sonnenaufgang taucht das Bernauer Hochtal in feurige Farben.

Belchen

Der Belchen zählt mit 1414 Metern zu einer der höchsten Erhebungen des Schwarzwalds. Aufgrund der einzigartigen und seltenen Flora und Fauna wurde das Gebiet bereits im Jahr 1949 unter Naturschutz gestellt. Zu Beginn der 1990er-Jahre wurde dieses Schutzgebiet noch erweitert. Heute umfasst es eine Fläche von rund 16 Quadratkilometern. Vor allem in den Hochlagen kann man seltene Schmetterlings-, Käfer- und Vogelarten bewundern. Neben dem Wanderfalken findet man hier auch das Haselhuhn und die Singdrossel. Und auch im Pflanzenreich sind Seltenheiten, wie die Gebirgsrose oder der Schweizer Löwenzahn, zu bestaunen.

Eggenertal

Warum man das Eggenertal auch das »Tal der Blüten« oder »Kirschblütental« nennt, sollte jeder am besten selbst erleben. Ab Mitte April verwandelt sich die Landschaft in ein Meer aus Kirschblüten und bietet ein un-

Großes Bild: Der malerische Schluchsee dient als Speicher für ein Kraftwerk.

223

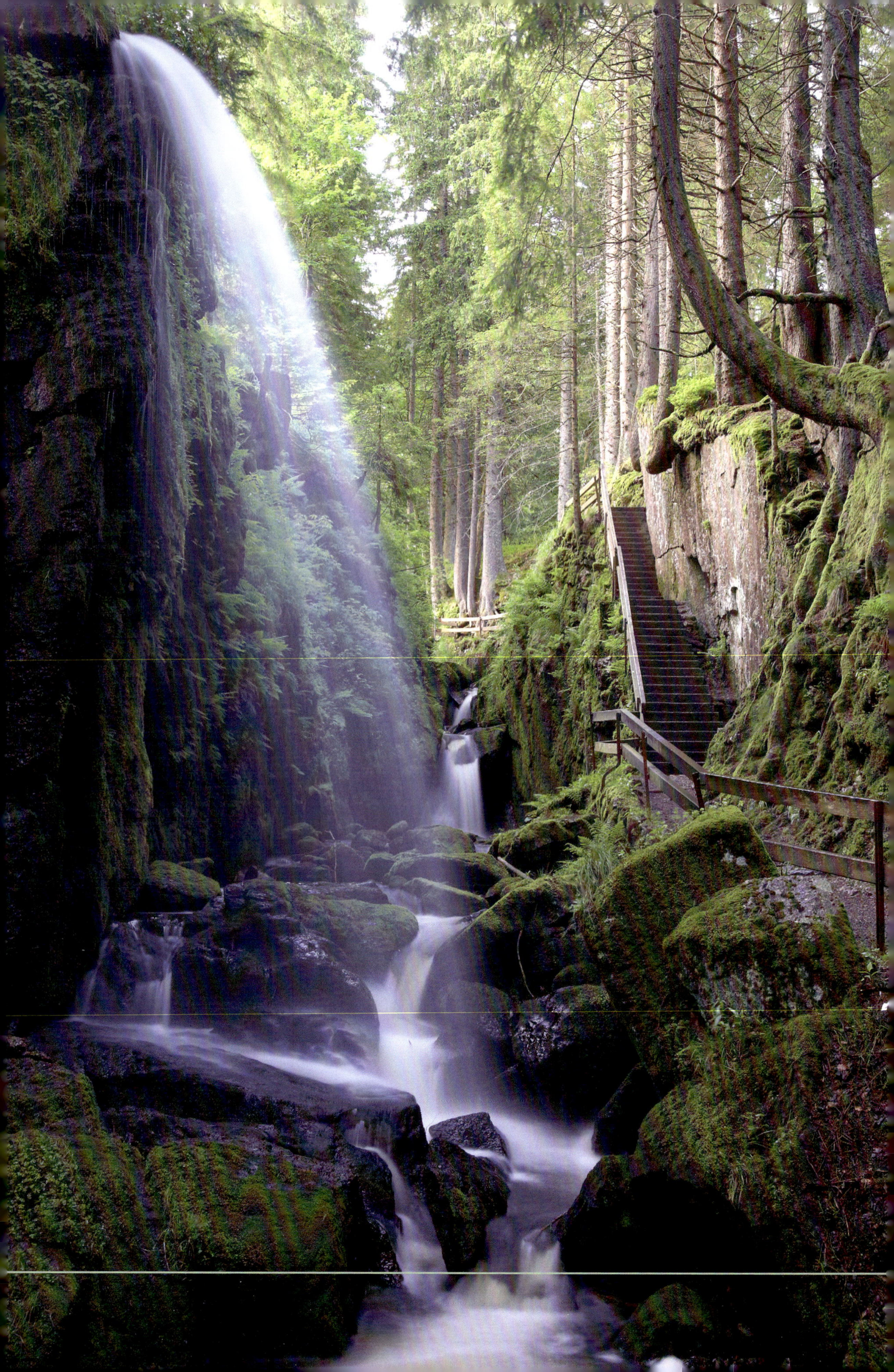

vergleichliches Panorama für Wanderer. Probieren kann man die Früchte übrigens schon wenig später; etwa Mitte Juni. Blumenfreunde kommen nicht nur zur Zeit der Kirschblüte, sondern auch zu jeder anderen Jahreszeit beim Anblick der unzähligen Blütenpflanzen auf ihre Kosten. Geheimtipp: Auf www.eggenertal.de wird wöchentlich veröffentlicht, welche Blumen gerade blühen und unter Tel. 07635/824 96 49 kann man die voraussichtliche Blütezeit der Kirschbäume erfahren.

Albtal

Es wird von seinem Namensgeber, dem Fluss Alb, durchflossen und gilt als beliebte Ferienregion zwischen Bad Herrenalb, Ettlingen und Karlsruhe. Die weitgehend unangetastete Naturentwicklung der letzten Jahrhunderte hat hier eine malerische Fluss-, Wiesen- und Tallandschaft entstehen lassen. Neben den geschützten Biotopen sind aber auch Überbleibsel aus Menschenhand, wie beispielsweise die historische Klosterstraße in Bad Herrenalb, die Klosterruine in Frauenalb oder der historische Stadtkern in Ettlingen, beliebte Attraktionen.

Wutachschlucht

Sie trägt nicht umsonst den Spitznamen »größter Canyon in Deutschland«. Die Wutachschlucht ist ein geschütztes Wildflusstal, in dem urwüchsige Wälder, steile Felsen, rauschende Wassermassen und klare Quellen aufeinander treffen. Perfekt wird die Romantik dieser malerischen Kulisse zudem noch durch die über 500 verschiedenen Schmetterlingsarten. Wer etwas Glück hat, kann hier sogar einen Eisvogel in seinem natürlichen Umfeld beobachten.

Weitere Highlights Der Südschwarzwald zählt zu einem der wasserreichsten Gebiete der Region. Die meisten Flüsse im Naturpark sind so naturnah erhalten, dass hier Tier- und Pflanzenarten überleben konnten, die andernorts bereits ausgestorben sind. Es ist daher ein Muss für jeden Naturliebhaber, einen der letzten großen Wildflüsse Mitteleuropas, die Wutach, zu besuchen. Mit etwas Geduld und Glück kann man hier auf Stein- und Dohlenkrebse treffen. Aber auch die Groppe und das seltene Bachneunauge sind hier beheimatet, ebenso wie seit einigen Jahren wieder laichende Atlantische Lachse, Flussneunaugen und Meerforellen. Besonders stolz sind die Einheimischen natürlich darauf, dass sich auch immer mehr Biber im Naturpark sehen lassen.

Outdoor-Aktivitäten Im urigen Naturpark konnten sich viele Tier- und Pflanzenarten durchsetzen, die man außerhalb der Alpen sonst nirgendwo in Deutschland findet. So kann man mit etwas Glück die Badische Quellschnecke, die Käferart Präger Dammläufer, Gämsen, das Auerhuhn, den Dreizehenspecht oder Luchse beobachten. Wer weniger Glück in freier Wildbahn hat, kommt bei der Beobachtung der Tiere in einem der zahlreichen Wildgehege auf seine Kosten, zum Beispiel im Schwarzwaldzoo in Waldkirch (www.schwarzwaldzoo.de). Einen guten Überblick über die verschiedenen Tierstationen findet man im Internet unter www.naturpark-suedschwarzwald.de/natur/seltene-arten.

Anreise/Unterkunft Viele Besucher bevorzugen eine Anreise mit öffentlichen Verkehrsmitteln zum Naturpark Südschwarzwald nicht nur wegen der Umweltfreundlichkeit und Stressfreiheit dieser Reisemöglichkeit, sondern auch wegen der günstigen Kosten. Für Bahnreisende steht das RIT-Schwarzwald-Ticket zur Verfügung (www.schwarzwald-tourismus.info/Service/RIT-Schwarzwald-Ticket). Eine weitere umweltschonende Anreise ist der Fernbustransfer. Über sämtliche Busverbindungen kann man sich online unter www.fahrtenfuchs.de informieren. Innerhalb der Ferienregion ist die Nutzung von Bus und Bahn übrigens kostenlos – vorausgesetzt man ist im Besitz der KONUS-Karte. Wichtige Informationen hierzu stehen im Internet zur Verfügung (www.konus-schwarzwald.info).
Unterkunft: Pension Jägerhof Bernau, 07675/727, www.schwarzwald-jaegerhof.de; Hotel Waldeck Feldberg, Tel. 07655/910 30, www.hotelwaldeck.com.

Entlang der Wutach führt ein schöner Wanderweg. Auch ihre Nebenschluchten, im Bild oben die Lotenbachklamm, sind abwechslungsreich. Linke Seite: Wasserfall im Albtal.

+ TIPP + TIPP + TIPP +

↗ **Entdeckung auf zwei Rädern** Wer den Schwarzwald von all seinen Seiten kennenlernen will, tut dies am besten auf zwei Rädern und auf dem Südschwarzwald-Radweg. Die Tour startet in Hinterzarten auf 885 Metern Höhe. Von hier aus geht es bergab in Richtung Titisee. Man fährt an urigen Höfen und Moorlandschaften vorbei. Weiter geht es am Hochrhein, wo mittelalterliche Städte an der deutsch-schweizerischen Grenze auf Erkundung warten. Nach einem Abstecher ins französische Huningue am Rande des ältesten Naturschutzgebietes im Elsass, der »Petite Camargue«, radelt man zurück ins deutsche Markgräflerland mit seinen Weinbergen und Kurorten, bis schließlich das mediterrane Flair der Freiburger Altstadt zu einer Pause einlädt. Die letzte Etappe der Tour führt am Flusslauf der Dreisam entlang und endet nach einer kurzen Zugstrecke schließlich wieder am Ausgangspunkt der Tour. Der Rundweg hat insgesamt eine Länge von 240 Kilometern und umfasst drei bis vier Tagesetappen. Die blütenreichste Reisezeit ist zwischen Mai und Oktober. Da die Wege überwiegend asphaltiert bzw. gut ausgebaut sind und keine höheren Steigungen bereithalten, ist die Strecke für die gesamte Familie befahrbar.

↗ **Südschwarzwald aus der Vogelperspektive** Für schwindelfreie Naturfreunde ist der Baumkronenweg in Waldkirch wohl die schönste Attraktion des Südschwarzwalds. Er besteht aus einer 200 Meter langen Holz-Stahlkonstruktion, die an vier Aussichtstürmen einen spektakulären Ausblick ermöglicht. In einer Höhe von 23 Metern schwebt man praktisch inmitten der Baumkronen und beobachtet Flora und Fauna aus der Sicht der Vögel. Dass sich der Baumkronenweg für wirklich alle Waldliebhaber eignet, verdankt er seiner Barrierefreiheit. Der Weg ist mit einer durchschnittlichen Steigung von sechs bis zehn Prozent auch für Rollstuhlfahrer gut zu befahren (www.baumkronenweg-waldkirch.de).

↗ **Waldhaus** Seit dem Jahr 2008 gibt es in Freiburg das Bildungs-, Informations- und Kompetenzzentrum zu den Themen Wald und Nachhaltigkeit, das sogenannte WaldHaus. Neben Kinder- und Schulführungen richtet sich ein spezielles Bildungsangebot auch an Senioren sowie natürlich auch an alle anderen interessierten Naturfans. Wissenswertes über den Naturraum Wald gibt es hier nicht nur in der Theorie, sondern auch in der Praxis zu erfahren. So kann in der Grünholzwerkstatt beispielsweise der handwerkliche Umgang mit Holz gelernt werden. In den Forschungsräumen kann man überdies dem Leben im Waldboden oder in der Baumrinde auf die Spur kommen. Weitere Informationen sowie das Jahresprogramm findet man im Internet unter www.waldhaus-freiburg.de.

↗ **Alles Käse** Unter dem Namen »Käseroute« ist ein kulinarischer Reiseweg bekannt, der zu verschiedenen Käsereien im Südschwarzwald führt. Diese Höfe lassen die Tradition der Käseherstellung im Südschwarzwald wieder aufleben. Noch im Mittelalter wurden auf den hiesigen Höfen vielerlei Käsesorten hergestellt. Durch die Käseherstellung war es den Bauern möglich, auf den meist abgelegenen Höfen die Milch des aus dem Südschwarzwald stammenden Vorderländer-Rinds haltbar zu machen. Diese Tradition wird heute wieder zum Leben erweckt. Schwarzwälder Käse ist daher nicht nur bei den Bauern, sondern vielerorts auch auf Wochenmärkten erhältlich. Wer die Käseroute selbst erkunden will, informiert sich am besten online unter www.naturpark-suedschwarzwald.de/essen-trinken/kaeseroute.

Per pedes oder per Fahrrad kann man den Südschwarzwald erkunden, etwa den Todtnauer Wasserfall (rechts) oder den Feldsee (oben).

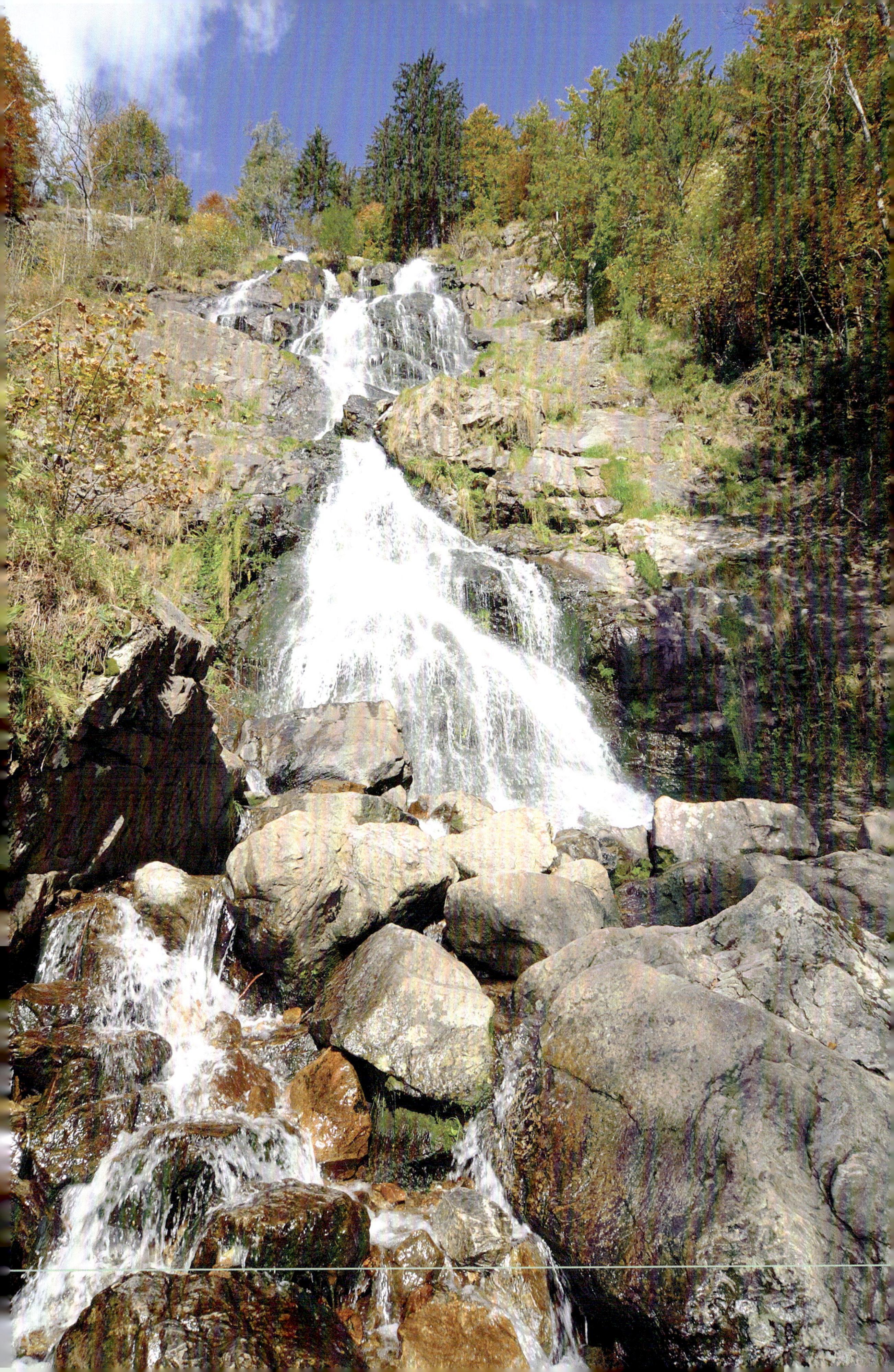

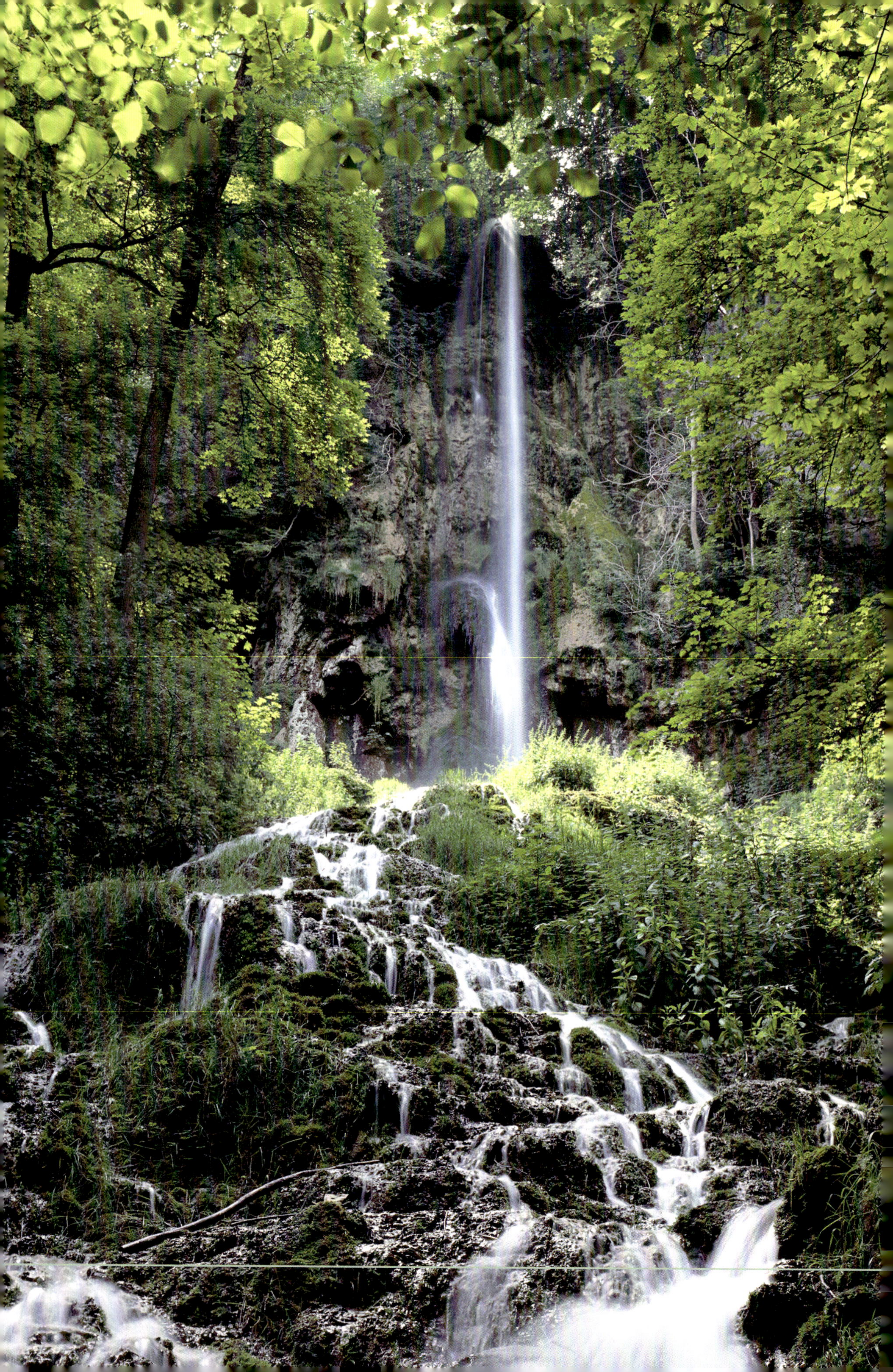

Schwäbische Alb

*Schwäbische Alb Tourismusverband e.V.
Marktplatz 1
72574 Bad Urach
Tel. 07125/94 81 06
www.schwaebischealb.de
info@schwaebischealb.de*

Rau, karg und steinig zeigt sich die Schwäbische Alb in ihren Höhenlagen, doch je weiter man an den Fuß des knapp 200 Kilometer langen und ca. 40 Kilometer breiten Mittelgebirges kommt, desto artenreicher, bewachsener und bewohnter wird die Landschaft. Die üppigen Wacholderheiden und südexponierte Hang- und Felsflächen bieten einer Vielzahl verschiedener Schmetterlingen eine ideale Kulisse. Aber auch seltene Vögel bewohnen die Schwäbische Alb. Wer Glück hat, kann einen Uhu, Wanderfalken oder eine Schleiereule beobachten. Das botanische Wahrzeichen der Region ist die Silberdistel. Aber auch verschiedene Enzianarten, einheimische Orchideen sowie Astern, die mehr als 50 Zentimeter hoch wachsen, erfreuen das Auge des aufmerksamen Wanderers. Vor allem im Frühling ist die Schwäbische Alb für ihre »blühenden Teppiche« bekannt. Das Biosphärengebiet Schwäbische Alb zählt übrigens durch die Anerkennung der UNESCO zum Kreis der nur 621 Biosphärenreservate weltweit. Hierbei geht es nicht allein um klassischen Umweltschutz, sondern auch die Belange der dort lebenden Menschen stehen im Vordergrund. Landschaftsschutz steht dabei ebenso im Zentrum der Förderung wie die nachhaltige Nutzung der Natur zu wirtschaftlichen Zwecken.

Uracher Wasserfall

Es ist ein tosendes Spektakel, wenn bis zu 240 Liter Wasser pro Sekunde aus 37 Metern Höhe über eine Tuffsteinkante ins Tal stürzen. Der Wasserfall in Bad Urach ist nicht umsonst eine der bekanntesten Naturattraktionen der Region und gleich aus mehreren Perspektiven zu bewundern. Von unten kann man die Wassermassen auf sich zustürzen sehen, man kann aber auch die steilen Stufen an der Seite des Falls hinaufklettern und oben angelangt auf einer Brücke über dem Wasserfall stehen und hinabblicken.

Blautopfhöhle

Höhlen und Tunnel sind typisch für die Schwäbische Alb. Eine der schönsten Grotten ist die Blautopfhöhle in Blaubeuren. Ihr türkises Wasser bietet Besuchern eine Kulisse, wie man sie sonst nur aus dem Fernsehen kennt. Erst in den 1950er-Jahren gelang es Tauchern, auf den Grund der bis zu 22 Meter tiefen und knapp 5 Kilometer langen Höhle vorzudringen. Für Besucher bieten die begehbaren Passagen der Blautopfhöhle einen Anblick zum Staunen. Hier sieht man Tropfsteine, die mehr als 20 Meter lang sein können.

Linke Seite: Die Wassermassen des Uracher Wasserfalls stürzen steil den Fels hinab. Oben: Bei Hechingen geht der Blick über Wiesen auf Burg Hohenzollern. Unten: Ein Siebenschläger nascht in einem Pflaumenbaum.

Beurener Heide

Es ist ein kleines, idyllisches Naturschutzgebiet in der Nähe des Weilers Beuren bei Hechingen. Die Beurener Heide liegt geschützt am Südwesthang des Dreifürstensteins. Alte Sagen erzählen, dass hier drei Fürsten an einem Tisch sitzen konnten, ohne ihr eigenes Territorium verlassen zu müssen. Heute ist die Heide ein beliebtes Ausflugsgebiet, das vor allem durch ihr blühendes Kernstück, die Wacholderheide, für bleibende Eindrücke sorgt.

Blick über die Karstlandschaft zum Zeugenberg Ipf bei Bopfingen

Weitere Highlights Eintauchen in zwei Millionen Jahre Geschichte – in der Bärenhöhle in der Nähe von Sonnenbühl-Erpfingen ist das möglich. Diese Tropfsteinhöhle ist auf über 250 Metern begehbar. Zu bestaunen gibt es hier neben den meterlangen Tropfsteinen, teilweise in bunten Farben, auch Hinterlassenschaften urzeitlicher Einwohner, die in der Höhle Zuflucht gesucht haben. Steinklingen, Schmuck, bronzezeitliche Gefäße, römische Kelche, Pfeilspitzen und Pestleichen, die teilweise älter als 8000 Jahre sind, geben in der Bärenhöhle einen Einblick in die Vorzeit.

Outdoor-Aktivitäten Kurvige Wege und anspruchsvolle Anstiege sind eine wahre Herausforderung für alle Radfahr- und Mountainbike-Fans. Doch auch Radler, die nicht so viel Lust auf schweißtreibendes Treten haben, sind in der Ferienregion Schwäbische Alb richtig. Sie satteln einfach auf sogenannte E-Bikes um. Dies sind Räder, die mit Elektromotoren ausgestattet sind und die Tretleistung ihres Fahrers auf Wunsch unterstützen. Mit solchen Fahrhilfen wird die Radtour zu einem Ausflug für Jung und Alt. Infos zum Verleih von E-Bikes und tauglichen Strecken gibt es unter www.schwaebischealb.de/Aktiv/E-Bike-Pedelec.

Anreise/Unterkunft Da die Region Schwäbische Alb vor allem für ihre vielfältigen Radrouten bekannt ist, haben sich die Tourismusverbände für Radfreunde besondere Urlaubsmöglichkeiten ausgedacht. Spezielle »Bett & Bike«-Arrangements geben Radlern eine ausgeklügelte Tourplanung mit entsprechenden Übernachtungsmöglichkeiten und vergünstigten Raststationen an die Hand. Auch alle anderen Urlauber kommen in der Region auf ihre Kosten. So gibt es neben klassischen Hotels Campingangebote, Ferienwohnungen und – für alle, die es rustikal mögen – auch Ferien auf dem Bauernhof. Weitere Infos und eine Übersicht zu den Unterkünften der Region findet man online auf www.schwaebischealb.de.

Großes Bild: Die Beurener Heide bietet eine abwechslungsreiche Landschaft mit Wäldern, Mooren und sanften Hügeln, in der viele Tier- und Pflanzenarten ein Zuhause finden.

+ TIPP + TIPP + TIPP +

↗ Am Wasser entlang Der Donauberglandweg ist einer von rund 60 Qualitätswanderwegen der Region Schwäbische Alb. Er zählt zu den beliebtesten Wanderwegen in Deutschland. Die Route ist in vier Tagesetappen von je 15 Kilometern eingeteilt. Die Strecken verlaufen größtenteils unmittelbar auf Flusspfaden und naturnahen Wegen und erstrecken sich über die höchsten Berge der Region, tiefe Täler, Ruinen, Burgen und Schlösser. Der häufige Wechsel zwischen Steigungen und Abstiegen setzt eine gesunde Kondition voraus.

↗ Übernachten wie im Abenteuerroman Mit engen Dreimannzelten geben sich Campingtouristen auf der Schwäbischen Alb längst nicht mehr zufrieden. Für sie sollen die Schlafgemächer aufregender sein. Das Hofgut Hopfengut in Münsingen hat darauf reagiert. Vom indianischen Tipi über altertümliche Schäfer- oder Heidewagen, bis hin zu Tuareg-Zelten oder Jurten bietet dieser Urlaubshof sämtliche Übernachtungsmöglichkeiten, die das Abenteurerherz begehrt. Die Ferienanlage bietet auch gewöhnliche Stell- und Zeltplätze an, spannender ist aber in jedem Fall eine Übernachtung in diesen außergewöhnlichen Unterkünften (www.hofguthopfenburg.de).

↗ Abenteuer in den Bäumen Im Abenteuerpark Schloss Lichtenstein ist der Name Programm: Abenteuer gibt es hier bei Klettererlebnissen für Groß und Klein zu erleben. Direkt neben dem Schloss sind neun verschiedene Parcours für Mutige und Kletterfreunde errichtet, deren Begehung neben einer soliden Fitness nur eine Einweisung und die Absicherung durch eine ausleihbare Ausrüstung voraussetzt. Die verschiedenen Schwierigkeitsstufen der Kletterparcours machen der ganzen Familie das Mitklettern möglich (www.abenteuerpark-schloss-lichtenstein.de).

↗ Mit Volldampf voraus Auf der Bahnstrecke zwischen Amstetten und Gerstetten fährt eine historische Attraktion, eine Tenderlock aus dem Jahr 1921, die Eisenbahnwagen mit offenen Plattformen, einen Speisewagen und einen Packwagen für Fahrräder hinter sich herzieht. Auf der Strecke von rund 20 Kilometern muss der Dampfzug enge Kurven und einen Anstieg von 25 Prozent meistern, während seine Gäste die malerische Landschaft genießen können (www.ueflokalbahn.de).

Naturpark Obere Donau

Naturpark Obere Donau e.V.
Wolterstraße 16
88631 Beuron
Tel. 07466/928 00
www.naturpark-obere-donau.de
kontakt@naturpark-obere-donau.de

Es hat Jahrtausende gedauert, bis sich die Donau zwischen Immendingen und Ertingen ihr tiefes Bett durch das Juragestein gegraben hat, das heute das Herzstück des Naturparks Obere Donau, den Donaudurchbruch, bildet. Auf einer Länge von 80 Kilometern zieht sich die Donau durch das insgesamt 1350 Quadratkilometer große Gebiet, das seit dem Jahr 1980 als Schutzgebiet ausgewiesen ist. Im Zeitalter der Römer wurde der hiesige Flussabschnitt nach dem keltisch-romanischen Flussgott »Danuvius« genannt. So entstand auch der Name »Donau«. Die Region ist heute eine Kulturlandschaft, die ihren Besuchern neben Burgen und Palästen auch seltene Natur-Kulissen zu bieten hat. Bekannt sind vor allem der Donaudurchbruch und die Donauversinkung. Auch der malerische Ausblick vom Aussichtspunkt Knopfmacherfelsen ist ein Muss für Naturfreunde. Und wer etwas Glück hat, entdeckt auf seiner Wanderung vielleicht einen Uhu, Gämsen, Luchse und sogar Biber.

Highlights Man nennt ihn den »Grand Canyon-Blick« – und das nicht ohne Grund: Der Eichfelsen ist einer der spektakulärsten Aussichtspunkte im Donautal. Von hier aus hat man den Blick zur Burg Wildenstein, über den markanten Korbfelsen zum Schloss Werenwag, außerdem zum Schaufelsen, zum Fachfelsen und zum Bandfelsen.

Outdoor-Aktivitäten Natur erleben, ohne ihr zu schaden, unter diesem Motto entstand 1997 der Irndorfer Felsengarten. Die Anlage soll den Besuchern die Möglichkeit geben, Formen von Felsenvegetation kennenzulernen ohne dabei die sensible Pflanzendecke betreten zu müssen. Die Felsen hier sind ehemalige Kalk-Schwammriffe und stammen aus einer Zeit vor 150 Millionen Jahren, als Süddeutschland von einem flachen Meer bedeckt war. Die Felsen sind der Lebensraum besonderer Pflanzenarten wie beispielsweise der Steppenheide.

Anreise/Unterkunft Outdoor-Fans freuen sich vor allem über die große Auswahl an Campingplätzen in der Region. Eine der neuesten Unterkünfte ist der Campingplatz Ablacher Seen. Das Wiesengelände liegt direkt an einem Baggersee. Bade- und Angelmöglichkeiten sind hier ebenso gegeben wie ein Wildpark in der Nähe (www.ablacherseencamping.de).

Großes Bild und links: das Durchbruchstal der oberen Donau; rechts: Türkenbund und Frauenschuh.

+ TIPP + TIPP + TIPP +

↗ **Wie im wilden Westen**
Wenn man die Ranger bei ihrer Arbeit zu Pferd begleitet, an einem der Wanderausritte teilnimmt, mit Pfeil und Bogen schießt oder ein uriges BBQ genießt, vergisst man schnell, dass man sich in Baden-Württemberg befindet. Auf der »Middle Mountain Ranch« ticken die Uhren noch anders. Dieser amerikanisch anmutende Bauernhof liegt auf 1000 Metern Höhe auf dem Heuberg und bietet seinen Gästen das absolute Wild-West-Feeling. Man kann übernachten oder auch als Tagesgast an dem Geschehen auf der Ranch teilnehmen (www.middle-mountainranch.de).

↗ **Wie anno dazumal** Man schreitet durch einen altertümlichen Ortskern, begegnet Hirten, die eine kleine Schweineherde durchs Dorf treiben und schaut alten Handwerkern bei ihrer Arbeit zu: Im Freilichtmuseum Neuhausen ist alles noch wie zu alten Zeiten. Neben Vorführungen werden auch Veranstaltungen angeboten, die zum Mitmachen einladen. In der, einem historischen Wirtshaus nachempfundenen, Museumsgaststätte kann man urig einkehren (www.freilichtmuseum-neuhausen.de).

↗ **Erleben und lernen**
Wer die Natur nicht nur bestaunen, sondern auch verstehen will, ist auf dem Naturlehrpfad »Geißenhölzle« genau richtig. Auf dem neu angelegten Pfad warten allerlei informative Stationen. Neben 150 verschiedenen Illustrationen gibt es ein Bienenhotel, einen Insektenturm, ein Waldbett und eine Hummelstation zu sehen. Natürlich liegt der Pfad auch selbst inmitten der blühenden Attraktionen, die die heimische Natur zu bieten hat.

Bodensee

Internationale Bodensee Tourismus GmbH, Hafenstraße 6, 78462 Konstanz
Tel. 07531/90 94 90
www.bodensee.eu
info@bodensee.eu

Dass ihn manche liebevoll als »Deutschlands größte Badewanne« bezeichnen, hat gleich zwei Gründe: Der Bodensee ist mit einem Wasservolumen von ca. 48,5 Kubikmetern der größte See des Landes, zum anderen ist er der größte Trinkwasserspeicher in ganz Mitteleuropa und versorgt weite Teile von Baden-Württemberg mit seinem Bodenseewasser. Der See liegt auf dem Gebiet der Bundesländer Baden-Württemberg und Bayern sowie auf dem Österreichs und der Schweiz. Die Maße des Gewässers sind enorm. Er hat eine Länge von 63 Kilometern und eine Breite von 14 Kilometern. Das entspricht einer Fläche von 536 Quadratkilometern und einem Umfang von 273 Kilometern, wovon 173 Kilometer des Ufers zu Deutschland gehören, 72 Kilometer liegen auf Schweizer Boden und 28 Kilometer werden zu Österreich gezählt. An der tiefsten Stelle misst der Bodensee 254 Meter. Die gigantische Größe des Sees hat zur Folge, dass man das gegenüberliegende Ufer nicht sehen kann. Der Grund dafür ist aber nicht unbedingt die Entfernung, sondern die Erdkrümmung. Die Krümmung des Wasserspiegels des Sees beträgt in seiner Länge stolze 42 Meter, sodass die gegenüberliegenden Ufer dahinter verschwinden.

Blick auf Sipplingen am Überlinger See, einem Teil des Obersees vom Bodensee

Untersee

Einheimische sprechen vom Untersee als dem »Bodensee in konzentrierter Form«, da die Region Untersee zwar klein und überschaubar ist, aber dennoch alle Vorzüge ihres großen Bruders zu bieten hat. Sie ist Teil der Grenze zwischen Deutschland und der Schweiz. Naturfreunde finden hier zahlreiche naturbelassene Ufer, Inseln und Halbinseln, Buchten und kleine Anhöhen, auf denen Burgen, alte Klöster und Schlösser thronen. Die Region ist durch ihr mildes Klima und ihre Naturschutzgebiete Wollmatinger Ried, Mettnau und Mindelsee ein hoch frequentierter Rast- und Überwinterungsort für 400 Vogelar-

Die kleine Bartmeise lebt in den Schilfgebieten am Bodenseeufer.

ten. Ein besonderes Highlight für Naturfreunde ist die Marienschlucht. Sie hat etwa eine Höhe von 100 Metern und ist teilweise nur einen Meter breit. Der Einstieg wurde erst jüngst aufwendig saniert, sodass jeder die Schlucht erklimmen und den Blick genießen kann.

Mettnau

Mit einer Länge von 3,5 Kilometern und einer Breite von 800 Metern ragt die Halbinsel Mettnau friedlich aus dem westlichen Teil des Bodensees. Ihr größter Teil (ca. 1,4 Quadratkilometer) wurde zum Naturschutzgebiet erklärt. Den Ausschlag dafür gaben vor allem verschiedene Wasservogelarten, die die Region als Brutgebiet nutzen. Die Mettnauspitze, der äußerste Zipfel der Halbinsel, ist in der Zeit zwischen 15. April und 31. August für Wanderer und Besucher komplett gesperrt, um die Brut und Aufzucht der Vögel nicht zu stören.

Reichenau

Bereits die Anreise ist eine Attraktion. Wenn man die lange Pappelallee, die die Insel Reichenau mit dem Festland verbindet, passiert, fühlt man sich in der Zeit zurückversetzt. Hinter den majestätischen Bäumen tut sich der Blick auf die Mauern des Klosters Reichenau auf, das auf der Insel bereits seit dem Jahr 724 residiert und zu ihrem Wahrzeichen wurde. Insgesamt drei historische Kirchen schmücken die Insel, die seit 2000 zum UNESCO Weltkulturerbe gehört. Mit einer Fläche von 4,3 Quadratkilometern ist Reichenau die größte der drei Bodenseeinseln. Naturfreunde finden auf ihr das Naturschutzgebiet Wollmatinger Ried, das dem Naturschutzbund NABU als Beobachtungsplattform für knapp 300 verschiedene Vogelarten dient. Für aufmerksame Besucher gibt es jede Menge zu beobachten: die Nistplätze der inzwischen kaum noch scheuen Vögel verteilen sich über die gesamte Insel.

Großes Bild: Wer zum ersten Mal an den Bodensee fährt, hält sich meist an die Höhepunkte: die Blumeninsel Mainau oder die Unteruhldinger Pfahlbauten. Mit dazu gehört auch unbedingt ein Besuch der Insel Reichenau.

Mainau

Die Blumeninsel Mainau ist wohl der bunteste Fleck des Bodensees. Das Eiland gleicht einer riesigen Parkanlage, in deren Mitte das Barockschloss, in dem die gräfliche Familie Bernadotte lebt, thront. Das milde Klima des Bodensees macht dieses blühende Kleinod zu einem Paradies – sogar für mediterrane Pflanzen. So wachsen auf der Mainau Palmen und Orchideen. Neben Spaziergängen über die 45 000 Quadratmeter große Insel laden im Park Attraktionen, wie das größte deutsche Schmetterlingshaus, ein Palmenhaus, die Orchideenschau, eine Rosenpromenade und ein italienischer Rosengarten sowie die Schlossterrasse, ein Kräutergarten, der Schwedenturm mit Weinberg, aber auch schöne Uferwege und der Ufergarten mit Aussichtspunkten zum Staunen ein. Die gräfliche Familie will in dieser gepflegten Anlage den Besuchern zeigen,

An den Ufern der Reichenau hat sich ein Schwan eingenistet.

wie artenreich die Natur sein kann, wenn man sie schützt.

Weitere Highlights Wer den Bodensee wirklich kennenlernen möchte, kann dies auf dem Bodensee-Rundweg tun. Dieser Pfad ist rund 250 Kilometer lang und führt einmal um den gesamten See herum. Durch die blauen Wegmarkierungen ist der Strecke leicht zu folgen. Ein Verlaufen ist kaum möglich. Leider können nicht alle Ufergebiete betreten werden, sodass das Wasser nicht immer sichtbar ist. Doch auch die uferfernen Teilstrecken bieten bodenseetypische Sehenswürdigkeiten. Infotafeln entlang des Sees informieren über die jeweiligen Attraktionen. Die Länge des Wanderwegs setzt voraus, dass man sich mehrere Tage Zeit nimmt und die Reise mit Übernachtungsmöglichkeiten und Raststationen plant.

Outdoor-Aktivitäten Die »Corvus Natur- und Wildnisschule« bringt Groß und Klein die Natur näher. In den verschiedenen Kursen, Seminaren und Feriencamps werden die Lehren alter Naturvölker vermittelt. Was zunächst nach trockener Theorie klingt, ist in Wirklichkeit ein Naturerlebnis hautnah. Spurenlesen steht ebenso auf dem Lehrplan wie Tierbeobachtungen, Laborforschungen oder der Bau einer Höhle und das Entzünden eines Lagerfeuers. Übrigens: Das Programm ist keineswegs nur für Kinder und Jugendliche gedacht. Es gibt Extrakurse für Erwachsene. Auch ein reiner Frauenkurs steht auf dem Programm (www.corvus-bodensee.de).

Anreise/Unterkunft Über die A81 (aus Stuttgart) und die A96 (aus München) gelangt man mit dem Auto aus Deutschland an den Bodensee, aus Österreich über die A12 sowie den Pfändertunnel und aus der Schweiz über die A3 und A7. Per Bahn erreicht man den See auf ebenso vielfache Weise, besonders preiswert sind die in Baden-Württemberg angebotenen Kombi-Angebote (»Baden-Württemberg-Ticket« etc.) oder die RIT-Fahrkarte, bei deren Benutzung aber mindestens eine Übernachtung in der Bodenseeregion erfolgen muss. Unterkunft: Campingplatz Sandseele auf der Insel Reichenau, Tel. 07534/73 84, www.sandseele.de. Eine Übersicht über die vielen Ferienwohnungen, Hotels und Privatzimmer findet man auf www.bodenseeferien.de.

Großes Bild: Tulpenpracht im Frühling auf der Blumeninsel Mainau. Auch das Schloss und die Kirche auf der Mainau sind stets von üppig blühenden Blumen umgeben. Weitere Highlights der Blumeninsel sind das Arboretum, der italienische Rosengarten, die Zitrussammlung und das Schmetterlinghaus.

+ TIPP + TIPP + TIPP +

↗ **Pfahlbauten Unteruhldingen** Sie schweben über dem Wasser und sind das Highlight vieler Bodenseetouristen: Die 23 Pfahlbauten, die zwischen Überlingen und Meersburg über dem Wasserspiegel erbaut wurden. Seit fast hundert Jahren sind diese rekonstruierten Häuser ein Wahrzeichen der Region und agieren heute als Freilichtmuseum, in dem das Leben der Steinzeitmenschen dargestellt wird. Seit dem Jahr 2011 sind die Bauten sogar zum UNESCO Weltkulturerbe erklärt worden. Kleiner Tipp für alle Wasserfreunde: Wer sich ein Tretboot mietet, kann die »schwimmenden« Häuser auch vom Wasser aus erkunden (www.pfahlbauten.de).

↗ **Rheinfall** Wenn 700 Kubikmeter Wasser in einer Sekunde in die Tiefe fallen, muss man das gesehen haben. Der Rheinfall in der Nähe von Schaffhausen ist mit einer Breite von 150 Metern und einer Höhe von 23 Metern einer der größten Wasserfälle Europas. Eine Aussichtsplattform an der Seite des Falls gibt Gästen einen atemberaubenden Blick auf dieses Naturspektakel (www.rheinfall.ch).

↗ **Raddampfer »Hohentwiel«** Sie ist ein Original vom Bodensee und heute sogar in zahlreichen Hollywood-Filmen (unter anderem auch in James-Bond-Filmen) zu sehen: Die »Hohentwiel« ist das letzte Schiff der Königlich Württembergischen Bodenseeflotte. Im Jahr 1913 wurde sie erstmals in den Dienst gestellt und schippert noch heute über ihren Heimatsee. Heute wird sie für Rundfahrten benutzt, aber auch spezielle Erlebnisfahrten mit Musik und Tanz werden immer wieder angeboten. Mehr Infos zum Erlebnis mit diesem alten Raddampfer gibt es online unter www.hohentwiel.com.

↗ **Freilichtmuseum Neuhausen** Hier hat man vielleicht keine Berge versetzt, aber dafür ganze Häuser: Im Freilichtmuseum Neuhausen wurden 24 historische Gebäude aus Baden-Württemberg zusammengetragen und zu einem Museumsdorf vereint. Neben einem Tagelöhnerhaus, einem Bauernhaus, einer Dorfschmiede und einer Schule sind hier auch ein altes Rathaus und sogar eine Kirche zu finden, zwischen denen man herrlich spazieren gehen kann. Und auch das Leben im Museumsdorf spielt sich so ab, wie es früher gewesen ist. Wer mag, kann alten Handwerkern bei ihrer Arbeit zusehen oder sich an zahlreichen Informationstafeln über den altertümlichen Alltag informieren. Mehr Infos gibt es online unter freilichtmuseum-neuhausen.de.

Trettachspitze, Mädelegabel, Hochfrottspitze und Bockkarkopf spiegeln sich in einem Bergsee in den Allgäuer Alpen.

Bayern

Der Freistaat weist Landschaftbilder auf, wie man sie sonst in Deutschland nicht findet – von Flusslandschaften wie an Main und Donau bis zum alpinen Hochgebirge wie bei Garmisch-Partenkirchen oder Berchtesgaden. Bayern, das flächengrößte Land Deutschlands, ist nördlich des Donautals Mittelgebirgsland, südlich davon erstreckt sich das meist hügelige Alpenvorland hin zu den Alpen.

Naturpark Bayerischer Spessart

Naturpark Spessart e.V.
Frankfurter Straße 4
97737 Gemünden a. Main
Tel. 09351/60 34 46
www.naturpark-spessart.de
info@naturpark-spessart.de

Der Naturpark Bayerischer Spessart trägt seit 2007 die Auszeichnung Qualitäts-Naturpark. Mit 1710 Quadratkilometern macht der bayerische Teil des Naturparks Spessart den deutlich größten Bereich aus. Weitere 730 Quadratkilometer liegen im Bundesland Hessen. Faszinierend sind die endlos scheinenden Waldgebiete, vor allem Laubmischwälder kommen vor. Man kann im Naturpark sehr hohe, bis zu 400 Jahre alte Eichen finden. Hinzu kommen grüne Wiesen und natürlich die Täler des Mains und der Sinn (einem Nebenfluss der Fränkischen Saale). Große Städte oder Ballungszentren gruppieren sich um den Park herum. Deshalb steht eine hervorragende Infrastruktur an Straßen und Wegen zur Verfügung, um die Region komfortabel kennenzulernen. Auch das Klima ist ideal, um sich viel in der Natur aufzuhalten. Weder sind die Sommer besonders heiß noch die Winter extrem kalt.

Highlights Gewaltige, bis zu 40 Meter hohe Eichen, die viele Generationen überdauert haben, sind das Highlight im Park. Drei Routen, auf denen man sich ihnen nähern kann, liegen in der Nähe von Weibersbrunn. Übrigens sind es nicht nur die Bäume, die den besonderen Reiz ausmachen, sondern es ist genau dieser Lebensraum, in dem Vögel und Insekten, seltene Pflanzen und Pilzarten hier optimale Bedingungen vorfinden. Start ist der Parkplatz nahe der A3 beim Jagdschloss Luitpoldhöhe (www.naturpark-spessart.de/wandern/naturerlebnis/baumriesen.php).

Outdoor-Aktivitäten Das Klima und die intakte Natur begeistern vor allem Wanderer. Mitten durch den Naturpark führt der 111 Kilometer lange Eselsweg. Seinen Namen verdankt er seiner Geschichte. Auf ihm transportierten einst Esel Salz von einem Ort zum anderen. Informationen findet man beim Büro für Touristik, Schlüchtern, Tel. 06661/853 61.

Anreise/Unterkunft Anreise über die A3, per Bahn beispielsweise nach Aschaffenburg oder Wertheim. Unterkunft: Ferienhof Obere Mühle, Fellen, Tel. 09356/13 63, www.reiterhof-oberemuehle.de; Hotel Franziskushöhe, Lohr am Main, Tel. 09352/60 40, www.franziskushoehe.de.

Ob Mufflons (oben), Waschbär oder Luchse (rechte Seite): Die Tierwelt im Spessart ist vielfältig. Mächtige uralte Eichen oder hohe Buchen (großes Bild) bieten ihnen Schutz.

+ TIPP + TIPP + TIPP +

↗ **WaldWichtelWeg** Seit Juni 2010 lädt der »WaldWichtelWeg« am Dillberg Familien mit Kindern ein, den heimischen Wald mit viel Spaß kennenzulernen. Mehrere Stationen machen den Spaziergang zur Expedition (www.waldwichtelweg.de).

↗ **Naturpark-Infozentrum** Ein Besuch im Informationszentrum in Gemünden lohnt sich auf jeden Fall. Die Ausstellung macht den Gast mit Pflanzen und Tieren der Gegend vertraut. So nah kommt man Fledermaus, Biber und Luchs sonst nicht. Öffnungszeiten erfährt man unter Tel. 09351/60 34 22.

↗ **Pompejaneum** Im Schlossgarten von Aschaffenburg gibt es eine Villa im römischen Stil, die Mitte des 19. Jahrhunderts errichtet und nach dem Zweiten Weltkrieg restauriert wurde. König Ludwig I. (1786 bis 1868) ließ sie als Besichtigungsobjekt erbauen. Inzwischen ist ein Museum mit römischen Kunstgegenständen hinzugekommen (www.schloesser.bayern.de).

↗ **Henneburg** Auch Schlösser und Burgen gehören zum Naturpark. Eine der schönsten Ruinen ist die Henneburg. Im 12. Jahrhundert wurde mit dem Bau begonnen. Einige der Überreste können besichtigt werden. Führungen unter Tel. 09392/97 60 15.

↗ **Radfahren** Der 49 Kilometer lange Elsavatal-Radrundweg von Haibach über Sulzbach, Aschaffenburg und Volkersbrunn hält nur wenig Steigungen, dafür aber viele schöne Aussichten bereit. Meist ist man auf Radwegen, manchmal auch auf Schotter unterwegs. In Heimbuchenthal lohnt das Radmuseum (www.radmuseum.de).

**Naturpark
Fränkische Schweiz-
Veldensteiner Forst**

*Naturpark Fränkische
Schweiz-Veldensteiner Forst
Forchheimer Str. 1
91278 Pottenstein
Tel. 09243/708 16
www.naturparkinfo.de
info@fsvf.de*

Mehr als stolze 2300 Quadratkilometer umfasst der Naturpark und ist damit nicht nur der zweitgrößte in Bayern, sondern auch einer der größten deutschen Naturparks überhaupt. Und es geht gleich mit Superlativen weiter, denn nirgends außerhalb der Alpen hat Bayern so viele Biotope und Geotope auf engstem Raum zu bieten. Auch seine beeindruckende Zahl von über 1000 Höhlen kann sich sehen lassen. Dichte Wälder prägen den Veldensteiner Forst, vor allem sind hier Fichten und Kiefern zu finden. Aber auch Flusstäler bestimmen die Region maßgeblich. Ein Teil des Maintals, das Bett der Wiesent sowie das Pegnitztal liegen auf dem Gebiet des Naturparks sowie die bizarren Felsformationen des Mittelgebirgsrückens. Im Frühjahr und Sommer blühen Orchideen, Lilien, Veilchen und Anemonen. Mehr als 5000 Kilometer bestens markierter Wanderwege führen zu Grotten, durch Auen und Wälder und sorgen für immer wieder atemberaubende Aussichten. Wem der Sinn zwischendurch nach Stadtleben und Kultur steht, der hat mit Nürnberg, Bayreuth, Bamberg, Erlangen und Coburg, den fünf Städten rund um das Parkgebiet, gute Auswahlmöglichkeiten. Hinzu kommt eine große Zahl hübscher kleiner Orte, darunter nicht wenige Luftkurorte und Heilbäder.

Staffelberg

Wahrzeichen, Krone Frankens, Hausberg von Bad Staffelstein: Der 539 Meter hohe Staffelberg trägt viele Namen. Sein Hochplateau, das sich gut verteidigen ließ, war schon in vorchristlicher Zeit besiedelt, wie Ausgrabungen beweisen. Der Staffelberg-Lehrpfad, markiert durch ein Schneckenhaus, beginnt am Ortsausgang Staffelstein gegenüber dem Friedhof. Auf dem Plateau sind die Nachbildung einer spätkeltischen Burgmauer sowie die Adelgundiskapelle zu entdecken.

Aufseßtal

Wer das Tal der Aufseß kennenlernen möchte, sollte sich zu Fuß oder per Rad auf den Weg machen. Autoverkehr gibt es hier kaum, was den Reiz dieses Gebietes ausmacht. Der Aufseßtalweg zwischen Doos und Draisendorf, gekennzeichnet durch ein orangefarbenes Kreuz auf weißem Grund, führt ohne Steigungen hindurch. Das Tal ist bekannt für seine Forellenzucht und der Ort Aufseß für seine Brauereien. Man sagt ihm die größte Brauereidichte weltweit nach. Hier startet und endet der 13,5 Kilometer lange Brauereiweg.

Kaum mehr als 650 Meter ragt die Fränkische Alb auf. Oben: Blick vom Staffelberg; links: malerisches Aufseßtal.

Wiesenttal

Im Herzen der Fränkischen Schweiz liegt das Wiesenttal und der gleichnamige Markt, zur Marktgemeinde gehören unter anderem die beiden ältesten Luftkurorte der Umgebung, Streitberg und Muggendorf. Man könnte die kleine Region als Extrakt der Höhepunkte des Naturparks bezeichnen. Hier findet der Besucher auf übersichtlicher Fläche zahlreiche Sehenswürdigkeiten. Dazu gehört der sogenannte Druidenhain, ein Waldstück im Esbach. Die Formen und die Lage der dortigen Jurafelsen verleihen dem Ort etwas Mystisches. Neben den Ruinen Streitburg und Neideck ist die Binghöhle eine der größten Anziehungspunkte. Sie genießt den Ruf, zu den herrlichsten Tropfsteinhöhlen von ganz Deutschland zu gehören (www.binghoehle.de). Sehr interessant ist der Geologische Erlebnispfad. Der 3,6 Kilometer lange Rundweg führt zu typischen Gesteinsformationen, Höhlen, einem Wasserfall und Versteinerungen.

Walberla

Eigentlich heißt der Tafelberg östlich von Forchheim Ehrenbürg. Seine beiden Gipfel sind der 512 Meter hohe Walberla und der 532 Meter hohe Rodenstein. Die Einheimischen nennen das gesamte Massiv aber einfach das Walberla. Schon die Kelten haben sichtbare Spuren hinterlassen. Ein Aufstieg lohnt sich vor allem wegen des großartigen Weitblicks über die Flusstäler, besonders im Frühjahr, wenn die Kirschbäume blühen.

Highlights Der Naturpark ist bekannt für seine Höhlen. Gleich vier davon kann man während der fünf Kilometer langen Höhlenwanderung rund um Muggendorf erkunden. Zuerst steht die Oswaldhöhle auf dem Programm, die den Muggendorfern im Dreißigjährigen Krieg Schutz bot. Die Wundershöhle hat enge Passagen, die man teilweise nur kriechend bewältigen kann. Auch die Witzenhöhle ist sehr anspruchsvoll. Zum Schluss belohnt die gut begehbare Rosenmüllershöhle für alle Anstrengungen. Taschenlampe und feste Schuhe sind Pflicht. Näheres erfährt man bei der Touristinformation Muggendorf, Tel. 09196/92 99 31.

Outdoor-Aktivitäten Klettern ist der dominierende Sport im Naturpark. Kein Wunder, gibt es doch mehr als 5000 verschiedene Routen jeder Schwierigkeitsstufe. Für Einsteiger stehen Kletterparks und spezielle Kurse zur Verfügung. Bekannte Reviere sind: Auerbach, Königstein, Hersbrucker Alb, Weiße Wand und Eibenwände. Schnupperkurse, Ausbildung und Kletter-Wochenenden findet man beispielsweise unter www.klettersucht.de.

Anreise/Unterkunft Anreise über die A9 oder A73, per Bahn zum Beispiel nach Forchheim. Unterkunft: Feriencampingplatz Bärenschlucht, www.baerenschlucht-camping.de; Hotel Goldner Stern, Muggendorf, www.goldner-stern.de.

Großes Bild: Vom Kletterrevier Röthelfels geht der Blick auf Alten- und Wiesenttal. **Rechts:** Dichter Buchenwald umsteht den Röthelfels.

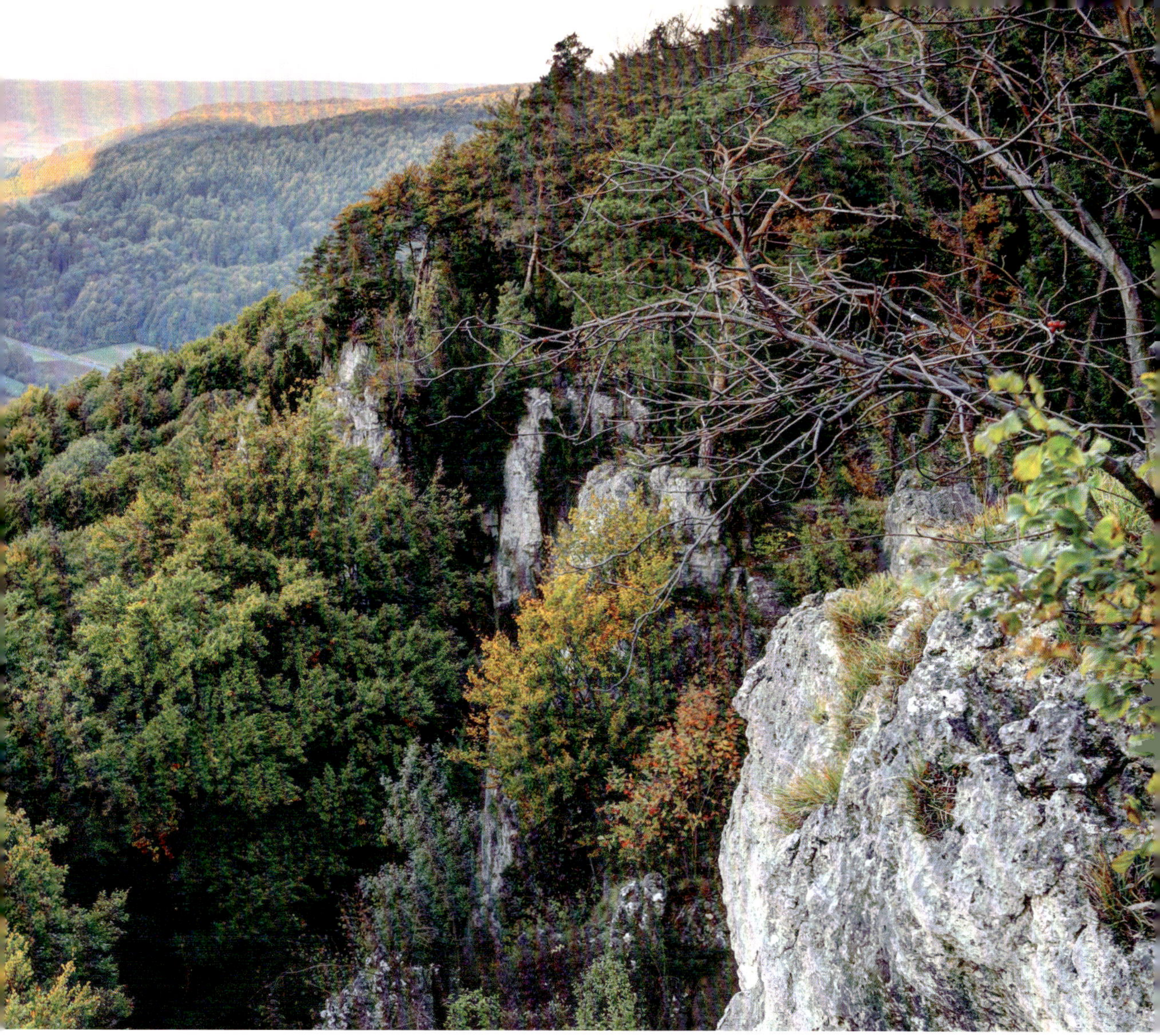

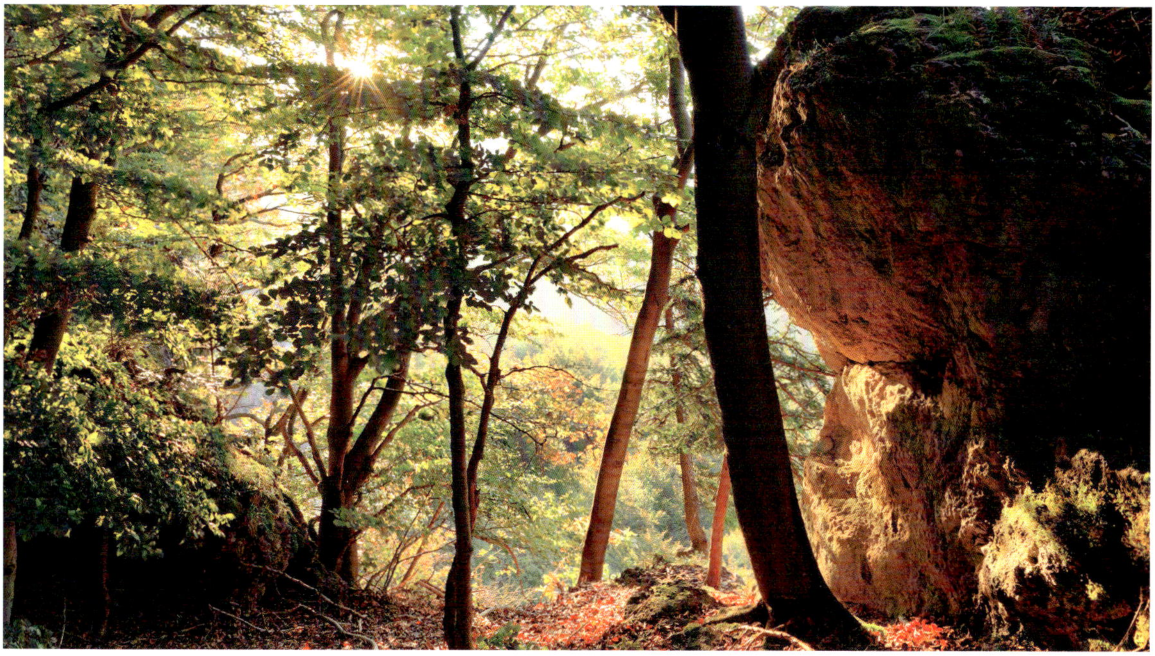

+ TIPP + TIPP + TIPP +

↗ **Informationszentrum** Ein Aufenthalt im Naturpark beginnt am besten im Informationszentrum im Bahnhof von Muggendorf. Hier kann man sich über Tiere und Pflanzen, über Burgen und Höhlen informieren und Anregungen für den Urlaub sammeln. Von April bis Oktober ist es täglich geöffnet.

↗ **Erzweg** Der Erzweg im Zentrum Bayerns ist rund 200 Kilometer lang. Sein Name kommt nicht von ungefähr, denn schon vor Hunderten von Jahren wurde hier Erz abgebaut und zu Eisen verarbeitet. Ein rotes Kreuz auf weißem Grund leitet den Wanderer von Pegnitz nach Kastl. Außer der Hauptroute gibt es zauberhafte Schlaufenwege, die man sich nicht entgehen lassen sollte. Ein bisschen trittsicher sollte man allerdings schon sein, um die teilweise schmalen Felsgrate zu bewältigen. Es geht über Hügel und durch Täler, auch Burgruinen, das Kloster von Michelfeld und mittelalterliche Ortschaften liegen auf dem Weg (www.erzweg.de).

↗ **Sophienhöhle** Unweit der Burg Rabenstein befindet sich eine der spektakulärsten Tropfsteinhöhlen überhaupt. Nicht nur ihre frühe Entdeckung und ihre Größe haben sie berühmt gemacht, sondern auch ihre Schönheit ist außergewöhnlich. Selten sieht man so faszinierende Farben und Formen, die besonders mit Beleuchtung und musikalischer Untermalung zur Geltung kommen. Auch die hier gefundenen und zusammengesetzten Skelette eiszeitlicher Säugetiere, wie etwa das eines Höhlenbären, sind Publikumsmagnete (www.burg-rabenstein.de).

↗ **Paddeln** Wer Lust hat, den Naturpark mit dem Kajak kennenzulernen, ist im Wiesenttal genau richtig. Von Doos geht es nach Streitberg oder Muggendorf. Unterwegs sorgen kleine Stromschnellen für zusätzlichen Spaß. Miet-Kajaks und einen Shuttle-Service sowie komplette Arrangements mit Barbecue und weiteren Programmpunkten findet man beispielsweise bei www.kajak-mietservice.de.

↗ **Museumsbahn Ebermannstadt-Behringersmühle** Immer sonntags verkehren historische Dampfzüge zwischen Ebermannstadt und Behringersmühle. Hinzu kommen reizvolle Sonderfahrten, teilweise mit Kleinkunst an Bord. Da die Strecke im schönsten Wander- und Obstanbaugebiet liegt, bietet sich zumindest eine Fahrt in Kombination mit einem längeren Spaziergang an (www.dfs.ebermannstadt.de).

↗ **Skiken** Skiken ist ein Sport, der nahezu alle Muskelgruppen beansprucht. Statt Langlaufski hat man kleine Bretter mit je zwei Rädern unter den Füßen, Stöcke gibt es dazu. Wer sich darin versuchen oder verbessern will, ist im Skike-Zentrum Muggendorf bestens aufgehoben (www.like2skike-franken.de).

↗ **Abenteuerpark Betzenstein** Es ist ein besonderes Erlebnis, über Seile, Netze, Brücken und Baumstämme immer höher hinauf in Richtung Baumkronen zu klettern. Im Abenteuerpark Betzenstein stehen dafür elf Parcours mit unterschiedlichen Anforderungen zur Verfügung. Das Gelände mit tollem Blick auf die Stadt Betzenstein ist felsig und extrem natürlich. Besondere Herausforderungen sind Fahrten mit einem Rad oder Schlitten in sieben bzw. zehn Metern Höhe. Informationen findet man unter www.abenteuerpark-betzenstein.de.

↗ **Kräuterführung** Im Naturpark Fränkische Schweiz wachsen Kräuter, die nicht nur schmackhaft sind, sondern auch gegen so manches Zipperlein helfen. Mehrere Kräuterpädagoginnen, die sich in der Region sehr gut auskennen, bieten Führungen an. Zum Beispiel Christa Heinze, Tel. 09245/578; Elisabeth Fröhlich, Tel. 09542/76 20 oder unter www.fraenkische-schweiz.com/info/gaestefuehrer/kraeuterpaedagogen.html.

↗ **Fliegenfischen** Freunde des Fliegenfischens behaupten, es handle sich um eine geradezu meditative Tätigkeit. Sicher ist, dass es in der herrlichen Natur der Fränkischen Schweiz garantiert für Erholung sorgt. Fischereikarten für die Wiesent und Kurse im Fliegenbinden und in der Wurftechnik gibt es zum Beispiel bei www.fliegenfischerschule-hammermuehle.de.

↗ **Burg Waischenfeld** Ein Besuch der um 1100 erbauten Burg ist ein toller Ausflug, gerade für Familien. Man kann sich dort im Schwertkampf oder Axtwerfen probieren oder in der Schenke ein Rittermahl genießen. Im Burghof und um die Burg herum wartet ein Märchenpfad mit Fragen, die von den kleinen Besuchern beantwortet werden sollen. Dafür gibt es anschließend eine Belohnung (www.burg-waischenfeld.de).

↗ **Therapeutische Wanderung** Ein weißer Äskulapstab auf einem roten Herz ist das Symbol des Therapeutischen Wanderwegs durch das Pitztal und den Leienfelser Wald. Das Besondere an diesem 5,8 Kilometer langen Pfad ist seine kontrollierte Steigung und die 30 Ruhebänke. Damit eignet er sich besonders gut für Menschen mit leichten Herz-Kreislauf-Problemen, da er ihnen ein sehr sanftes Training in wunderschöner Natur ermöglicht. Touristinformation Obertrubach, Tel. 09245/98 80.

Großes Bild: Mit dem Kajak geht es in raschem Tempo durch das Wiesenttal. Klettern wird in der Fränkischen Schweiz großgeschrieben (links, siehe auch S. 334).

Naturpark Frankenwald

Naturpark Frankenwald e.V.
Güterstraße 18
96317 Kronach
Tel. 09261/67 82 42
www.naturpark-frankenwald.de
naturpark.frankenwald@lra-kc.bayern.de

Im nördlichen Oberfranken, an der Grenze zum Thüringer Wald und zum Fichtelgebirge, liegt der Naturpark Frankenwald. Er erstreckt sich über 1023 Quadratkilometer, über die Hälfte davon gehört den Bäumen. Wo sich früher Tannen und Rotbuchen abgewechselt haben, stehen heute vor allem Fichten. In den Flusstälern erwarten den Besucher Wiesen und Auen, an die sich reich bewachsene Hänge anschließen. Und dann sind da noch die Hochplateaus, von denen aus man weit blicken kann. Dass in der Gegend viel Schiefer vorhanden ist und auch genutzt wird, kann man gut an den Dächern in vielen Dörfern sehen. Holz spielt seit jeher für die Wirtschaft der Region eine wichtige Rolle. Das spiegelt sich in Sägemühlen und der Flößertradition wider. Tannen wurden zu Wasser über weite Strecken transportiert und verkauft. Der Gegensatz zwischen intaktem Wald und den Spuren intensiver Rodung, zwischen malerischen Felsen und Bergbau, ist vielerorts heute noch sichtbar.

Wilde Rodach

Die Wilde Rodach ist ein über 20 Kilometer langer Nebenfluss der Rodach. Sie ist bekannt für ihre Sägemühlen und natürlich für ihre Flößerei-Geschichte. Heute bieten die Gemeinden im Oberen Rodachtal Floßfahrten als Urlauberspaß an. Rund 20 Personen teilen sich ein Floß. Mit nassen Füßen muss man immer rechnen. Touristinformation Wallenfels, Tel. 09262/945 21. Parallel zur Wilden Rodach verläuft ein 26 Kilometer langer Wanderweg.

Höllental und Steinbachtal

Die Selbitz hat sich bei Bad Steben und dem Ort Hölle ein 170 Meter tiefes Bett in das Vulkangestein gefressen. So ist das Höllental an der Grenze zu Thüringen entstanden. Sein Wahrzeichen ist ein lebensgroßer hölzerner Hirsch. Einen großartigen Blick darauf hat man vom Aussichtspunkt »König David«. Östlich von Hirschfeld befindet sich das unter Naturschutz stehende Steinbachtal mit seinen Auen und den extensiv bewirtschafteten Wiesen.

Highlights Weite Waldgebiete und seine abgeschiedene Lage zeichnen den Naturpark aus. Eine Kombination daraus bietet die 40 Kilometer lange Radstrecke »durch den idyllischen Franken(ur)wald«. Es geht dabei durch Schieferabbaugebiete und Urwald mit Gemeiner Esche, Rotbuche und Bergahorn. Infos bei Frankenwald-Tourismus, Tel. 09261/60 15 17.

Das einzige Besucherbergwerk des Naturparks ist der Friedrich-Wilhelm-Stollen. Neben Führungen wird für Kinder Edelstein-Buddeln angeboten (www.friedrich-wilhelm-stollen.de).

Outdoor-Aktivitäten Mit Höhen von 800 Metern und weiten Tälern eignet sich der Frankenwald besonders für den Wintersport. Loipen gibt es bei Bad Steben, Issigau oder Kupferberg. Alpin-Fans sollten die Abfahrt am Döbraberg probieren, die als eine der schwierigsten des nördlichen Bayerns gilt.

Anreise/Unterkunft Anreise über die A9 oder A70, per Bahn zum Beispiel nach Lichtenfels-Hof. Unterkunft: Ferienhof Barnickel, Kronach, www.ferienhof-barnickel.de; Relexa Hotel, Bad Steben, www.relexa-hotel-bad-steben.de.

Großes Bild: Morgendlicher Nebel steigt über der Saale auf. Rechts: Floßfahrt auf der Wilden Rodach.

+ TIPP + TIPP + TIPP +

↗ **Flößereimuseum** Die Flößerei hat die Region sowohl in ihrem Erscheinungsbild als auch wirtschaftlich stark geprägt. Das Flößereimuseum in Unterrodach zeigt anschaulich die Entwicklung der Region und vermittelt Floßfahrten.

↗ **Naturerlebnis Nordhalben** Neben einem Naturbadeteich, einem Sportbecken und einer Wasserrutsche gibt es ein Beachvolleyballfeld und ein Piratenschiff zum Klettern und Toben. Das große Schwimmbad kommt ohne Chemie und ohne von fossilen Brennstoffen betriebene Heizung aus.

↗ **Sommerrodelbahn** Bei Kronach wartet der Fröschbrunna-Coaster auf große und kleine Gäste. Mit dem Lift geht es auf 250 Meter hinauf und dann im Bob allein oder zu zweit abwärts (www.froeschbrunna.de).

↗ **Frankenweg** Wanderer finden auf dem Frankenweg die unterschiedlichsten Routen. Zum Beispiel die von Bad Steben durch das Höllental und auf die höchste Erhebung, den 794 Meter messenden Döbraberg. Endstation dieser Etappe ist Kulmbach mit seinem Wahrzeichen, der Plassenburg. Eine Bierverkostung oder eine Brauereiführung ist in der heimlichen Bierhauptstadt Deutschlands beinahe ein Muss. Informationen zum Frankenweg erhält man bei Frankenwald-Tourismus, Tel. 09261/60 15 17 oder unter www.frankenweg.de.

↗ **Bad Steben** Das Staatsbad Bad Steben ist das höchst gelegene seiner Art in Bayern. Hier wirken Moor, Mineralquellen und die gute Mittelgebirgsluft perfekt zusammen. Die Therme ist nicht nur für Erholungssuchende geeignet, die etwas für ihre Gesundheit tun wollen. Dank großer Liegewiese und Strömungskanal kommen auch Kinder auf ihre Kosten.

↗ **Kutschfahrt** Gemütlich mit zwei PS durch den Frankenwald. Bei einer Kutschfahrt kann man die Natur in aller Ruhe und bequem an sich vorüberziehen lassen. Zwischendurch gibt es eine kleine Stärkung. Angeboten wird das Ganze im Waldpark Leitschtal, Tel. 09262/15 38.

Naturpark Fichtelgebirge

Naturpark Fichtelgebirge e.V.
Jean-Paul-Straße 9
95632 Wunsiedel
Tel. 09232/804 23
www.naturpark-fichtelgebirge.org
info@naturpark-fichtelgebirge.org

Im Grenzgebiet von Sachsen, Bayern und Tschechien liegt der 1020 Quadratkilometer umspannende Naturpark Fichtelgebirge. Der gesamte Gebirgsrücken gehört ebenso zum Gelände wie der höchste Berg Frankens, der 1052 Meter hohe Schneeberg. Da ist es nicht überraschend, dass Felsen eins der beherrschenden Themen der Region sind. Eindrucksvolle Steinblöcke thronen neben schlanken hohen Türmen, beide überwiegend aus Granit. Die Natur kommt nicht zu kurz. Das Fichtelgebirge ist eine waldreiche Region. Auch Moore sind hier zu finden. Eger und Röslau sowie kleine Nebenflüsschen plätschern fröhlich vor sich hin. Auf den Felsen gedeihen seltene Flechten und Moose. In waldigen Höhen sprießen Arnika und Bärwurz, ebenfalls in ihrem Vorkommen bereits eingeschränkt. Auch ein Blick auf die Tierwelt des Parks lohnt sich. Das Auerhuhn hat hier sein Revier, das so ziemlich einzige außerhalb der Alpen. Biber, Fischotter und Eisvogel sind im Park ebenfalls heimisch.

Egertal

Die Quelle der Eger liegt auf über 750 Metern am Schneeberg. Von dort fließt sie 316 Kilometer bis zur Elbe, in die sie mündet. Die Naturpark-Info in Weißenstadt ist ein guter Start für eine Tour durch das Egertal. Der Fluss bewältigt enge Passagen wie den Thus mit seinem Wasserfall. Dann wieder kann sich sein Bett ausbreiten. Trotz Elektrizitätswerken, die von Naturschützern kritisiert wurden, kann man hier Kormorane und Graureiher beobachten.

Ochsenkopf

Mit 1024 Metern ist der Ochsenkopf die zweithöchste Erhebung im Fichtelgebirge – und ein kleines Freizeitparadies. Zwei Seilbahnen führen hinauf. Oben erwarten den Besucher Loipen und Alpin-Abfahrten. Auch eine Sommerrodelbahn gibt es, die mit zehn Kurven und 140 Metern Höhenunterschied für viel Spaß sorgt. Wer sich sportlich betätigen will, kann die beschilderten Mountainbike-Wege nutzen. Sogar die Mitnahme des Rades in der Süd-Seilbahn ist möglich.

Luisenburg

Johann Wolfgang von Goethe erkannte als Erster, dass die Granitblöcke des Fichtelgebirges nicht das Produkt einer Naturkatastrophe, sondern durch Verwitterung entstanden sind. Das eindrucksvollste dieser Granitmeere ist das Felsenlabyrinth Luisenburg. Ein Rundweg durch schmale Schluchten und zu Aussichtspunkten erschließt das geologische Gebiet mit seinen 300 Millionen Jahre alten Felsen. Informationen unter Felsenlabyrinth Luisenburg, Tel. 09232/56 73 oder unter www.wunsiedel.de/tourismus/felsenlabyrinth-luisenburg.

Highlights Granitfelsen sind die Stars der Region. Viele von ihnen sind als Naturdenkmal geschützt. Trotzdem sind einige durch Treppen erschlossen, sodass man sie erklimmen und den Ausblick von oben genießen kann, ohne dabei Schaden anzurichten. Ein Beispiel ist der Weißmainfels am östlichen Hang des Ochsenkopfs. Man erreicht ihn über den Wanderweg vom Seehausparkplatz oder den Goetheweg zum Gipfel. Zwischen Schneeberg und Ochsenkopf befindet sich der künstlich angelegte Fichtelsee. Man kann darin schwimmen, die Liegewiese nutzen oder mit dem Tretboot darüberfahren. Unbedingt empfehlenswert ist ein Spaziergang durch das Naturwaldreservat Fichtelseemoor. Zwar ist das einstige Moor durch Torfabbau ausgebeutet worden, dennoch sind typische Moorpflanzen erhalten geblieben.

Outdoor-Aktivitäten Eine Schneeschuhwanderung erfordert ein wenig Kondition. Dafür kann man sich auch auf tief verschneiten Wegen relativ einfach fortbewegen. Geführte Touren und Materialverleih – auch für Ski und Snowboard – findet man zum Beispiel bei www.brauns-skialm.de.

Anreise/Unterkunft Anreise über die A9 oder A93, per Bahn nach Marktredwitz. Unterkunft: Campingplatz Weißenstadt, www.campingplatz-weissenstadt.de; Hotel Kaiseralm, Bischofsgrün, www.kaiseralm.de.

Großes Bild: Der Wanderweg auf den Ochsenkopf führt durch einen dichten Wald.
Links: Felsenlabyrinth Luisenburg.

+ TIPP + TIPP + TIPP +

↗ **Freilandmuseum Grassemann** In Warmensteinbach ist in einem typischen Einfirsthof aus dem 17. Jahrhundert ein Museum untergebracht, das die Lebensweise der Menschen vor Hunderten Jahren zeigt. Besucher erfahren einiges über die Holzwirtschaft und den Bergbau. Draußen gibt es einen Rundweg mit 17 informativen Stationen, Tel. 09277/61 05.

↗ **Schausteinbruch Häuselloh** Die Granitsteinbrüche waren ungeliebte Eingriffe in die Natur, schweißtreibende Arbeitsplätze, aber auch Wirtschaftsmotor. Sie sind untrennbar mit der Geschichte der Region verbunden. Eine Vorstellung davon, wie der Betrieb in einem Steinbruch ausgesehen hat, bekommt man in Häuselloh. Die dortige Anlage kann dank eines Vereins besichtigt werden. Informationen erhält man unter www.enklselb.com.

↗ **Kanutouren** Das Fichtelgebirge ist eine Hauptwasserscheide. Wagen Sie eine Kanutour, Naab oder Weißer Main laden zu Ausflügen ein. Mal fließt das Wasser ruhig dahin, dann wieder müssen Stromschnellen gemeistert werden. Informationen findet man zum Beispiel bei Burg Hohenberg, Tel. 09233/772 60.

↗ **Hohlwege** Charakteristisch für die Region sind tief liegende Wege, die durch wiederholtes Befahren über Jahre entstanden sind. Die Natur nutzt diese Einschnitte, hier gedeihen Hecken aus Weißdorn, Holunder oder Heckenrose, die Vögeln Schutz bieten. Menschen nutzten die Hohlwege, um Vorratskeller anzulegen. Dort quartieren sich heute Fledermäuse ein. Ein schönes Beispiel ist die Hohe Gasse Dörflas/Marktredwitz.

Naturpark Oberer Bayerischer Wald

Naturpark Oberer Bayerischer Wald, Rachelstraße 6, 93413 Cham
Tel. 09971/783 94
www.naturpark-obw.de
info@naturpark-obw.de

Rund um den Bayerischen Wald gibt es mehrere Naturparks und auch einen Nationalpark. Der Naturpark Oberer Bayerischer Wald zählt mit einer Fläche von 1738 Quadratkilometern zu den größten Bayerns. Nicht ganz die Hälfte seines Gebiets steht unter Naturschutz und ist in zwölf Bereiche aufgeteilt. Der Keulenbärlapp, eine Pflanze auf der Roten Liste, gedeiht hier prächtig, ebenso wie der seltene Krause Rollfarn. Mit 1293 Metern gehört der Große Osser zu den höchsten Bergen der Region. Er liegt direkt an der Grenze zu Tschechien und bildet mit seinem Bruder, dem Kleinen Osser, zwei Höcker, die weithin sichtbaren Wahrzeichen des Parks. Die Kombination aus Wäldern, Bergen, Tälern und einigen Seen sorgt im Sommer und im Winter für perfekte Freizeitmöglichkeiten. Kilometerlange Wander- und Radwege stehen zur Verfügung, außerdem ein 120 Kilometer langer Wasserwanderweg auf dem Regen. Hinzu kommen Alpin-Abfahrten und Loipen in den höheren Lagen.

Kleiner Arber und Kleiner Arbersee

Der Kleine Arber ist 1384 Meter hoch und damit der höchste Berg im Bereich Oberer Bayerischer Wald. Zu seinen Füßen liegt das Naturschutzgebiet Kleiner Arbersee, eine wahrhaft märchenhafte Landschaft. Im See liegen drei Inseln aus Moor und Torf. Diese schwimmenden Inseln waren einmal ohne feste Verbindung zum Grund des Gewässers, eine ist es noch heute und wechselt

Der Regen fließt durch teils unberührte Naturschutzgebiete inmitten des Naturparks.

ihre Position. Auf den Inseln gedeihen Sonnentau und Rosmarinheide. Ein Rundweg führt über Bohlen und Holzstegen rund um den See.

Regental

Der Regen ist der längste Fluss in der Oberpfalz. Im Bereich des sogenannten Landes der Regenbogen zwischen Pösing und Cham bilden seine Auen ein Naturschutzgebiet, das für seinen besonderen Vogelreichtum bekannt ist. Stark bedrohte Arten, von Schilfrohrsänger bis Uferschnepfe, brüten hier. Außerdem dient das Gebiet vielen Zugvögeln als wichtiger Rastplatz. Weiter westlich bei Kirchenrohrbach liegt das Schutzgebiet Regentalhänge mit seinen eindrucksvollen Eichen-Hainbuchen-Wäldern.

Outdoor-Aktivitäten Ein bisschen Balance und ein wenig Übung, schon kann man mit dem Segway die Gegend erkunden. Auch Steigungen und unbefestigte Wegstrecken sind mit dem zweirädrigen Gefährt, das nur mit Gewichtsverlagerung gesteuert wird, keine unüberwindbaren Hürden. Einen Wendekreis gibt es praktisch nicht, man kann auf der Stelle drehen. Touren werden im Landkreis Cham vom Energie- und Umweltzentrum Ostbayern angeboten (Tel. 09971/ 996 62 79).

Anreise/Unterkunft Anreise über die A3 oder A93, per Bahn beispielsweise nach Bad Kötzting, Cham, Roding oder Pösing. Unterkunft: Ferienwohnungen Klöpflhof, Neukirchen, Tel. 09947/16 76, www.kloepflhof.de; Gesundheits- und Wellnesshotel Pusl, Stamsried, Tel. 09466/326, www.hotel-pusl.de.

Großes Bild: Blick von der 1062 Meter hohen Hindenburgkanzel über die Region Lamer Winkel. **Linke Seite:** Rieslochfälle.

+ TIPP + TIPP + TIPP +

↗ **Umweltzentrum** In Arnschwang liegt direkt am Fluss Chamb das Umweltzentrum Mensch und Natur. Inmitten nahezu unberührtem Grün können Groß und Klein jede Menge Interessantes erfahren und vor allem viel Spaß haben. Zum Beispiel auf dem Eisvogelsteig. Mit Wathosen geht es durch den Lebensraum von Fischotter, Ringelnatter und natürlich Eisvogel. Mit etwas Glück kann man Biber und Weißstorch sehen. Ebenfalls einen Besuch wert ist die gläserne Imkerei (www.lbvcham.de).

↗ **Kanutouren** Wenigstens eine kleine Strecke sollte man im Kanu auf dem Regen unterwegs sein. In aller Stille kommt man dabei der Heimat von vielen Wasservögeln und Bibern nahe. Empfehlenswert ist beispielsweise die Strecke zwischen Roding und Reichenbach, die allerdings auch kleine Herausforderungen wie Wehre bereithält. Kanuverleih und komplette Touren zum Beispiel bei Regental-Kanu, Tel. 09436/27 40.

↗ **Bayerwald-Tierpark** Im Ort Lohberg am Großen Arber befindet sich der Bayerwald-Tierpark, wo man die heimischen Tiere des Bayerischen Waldes in ihrer natürlichen Umgebung beobachten kann (www.bayerwald-tierpark.de). Wer nach dem 1,5 Kilometer langen Rundweg Appetit verspürt, kann seine Brotzeit im Lohberger Gasthof »Zur Post« in Gesellschaft von Eichhörnchen, Rothörnchen und Baumstreifenhörnchen einnehmen, die dort gezüchtet werden (www.zur-post-lohberg.de).

↗ **Westernreiten** Reiterferien sind für Kinder und Jugendliche das Größte. Im Naturpark Oberer Bayerischer Wald ist alles vorhanden, was gelungene Ferien auf dem Rücken von Pferden ausmacht. Obendrein kann man sich einmal im Westernreiten versuchen (www.pleasure-ranch.com).

↗ **Zellertaler Skulpturen-Radweg** Etwas über 30 Kilometer lang ist der Radweg durch das hübsche Zellertal. Zu den Naturschönheiten der Berge und Bäume gesellen sich 40 Holzskulpturen, die unterwegs in aller Ruhe betrachtet werden können. Die meiste Zeit kann man gemütlich dahinradeln, an manchen Stellen warten allerdings auch kräftige, wenn auch kurze Steigungen. Der Startort ist Bad Kötzting (Tourist-Information, Tel. 09941/60 21 50).

↗ **Drachenhöhle** Ein großer Spaß für Kinder mit leichtem Gänsehauteffekt ist der Besuch in der Further Drachenhöhle. Bereits seit Anfang des 20. Jahrhunderts tritt ein Drache bei den Festspielen der Stadt auf. Aktuell ist ein stattliches bewegliches Exemplar dabei, das von April bis Oktober in seiner Höhle besucht werden darf (www.furtherdrache.de).

↗ **Nordic Walking** Auch auf Fitness mit zwei Stöcken ist man im Naturpark eingestellt. Zum Beispiel in der Mittelalter-Stadt Furth im Wald. Im AOK-Nordic-Walking-Park stehen acht Rundwege mit unterschiedlichen Anforderungen zur Auswahl. Mehr bei der Tourist-Information unter Tel. 09973/509 80.

↗ **Winterfreuden** Nahe der tschechischen Grenze liegt das Skizentrum Voithenberg, das neben einem Übungshang und einer familientauglichen Abfahrt auch einen Steilhang vorzuweisen hat. Außerdem bietet das Zentrum Schneeschuhwanderungen und Skikurse an. Eine Rodelbahn, Loipen, eine Sprungschanze für Snowboard-Fans und eine gemütliche Hütte runden das Angebot ab. Tourist-Information Furth im Wald, Tel. 09973/509 80.

↗ **Neubäuer See** Der rund einen halben Quadratkilometer große Neubäuer See ist mit dem Pkw gut zu erreichen und bietet einen Campingplatz, ein Strandbad und einen kleinen Hafen. Man kann sich ein Boot mieten, surfen oder segeln lernen. Wen es nicht ins Wasser zieht, der kann auf einem vier Kilometer langen Pfad um den See spazieren oder radeln.

↗ **Freizeitbad** Action und Wellness findet man in der »Freizeitwelle« in Rötz. Das Hallen- und Freibad bietet neben mehreren Becken auch Spielmöglichkeiten unter freiem Himmel wie Beachvolleyball, Schach oder Boccia. Ein Riesentrampolin erfreut nicht nur Kinder, und eine Sauna sorgt für Entspannung. Preise und Öffnungszeiten: Tel. 09976/571.

↗ **Natur-Art-Parks Arrach** Der Luftkurort Arrach macht es seinen Besuchern leicht, Sehenswürdigkeiten zu entdecken. Dafür hat man den Natur-Art-Parks geschaffen. Am Seepark geht es los. Liebevoll gestaltete Hinweistafeln führen zum Naturschutzgebiet Arracher Moor. Dort warten ein Info-Pavillon und ein Holzbohlenweg führt durch das Moor. Weiter geht's zum Energiepark Gut Kleß, zu einer Kunstsattlerei und zum Mineralienmuseum. Außerdem liegen ein Bayerwald-Handwerksmuseum, eine Bärwurzerei und das Arracher Glastor auf dem Weg (Tourist-Information, Tel. 09943/10 35).

Der Kleine Arbersee mit seinen schwimmenden Inseln (beide Abbildungen).

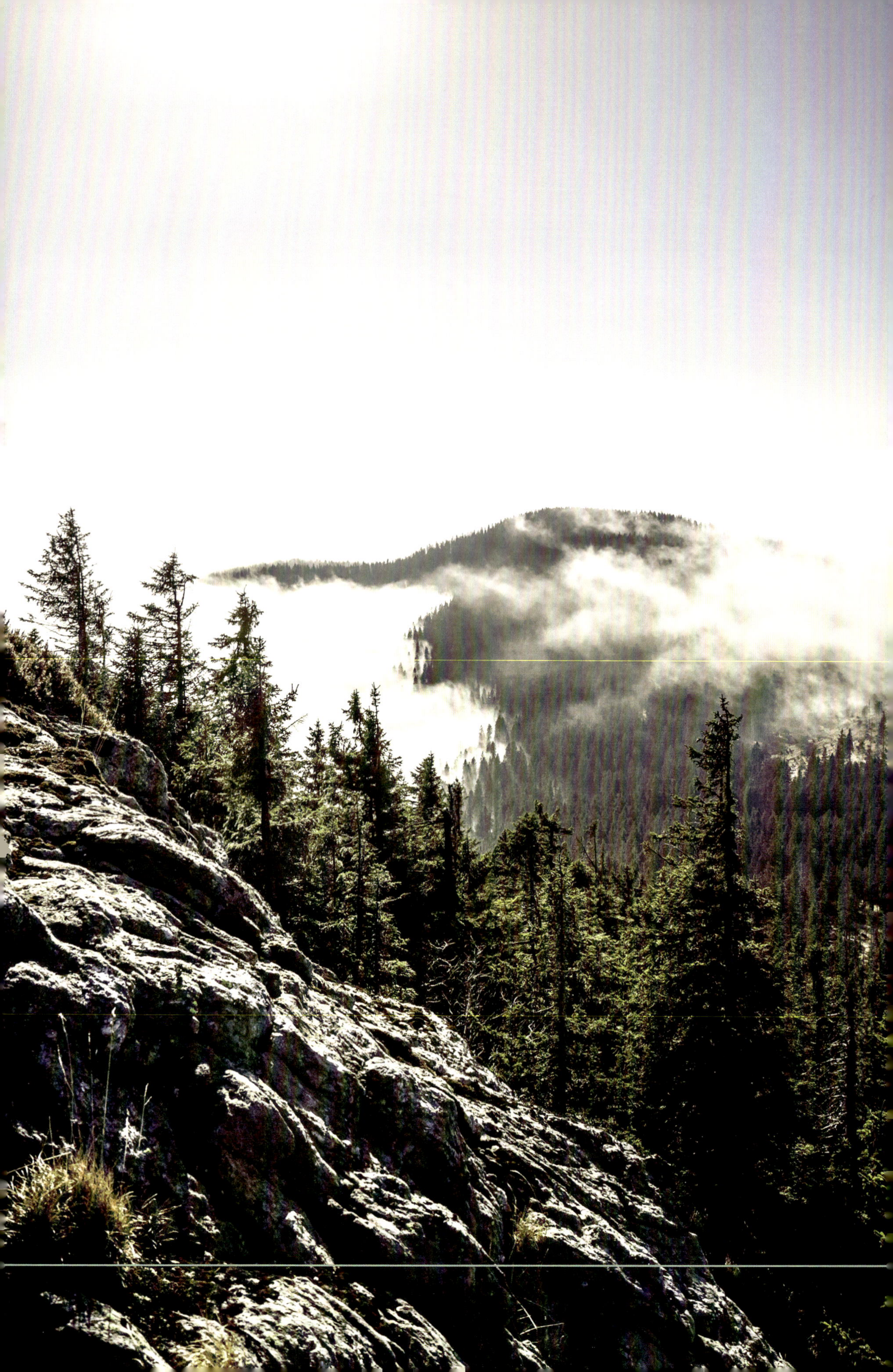

Naturpark Bayerischer Wald

Naturpark Bayerischer Wald e.V., Info-Zentrum 3, 94227 Zwiesel
Tel. 09922/80 24 80
www.naturpark-bayer-wald.de
naturpark-bayer-wald@t-online.de

Direkt an den südlichen Rand des Naturparks Oberer Bayerischer Wald grenzt der Naturpark Bayerischer Wald. Er erstreckt sich über 2780 Quadratkilometer. Der bereits 1967 gegründete Park ist nicht nur einer der größten, sondern auch einer der ältesten Deutschlands. Der höchste Berg in dem zur Hälfte bewaldeten Areal ist der Große Arber. Außer den Hochflächen gehört das Tal der Donau zu seinen beliebtesten Anziehungspunkten. Eine Sache sollte im Zusammenhang mit diesem Naturpark unbedingt erwähnt werden: Dies ist der unglaubliche Reichtum an Tieren und Pflanzen, die anderenorts gar nicht mehr oder nur noch extrem selten zu finden sind. So beispielsweise der Luchs, dessen Ansiedelung mit einem speziellen Projekt unterstützt wird. Unter den schützenswerten Pflanzen, die sich im Park heimisch fühlen, sind Ungarischer Enzian und Hollunderorchis.

Großer Arber und Großer Arbersee

Der 1455,5 Meter hohe Große Arber ist nicht nur der höchste Berg des Naturparks, sondern auch des gesamten bayerisch-böhmischen Mittelgebirges. Man kann ihn mit einer Bergbahn erklimmen, oben zwischen Bergkiefern und Bergfichten spazieren gehen, die vier Gipfel erkunden und im Winter das Skigebiet nutzen. Kälte, Niederschlag und häufig auftretender Ostwind sorgen dann für ein Naturphänomen: Bäume und Sträucher werden von eigenwillig gezackten Eiskrusten bedeckt. An einer Flanke des Berges auf über 900 Metern Höhe liegt der Große Arbersee, ein Relikt der Eiszeit. Seine spektakuläre Lage am steil aufragenden Gipfel und der ihn umgebende ursprüngliche Baumbestand haben ihn zu einer der Hauptsehenswürdigkeiten des Bayerischen Waldes gemacht. Und das nicht nur für den Menschen. Auch Tiere und Pflanzen fühlen sich hier wohl, weshalb das Gelände unter Naturschutz steht. Ein Seerundweg mit Info-Tafeln führt hindurch.

Höllbach

Das Höllbachtal ist Naturschutzgebiet. Der einst wilde Bach schlängelt sich durch Granitfelsen, auf denen seltene Moose und Flechten leben. Das Ursprüngliche des Biotops ist eingeschränkt, seit das Gewässer zur Energiegewinnung teilweise umgeleitet wird.

Steinklamm

An der Grenze zum Nationalpark Bayerischer Wald liegt die Steinklamm. Drei Wege führen durch die Schlucht der Großen Ohe mit ihren vom Wasser glatt geschliffenen Felsbrocken. Sie sind von Mai bis Oktober begehbar.

Buchberger Leite

Zwei Bäche vereinigen sich hier zur Wolfsteiner Ohe. Die unter Naturschutz stehende Buchberger Leite ist eine wildromantische Schlucht. Empfehlenswert ist der acht Kilometer lange Erlebniswanderweg »Mensch und Natur«, der auf eigene Faust oder mit einer ortskundigen Führung begangen werden kann. Infos unter Tel. 08551/58 81 50.

Dreisessel

Der 1312 Meter hohe Berg ist einer der spektakulärsten der Gegend, denn er erinnert tatsächlich an drei Sitzmöbel. Mehrere Wanderungen beginnen am Dreisessel-Parkplatz. Eine führt zum Dreisesselfelsen und weiter zum Hochstein, wo das Gipfelkreuz steht. Der Blick bis zu den Alpen ist sensationell. Ein Gasthof lädt zur Rast ein. Andere Routen führen zum Steinernen Meer, einer Ansammlung wild durcheinanderliegender mächtiger Felsen.

Weitere Highlights Der Pandurensteig ist gut 130 Kilometer lang, ein Wanderweg, der auch durch den Oberen Bayerischen Wald verläuft. Er führt von Waldmünchen nach Passau. Ein schwarzer Krummsäbel ist das Symbol des nach den gleichnamigen Soldaten benannten Weges, an dem historisch interessante Stätten, Vogelschutzgebiete, Wälder und Steinbrüche liegen. Es werden Pauschalen oder Gepäcktransporte angeboten. Tourist-Information Waldmünchen, Tel. 09972/307 25.

Outdoor-Aktivitäten Mit lauffreudigen Huskys einen Tag zu verbringen, ist ein besonderes Erlebnis. Ein besonderes Highlight ist sicher eine Hundeschlittentour durch den verschneiten Bayerischen Wald, aber auch Wanderungen oder einfach gemeinsame Zeit zum Kraulen machen richtig Spaß. Infos unter Huskyhof Reiß, Eppenschlag, www.husky-hof-reiss.de.

Anreise/Unterkunft Anreise über die A3, per Bahn nach Deggendorf oder Passau. Unterkunft: Haus Waldhof, Langdorf (Camping, Ferienwohnungen), www.urlaub-waldhof.de; Landhotel Sportalm, Tel. www.hotel-sportalm.de.

Linke Seite: Wolken verhüllen den Blick vom Großen Arber. Bildleiste von oben nach unten: Höllbach, Steinklamm und Buchberger Leite.

+ TIPP + TIPP + TIPP +

↗ **Infozentrum Grenzbahnhof** Um sich einen Überblick über die gesamte Region zu verschaffen, startet man den Besuch am besten in einem der Naturpark-Zentren. Im Grenzbahnhof Bayerisch Eisenstein bekommt man Tipps zu allen vier Parks der Region. Die Geschichte des ehemaligen Bahnhofs selbst ist darüber hinaus auch interessant (Infos: Tel. 09925/90 24 30).

↗ **Wanderbahn** Das Tal des Schwarzen Regen ist bestens geeignet, um sich in der freien Natur zu bewegen. Ob zu Fuß, mit dem Rad oder dem Kanu, viele schöne Strecken stehen zur Verfügung. Auf dem Streckenabschnitt zwischen Viechtach und Gotteszell gibt es sogar Unterstützung: Die Wanderbahn transportiert nämlich nicht nur Gäste, sondern auch deren Sportgerät (www.wanderbahn.org).

↗ **Bullcart** Mit diesem dreirädrigen Gefährten ohne Motor kann man furchtlos jeden geeigneten Hang hinabsausen. Mit einem Schlepplift geht es zum Startplatz hinauf und dann die rund 850 Meter lange Abfahrt über eine gemähte Wiese herunter. Mehr Infos im Berghotel Maibrunn, Tel. 09965/85 00.

↗ **Wildwasser Ilz** Ihr Moorwasser und die hier traditionell betriebene Perlenzucht hat der Ilz den Beinamen »Schwarze Perle« eingebracht. Heute ist der Fluss vor allem wegen seiner wilden Passagen bei Kanufahrern sehr beliebt. Tourangebot bei www.team-outdoor.de. Kinder werden von der Goldsuche bei Perlesreut begeistert sein. Die Ausrüstung bringen Pferde, auf denen man auch reiten darf. Info bei der Tourist-Information, Tel. 08555/96 19 10.

↗ **Gabreta** Im Keltendorf Gabreta mit seinen originalgetreu nachgebauten Häusern kann man erahnen, wie der Alltag und das Leben unserer keltischen Vorfahren war. Auf dem Rundweg sieht man Töpferei, Weberei, Grabhügel und Kräutergarten (www.keltendorf.com).

Mystisch wirkt der Wald am Dreisesselberg mit seinen skurrilen Felsformationen. Der Dichter und Schriftsteller Adalbert Stifter fühlte sich wohl von dieser einzigartigen Atmosphäre inspiriert, da er den Berg in mehreren Erzählungen zu einem Schauplatz machte.

259

Nationalpark Bayerischer Wald

*Nationalparkverwaltung
Bayerischer Wald
Freyunger Straße 2
94481 Grafenau
Tel. 08552/960 00
www.nationalpark-bayerischer-wald.de
poststelle@npv-bw.bayern.de*

Im Oktober 1970 wurde der Nationalpark offiziell aus der Taufe gehoben. Er ist damit der erste und älteste in Deutschland. Seit 1997 hat er seine heutige Größe von rund 242 Quadratkilometern. Der Wald, bestehend vor allem aus Buchen und Fichten, ist das bestimmende Element des Parks. Ab dem Mittelalter begann die Bewirtschaftung bzw. Nutzung von Holz. Man rodete Flächen, um Klöster und später Siedlungen zu bauen. Auch für die Glashütten, die für die Region von Bedeutung waren, brauchte man Brennstoff. Glücklicherweise gab es so viele

Haushohe Buchen und Fichten dominieren den Bayerischen Wald im Nationalparkgebiet.

Bäume, dass der Bestand nicht gefährdet wurde. Allerdings wurden seit Anfang des 20. Jahrhunderts vor allem viele alte Baumriesen gefällt und durch Fichten, die besonders schnell wachsen, ersetzt. Mit Gründung des Nationalparks hat man dieser Entwicklung Einhalt geboten. Jetzt heißt es, die Natur weitestgehend sich selbst zu überlassen. Bär, Wolf und Luchs haben früher frei im Bayerischen Wald gelebt. Heute sind sie nur noch in Freigehegen zu Hause, die kostenfrei besucht werden können. So kann man auch Wildschwein, Ur-Rind, Braunbär und Wildkatze in aller Ruhe beobachten. Auch ein Rotwildgelände gibt es. Das Wegenetz durch den gesamten Nationalpark ist bestens erschlossen. Sowohl Wanderer als auch Spaziergänger und Radfahrer finden gute Bedingungen. Und selbst Wintersportfreunde kommen auf ihre Kosten.

Rachelsee

Der See am 1453 Meter hohen Rachel, dem höchsten Berg im Nationalpark, ist nach der Eiszeit entstanden. Schmelzwasser sammelte sich auf über 1000 Metern Höhe. Die steil am See aufragende Felswand ist beeindruckend, das Areal des Sees, die Wand und die nahe Umgebung sind Naturschutzgebiet. Man kann nur zu Fuß zu dem über 13 Meter tiefen Gewässer gelangen, um das ein Urwaldlehrpfad herumführt. Informationen bei der Tourist-Information Spiegelau, Tel. 08553/96 00 17.

Lusen

Der Lusen (1373 Meter) ist ein Berg an der bayerisch-tschechischen Grenze. Sein Granitgipfel ist kahl. Wo einst Misch- und Fichtenwälder standen, klaffen heute große Lücken, weil der Borkenkäfer hier stark gewütet hat. Ganz allmählich bildet sich ein junger Wald. Verschiedene Wanderwege führen auf den Gipfel, von dem aus man einen großartigen Blick genießt. Gute Startmöglichkeiten sind die Parkplätze Lusen bei Waldhäuser oder Fredenbrücke.

Kleine Ohe

Der Gebirgsbach Kleine Ohe fließt über runde, grün bemooste Granitblöcke mitten durch einen Buchenwald. Er entspringt im Nationalpark nördlich von Waldhäuser. Streng genommen endet er bereits bei Neuschönau am Rand des Nationalparks, denn von dort ab spricht man von der Grafenauer Ohe. Im Ort Grafenau wird der Bach aufgestaut und bietet als See eine Menge Möglichkeiten als Naherholungsgebiet. Im weiteren Verlauf vereinigt sich die Kleine mit der Großen Ohe zur Ilz.

Weitere Highlights Besucher des Nationalparks sollten sich auf keinen Fall die letzten deutschen Urwaldgebiete entgehen lassen. Direkt hinter dem Ort Zwieslerwaldhaus erstreckt sich der Urwald Mittelsteighütte. Hier findet man Weißrücken- und Dreizehenspecht, Rotbuche, Fichte und Weiß-Tanne sowie Pilze und Moose. Bei Bayerisch Eisenstein liegt ein

Großes Bild: Vom Gipfel des Lusen eröffnet sich eine herrliche Fernsicht. Links: Das Hochmoorgebiet Latschenfilz ist ein beliebtes Wanderziel.

261

weiterer Urwaldsteig. Über den Rundweg Waldmaus geht es zum Hochbergrundweg. Bei starkem Wind lieber nicht benutzen, da Totholz herabfallen kann. Tourist-Information unter Tel. 09925/94 03 16.

Outdoor-Aktivitäten Über 200 Kilometer Radwege führen durch den Nationalpark. Da einige sehenswerte Naturdenkmale nur zu Fuß erreichbar sind, hat man an den Übergängen von Fahrrad- zu Spazierwegen Abstellmöglichkeiten für den Drahtesel geschaffen.

Anreise/Unterkunft Anreise über die A3 oder A92, per Bahn über Plattling etwa nach Zwiesel oder Spiegelau. Unterkunft: Ferienwohnung Boxleitner, Waldhäuser, www.ferienwohnung-boxleitner.de; Landhotel Tannenhof, Spiegelau, www.landhotel-tannenhof.de.

Großes Bild: Auf den Wanderwegen stößt man immer wieder auf idyllische Seen.

Braunbären sind nur noch im Freigelände anzutreffen.

+ TIPP + TIPP + TIPP +

↗ **Nationalparkzentrum Falkenstein** Die Nationalparkzentren sind optimal ausgestattet, um sich auf einen Aufenthalt einzustimmen. Jedes hat außerdem seine eigenen speziellen Angebote, die es zu einem lohnenden Ausflugsziel machen. Im Zentrum Falkenstein ist das vor allem das Freigelände mit Urwildpferden und die Steinzeithöhle mit nachempfundenen Höhlenmalereien (Tel. 09922/500 20).

↗ **Baumwipfelpfad** Das Nationalparkzentrum Lusen hat den längsten Baumwipfelpfad der Welt zu bieten. Auf 1300 Metern Länge geht es auf 44 Meter hinauf in Richtung Baumkronen. Unterwegs machen Info-Tafeln die Besucher mit dem Wald vertraut. Auf dem Boden sollte man sich Zeit für den sieben Kilometer langen Rundweg durch das Wildtiergehege nehmen. Dort leben u. a. Wisente, Elche, Wölfe und Braunbären (www.baumwipfelpfad.by).

↗ **Schachten und Filze** In vergangenen Zeiten ließen Landwirte ihr Vieh ähnlich wie in den Alpen im Wald der Gebirge weiden. So entstanden nahezu baumlose Wiesen, auf denen die Herden den Sommer über lebten. Diese Flächen wurden irgendwann nicht mehr genutzt und sich selbst überlassen. Man nennt sie Schachten. Auf dem Erlebnisweg »Schachten und Filze« kann man sie heute zu Fuß erkunden. Beginn der Tour ist am Info-Pavillon der Trinkwassertalsperre Frauenau.

↗ **Per Rad über die Grenze** Die Lage an der tschechischen Grenze und die direkte Nachbarschaft zum tschechischen Nationalpark Šumava sollte man sich während eines Besuchs im Bayerischen Wald zunutze machen. Per Rad passiert man den Übergang bei Finsterau oder den bei Bayerisch Eisenstein, um Natur und Kultur des Böhmerwaldes kennenzulernen. Mehr davon bei Bayerwald Ticket, Tel. 09921/60 13 80 oder unter www.bayerwald-ticket.com.

↗ **Freilichtmuseum** In Finsterau am Nationalpark und nahe der böhmischen Grenze wartet die Vergangenheit. Hier können Besucher nachempfinden, wie hart das Leben der Bauern und einfachen Arbeiter im Bayerischen Wald vor über 100 Jahren war. Höfe, ein Wirtshaus und eine Schmiede wurden aus der Umgebung geholt und hier wiederaufgebaut. Handwerker zeigen ihr Können in den Gebäuden des Museums (www.freilichtmuseum.de).

↗ **Höhenloipe** Langlauf in klarer Bergluft mit faszinierenden Ausblicken, das bietet die Höhenloipe in Waldhäuser, sie ist 14 Kilometer lang. Dazu gibt es eine Skating- und drei unterschiedlich lange Nationalparkloipen sowie kürzere Strecken – das alles in Neuschönau. Informationen beim Tourismusbüro, Tel. 08558/96 03 28.

↗ **Winterwandern** Wer nicht mit Schneeschuhen durch die Gegend stapfen, sondern einfach nur in traumhafter Winterlandschaft spazierengehen möchte, findet im Nationalpark auch hierzu beste Bedingungen. Einige Wege werden dafür ständig frei gehalten. Infos: Tourist-Information Spiegelau, Tel. 08553/96 00 17. Hier werden auch Schneeschuhwanderungen und Fahrten mit dem Pferdeschlitten angeboten.

↗ **Glasbläserei** Die große Zeit der Glashütten ist vorbei, doch hat sie die Region stark geprägt. Schon deshalb sollte man sich eine Glasbläserei ansehen. Es ist faszinierend, welche Kunstwerke dort live vor den Augen der Besucher entstehen. Toll für Kinder: Man darf sich auch selbst einmal als Glasbläser versuchen (www.glasblaeserkunst-mauth.com).

Zahlreiche Wanderwege erschließen den Nationalpark.

Naturpark Altmühltal

Informationszentrum Naturpark Altmühltal, Notre Dame 1, 85072 Eichstätt
Tel. 08421/987 60
www.naturpark-altmuehltal.de
info@naturpark-altmuehltal.de

Mit einer Fläche von 2906 Quadratkilometern gehört der Naturpark Altmühltal zu den drei größten in Deutschland. Er liegt im Herzen Bayerns und präsentiert eine wahre Fülle von Natur-Attraktionen. Da ist zunächst das Tal der Altmühl selbst, das sich von West nach Ost durch Jurakalkfelsen schlängelt. Meist erscheint die Landschaft sanft und lieblich, doch ragen im nächsten Moment steile Wände auf. Auf den Hochebenen blickt man über Trockenrasenflächen, feuchte Auen in den Niederungen und über die Weite der typischen Wacholderheidelandschaft. Etwa die Hälfte des Parks gehört dem Wald. So abwechslungsreich die Natur ist, so lang und wechselvoll ist auch die Geschichte dieses Landstrichs, in dem es viel zu sehen und zu erleben gibt. Schon die Kelten und dann die Römer haben hier ihre Spuren hinterlassen. Ein Teil des berühmten Limes führt durch den Naturpark. Wer Lust hat, kann noch weiter in der Historie zurückreisen. Zahlreiche Fossilienfunde berichten von der geologischen Veränderung, die das Altmühltal hinter sich hat. In so manchem Steinbruch darf man selbst nach Fossilien graben. Natürlich gibt es ein gut ausgebautes Netz an Wander- und Radwegen, die den gesamten Park erschließen.

Highlights Nachdem die Menschen im Mittelalter weite Waldflächen abgeholzt und danach ihr Vieh auf die neu entstandenen Weiden gebracht haben, entwickelte sich dort die ortstypische Heidelandschaft, die noch heute von Schafherden erhalten wird. Die schönste ist die Gungoldinger

Wacholderheide. Außer der Heide selbst kann man hier Pflanzen finden, die sonst nur noch selten anzutreffen sind. Dazu gehören allein drei Arten von Enzian. Steinerne Zeugen der Erdgeschichte sind die Zwölf-Apostel-Felsen. Es handelt sich um versteinerte Überreste von Riffen in einem vorzeitlichen Meer. In Reih und Glied stehen die Felstürme entlang des Altmühltals. Am besten den Radweg auf der anderen Flussseite benutzen – von dort aus hat man die schönste Sicht.

Outdoor-Aktivitäten Die griffigen und stufigen Felsen laden zum Klettern ein. Im Park gibt es verschiedene Reviere für unterschiedliche Ansprüche. Ein Klettergebiet mit viel Tradition ist das Massiv bei Wellheim. Der 50 Meter hohe Dohlenfelsen ist etwas für Könner. Aber nicht weit davon entfernt können auch Kinder und Einsteiger erste Versuche am »Asterix und Obelix«-Felsen unternehmen. Informationen beim Tourismusverein Wellheim, Tel. 08427/15 13. Zur Einstimmung auf die Felsen oder bei Regenwetter steht eine vier Meter hohe Kletterwand unter Dach zur Verfügung. Besonderheit: Hier wird ohne Sicherung gekraxelt. Dicke Schaumstoffmatten machen Abstürze zum Vergnügen (www.b-34.de).

Anreise/Unterkunft Anreise über die A9, per Bahn zum Beispiel nach Donauwörth oder Kelheim.
Unterkunft: Ferienhof Pfisterer, Titting, Tel. 08423/297, www.ferienhof-pfisterer.de; Altstadthotel Adler, Eichstätt, Tel. 08421/67 67, www.adler-eichstaett.de.

Großes Bild: Das Leben ist ein ruhiger Fluss: Nirgendwo ist dieses Wort passender als im Tal der Altmühl, in dem man sich von jedem Zeitdruck befreit. **Links:** Felsformationen Burgstein und Zwölf Apostel.

Solnhofen

Zwischen Eßlingen und Solnhofen liegt das Geotop der Zwölf Apostel in einem Naturschutzgebiet. Es gehört zu den markantesten Steinformationen des Naturparks. Der knapp sechs Kilometer lange Rundweg »Teufel trifft Apostel« führt dorthin und auf der gegenüberliegenden Seite des Tals über die Teufelskanzel zurück. Los geht es am Bahnhofsplatz, Infos unter Tel. 09145/832 00. Solnhofen ist nicht nur für die Apostel-Felsen, sondern auch für Fossilien bekannt. Im Bürgermeister-Müller-Museum kann man Versteinerungen eines Ur-Vogels und von Kopffüßlern bestaunen. Auch interessant ist eine Ausstellung über den ortstypischen Plattenkalk und seine Bedeutung für die Lithografie.

+ TIPP + TIPP + TIPP +

↗ **Bootsfahrt** Wenn man schon im Altmühltal ist, sollte man auch auf das Wasser gehen. Zum Beispiel bei einer Bootswanderung. Die ist auf den 156 Kilometern zwischen Gunzenhausen und Kelheim möglich. Es gibt viel zu sehen und zu entdecken, Bootsrastplätze sind reichlich vorhanden, und auch kleine Abenteuer warten in Form von Wehren, Umtragepassagen und Bootsrutschen. Die gesamte Strecke ist für Familien geeignet. Mehr beim Naturpark-Informationszentrum, Tel. 08421/987 60.

↗ **Tropfsteinhöhle Schulerloch** Schon in der Jungsteinzeit bzw. in der Bronzezeit haben Menschen die Höhle als Rückzugsort genutzt. Diesen Umstand sollte man sich während der Führung, die von Musik und Licht begleitet wird, immer wieder vor Augen rufen. Von November bis März gehört die Höhle den Fledermäusen und ist für Besucher geschlossen (www.schulerloch.de).

↗ **Donaudurchbruch** Das Naturschutzgebiet Weltenburger Enge ist landschaftlich ausgesprochen reizvoll. Denn dort befindet sich der Donaudurchbruch. Er entstand, als der Fluss seinen Lauf geändert und sich durch das Kalkgestein der fränkischen Alb gefressen hat. Hautnah kann man die eindrucksvolle Engstelle bei einer Donauschifffahrt erleben. Es führen aber auch Wanderwege durch das Naturschutzgebiet. Eine Tour lässt sich mit einem Besuch auf dem Michelsberg samt Befreiungshalle verbinden. Ihr monumentaler Bau erinnert an die Siege über den französischen Kaiser Napoleon.

↗ **Fossilsuche** Im Besuchersteinbruch bei Mörnsheim ist ein einzigartiges Erlebnis möglich. In den relativ einfach zu teilenden Kalkschichten darf man sich mit Hammer und Meißel als Archäologe versuchen und nach Versteinerungen suchen. Ein Lehrpfad verrät, wie die Fossilsuche zum Erfolg wird (www.besuchersteinbruch.de).

↗ **Langlauf** Im Winter lässt sich die Schönheit des Altmühltals ganz neu entdecken – zum Beispiel beim Langlauf. Bei Jachenhausen oberhalb von Riedenburg gibt es zwei schöne Loipen von sechs und zehn Kilometern Länge. Weiter westlich liegen die beiden Loipen von Laubenthal. Beide werden vom Deutschen Alpenverein, Sektion Weißenburg betreut.

↗ **Eisstockschießen** Eisstockschießen ist eine typisch süddeutsche Wintersportdisziplin. Auf dem Aumühlweiher bei Weißenburg findet man bei geschlossener Eisdecke immer ein paar Sportler, denen man sich anschließen kann. Wem die Mannschaft oder die nötige Ausrüstung fehlt, der schlüpft einfach in seine Schlittschuhe und dreht einige Runden auf dem Eis. Infos bei der Tourist-Information, Tel. 09141/907124.

↗ **Alcmona Erlebnisdorf** In vielen Freilichtmuseen taucht man in die Zeit vor 100 Jahren oder gar in das Mittelalter ein. Deutlich weiter zurück geht es im Tal bei Dietfurt. Dort haben nachweislich zu fast allen Zeiten, von der Steinzeit bis zur Zeit der Kelten, Menschen gelebt. Das Erlebnisdorf Alcmona zeigt das Leben der Bronze- und Eisenzeit (www.alcmona.de).

↗ **Limes-Radweg** Auf etwa 120 Kilometern verläuft der insgesamt 818 Kilometer lange Deutsche Limes-Radweg durch das Altmühltal. Der Abschnitt zwischen Theilenhofen und Kelheim kann mit gut ausgebauten und beschilderten Wegen abseits des Straßenlärms punkten. Steigungen sind allerdings zu bewältigen. Karte und mehr unter www.limesstrasse.de.

Großes Bild: Besucher genießen den Ausblick über das Altmühltal; links: Wanderer an den Zwölf Aposteln.

Allgäuer Alpen

Oberallgäu Tourismus Service GmbH, Jahnstraße 6, 87509 Immenstadt
Tel. 08323/994 91 50
www.oberallgaeu.de
info@oberallgaeu.de

Beschäftigt man sich mit den Allgäuer Alpen, wird schnell klar, dass hier Grenzen ebenso verschwimmen wie Begrifflichkeiten. Schon die Fläche des Allgäu lässt sich nicht völlig eindeutig festlegen. Sie stößt im Süden an den Bodensee, liegt hauptsächlich in Bayern, zu Teilen aber auch in Baden-Württemberg und sogar in Österreich. Die Allgäuer Alpen konkret liegen etwa zur Hälfte in Deutschland und zur anderen Hälfte im österreichischen Nachbarland. Auf deutschem Boden erstrecken sie sich über zwei Bundesländer. Ihr höchster Berg ist der 2657 Meter hohe Große Krottenkopf in Tirol. Auf bayerischem Gebiet ist die nur acht Meter niedrigere Hochfrottspitze die höchste Erhebung. Felsen und Gestein, Höhlen und Gletscher dominieren naturgemäß die Landschaft. Doch die Allgäuer Alpen sind noch viel mehr. Man findet dort Seen, sowohl im Tal als auch in atemberaubenden Höhen. Die Flüsse Lech, Breitach, Iller und andere Fließgewässer haben zum Teil deutliche Spuren hinterlassen, indem sie tiefe Schluchten gegraben haben. Die bayerischen Allgäuer Alpen sind in sechs Naturschutzgebiete aufgeteilt, die zusammen über 236 Quadratkilometer umfassen. Das größte ist das seit 1992 existierende Naturschutzgebiet Allgäuer Hochalpen. Einer der bekanntesten Orte der Region ist Oberstdorf.

Nebelhorn

Das 2224 Meter hohe Nebelhorn ist geologisch höchst interessant. Es liegt genau dort, wo die Sedimentschichten der Flyschberge und die Nördlichen Kalkalpen aufeinandertreffen. Der Berg besteht daher sowohl aus Kalk und Dolomit als auch aus dem recht groben Flysch. Die meisten Besucher des Nebelhorns interessieren sich jedoch weniger für seinen Aufbau, sondern kommen meist wegen seines grandiosen Wintersportgebietes, dem höchsten im Allgäu. Und gleich noch ein Superlativ: Auf den Berg führt die höchste Bergbahn des Allgäus hinauf, ehe man ganz oben eine atemberaubende Aussicht genießen kann. 400 Gipfel soll man bei guter Sicht von dort sehen können. Im Sommer lädt ein Panoramaweg zum Spaziergang ein, im Winter warten 13 Kilometer Skipiste, darunter die knapp acht Kilometer lange Abfahrt hinab ins Tal.

Trettachspitze und Mädelegabel

Sowohl die Mädelegabel mit ihren 2644 Metern als auch die 2595 Meter hohe Trettachspitze gehören zum Allgäuer Hauptkamm. An der Süd-Ost-Seite der Mädelegabel gab es einmal einen kleinen Gletscher, Schwarze Milz genannt. Er war der einzige seiner Art im Gebiet der Allgäuer Alpen. Die Trettachspitze trägt den Beinamen Allgäuer Matterhorn, was wohl daran liegt, dass es sich um einen der anspruchsvollsten Berge der Region handelt. Ihn zu bewältigen, gehört zu den eindrucksvollsten Erlebnissen für jeden Kletterer. Es braucht dazu Erfahrung und am besten einen ortskundigen Führer. Per Bus gelangt man nach Birgsau, den Startpunkt

Großes Bild: Wollgras wächst am Laufbichelsee, der zwischen Nebelhorn und Großem Daumen liegt. **Rechts oben:** Rund um Oberstdorf erheben sich Fell- und Nebelhorn. **Rechts unten:** Der mitten im Hochgebirge auf 1813 Meter Höhe liegende Schrecksee wird von Lahnerscharte und Lahnerkopf umstanden.

269

der Tour. Die erste Station ist das Waltenberger Haus, danach geht es zum Einödsberg und zum Nordostgrat. Auf der anderen Seite geht's dann wieder steil hinab. Mehr unter www.oberstdorf.de/wandern/bergsteigen.

Breitachklamm

In der Nähe von Oberstdorf wartet die tiefste Felsschlucht in ganz Mitteleuropa. Fast 100 Meter steigen die Wände steil über dem Tal der Breitach in die Höhe. Der Fluss ergießt sich schäumend in die Schlucht, schlängelt sich durch Gesteinsbrocken und stürzt in Abgründe. Verschiedene Wanderwege beziehen die Klamm mit ein. Der Weg führt über Holzstege. Start ist am Parkplatz in Tiefenbach. Dort und am oberen Ende der Schlucht wird der Eintritt kassiert (www.breitachklamm.com).

Weitere Highlights Das Wandern ist eine der populärsten Aktivitäten in den Allgäuer Alpen, besonders im Naturschutzgebiet Allgäuer Hochalpen. Das ist nicht weiter verwunderlich, denn die Nordalpen faszinieren mit oftmals nahezu unglaublichen Fernsichten. Eine leichte Strecke mit mäßigen Anstiegen ist der Rundweg zur Schwarzenberghütte. Die ehemalige Militärstation liegt 1396 Meter hoch auf einem Plateau. Nicht nur der Blick über die Alpenlandschaft ist traumhaft, auch die mehrere Hundert Jahre alten Ahornbäume sind ein Erlebnis für sich. Gestartet wird hinter der Hubertus-Kapelle in Bad Hindelang. Mehr Informationen hierzu bei der Tourist-Information Bad Hindelang, Tel. 08324/89 20.

Deutlich anspruchsvoller ist der beliebte Heilbronner Weg, den man von Oberstdorf aus erreicht. Es geht über die Mädelealp und Mädelescharte zur Socktalscharte und weiter zum Steinschartenkopf. Wer nicht schwindelfrei ist, sollte von dieser Route Abstand nehmen, denn unterwegs warten Leitern, die in luftiger Höhe über schwierige Abschnitte bzw. steil an einer Wand hinaufführen.

Outdoor-Aktivitäten Selbstverständlich laden so prächtige Berge, wie man sie hier findet, zum Klettern ein. Anfänger können erste Erfahrungen im Klettersteig-Schnupperkurs sammeln. Ordentliche Wanderschuhe reichen als Grundausstattung aus, die restliche Ausrüstung kann man sich leihen. Mehr Informationen und Anmeldung bei der Tourist-Information Oberstdorf, Tel. 08322/70 00.

Wer bereits Erfahrung im Bergsteigen hat, ist mit dem Hindelanger Klettersteig gut bedient. Von der Gipfelstation des Nebelhorns aus macht man sich auf den Weg und steht bald vor einer zehn Meter hohen Leiter, die auf den Wengenkopf führt. Details bei der Alpin-Info Oberstdorf, Tel. 08322/70 02 00.

Auch Mountainbiker kommen hier nicht zu kurz. Wie wäre es zum Beispiel mit einer Fahrt um die Nagelfluhkette? Es geht auf Radwegen los und auf Schotter weiter. Geführte Touren bei Allgäu Bikers (www.allgaeu-bikers.de).

Anreise/Unterkunft Anreise über die A7 oder A14, per Bahn zum Beispiel nach Oberstdorf. Unterkunft: IllerCamping, Sonthofen, Tel. 08321/23 50, www.iller-camping.de; Hotel Alpengasthof Löwen, Oberjoch, Tel. 08324/97 30, www.loewen-oberjoch.de. Viele weitere Unterkünfte findet man auf www.allgaeu.de/suchen-buchen.

Großes Bild: Trettachspitze (2595 Meter), Mädelegabel (2645 Meter) und Hochfrottspitze (2649 Meter) sind drei markante Berge des zentralen Hauptkamms, die für geübte Bergsteiger gut zu erklimmen sind. Bequemer geht es in der Breitachklamm zu: Hier führen ausgebaute Wege durch die Schlucht (links).

+ TIPP + TIPP + TIPP +

↗ **Steinadler** Ein wichtiges Naturschutzprojekt in den Allgäuer Alpen ist die Erhaltung des Lebensraumes des mächtigen Steinadlers. Im Hintersteiner Tal informiert die Adler-Hütte von Mai bis Oktober mit einer Ausstellung über das Naturschutzgebiet Allgäuer Hochalpen. Ein Adlerhorst wird gezeigt, und der Besucher erfährt einiges über weitere Bewohner der Alpen. Höhepunkt ist sicherlich eine Wanderung ins Reich des Steinadlers. Anmeldung ist erforderlich unter Tel. 08331/ 90 11 82.

↗ **Langlauf** Trotz unzähliger steiler Gipfel lockt im Winter auch flaches Gelände, in dem man sehr entspannt auf zwei Brettern dahingleiten kann. Eine schöne, leichte Langlaufstrecke von knapp fünf Kilometern Länge ist die Wiesenrunde, die Bad Hindelang mit Bad Oberdorf verbindet.

↗ **Erlebnisweg Alpenstadt** Inmitten von nahezu unbegrenzter Natur liegen einige wenige Städte. Die Menschen dort leben viel intensiver mit ihrer Umwelt, als es Leute in Ballungsräumen tun. Sonthofen wurde 2005 Alpenstadt des Jahres, da man sich hier besonders gut um Nachhaltigkeit und um den Einklang mit der Natur kümmert. Ein Erlebnispfad informiert darüber und sorgt mit Kuhschellenxylophon, Fußfühlpfad und mehr für Unterhaltung für die ganze Familie. Er beginnt an der Tiefgarage Marktanger. Tourist-Information, Tel. 08321/61 52 91.

↗ **Themenwanderungen** Wandernd den Blick für die Natur zu schärfen und Interessantes zu lernen, ist das Ziel von Spaziergängen, die unter jeweils einem bestimmten Motto stehen. So kann man etwa einen Tag lang auf den Fährten des Alpensteinbocks unterwegs sein, oder an einer Pilzexkursion teilnehmen. Es gibt geologisch-botanische Wanderungen oder Ausflüge mit Spektiv, um die besonders scheuen Bewohner der Berge beobachten zu können. Auch eine Fotopirsch, die Besichtigung einer Imkerei oder Käserei sind im Angebot (Alpin-Info Oberstdorf, Tel. 08322/ 70 02 00).

↗ **Allgäuer Bergbauernmuseum** Wie lebt es sich zwischen 2000 Meter hohen Bergen? Wie sieht der Alltag der Menschen aus, die dafür sorgen, dass frische Alpenmilch auf den Markt kommt, dass fruchtbares Land in einer schwierigen Gegend bewirtschaftet wird? Das Bergbauernmuseum gibt Antworten.

Man kann gemütlich vom Bauern- und Kräutergarten zur Imkerei schlendern, Heuschinde und Rindenkoben besichtigen. Hier kommen Kinder besonders auf ihre Kosten (www.bergbauernmuseum.de).

↗ **Alpe Schlappold** Am Fellhorn liegt inmitten eines Naturschutzgebiets Deutschlands höchst gelegene Sennalpe. Dort wird seit Hunderten Jahren Käse hergestellt. Am besten fährt man mit der Fellhornbahn bis zur Mittelstation. Von dort aus geht es zum hübschen Schlappoldsee und dann weiter hinauf zur Alpe. Der Weg ist auch mit einem Kinderwagen gut zu bewältigen. Am Ziel kann man sich mit einer Brotzeit stärken.

↗ **Naturschutzgebiet Hoher Ifen** Rund um den Hohen Ifen (2231 Meter) findet sich eine bizarre hochalpine Landschaft. Aufgrund ihrer eigenwilligen Gestalt und ihres Reichtums an Alpenpflanzen wurde sie unter Schutz gestellt. Von der Bergstation der Liftanlage Ifen 2000 führt ein Rundweg zum Hohen Ifen und auf das auf österreichischem Terrain gelegene Gottesackerplateau. Er ist zwölf Kilometer lang und erfordert einen sicheren Tritt.

↗ **Eistobel** Die Breitachklamm ist die tiefere von beiden, dennoch lohnt auch ein Besuch der Schlucht des Eistobels. Sie ist als Abfluss eines eiszeitlichen Schmelzwassersees entstanden und hat sich im Lauf der Zeit immer tiefer in das Gestein gegraben. Wasserfälle und Strudellöcher warten darauf, entdeckt zu werden. Ein Besuch im Winter, wenn alles zu Eis erstarrt ist, ist ein besonderes Erlebnis. Spezielle Führungen durch die Schlucht werden angeboten (www.eistobel.de).

↗ **Moos-Erlebnis-Pfad** Wer einen Abstecher zum Forggen- oder Hopfensee macht, der sollte einen Halt in Stötten am Auerberg einplanen. Dort gibt es den Moos-Erlebnis-Pfad. Er ist ungefähr vier Kilometer lang und bringt den Besuchern auf 13 Stationen die Welt der Allgäuer Moore näher. Neben Informationstafeln gibt es auch immer wieder etwas zu tun. Man kann hier seinen Gleichgewichtssinn testen, ein Gefühl für die weiche Struktur des Bodens bekommen und dann wieder gucken und staunen. Tourist-Information, Tel. 08349/ 920 40.

Der Klettersteig Heilbronner Weg ist schon seit Jahrzehnten einer der beliebtesten Höhenstrecken und verbleibt auf seiner gesamten Route in Höhen über 2400 Metern.

Ammergauer Alpen

Ammergauer Alpen GmbH
Eugen-Papst-Straße 9a
82487 Oberammergau
Tel. 08822/92 27 40
www.ammergauer-alpen.de
info@ammergauer-alpen.de

In direkter Nachbarschaft zu den Allgäuer Alpen befinden sich die Ammergauer Alpen. Es ist die Region König Ludwigs II., die Gegend zwischen Schloss Neuschwanstein, der Zugspitze und Garmisch-Partenkirchen. Etwa ein Viertel der Fläche der Ammergauer Alpen ragt nach Tirol hinein, der Rest liegt auf bayerischem Boden. Das Ammergebirge, wie man es auch noch nennt, gehört zu den Nördlichen Kalkalpen, in seinem Zentrum liegt die Quelle der Ammer. Die Ammergauer Hochplatte ist mit 2082 Metern die höchste Erhebung der nördlichen Kette. Mit Ausnahme einer Zone um Oberammergau herum sind die Ammergauer Alpen Naturschutzgebiet und damit das größte Bayerns. Den Besucher erwarten hier vielleicht nicht ganz so bizarre und spektakuläre Formationen wie in anderen Teilen der Alpen, die Region ist darum aber nicht weniger attraktiv. Im Gegenteil: Ungewöhnliche Waldgebiete, bedeutende Hoch- und Niedermoore und das Vorkommen extrem seltener Pflanzen machen seinen Reiz aus. Alles ist auf gut erschlossenen Wander- und Radwegen sowie Loipen zu erreichen. Hinzu kommen zahlreiche kulturelle Schätze, Kirchen, Theater und Klöster sowie die Ortschaften Ober- und Unterammergau, Garmisch-Partenkirchen, Füssen und Bad Bayersoien. Sie runden mit ihrem reichen touristischen Programm das Angebot der Urlaubsregion perfekt ab.

Ammertal

Von Bad Bayersoien führt ein zehn Kilometer langer Pfad, als Ammerrundweg II ausgewiesen, in das Naturschutzgebiet Ammerleite. Es handelt sich um eine mal wilde, mal sehr idyllische Schlucht, deren Hauptattraktion die Schleierfälle sind. Die Wasserfälle ergießen sich über üppig bemoostes Gestein. Manchmal führt der Weg über eine Brücke aus einem umgelegten Baumstamm, auch ist es ab und zu sumpfig, der Weg ist jedoch gut begehbar und nicht schwierig.

Tegelberg

Bei Schwangau, dem gleichnamigen See und dem berühmten Märchenschloss Hohenschwangau, liegt das imposante Tegelbergmassiv. Dessen höchste Erhebung ist der 1881 Meter hohe Branderschrofen. Die Bergbahn bringt nicht nur Spaziergänger, Kletterer und Skifahrer nach oben, sondern auch wagemutige Drachen- und Gleitschirmpiloten. Wer sportlich auf die Seilbahn verzichten will, steigt über einen der ausgeschilderten Wege zu Fuß nach oben. Das verlangt zwar Kondition, jedoch keine vertieften bergsteigerischen Erfahrungen. Oben kann man zwischen verschiedenen Wanderwegen wählen. Auch am Fuß des Massivs wird es nicht langweilig. Für die Kinder gibt es am Tegelberg eine Sommerrodelbahn mit großem Abenteuerspielplatz. Bei ihrem Bau und während der Errichtung der Talstation der Bergbahn hat man Überreste eines römischen Bades freigelegt, die man heute besichtigen kann.

Weitere Highlights Die Ammergauer Alpen bergen einen Schatz für Gesundheit und Wohlbefinden, das alpine Bergkiefern-Hochmoor. Als Bad oder Packung angewendet, kann es den gesamten Organismus stärken, die Durchblutung anregen und tut den Gelenken gut. Kuren kann man in Bad Kohlgrub. Details und Angebote bei Kur- und Tourist-Information Bad Kohlgrub, Tel. 08845/742 20.

Spektakulär sind die Schleierfälle, die wie Vorhänge über die moosbewachsenen Felsen rieseln.

Outdoor-Aktivitäten Die Ammer ist ein berühmtes Wildwasser-Revier. Ab Mai steht sie Kanufahrern zur Verfügung. Ohne eine große Portion Erfahrung und Können geht es allerdings nicht, denn es ist eine schwierige Strecke voller Action von Beginn an bis zu den Schleierfällen. Der Einstieg erfolgt vom Parkplatz bei Saulgrub aus. An der Böbinger Brücke bei Rottenbuch ist Schluss. Neben der Ammer sind auch der Rissbach und die Loisach als Wildwassergebiete.

Eine bedeutende Wintersportdisziplin in und um Oberammergau ist der Langlauf. Höhepunkt der Saison ist das erste Februar-Wochenende. Dann findet der König-Ludwig-Lauf, »Luggi-Lauf« genannt, statt, der zweitgrößte Volkslanglauf Europas. Um sich darauf vorzubereiten, stehen 13 Rundkurse zur Verfügung. Sie sind durch drei Loipen verbunden, sodass man rund 100 Kilometer von Schloss Linderhof bis Bad Bayersoien in verschiedenen Kombinationen absolvieren kann. Wer seine Technik verbessern oder die gesunde Sportart erst erlernen will, ist in den beiden Langlaufschulen genau richtig (www.nordic-oberammergau.de).

Anreise/Unterkunft Anreise über die A95 und dann über die B23, per Bahn nach Oberammergau. Unterkunft: Ferienwohnungen Klotz, Altenau, Tel. 08845/93 81, www.klotz-fewo.de; Vitalrefugium »Das Johannesbad«, Bad Kohlgrub, Tel. 08845/840, www.johannesbad-schober.de.

Großes Bild: Ab dem Felsdurchbruch bei Saulgrub fließt die Ammer durch eine Wildwasserschlucht. Besonders gut gefiel es König Maximilian II. im Ammertal, das jahrhundertelang königliches Jagdrevier war, vom Volk nicht betreten werden durfte und deswegen seine wilde Ursprünglichkeit bewahren konnte.

+ TIPP + TIPP + TIPP +

↗ **Kloster Ettal** Wenn das Wetter einmal nicht mitspielt, steht ein Besuch des berühmten Klosters in Ettal auf dem Programm. Es stammt aus dem 14. Jahrhundert, wurde 1744 aber durch ein Feuer zerstört und wiedererrichtet. Sehenswert ist die barocke Basilika. Interessant sind auch die von den Benediktinern geführte Brauerei und Destillerie (www.kloster-ettal.de).

↗ **Ettaler Manndl** Dieser 1633 Meter hohe Kalksteinfelsen ist ein Berg, dessen kahle Spitze aus einem bewaldeten Bergrücken herausragt. Auf seiner gegenüberliegenden Seite befindet sich das Ettaler Weibl, ein weiterer Kalkberg. Der Berg ist von Ettal aus eine beliebte Tagestour. Meist geht es auf sanft ansteigendem Wanderweg hinauf, bis es am Gipfel eine kurze Klettersteigpassage gibt. An der Westkante und in der Südwand gibt es Kletterrouten im Schwierigkeitsgrad IV bis V.

↗ **Neuschwanstein und Hohenschwangau** Ein Muss für jeden Besucher sind die Schlösser, die untrennbar mit König Ludwig II. verbunden sind. Beide haben prunkvolle Räume zu bieten. Die Spaziergänge zu den Schlössern sind bereits ein Vergnügen für sich. Besichtigungen sind nur in Kombination mit Führungen möglich (www.hohenschwangau.de).

↗ **Hörnle** Das Hörnle ist eigentlich eine Berggruppe aus drei Gipfeln. Der höchste ist das 1548 Meter hohe Hintere Hörnle. Das Areal wird als Hausberg von Bad Kohlgrub bezeichnet und bietet einen fantastischen Blick. Im Sommer kann man wandern oder mit dem Gleitschirm fliegen. Auch eine 4,6 Kilometer lange Nordic-Walking-Strecke gibt es. Im Winter locken zwei Ski-Abfahrten, eine Rodelbahn und ein Weg für Schneeschuhwanderungen, der an der Bergstation der Hörnlebahn beginnt.

Wanderer gehen über einen Grat am Tegelberg, im Hintergrund die Tannheimer Berge.

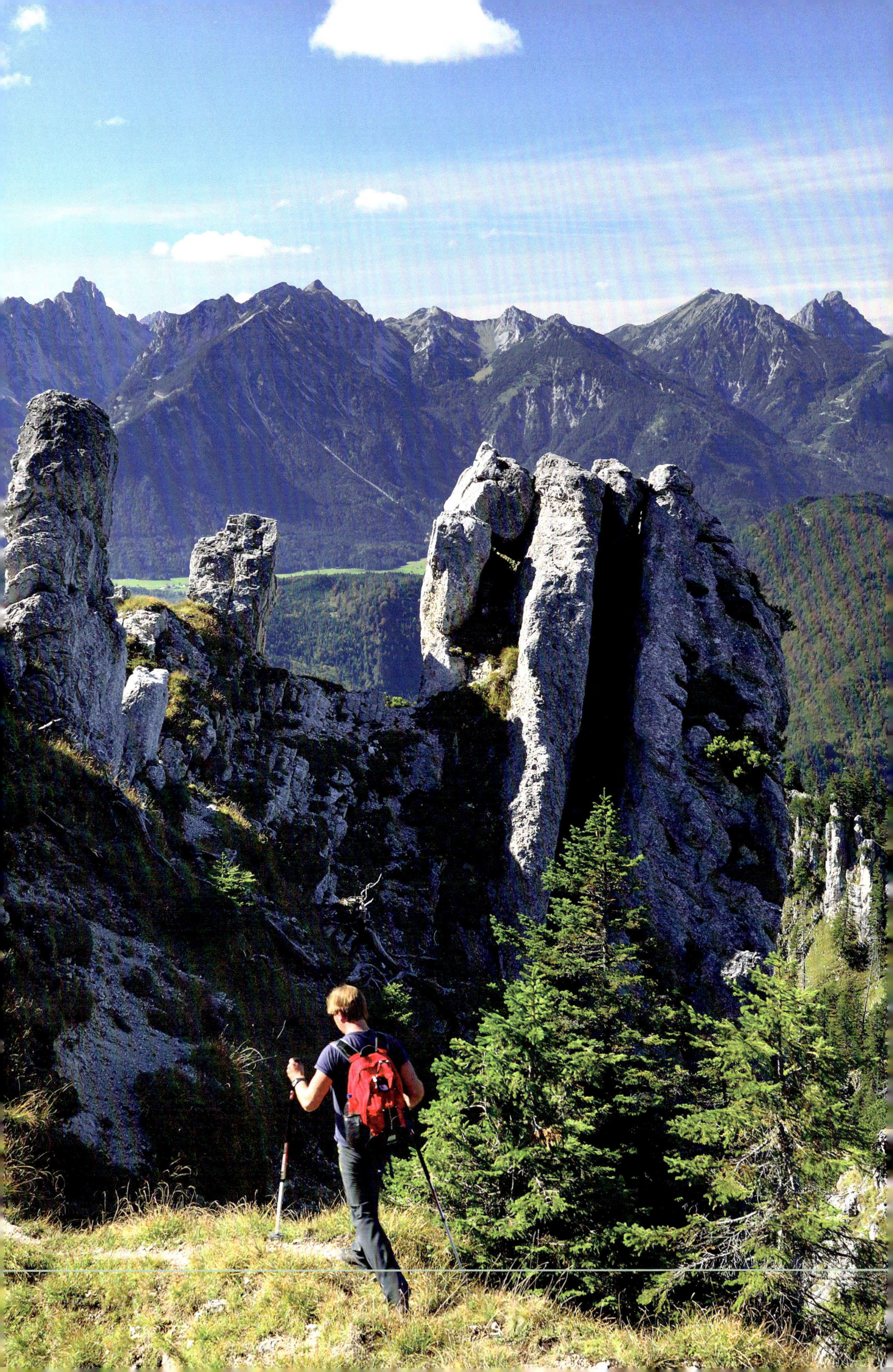

Fünfseenland

*Tourismusverband Starnberger
Fünf-Seen-Land
Wittelsbacherstraße 2c
82319 Starnberg
Tel. 08151/906 00
www.sta5.de/info@sta5.de*

Unweit der Landeshauptstadt München liegt das Fünfseenland. Im Allgemeinen versteht man darunter die Region zwischen den beiden großen Seen, dem Ammer- und Starnberger See, in der die drei kleineren Seen, der Wörth-, Pilsen- und der Weßlinger See, eingebettet liegen. Die sanften Hügel des Alpenvorlands bildeten sich hier durch Erosion und Ablagerung der Gletscher der letzten Eiszeit. Die so entstandene Moränenlandschaft ist heute eine intensiv landwirtschaftlich genutzte Flurfläche, die von Wäldern unterbrochen wird. In dieser Kulturlandschaft wachsen einige seltene alpine Pflanzenarten, unter anderem der Enzian und die dunkle Akelei. In den Mooren findet man sogar fleischfressende Fettkraut- und Sonnentauarten. An den Seen kann man das Werk der Biber bestaunen, die hier seit einiger Zeit wieder heimisch geworden sind. Einer der markantesten Orte des Fünfseenlands ist der »heilige Berg«, das Kloster Andechs. Dieses geistige Zentrum der Region erreicht man auf einer Wanderung, die durch das urwüchsige Kiental bei Herrsching führt. Das Gebiet des Fünfseenlandes hat einen sehr hohen Freizeitwert und wird vor allem für Wassersport genutzt, aber auch viele Wanderer und Radfahrer lassen sich auf dem weitverzweigten Wegenetz die Landschaft näherbringen.

Starnberger See

Der Starnberger See ist der fünftgrößte See Deutschlands. Die Ausflugsboote der Bayerischen Seenschifffahrt bieten Fahrten zu Zielen rund um den See an. Mit dem Fahrrad oder zu Fuß kann man den See auf einem 42 Kilometer langen, gut markierten Weg umrunden. Obwohl der See eines der wichtigsten Naherholungsgebiete der Stadt München ist, hat er eine zentrale Bedeutung für den Vogelzug: In der kalten Jahreszeit überwintern über 20 000 Zugvögel aus dem Norden Europas und Russlands.

Würmtal

Nördlich des Starnberger Sees, der bis 1962 den Namen Würmsee trug, schließt sich das anmutige Würmtal an. Die Würm ist der einzige Abfluss des Sees und gab nicht nur der Landschaft, sondern auch der letzten Kaltzeit ihren Namen: die Würm-Eiszeit, die vor ca. 15 000 Jahren diese einzigartige Landschaft formte. Besonders interessant ist das Leutstettener Moos, das auf einem 12 Kilometer langen Lehrpfad erkundet werden kann. Das Moor ist auch Brutgebiet für viele Wasservögel, die hier einen Rückzugsort gefunden haben.

Ammersee

Obwohl der Ammersee nur wenig kleiner als der Starnberger See ist, geht es hier deutlich ruhiger und beschaulicher zu. Bis Anfang des 19. Jahrhunderts lebten nur wenige Fischer an seinem Ufer. Diese Bodenständigkeit spürt man noch heute und alles ist eine Spur stiller und gemütlicher. Auch die Natur ist hier noch ein wenig ursprünglicher und lädt zum Verweilen ein. Im See ist die Renke heimisch, ein guter Speisefisch, der in vielen Restaurants der Region auf der Speisekarte steht.

Pilsensee

Nordöstlich von Herrsching liegt der Pilsensee, der anfänglich noch mit dem Ammersee verbunden war. Erst Geröllablagerungen des Kienbachs trennten die beiden Seen. Mit einer Fläche von knapp 2 Quadratkilometern ist der Pilsensee deutlich kleiner als seine Brüder im Osten und Westen. Am nördlichen Ufer hat der hier einst heimische Biber heute sein Revier wieder zurückerobert. Am Südufer liegt das Naturschutzgebiet »Herrschinger Moos«, das eine Vielfalt von geschützten Tieren und Pflanzen beherbergt.

Wörthsee

Der Wörthsee ist der größte der drei kleinen Seen im Fünfseenland. Mit einer Fläche von vier auf zwei Kilometern kann man ihn in drei Stunden gut umwandern. Als Moorsee wird er im Sommer bis zu 25 °C warm und ist deshalb ein sehr beliebter Badesee, aber auch Surfer und Segler sind hier anzutreffen, da das Gewässer sehr ruhig ist und ideale Windbedingungen bietet. Selbst im Winter wird er zum Segeln genutzt. Eissegeln auf dem Wörthsee wird immer beliebter. Die Schlitten erreichen dabei unter idealen Bedingungen Geschwindigkeiten von bis zu 100 Stundenkilometer.

Osterseen

Südlich des Starnberger Sees schließen sich die Osterseen an die Region an. Auch sie sind wie die großen Seen im Norden ein Überbleibsel der letzten längeren Eiszeit. 20 größere und kleinere Seen bedecken insgesamt eine Fläche von 2,25 Quadratkilometern. Seit 1981 ist das ganze Areal Naturschutzgebiet und beherbergt mit seiner Mischung aus nährstoffarmen Seen, Wäldern sowie Nieder-, Übergangs- und Hochmooren eine außerordentliche Vielfalt an seltenen Tier- und Pflanzenarten.

Weitere Highlights Das Fünfseenland ist reich an Kunst- und Kulturschätzen. So findet man am Ufer des Starnberger Sees das Schloss Possenhofen, in dem die naturverbundene Kaiserin Elisabeth von Österreich ihre Kindheit verbrachte. Auf der Roseninsel im Starnberger See, auf die man mit einer sogenannten Plette vom Glockensteg in Feldafing (Fährbetrieb von Mai bis Mitte Oktober) übersetzen kann, traf sie sich mit ihrem Cousin Ludwig II. Auf der Insel kann man neben dem im 19. Jahrhundert angelegten

Großes Bild: Der Blick geht auf den Starnberger See und Tutzing. Linke Seite: Der Ammersee ist an vielen Stellen von Schilf gesäumt (oben); ein Wasserfall wartet in der Pähler Schlucht (unten).

Rosengarten (Blütezeit der Rosen: Mitte Juni und Mitte August) die Überreste prähistorischer Pfahlbauten am Grund des Sees bewundern, die seit 2011 zum Weltkulturerbe gehören. Am gegenüberliegenden Ufer in Berg befindet sich die Votivkapelle, die zu Ehren des Bayernkönigs Ludwig II. errichtet wurde. Die Kapelle steht oberhalb des Seeufers, an dem der Regent tot geborgen wurde. Ein Kreuz im See erinnert an ihn. Das Kloster Andechs ist die älteste Wallfahrtsstätte in Bayern und beeindruckt mit einer Rokoko-Ausstattung. Am Ammersee findet sich das Marienmünster Dießen mit dem Dießener Himmel, eine der imposantesten Barockkirchen Deutschlands.

Outdoor-Aktivitäten Alle fünf Seen eignen sich hervorragend zum Baden. Es werden zusätzlich viele sportliche Wasseraktivitäten angeboten. Segeln, Surfen, Wasserskifahren oder auch Stand-up-Paddeln. Die gesamte Region ist ideal zum Radfahren und Wandern oder auch für Nordic Walking.

Anreise/Unterkunft Das Fünfseenland erreicht man am besten von München aus. Über die A95 gelangt man zum Starnberger und über die A96 zum Ammersee. Entspannter ist die Anreise mit dem öffentlichen Nahverkehr. Starnberg, Tutzing, Feldafing und Herrsching haben eine direkte S-Bahnverbindung zum Münchner Hauptbahnhof (www.mvv-muenchen.de). Das Fünfseenland ist eine wichtige Tourismusregion Bayerns. Deshalb findet sich rund um die Seen in vielen Orten eine große Auswahl an Hotels, Pensionszimmern, Ferienwohnungen und Campingplätzen. Unterkunft: Pension Möwe, Tutzing, Tel. 08158/931 60, www.moewe-tutzing.de; Hotel Marina, Bernried, Tel. 08158/93 20, www.marina-bernried.de.

Großes Bild: Das Naherholungsgebiet der Osterseen bietet nicht nur herrliche Ausichten, sondern auch einige Badestellen sowie zahlreiche Wanderwege. Einer führt zum sprudelnden Quelltopf »Blaue Gumpe«.

+ TIPP + TIPP + TIPP +

↗ **Bademöglichkeiten** Die fünf Seen besitzen ein hervorragendes Wasser, das oft Trinkwasserqualität hat. Der Starnberger See ist sehr klar und mit einer Sichttiefe von bis zu 14 Metern macht Baden hier gleich noch einmal so viel Spaß. Aber auch an den anderen vier Seen gibt es unzählige schöne und schattige Bademöglichkeiten. Von kleinen, einsamen Buchten bis hin zu kompletten Erholungszentren sollte jeder genau den richtigen Platz für das perfekte Badevergnügen finden (www.sta5.de/reisefuehrer/wasser/badeplaetze-liegewiesen.html).

↗ **Wasserski** Wer es gern etwas schneller auf dem Wasser mag, ist in der Wasserskischule Possenhofen am Starnberger See an der richtigen Adresse. Hier werden laufend Kurse im Wasserskifahren angeboten (Tel. 08151/27 50).

↗ **Stand-up-Paddeln** Für alle, die etwas Neues ausprobieren wollen, ist Stand-up-Paddeln zu empfehlen. Elegant gleitet man aufrecht stehend auf einem Surfbrett und mit Hilfe eines Stechpaddels durch den See. Kurse und Leihgeräte bei: SUP Verleih Starnberg (www.sup-verleih-starnberg.de).

↗ **Segeln lernen** Durch ihre idealen Windbedingungen sind die beiden großen Seen hervorragende Reviere, um das Segeln zu erlernen. In Starnberg, Herrsching und Dießen bieten mehrere Segelschulen Kurse an – vom Schnupperkurs bis zur mehrtägigen Ausbildung mit Unterkunft. Weitere Informationen zum Beispiel bei: Segelschule Ammersee (www.ammersee-segelschule.de) oder Segelschule Starnberg (www.segelschule-starnberg.de).

↗ **Symbiose aus Kunst und Natur** Das unter dem Motto »Kunst, Architektur und Natur« stehende »Buchheim Museum der Phantasie« in Bernried steht beispielhaft für die gelungene Integration von Kultur in der sie umgebenden Landschaft. Das von Gras bewachsene Museum mit seiner berühmten Expressionisten-Sammlung liegt direkt am Ufer des Starnberger Sees im Höhenrieder Park. Kunstwerke und Skulpturen wurden zudem im Außenareal in den alten Baumbestand und die romantischen Teiche integriert (www.buchheimmuseum.de).

↗ **Wandern im Fünfseenland** Die Region ist geradezu prädestiniert zum Wandern: sanfte Hügel, Wälder und natürlich die Seen bieten eine Vielzahl von einzigartigen Wandermöglichkeiten – von kleinen Spaziergängen bis hin zu anspruchsvollen Tagestouren. Eine der schönsten Touren führt von Starnberg durch die Maisinger Schlucht zum Kloster Andechs und von dort hinab zum Ammersee nach Herrsching. Mit 21 Kilometern ist man gute 5 Stunden unterwegs, die wunderschönen Ausblicke in die bayerischen Alpen entschädigen für die Mühen. Viele weitere Vorschläge findet man auf den Seiten des Tourismusverbands Starnberger Fünf-Seen-Land (www.sta5.de/reisefuehrer/aktiv/wandern-nordic-walking.html).

↗ **Rund um die Osterseen** Auch die Osterseen südlich des Starnberger Sees bieten herrliche Wandermöglichkeiten. Von Iffeldorf aus kann man auf einem 10 Kilometer langen Rundweg die einzigartige Landschaft des Naturschutzgebiets entdecken. Auf jeden Fall sollte man ein Fernglas mitnehmen, denn hier kann man seltene Vögel wie zum Beispiel den Drosselrohrsänger beobachten. Weitere Informationen unter www.gpswandern.de/osterseen/osterseen.shtml.

↗ **Weitwanderweg** Der »König-Ludwig-Weg« startet in Berg am Starnberger See und führt über Possenhofen und die Klöster Andechs und Dießen zu den Königsschlössern bei Füssen. Auf 120 Kilometern kann man in fünf bis sieben Etappen auf den Spuren des bekannten bayerischen Regenten die wunderschöne Voralpenlandschaft erwandern (www.koenig-ludwig-weg.de).

↗ **Radfahren** In der Region gibt es ein sehr gut ausgebautes Radwegenetz. Neben den Rundtouren um die großen Seen besteht auch die Möglichkeit, mit dem Fahrrad von München aus 25 Kilometer durch das Würmtal an den Starnberger See zu radeln. Wer es nicht ganz so sportlich mag, kann auch ein E-Bike ausleihen. In Feldafing kann man sich ein Pedelec ausleihen und so entspannt die Umgebung entdecken. Weitere Vorschläge unter www.sta5.de/reisefuehrer/aktiv/radfahren.html.

Ob mit dem Segelboot auf dem Starnberger See oder mit dem Kanu auf der Würm: Das Fünfseenland bietet vor allem Wassersportbegeisterten eine Vielzahl an Aktivitäten.

Wettersteingebirge

*Garmisch-Partenkirchen
Tourismus, Rathausplatz 1,
82467 Garmisch-Partenkirchen
Tel. 08821/18 04 19
www.gapa.de
online@gapa.de*

Das Wettersteingebirge gehört zu den Nördlichen Kalkalpen und liegt zwischen Garmisch-Partenkirchen im Norden und Seefeld in Tirol im Süden. Der Gebirgsstock ist sehr kompakt und hat schroff abfallende Gipfel, die weit über 2500 Meter hinaufragen, darunter mit der Zugspitze (2962 Meter) den höchsten Gipfel Deutschlands. Das Gebirge ist durch mehrere Seilbahnen und eine Zahnradbahn sehr gut erschlossen. Viele Touristen verbringen in der Region ihren Urlaub, um bei Naturschönheiten wie der Partnachklamm, dem Höllental oder dem Eibsee den Alltag zu vergessen. Der Deutsche Alpenverein unterhält hier mehrere Hütten. Am bekanntesten sind das »Münchner Haus« auf der Zugspitze, die »Knorrhütte«, die »Meillerhütte«, die »Höllentalangerhütte« und die »Reintalangerhütte«, die alle zu Fuß erreichbar sind und als Stützpunkt für ausgedehnte Wanderungen dienen. Trotz der intensiven Almwirtschaft gibt es abseits des Touristenstroms bis heute Möglichkeiten, die Ruhe und Abgeschiedenheit der Berge zu genießen. Hier haben sich viele Tierarten ihren ursprünglichen Lebensraum bewahrt. So kann man Steinadler, Alpensalamander, Murmeltiere und Gämsen beobachten. Selbst ein seit Jahren ausgestorben geglaubter Schmetterling wurde kürzlich auf der Zugspitze wiederentdeckt.

Eibsee

Der See liegt auf 1000 Metern direkt unterhalb der Zugspitze. Er entstand, als sich der Loisachgletscher zurückzog. Die heutige Form bekam der See durch einen gewaltigen Felssturz vor ca. 3000 Jahren. Noch heute sind Überreste dieses Felssturzes als acht kleine Inseln im See zu sehen. Das Gewässer ist komplett von Wald umgeben und schimmert in einem satten Grünton. Bei der zweistündigen Wanderung um den See hat man herrliche Ausblicke auf die Zugspitze.

Partnachklamm

Die Partnachklamm ist eines der beeindruckendsten Naturschauspiele im Werdenfelser Land. Über Millionen von Jahren hat sich die Partnach, die vom Schneeferner auf dem Zugspitzblatt gespeist wird, im Reintal tief in den harten Muschelkalk gegraben und eine faszinierende Landschaft geschaffen. An vielen Stellen sind die bis zu 80 Meter hohen Wände der Klamm nur wenige Meter voneinander getrennt. Vom 19. Jahrhundert bis weit in die 1960er-Jahre hinein wurde unter Einsatz von Leib und Leben Holz durch die Klamm getriftet. Schon im Jahr 1912 begann man auch mit der touristischen Nutzung der Schlucht. Der bestehende Triftsteig wurde ausgebaut und an vielen Stellen wurden Tunnel durch den Fels getrieben, um die Klamm auf voller Länge begehbar zu machen. Durch die Tunnelbauweise ist die Klamm weitgehend unverbaut und bietet immer wieder eine Vielzahl von atemberaubenden neuen Fotomotiven.

Höllental

Auch das Höllental beherbergt eine beeindruckende Klamm. Sie wurde vor über 100 Jahren touristisch erschlossen und ist heute mit ihren bis zu 150 Meter tiefen Schluchten, Wasserfällen und verschlungenen Stegen ein unvergleichliches Naturerlebnis. Im Gegensatz zur

Großes Bild: Die Zugspitze spiegelt sich im Eibsee. Links: Schnell rauscht die Partnach durch die Partnachklamm.

Partnachklamm ist die Höllentalklamm nur im Sommer zu besichtigen. Eine beliebte Route ist, mit der Alpspitzbahn hinaufzufahren und über das Höllental nach Grainau abzusteigen.

Alpspitze

Die Alpspitze thront über dem Markt Garmisch-Partenkirchen und ist mit ihrer markanten Pyramidenform der inoffizielle Hausberg der Einwohner. Der Berg ist ein beliebtes Ausflugsziel, das durch die Alpspitzbahn erschlossen ist. Vor allem Klettersteigfans kommen hier auf ihre Kosten. Die Nordwand-Ferrata ist für Anfänger ein beliebter Einstieg in die Welt des Kletterns. Und wer unter der Woche früh genug aufsteigt, wird sogar mit dem Anblick von ein paar Gämsen belohnt.

Zugspitze

Deutschlands höchster Berg, die Zugspitze, dominiert die Bergkulisse des Wettersteins. Mit seiner markanten, nach Westen steil abfallenden Flanke ist er schon von Weitem erkennbar. Der Gipfel wurde 1820 erstmals bestiegen. Heute ist der Berg einer der wichtigsten Touristenmagnete der Region, auf den zwei Aufstiegshilfen führen. So gelangen jährlich über 500 000 Menschen auf den Gipfel. Trotz dieser Zahl sind die zahlreichen Wege auf die Zugspitze selten überlaufen, da die Strecke und der Höhenunterschied sehr fordernd sind. An den Flanken des Berges befinden sich drei große Gletscher, so kann man auf dem Schneeferner etwa das halbe Jahr über Wintersport betreiben. Obwohl der Gipfel besucht wird, lohnt sich ein Aufstieg, die einmalige Fernsicht und die hochalpine Natur sind ein grandioses Erlebnis.

Weitere Highlights Ein besonderes Highlight ist das Königshaus am Schachen, das Ludwig II. von 1869–1872 im Schweizer Chaletstil errichten ließ. Die Räume im Parterre sind sehr schlicht gehalten, wohingegen im Obergeschoss das türkische Zimmer eine unglaubliche Pracht entfaltet. Der Raum ist im maurischen Stil eingerichtet, edle Teppiche bedecken den Boden, luxuriöse Diwane laden zum Verweilen ein und in der Mitte plätschert sogar ein Springbrunnen. Das Königshaus ist nur zu Fuß erreichbar. Der kürzeste Aufstieg ist von Elmau in knapp vier Stunden möglich (www.schachenhaus.de).

Outdoor-Aktivitäten Das Wettersteingebirge ist ein wahres Eldorado für Freizeitsportler. Klettern, Bergsteigen, Wandern und Mountainbiken kann man hier auf vielen Routen. Das Wegenetz für Radler und Wanderer ist gut gepflegt und bietet Touren für jeden Geschmack. Kletterer finden Routen in allen Schwierigkeitsgraden, und aufgrund der guten Erschließung durch verschiedene Seilbahnen ist der Weg bis zur Wand nicht weit.

Anreise/Unterkunft Das Wettersteingebirge liegt südlich von Garmisch-Partenkirchen. Der Markt ist über die A95 in einer guten Stunde von München erreichbar. Mit dem Zug bestehen stündliche Verbindungen zum Münchner Hauptbahnhof. Auch mit dem Fernbus ist Garmisch-Partenkirchen an München und den Münchner Flughafen angeschlossen. Von Garmisch-Partenkirchen aus ist das Wettersteingebirge durch mehrere Bergbahnen erreichbar. Übernachtungsmöglichkeiten gibt es hauptsächlich in Garmisch-Partenkirchen, aber auch verschiedene Hütten im Wetterstein, die zu Fuß erreichbar sind, bieten einfache Übernachtungsmöglichkeiten an. Unterkunft: Gästehaus Pia Maria, www.gaesteheim-piamaria.de; Hotel Zugspitze, www.hotel-zugspitze.de.

Großes Bild: Berühmtes Panorama der Zugspitze mit Gipfelkreuz. Links: Klettersteig auf die Zugspitze.

+ TIPP + TIPP + TIPP +

↗ **Aufstieg zur Zugspitze**
Auf die Zugspitze gibt es eine Vielzahl von Aufstiegsmöglichkeiten. Die bequemste ist natürlich mit der Zugspitzbahn: eine Zahnradbahn bringt die Tagesgäste seit über 80 Jahren innerhalb von 45 Minuten zum Gipfel. Wer es noch schneller mag, kann die Seilbahn vom Eibsee nehmen. In atemberaubenden zehn Minuten überwindet man 2000 Meter Höhenunterschied – fast zu wenig Zeit, um die Aussicht zu genießen. Für alle, die den höchsten Berg Deutschlands zu Fuß erklimmen möchte, gibt es zwei Hauptrouten. Für ambitionierte Wanderer ist der Aufstieg durch das Reintal zu empfehlen. Mit Übernachtungsmöglichkeiten in der Reintalangerhütte und Knorrhütte kann man die 2200 Meter Höhenunterschied in seinem eigenen Tempo ersteigen. Die zweite Route führt durchs Höllental über einen rasanten Klettersteig direkt zum Gipfel. Auch hier wird eine Übernachtung auf der Höllentalhütte dringend empfohlen.

↗ **Skifahren und Snowboarden** Unterhalb des Zugspitzgipfels liegt das höchste Skigebiet Deutschlands. 20 Kilometer bestens präparierte Pisten bieten fast das halbe Jahr über leichte bis mittelschwere Abfahrten.

↗ **Klettern** Das Wettersteingebirge ist ein beliebtes Klettergebiet. Hier findet man Routen aller Schwierigkeitsgrade, und für alle, die das Klettern erlernen oder ihre Technik verbessern wollen, stehen erfahrene Bergführer zur Verfügung. Informationen unter www.bergfuehrer-werdenfels.de.

↗ **Alpspitz-Ferrata** Einer der beliebtesten Klettersteige führt auf die Alpspitze. Die Nordwand-Ferrata ist in wenigen Minuten von der Bergstation der Alpspitzbahn zu erreichen. Gut gesichert mit Klettersteigset und Helm kann man in weniger als drei Stunden auf dem Gipfel stehen. Voraussetzung ist – wie bei allen Klettersteigen – Trittsicherheit, Schwindelfreiheit und alpine Erfahrung.

↗ **AlpspiX** Auf dem Osterfelderkopf unweit der Bergstation der Alpspitzbahn wurde im Jahre 2010 eine atemberaubende Aussichtsplattform errichtet. Zwei frei schwebende Arme, die mit Gitterrosten ausgelegt sind, ragen weit über den Abgrund und geben einmalige Aus- und Tiefblicke in das 1000 Meter darunter liegende Höllental (www.zugspitze.de/de/sommer/berge/garmisch-classic/alpspix).

↗ **Durch die Partnachklamm** Eine der schönsten Wanderungen im Wetterstein ist der Weg durch die Partnachklamm und weiter hinauf auf den Schachen. Der Weg startet am Olympiastadion in Partenkirchen und schon nach wenigen Minuten steht man am Eingang der beeindruckenden Klamm. Auf 700 Metern wurde die Klamm durch in den Fels gesprengte Stollen und Durchgänge begehbar gemacht. Der Weg bietet zu jeder Jahreszeit einmalige Eindrücke. Für alle, die eine sportliche Herausforderung suchen, ist das Weiterwandern zum Königsschloss auf dem Schachen empfohlen. Bis hierher ist man mindestens vier bis fünf Stunden unterwegs und muss einen Höhenunterschied von 1150 Metern überwinden. Dafür wird man mit einem einmaligen Panorama und einem kulturellen Kleinod belohnt, das man sich nicht entgehen lassen sollte. Weitere Informationen unter www.schachenhaus.de.

↗ **Radfahren und Mountainbiken** Rund um Garmisch-Partenkirchen gibt es insgesamt 453 Kilometer Radwege. Vor allem die Mountainbiker finden hier ein exzellentes Terrain. Von einfachen Einsteigertouren bis hin zu anspruchsvollen Profitouren hat jeder die Wahl nach seinem Geschmack. Zum Beispiel kann man das Wettersteingebirge auch mit dem Mountainbike umrunden. Auf 80 Kilometern und fast 2000 Höhenmetern erlebt man steile Auffahrten, schmale, technisch anspruchsvolle Pfade, rasante Abfahrten und Ausblicke auf die Kulisse des Wettersteingebirges und des Karwendels (www.radtourist.de/mtb-tour-zugspitze-wettersteingebirge).

↗ **Paragliden** Durch die Erschließung mit Seilbahnen gibt es sehr gute Möglichkeiten, mit dem Gleitschirm zu fliegen. Ideale Startplätze sind der Osterfelder oder das Kreuzeck. Vom Kreuzeck schwebt man über eine Höhendifferenz von 900 Metern hinab nach Garmisch-Partenkirchen und hat einen wunderschönen Blick über das Werdenfelser Land bis zum Starnberger See. Wenn das Wetter klar ist, kann man in der Ferne sogar die Landeshauptstadt München erkennen. Angebote zu Kursen und Tandemflügen gibt es unter anderem bei www.aerotaxi.de.

↗ **Iglu-Dorf** Ein besonderes Erlebnis im Winter ist eine Übernachtung im Iglu-Dorf auf dem Zugspitzferner. Hier steht eine kleine Siedlung mit 20 Schneehäusern, einer Bar und zwei Whirlpools. Dank warmer Expeditionsschlafsäcke und kuscheligen Schaffellen wird es einem auch nicht kalt. Nachts genießt man aufgrund fehlender Lichtquellen einen Sternenhimmel, den man nie mehr vergisst. Informationen unter www.zugspitze.de/de/winter/berge/zugspitze/iglu-dorf.

Großes Bild: Die Zugspitze ist einer der kältesten Orte Deutschland. Bis zu –30 °C kann es hier werden, und manchmal bläst der Wind mit 300 Kilometern pro Stunde.

Walchensee und Herzogstand

Tourist-Information Walchensee
Ringstraße 1, 82432 Walchensee
Tel. 08858/411
www.walchensee.de
info@walchensee.de

70 Kilometer südlich von München, eingerahmt von den Bayerischen Alpen, liegt der Walchensee. Seine Ufer sind weitgehend unverbaut und kein Motorboot stört die Natur am See. Mit einer Tiefe von fast 190 Metern ist er einer der tiefsten Seen in den deutschen Alpen. Trotz der vielen Erholungsuchenden, die am Wochenende zum See strömen, hat sich vor allem im Süden und Osten des Sees eine einzigartige Naturlandschaft erhalten, in der so seltene Blumen vorkommen wie der Schwalbenwurzenenzian, der Seidelbast, die Alpenanemone und der Bärlapp. Im See befindet sich die Insel Sassau, die nicht betreten werden darf. Hier hat sich eine Flora entwickelt, wie sie früher am Walchensee verbreitet war – es stehen hier einige Eiben, die älter als 500 Jahre sind. Der Herzogstand ist der Hausberg des Walchensees. Mit einer Seilbahn erreicht man bequem die Herzogstandhäuser, von denen es nur noch wenige Höhenmeter bis zum Gipfel sind. Schon der bayerische König Ludwig II. schätzte den unvergleichlichen Ausblick vom Herzogstand, der von München im Norden bis in den Karwendel im Süden reicht. Heute ist der Herzogstand ein beliebtes Ausflugsziel, der neben vielen Wandermöglichkeiten auch Informationen über Geologie, Flora und Fauna auf mehreren Infotafeln für den interessierten Wanderer bereithält.

In der Morgendämmerung ist der Walchensee eine Oase der Stille.

Highlights Der Walchensee diente in mehreren Filmen als Kulisse. So wurden ein Teil der Häuser aus dem Film »Wicki und die starken Männer« erhalten und können heute im Wikingerdorf »Flake« kostenlos besichtigt werden. In den Sommermonaten werden hier regelmäßig Erlebnisführungen angeboten.

Outdoor-Aktivitäten Der Walchensee ist ein beliebtes Ziel für Segler und Surfer. Der spezielle Walchenseewind ist in Fachkreisen sehr geschätzt und lockt viele Surfbegeisterte an. Der See ist auch ein beliebtes Tauchgebiet, in dem Freizeitsportler und Profis nach versunkenen Wracks tauchen. Rund um den See bieten sich verschiedene Wandermöglichkeiten, die von einfachen Spaziergängen bis hin zu anspruchsvollen Gipfeltouren reichen. Auch Mountainbiker können rund um den See mehrere spannende Touren finden.

Anreise/Unterkunft Der Walchensee liegt ca. 200 Höhenmeter über dem Kochelsee und ist über die Jochbergstraße zu erreichen. Am See selbst liegt der kleine Ort Walchensee, der Übernachtungsmöglichkeiten bietet. Unterkunft: Haus Bergzeit (Ferienhaus), www.ferienhaus-walchensee.info; Seehotel & Gasthaus Einsiedel, www.hotelamwalchensee.de.

Großes Bild: Fantastischer Blick vom Herzogstand auf Walchensee; rechts: Segler auf dem Walchensee.

+ TIPP + TIPP + TIPP +

↗ **Baden im Walchensee** Der Walchensee ist vor allem bei Familien mit Kindern zum Baden sehr beliebt. Das Ufer des Sees ist weitgehend unverbaut, und durch das Verbot von Motorbooten ist das Wasser sehr sauber und klar. Viele Uferstellen sind flach und laden zum Spielen ein.

↗ **Wanderung** Eine beliebte, aber anspruchsvolle Wanderung führt vom Herzogstand zum Heimgarten. Nachdem man bequem die ersten Höhenmeter mit der Seilbahn überwunden hat, wird die Route nach dem Gipfel des Herzogstands eine wunderschöne Gratwanderung, für die man unbedingt alpine Erfahrung und geeignetes Schuhwerk mitbringen muss. In gut zwei bis drei Stunden erreicht man den Gipfel des Heimgartens, von dem man einen einmaligen Blick auf den Walchensee hat. Von hier steigt man direkt zum See ab. Für die gesamte Runde sollte man mindestens fünf Stunden reine Gehzeit einplanen (www.tourentipp.de/de/touren/Herzogstand-Heimgarten-Bergtour_358.html).

↗ **Panorama-Naturlehrpfad auf dem Herzogstand** Auf 2,5 Kilometer Länge werden auf elf Schautafeln Besonderheiten der Natur rund um den Herzogstand erklärt. So erfährt man viel Wissenswertes über die Entstehung des Walchensees, die Bedeutung des Schutzwaldes und über die Flora und Fauna.

↗ **Wikingermarkt** Im September findet in der ehemaligen Filmkulisse von »Wicki und die starken Männer« ein Wikingermarkt statt, bei dem Gruppen das Leben im Mittelalter veranschaulichen. Infos bei der Touristeninformation Walchensee, Tel. 08858/411.

Isartal

Tourist-Information Bad Tölz
Max-Höfler-Platz 1
83646 Bad Tölz
Tel. 08041/786 70
www.bad-toelz.de
info@bad-toelz.de

Die »Reißende«, was der Name Isar ursprünglich bedeutet, ist heute in weiten Teilen ein gezähmter Gebirgsfluss. Fast 300 Kilometer legt sie auf ihrem Weg aus dem Karwendel bis zur Donau zurück und durchfließt dabei die unterschiedlichsten Naturlandschaften, vor allem die bayerischen Voralpen und die Münchner Schotterebene. Über Jahrhunderte wurde auf dem Fluss Holz geflößt und viele Mühlen nutzten die Wasserkraft des kräftigen Stroms. Später wurden mehrere Wasserkraftwerke am Fluss errichtet. So verlor die Isar nach und nach ihren natürlichen Lauf. In den 1980er-Jahren fand eine Rückbesinnung statt und es wurde damit begonnen, dem Fluss wieder ein natürliches Bett zu ermöglichen. Vor allem die Stadt München hat viel Mühe in die Renaturierung der Isar investiert. So wurde der Fluss zwischen dem Wehr in Großhesselohe und dem Deutschen Museum aus seinem engen Bett befreit und Kiesbänke, Inseln und flache Uferzonen geschaffen, die heute von Münchnern zum Flanieren, Baden und Grillen genutzt werden. Dabei schafft der Fluss sich nach und nach sein eigenes Flussbett, das sich von Jahr zu Jahr verändert. Heute haben viele Fische, die selten geworden sind, wieder eine Heimstatt in der Isar. So findet man in kleinen Beständen Huchen, Koppen und Welse.

Hinterautal und Vorderriß

Die Isar entspringt nur wenige Kilometer hinter der österreichischen Grenze im Hinterautal in Tirol. Von Scharnitz aus erschließt ein Fahrweg das romantische Karwendeltal. Mit dem Mountainbike erreicht man nach einer leichten Tour mit wenigen Steigungen das Hallerangerhaus. Von hier aus ist die Isarquelle in wenigen Minuten erreichbar. Das Tal ist in seiner Ursprünglichkeit ein typisches Karwendeltal und bietet dem Wanderer oder Mountainbiker herrliche Ausblicke in die unverfälschte Natur.

Sylvensteinstausee

Im Jahre 1954 wurde südlich von Lenggries mit dem Bau eines Staudamms begonnen, um die flussabwärts liegenden Orte Lenggries, Bad Tölz und München vor den verheerenden Hochwassern der Isar zu schützen. Zu diesem Zweck wurde die Ortschaft Fall evakuiert und einige Meter höher neu errichtet. Heute ist der Speichersee ein beliebtes Ausflugsziel zum Baden, Kajakfahren und Tauchen. Die idyllische Kulisse des Sees mit der mächtigen Brücke im Vordergrund und den Bergen des Karwendels dahinter ist bis heute ein beliebtes Fotomotiv.

Pupplinger Au

Die Pupplinger Au liegt nördlich von Wolfratshausen und ist ein Naturschutzgebiet an der Mündung der Loisach in die Isar. Sie ist einer der ursprünglichsten Abschnitte der Isar. Jedes Jahr verlagert sich hier durch Erosion und Sedimentation der Flusslauf. In dieser faszinierenden Auenlandschaft mit seiner zum Teil einmaligen und schützenswerten Vegetation findet man unter anderem bedrohte Orchideenarten wie zum Beispiel Händelwurz und Fliegenragwurz. Seltene Vögel wie Fluss-

Impressionen aus dem Isartal: Werdenfelser Land im Oberen Isartal (großes Bild); Isar-Ursprung in Tirol und Sylvensteinstausee (linke Seite oben und unten); Isartal bei Königsdorf und bei Geretsried (links oben und unten).

seeschwalbe und Flussregenpfeifer finden auf den Kieselinseln ideale Nistbedingungen.

Highlights Die Isar durchfließt auf 14 Kilometern Länge die Landeshauptstadt München und ist seit der Stadtgründung Lebensader und grüne Lunge der Stadt. Deshalb sollte man bei einem Besuch der Naturschönheiten der Isar unbedingt einen Abstecher nach München machen. Einerseits kann man hier das Flair der Großstadt genießen und Kunst und Kultur in den weltberühmten Museen besichtigen, andererseits sind die Isarauen und der englische Garten ein beliebtes Naturerlebnis, das zum Verweilen einlädt (www.muenchen.de).

Outdoor-Aktivitäten Die Isar ist auf ihrer gesamten Länge ein Ausflugsziel und Naherholungsgebiet für die Städte an ihrem Lauf. Vor allem im Sommer wird der Fluss gern zum Baden und Bootfahren genutzt. In den umliegenden Bergen gibt es zahllose Touren für Wanderer und Mountainbiker in allen Schwierigkeitsgraden. Mehr Adrenalin benötigt man bei den Funsportarten: Raften bei Lenggries und Canyoning in den Seitentälern am Sylvenstein.

Anreise/Unterkunft Die Isar durchfließt auf ihrem Weg in Richtung Donau viele bekannte touristische Orte wie zum Beispiel Mittenwald, Lenggries, Bad Tölz, Wolfratshausen und München. Alle diese Orte sind gut mit der Bahn erreichbar und bieten Unterkunftsmöglichkeiten in Hotels, Ferienwohnungen und auf Campingplätzen. Unterkunft: Pension & Gästehaus Werner, Lenggries, Tel. www.gaestehaus-werner.de; Landhaus Theresa, Bad Tölz, www.landhaus-theresa.de.

Maiglöckchen, Schachblume und Frauenschuh wachsen an den Isarauen, hier bei Geretsried (großes Bild).

+ TIPP + TIPP + TIPP +

↗ **Radfahren** Die Isar wird fast in ihrer gesamten Länge vom gut ausgeschilderten Isarradweg begleitet. Er folgt dem Fluss meist auf ufernahen Wegen und kann in fünf gemütlichen Tagesetappen bewältigt werden (www.isarradweg.de).

↗ **Rafting** Auf der Teilstrecke von Lenggries nach Bad Tölz kann man die wilde Seite der Isar kennenlernen. Mit dem Schlauchboot meistert man auf der ca. drei bis vier Stunden dauernden Tour Stromschnellen und wilde Wasserwirbel. In Bad Tölz gibt es verschiedene Anbieter, die im Sommer bei jedem Wetter die Tour durchführen.

↗ **Canyoning am Sylvenstein** In den Schluchten um den Stausee befindet sich eines der besten Canyoning-Gebiete. Outdoor-Unternehmen bieten Touren an. Bei den Einsteigertouren seilt man sich bis zu zehn Meter ab oder springt drei Meter tief in die nächste Gumpe.

↗ **Vogelbeobachtung** Mit dem Schlauchboot kann man die Isarauen bei Bad Tölz erkunden, unterwegs erklärt ein Vogelexperte seltene heimische Vogelarten und die Besonderheiten der Auenwälder. Das ruhig dahingleitende Boot stört die Vögel nicht und man kann sie so mit dem Fernglas beobachten (www.sport-piraten.de/angebotsuebersicht/bootstouren/vogelbeobachtungstour-isar.html).

↗ **Floßfahrt auf der Isar** Zwischen Wolfratshausen und München werden Fahrten auf dem Floß angeboten. Mit dem Flößerhandwerk haben diese Touren wenig zu tun, aber wer eine zünftige bayerische Gaudi mit Blaskapelle und Bier erleben will, ist hier genau richtig. Zwei Floßrutschen sorgen für spritzige Abkühlung auf dem Weg nach München (www.isarflossfahrten.de).

Karwendelgebirge

Alpenwelt Karwendel
Mittenwald Krün Wallgau
Dammkarstraße 3
82481 Mittenwald
Tel. 08823/339 81
www.alpenwelt-karwendel.de
info@alpenwelt-karwendel.de

Das Karwendel ist eine der ursprünglichsten Gebirgsgruppen in den nördlichen Kalkalpen. Begrenzt wird es vom Inntal im Süden, dem Achensee im Osten und der Isar mit dem Sylvensteinstausee im Norden. Nur ein kleiner Teil des Gebirges liegt in Bayern, der weitaus größere liegt im österreichischen Tirol. Das Karwendel umfasst vier große, von West nach Ost verlaufende Gebirgsketten, zwischen denen tief eingeschnittene Täler liegen. Die schroffen Berge erreichen an vielen Stellen Höhen von über 2000 Metern. Die meisten Gipfel sind sehr abgelegen. Um die Birkarspitze – mit 2749 Metern der

Im Frühling sind die Wiesen des Karwendel mit Krokussen übersät.

höchste Berg des Karwendels – zu erreichen, muss man zu Fuß oder mit dem Mountainbike erst 18 Kilometer durch das Karwendeltal zurücklegen, um zum eigentlichen Berg zu kommen. Auf Grund der fehlenden touristischen Erschließung, die nur in den Randbereichen erfolgt ist, haben hier sehr viele Tiere und Pflanzen einen Rückzugsraum gefunden. Fast die gesamte Gebirgsgruppe steht unter Naturschutz und ist damit das größte Schutzgebiet Österreichs. In den Hochlagen der Berge kann man Steinadler, Steinböcke, Gämsen und Murmeltiere beobachten. Auch das Alpenschneehuhn ist hier zu Hause. Es ist die einzige heimische Vogelart, die ihr Federkleid im Winter wechselt.

Engtal und Ahornboden

Im Rißtal erwartet den Besucher einer der faszinierendsten Naturräume der Alpen. Über 2000 bis zu 600 Jahre alte, knorrige Ahornbäume wachsen verstreut auf dem weiten Talgrund. Der Kontrast zwischen den Almböden, dem lichten Wald und den Bergen, die ringsum das Tal überragen, bildet eine wunderschöne Kulisse. Vor allem im Herbst, wenn sich die Blätter gelb färben, strömen viele Besucher in das kleine Tal, um die einmalige Farbenpracht zu bewundern. Die Entstehung dieses Ahornwalds ist nahezu unbekannt, da die Ahornschösslinge normalerweise in dem intensiv beweideten Tal keine Möglichkeit zum Wachsen gehabt hätten. Heute geht man davon aus, dass vor 300 Jahren Viehseuchen oder Krieg dazu geführt haben, dass für mehrere Jahre keine Tiere in das Tal zum Weiden geschickt wurden und sich der Baumbestand so entwickeln konnte.

Weitere Highlights Mittenwald ist für seine traditionellen Fresken aus dem 18. Jahrhundert, die sogenannten Lüftlmalereien, bekannt, die man an vielen Gebäuden findet. Die bildgewaltigen Häuserwände erzählen oft biblische Geschichten. Bei Führungen durch den Ort werden die schönsten Beispiele gezeigt und erklärt.

Outdoor-Aktivitäten Im Sommer bieten sich unzählige Wandermöglichkeiten, und auch Kletterer finden ideale Bedingungen, zum Beispiel an den Lalider Wänden in der Nähe der Falkenhütte. In den tief eingeschnittenen Tälern gibt es ideale Routen für Mountainbiker. Auch im Winter hat man unzählige Möglichkeiten. Die einsamen Gipfel sind sehr beliebt bei Skitourengehern, und am Achensee gibt es ein großes Skigebiet, das keine Wünsche offen lässt.

Anreise/Unterkunft Mittenwald ist das Tor zum Karwendel, die Stadt liegt an der B2 Garmisch-Partenkirchen-Innsbruck und bietet Unterkunftsmöglichkeiten in allen Kategorien. Der Große Ahornboden liegt im Engtal. Von Vorderriß am Sylvenstein zweigt eine mautpflichtige Straße ab, die durch den Großen Ahornboden zu den Engalmen führt. Unterkunft: Gästehaus Gebirgsblick, Krün, www.gebirgsblick-kruen.de; Landhaus Sonnenbichl, Mittenwald, www.sonnenbichl-mittenwald.de.

Großes Bild: Ahornboden; **links:** Kletterer am Mittenwalder Höhenweg.

+ TIPP + TIPP + TIPP +

↗ **Mittenwalder Höhenweg** Der Mittenwalder Höhenweg ist einer der schönsten Gratwanderungen in den bayerischen Bergen. Von Mittenwald bringt die Karwendelbahn den Wanderer schnell auf 2300 Meter und fast direkt an den Einstieg des Höhenwegs. Der gesicherte Steig sollte nur mit kompletter Klettersteigausrüstung und Helm begangen werden. In anregendem Auf und Ab folgt der Weg dem Kamm, der sich bis zur Kirchlspitze zieht. Von hier beginnt der lange Abstieg über die Brunnsteinhütte zurück nach Mittenwald. Die Tour hat keine hohen technischen Schwierigkeiten, trotzdem sollte sie nicht unterschätzt werden. Absolute Schwindelfreiheit ist unbedingt notwendig und mit 6-8 Stunden reiner Gehzeit und einem Abstieg von über 1800 Höhenmetern ist die Tour nur für konditionsstarke Bergtourengeher geeignet (www.tourentipp.de/de/touren/Mittenwalder-Hoehenweg-Klettersteig_318_tt.html).

↗ **Leutascher Geisterklamm** Kurz hinter der österreichischen Grenze wartet das Reich des Klammkobolds auf kleine und große Besucher. Auf einem 800 Meter langen, atemberaubend angelegten Steig, der hoch über der Klamm am Fels klebt, erklären Klammgeister und Kobolde die geologischen Besonderheiten der Leutaschklamm. Nicht nur ein Spaß für alle Kinder, sondern auch ein einmaliges Naturerlebnis mit vielen Gumpen, Wasserfällen und senkrechten, engen Felswänden (www.leutascher-geisterklamm.at).

↗ **Themenweg Eng** Zwischen dem Besucherparkplatz und dem Almdorf Eng wurde ein Naturlehrpfad über den Großen Ahornboden, die Eng und die Almen eingerichtet. Auf elf Schautafeln wird Wissenswertes über das Karwendel, die Natur und die Kulturlandschaft vermittelt (www.karwendel.org/de/karwendel_erleben/2012_besuchereinrichtungen/naturlehrpfad_engalm.php).

↗ **Snowkitefahren** Nicht nur im Sommer ist Kitefahren eine spannende und aktionsreiche Funsportart, auch im Winter kann man diesen Sport ausüben. Im Gegensatz zum Wasser kann man auf Schnee auch besser stehen, weshalb der Einstieg in den Sport um einiges leichter fällt (www.extrem-sport-schwerdt.com).

↗ **Freeriden** In Mittenwald gibt es die längste Freeride-Abfahrt Deutschlands. Über 6 Kilometer geht es 1300 Höhenmeter durch das Dammkar von der Bergstation der Karwendelbahn hinab nach Mittenwald. Ein einmaliges Naturerlebnis für alle erfahrenen Skifahrer (www.karwendelbahn.de/page/de/karwendelwinter/skiroute_dammkar).

Berg-Ahorne

Man schrieb den 16. Mai 1424, als unter dem Schatten des ehrwürdigen Berg-Ahorns von Trun der Schweizerische Graue Bund gegründet wurde. Jedes Jahr wurde hier die Bundesversammlung abgehalten, immer direkt vor dem Baum. Nachdem ihn ein Sturm 1870 umgeworfen hatte, wurde der Wurzelstock des über 500 Jahre alten Berg-Ahorns feierlich im Ehrenhof des Ortes aufgestellt. Die Geschichte aus der Schweiz bezeugt die besondere Aura, die dem Berg-Ahorn anhaftet. Er strebt mit seinen dicken Ästen gen Himmel und bildet eine gigantische Baumkrone. Auf den Ahornböden im Karwendelgebirge wurden Hunderte solcher Exemplare der Spezies *Acer pseudoplatanus* gepflanzt, die vor allem im Herbst, wenn sich das Laub der Berg-Ahorne in feuriges Rot und warmes Orange färbt, viele Wanderer anziehen. Die Bäume, die bis zu 30 Meter hoch werden, sind genügsam und sorgen für eine Erschließung auch karger Böden.

Tegernsee, Tegernseer Tal und Wallberg

Tegernseer Tal Tourismus
Hauptstraße 2, 83684 Tegernsee
Tel. 08022/92 73 80
www.tegernsee.com
info@tegernsee.com

Das Tegernseer Tal gehört sicherlich zu den Bilderbuchlandschaften Bayerns. Ein sechs Kilometer langer und zwei Kilometer breiter, kristallklarer See liegt eingebettet in die Berge der Bayerischen Voralpen. Die Wasserqualität des Sees erreicht Trinkwasserqualität, da durch den Bau einer Ringkläranlage keine Abwässer mehr in den See gelangen. Das Tal wird seit über 1300 Jahren von Menschen für Ackerbau und Almwirtschaft genutzt. Diese intensive Nutzung hat nicht nur das Überleben der Menschen vor Ort gesichert, vielmehr wurden durch Rodungen neue Lebensräume für Fauna und Flora geschaffen. Die heutige Vielfalt an Blumen ist auch eine Folge der mit der Natur in Einklang stehenden Bewirtschaftung der Hänge des Tegernseer Tals. So findet der aufmerksame Wanderer hier noch sehr seltene Pflanzenarten wie zum Beispiel den Frauenschuh und den Stängellosen Enzian. Auf der Südseite des Sees thront der Wallberg. Der mächtige Bergstock ist entweder leicht mit der Seilbahn oder etwas beschwerlicher zu Fuß zu erklimmen. Mit seinen 1722 Metern bietet er eine unvergleichliche Fernsicht von der Zugspitze bis nach München, sogar der Wilde Kaiser und der Großglockner sind an guten Tagen zu entdecken. Für alle, die nicht nur die Aussicht genießen wollen, gibt es einen Alpen-Lehrpfad, der auf 31 Schautafeln die Flora und Fauna und die geologische Entstehung der Region erläutert.

Highlights In Gmund am Tegernsee ist die Büttenpapierfabrik Gmund ansässig. Jeden ersten und dritten Donnerstag im Monat werden hier Führungen angeboten; dabei wird der gesamte Entstehungsprozess vom Rohstoff Holz bis zum fertigen Büttenpapier erläutert. Das Highlight des Rundgangs ist die älteste Papiermaschine Europas, die seit 1883 ununterbrochen an diesem Ort Büttenpapier herstellt. Die Anmeldung erfolgt in der Tourist-Information Gmund, Tel. 08022/706 03 50.

Outdoor-Aktivitäten Das Tegernseer Tal ist ein beliebtes Ausflugsziel im Sommer wie im Winter. Über 300 Kilometer markierte Wanderwege erschließen die Berge, die den See einrahmen. Vor allem der Wallberg im Süden bietet einen einmaligen Blick über den gesamten See. Aber auch der Hirschberg oder der Fockenstein laden zur Erkundung ein. Auch Mountainbiker finden viele sportliche Trails von leicht bis anspruchsvoll. Im Winter ist das Tegernseer Tal ein beliebtes Skigebiet. Am Oedberg, Hirschberg und am Wallberg findet man präparierte Abfahrten für jeden Geschmack. Auch Langläufer verfügen über 100 Kilometer gespurte Loipen. Ein besonderer Spaß ist das Rodeln. Viele Almen bieten kostenlos Schlitten an, mit denen man rasant ins Tal abfahren kann.

Anreise/Unterkunft Der Tegernsee ist von München über die A8 und B318 innerhalb einer Stunde gut erreichbar. Auch die Bayerische Oberlandbahn fährt stündlich an den See. Das Tegernseer Tal ist eine sehr beliebte Ferienregion und bietet Unterkünfte in allen Kategorien (www.tegernsee.com/unterkuenfte-angebote.html).

Großes Bild: Panorama von Holzsteg am Tegernsee mit Wallberg, Setzberg und Fockenstein im Hintergrund. **Linke Seite:** Blick vom Gipfel der Bodenschneid auf den Tegernsee und Seezufluss.

+ TIPP + TIPP + TIPP +

↗ **Baden** Der Tegernsee bietet an vielen Orten rund um den See Bademöglichkeiten von einfachen Uferzugängen bis hin zu richtigen Strandbädern. Wer im Winter auf ein Bad im See nicht verzichten will, ist in der Seesauna in Tegernsee genau richtig. Nach einem Saunagang im Saunaschiff Irmingard kann man direkt in den eiskalten See springen – ein überragendes Erlebnis (www.monte-mare.de/de/tegernsee.html).

↗ **Erlebnisweg an der Weißach** 20 interaktive Stationen laden dazu ein, die Flora und Fauna des Landschaftsschutzgebiets Weißachauen kennenzulernen – ein interessanter Spaß für die ganze Familie (www.tegernsee.com/erlebnis-ausflug/naturschauspiel-kreuth-der-erlebnisweg-an-der-weissach.html).

↗ **Geführte Steinadlerwanderung** Von Mai bis Oktober werden im Wallberggebiet von Experten durchgeführte Wanderungen in das Revier des Steinadlers angeboten. Dabei erfährt man viele Hintergrundinformationen zu diesem majestätischen Greifvogel, und mit etwas Glück kann man ihn sogar bei der Jagd beobachten (www.tegernsee.com/wandern-berge/steinadlerwanderungen-tegernsee.html).

↗ **Naturkäserei Tegernseer Land** Bei einer Führung durch diese Schaukäserei lernt man viel Interessantes über die Herstellung des Naturprodukts Heumilchkäse, angefangen mit der Heumilchwirtschaft über die Viehhaltung bis hin zur eigentlichen Herstellung und Reifung des Käses. Selbstverständlich darf man den Käse am Ende der Führung auch selbst verkosten (www.naturkaeserei.de).

Mangfallgebirge und Mangfalltal

Touristik und Freizeit im Mangfalltal, Schnürmann 1, 83052 Bruckmühl
Tel. 08062/97 45
www.tourist-info-bruckmuehl.de
vorstand@tourist-info-bruck-muehl.de

Südlich von München zwischen Isar und Inn liegt das Mangfallgebirge. Seine Gipfel erreichen Höhen bis zu 1884 Meter. Viele der Berge sind beliebte Ausflugsziele und zählen zu den »Münchner Hausbergen«. Besonders bekannt sind – um nur einige zu nennen – die Rotwand, der Wendelstein, der Wallberg und der Hirschberg. Die Region ist durch viele Seen, Almwiesen und dunkle Wälder charakterisiert. Die malerische Landschaft wirkt oft, als wäre sie einem Bilderbuch entsprungen. Die Mangfall, ein Nebenfluss des Inns, hat dem Gebiet seinen Namen gegeben. Ihr idyllisches Flusstal ist fernab vom Massentourismus ein beschauliches Rückzugsgebiet für Vögel und Amphibien. Obwohl das Mangfallgebirge selbst touristisch sehr stark genutzt wird und jedes Wochenende Tausende von Menschen in die Berge zur Erholung strömen, hat sich hier eine große Artenvielfalt bewahrt, die der aufmerksame Wanderer auf seinen Touren entdecken kann. So gedeihen hier immer noch viele Orchideenarten wie Fliegen-Ragwurz und Frauenschuh. Auch viele Enzianarten sind hier heimisch. Am seltensten sind die Vorkommen von Kreuzenzian, der in enger Symbiose mit dem Kreuzenzian-Ameisenbläuling lebt. Dieser Falter legt seine Eier ausschließlich auf dieser Enzianart ab. Auch scheues Großwild wie Gämsen, Rotwild und sogar Steinböcke ist in der Region heimisch und kann am frühen Morgen beobachtet werden.

Wiese am Gipfel der Bodenschneid mit dem Tegernsee im Hintergrund

Bodenschneid

Die Bodenschneid ist ein 1669 Meter hoher Berg zwischen Tegernsee und Spitzingsee im Mangfallgebirge. Ein langer, grasiger Bergrücken führt von Süden zum höchsten Punkt mit einem großen Kreuz und Ausblick auf den Tegernsee. Die Nordseite fällt steil in Richtung Spitzingsee ab. Die Bodenschneid kann von mehreren Seiten problemlos bestiegen werden, die beliebtesten Aufstiege sind die von Neuhaus am Schliersee und vom Enterrotach in der Nähe des Tegernsees.

Wendelstein

Der Wendelstein ist der höchste Berg des Mangfallgebirges. Mit seiner markanten Form und der Antennenanlage des Bayerischen Rundfunks auf seinem Gipfel ist er einer der auffälligsten Berge in den Bayerischen Voralpen. Der Gipfel gehört zu den am besten ausgebauten Berggipfeln in den Alpen. Hier drängen sich die Bergstation einer Seilbahn, der Bahnhof der Zahnradbahn, ein Observatorium, eine Kirche und eine Ausflugsgaststätte auf engem Raum. Trotz des Trubels ist die Aussicht traumhaft, und wer den mühsameren Weg zu Fuß auf den Berg wählt, kann auf einer der drei Hauptrouten noch unverfälschte Natur und Bergeinsamkeit erleben. Besonders interessant sind die vier Lehrpfade des Geo-Park Wendelstein.

Mangfalltal

Das Mangfalltal schließt sich nördlich an den Tegernsee an. Die Mangfall hat sich hier als einziger Abfluss des Sees ein tiefes Bett zwischen Isar und Inn gegraben. Nördlich der kleinen Ortschaft Valley ändert der Fluss seine Richtung um fast 180 Grad und fließt in südöstlicher Richtung dem Inn zu. Aufgrund des Reichtums an Grundwasser bezieht die Stadt München seit über 100 Jahren den größten Teil ihres Trinkwassers aus dem Tal.

Weitere Highlights An Christi Himmelfahrt treffen sich an der Wallfahrtskapelle Birkenstein in der Nähe von Fischbachau Hunderte Pilger und

Großes Bild: Wer kurz vorm Gipfel des Wendelsteins noch eine kleine Kletterpartie in Kauf nimmt, wählt den Rossstein als Ziel. **Links:** An einigen Abschnitten der Mangfall sind Kajakfahrer willkommen.

über 40 Trachtengruppen zur Trachtenwallfahrt – ein eindrucksvolles Zeugnis von Brauchtum und Frömmigkeit im bayerischen Oberland. Auch an anderen Tagen im Jahr ist die Kapelle einen Abstecher nach einer Wanderung wert.

Outdoor-Aktivitäten Das Mangfallgebirge bietet mit seinen vielen Gipfeln ein großes Angebot für Freizeitsportler. Unzählige Touren führen auf die bekanntesten Gipfel. Das dichte Hüttennetz ermöglicht neben Tagestouren auch mehrtägige Wanderungen auf den transalpinen Fernwanderwegen Via Alpina und E4. Auch mit dem Mountainbike gibt es viele interessante Touren in allen Schwierigkeitsgraden. Im Winter bietet das Skigebiet Sudelfeld beste Skibedingungen. 31 Kilometer Abfahrten warten darauf, entdeckt zu werden. Das Leitzachtal rund um Bayrischzell ist ein Leistungszentrum für den Langlauf, sodass sich hier viele gespurte Loipen für Anfänger und Fortgeschrittene befinden.

Anreise/Unterkunft Das Mangfallgebirge liegt südlich von München und lässt sich von vielen Orten aus erkunden. Schliersee, Tegernsee und das Leitzachtal sind gut mit Bahn oder Auto erreichbar. Unterkunft: Ferienwohnungen Steininger, Fischbachau, www.ferienwohnungen-steininger.de; Gasthof/Hotel »Zur schönen Aussicht«, Kleinhöhenrein, Tel. www.zur-schoenen-aussicht.com.

Großes Bild: Die Mangfall eignet sich ganz besonders für Kajaktouren. Oben: Das kleine Wendelsteinkircherl liegt unweit des Wendelsteinhauses.

+ TIPP + TIPP + TIPP +

↗ **Wanderreiten** Reiterferien einmal ganz anders: Mit dem Pferd hinauf ins Mangfallgebirge reiten, auf einer Alm übernachten und am nächsten Tag ins Leitzachtal hinab – zwei Tage in einem neuen Rhythmus, eins werden mit dem Pferd und der Natur, Entschleunigung leben und in Ruhe die Almwiesen genießen. Was gibt es Schöneres? Nähere Informationen zu den Ritten vom Inn ins Leitzachtal gibt es unter www.steinreb.de/wanderreiten-bayern-steinreb.html.

↗ **Mountainbiken** Eine anspruchsvolle, aber auch sehr lohnende Tour ist die Umrundung des Wendelsteins mit dem Mountainbike. Gestartet wird bei der Seilbahn-Talstation der Wendelsteinbahn. 51 abwechslungsreiche Kilometer und 1600 Höhenmeter warten auf den ambitionierten Biker – einmalige Ein- und Ausblicke inbegriffen.

↗ **Geo-Park Wendelstein** Der Wendelstein begann sein Dasein vor 250 Millionen Jahren als Korallenriff vor der Küste Afrikas. So unglaublich das klingen mag: Bei genauerer Betrachtung der Felsen erkennt man heute noch Fossilien von Meeresbewohnern. Der Geo-Park am Wendelstein dient dazu, dem interessierten Wanderer diese Besonderheiten zu erklären. Auf 36 Schautafeln auf vier verschiedenen Geo-Wegen werden die Entstehung der Alpen, das urzeitliche Leben und erdwissenschaftliche Phänomene erläutert (www.wendelsteinbahn.de/bergbahnen/sommererlebnis/geopark/geopark.php).

↗ **Kajaktouren auf der Mangfall** Ein Naturerlebnis der besonderen Art ist eine Wildwasserkajakfahrt auf der Mangfall. Der Fluss ist glänzend für Einsteiger geeignet und mit der Hilfe eines erfahrenen Guides lernt man schnell, wie man auch als Anfänger Hindernissen ausweicht und den besten Weg findet. So bleibt genügend Zeit, die Schönheiten der Umgebung wahrzunehmen (www.kajakcompany.de/Kurse/index.html).

↗ **Wanderung zu Deutschlands höchstgelegener Kirche** Die erste Wirtin des Wendelsteinhauses beklagte 1882, dass es keine Kirche auf dem Wendelstein gäbe. Ein Vorwurf, den Max Kleiber zum Anlass nahm, das Wendelsteinkircherl zu bauen. 1890 wurde sie geweiht und ist seither nicht nur Ausflugsziel, sondern auch beliebter Hochzeitsort.

Chiemgau

Chiemgau Tourismus
Leonrodstraße 7
83278 Traunstein
Tel. 0861/909 59 00
www.chiemgau-tourismus.de
info@chiemgau-tourismus.de

Das Chiemgau ist eine alte Natur- und Kulturlandschaft im südöstlichen Bayern. Begrenzt wird das Chiemgau durch den Inn im Westen, die Chiemgauer Alpen im Süden und den Rupertiwinkel sowie das Berchtesgadener Land im Osten. Das Chiemgau wird vor allem durch seine Seen und Moore geprägt, wie zum Beispiel das Kendlmühlfilzen im Süden des Chiemgaus, eines der größten Hochmoore Süddeutschlands. Typisch ist die Landschaft rund um die Seenplatte von Seeon und Eggstätt und natürlich auch das »Bayerische Meer« – der Chiemsee. Er bildet das Herz der Region. An seinem Ostufer liegt Chieming, das der gesamten Region den Namen gab. Der Mensch hat über Jahrtausende diese urzeitliche Landschaft durch Ackerbau und Siedlungsbau zu einer einmaligen Kulturlandschaft geformt. Die Klöster in Seeon und auf der Fraueninsel sowie die großen, aus Stein gebauten bäuerlichen Anwesen, im Volksmund »Itakerhöfe« genannt, sind Zeugnis für die reichhaltige Kultur der Region. Auch König Ludwig II. war von der Schönheit der Landschaft so beeindruckt, dass er »sein Versailles« auf einer Insel im Chiemsee errichten wollte. Heute ist das Chiemgau eine bodenständige, von Landwirtschaft und Tourismus geprägte Region, die für viele Besucher mit ihren weiten Feldern, sanften Hügeln und den typischen Zwiebeltürmen das Idealbild Bayerns darstellt.

Seeoner Seen

Das Naturschutzgebiet Seeoner Seen ist eine Eiszerfallslandschaft mit lichten Auenwäldern, Nieder- und Hochmooren nördlich des Chiemsees. Sieben größere Einzelseen, die keine Oberflächenzuflüsse haben, sondern nur von Grund- und Regenwasser gespeist werden, bieten einer Vielzahl von Insekten, Amphibien und Vögeln einen unberührten Lebensraum. Bei einer Wanderung durch die Seenplatte sollte man einen Abstecher zum Kloster Seeon, das die Geschichte hier geprägt hat, unbedingt mit einplanen.

Eggstätter-Hemhofer Seenplatte

Bereits seit 1939 ist die Landschaft nördlich des Chiemsees Naturschutzgebiet. Das Landschaftsbild wird von Moränenhügeln, Toteislöchern, Auen, Mooren und den Seen geprägt. In der urzeitlichen Landschaft finden sich viele seltene Insektenarten wie zum Beispiel der Hochmoor-Perlmuttfalter und die Libellenart Zierliche Moosjungfer. Am besten erkundet

Großes Bild: Kloster Seeon am Seeoner See; links: Uferidylle am Langbürgner See.

man die Seen auf einem der Rundwege, die durch die harmonische Landschaft führen.

Chiemsee

Mit 80 Quadratkilometern ist der Chiemsee der größte bayerische See, er ist Anziehungspunkt für Wassersportler, Erholungsuchende und Kulturbegeisterte. Auf dem See selbst gibt es einen regelmäßigen Schiffsverkehr, der zwischen den größeren Orten sowie zu der Herren- und der Fraueninsel verkehrt. Die 14 Boote der Chiemsee-Schiffahrt ermöglichen einen bequemen Transport und traumhafte Blicke

in die Chiemgauer Alpen (www.chiemsee-schifffahrt.de). Der See ist eines der bekanntesten Urlaubsziele in Bayern, und in den Sommermonaten sind Erholungsuchende aus aller Welt zu Gast. Trotzdem gibt es geschützte Bereiche – vor allem in der Hirschauer Bucht, die der Flora und Fauna Rückzugsorte bieten und Heimstatt vieler Pflanzen, Insekten und Vögel sind.

Tiroler-Achen-Delta

Die Tiroler Ache ist der bedeutendste Zufluss des Chiemsees. Das Mündungsdelta ist Naturschutzgebiet, das nicht betreten werden darf. Der Fluss spült jährlich große Mengen an Sand und Geröll in den See, sodass das Delta jedes Jahr um ca. 10 000 Quadratmeter wächst. Die Auenwälder, Kiesbänke und Wasserflächen dienen seltenen Vögeln wie dem Schwarzhalstaucher, dem Kormoran, der Schellente, dem Gänsesäger, dem Wespenbussard, dem Schwarzmilan, der Rohrweihe, der Tüpfelralle, dem Wachtelkönig und der Bekassine als Brutplatz.

Weißache

Die Weißache mündete früher in die Tiroler Ache. Um die Verlandung des Chiemsees durch die Tiroler Ache zu verlangsamen, wurde Anfang des 20. Jahrhunderts der Rothgraben angelegt, der nun die Weißache parallel zur Tiroler Ache in den Chiemsee führt. In dem ruhigen Moorbach, der durch eine urwüchsige Landschaft führt, leben heute zahlreiche Fischarten wie Döbel, Rutte, Aal und Hecht. An seinen Ufern findet man die Kreuzotter und auch zahlreiche Amphibien sind hier heimisch.

Kendlmühlfilzn

Südlich des Chiemsees liegt das Naturschutzgebiet Kendlmühlfilzn. Das Hochmoor entstand durch die Verlandung des Ur-Chiemsees. Bis weit in die 1980er Jahre hinein wurde in dem Moor Torf abgebaut. Erst durch den entschiedenen Einsatz von Anwohnern und Naturschützern wurde das Moor 1992 geschützt und ein Programm zur Renaturierung aufgelegt. Heute findet man

Für die einen ist es der Chiemsee, für die anderen das »Bayerische Meer«. Für letztere Ansicht sprechen nicht nur beide Abbildungen, auch der Hauptanlegeplatz für Schiffe heißt »Übersee«.

hier wieder Kiebitze, Moorfrösche und Auerhühner. Im Frühjahr blühen das Wollgras und der Sonnentau, und auch das Haarmützenmoos ist hier wieder heimisch.

Weitere Highlights Majestätisch auf einer Insel im Chiemsee thront das Schloss Herrenchiemsee. Mit dem Linienboot ist man in einer halben Stunde auf der Insel und kann das von König Ludwig II. nach dem Vorbild von Versailles erbaute Schloss besichtigen. Über 20 Prunkräume sind dem Besucher in dem halb fertigen Schloss zugänglich. Highlight ist der 75 Meter lange Spiegelsaal, dessen Ausstattung atemberaubend ist.

Outdoor-Aktivitäten Rund um den Chiemsee steht der Wassersport im Mittelpunkt. Baden, Segeln, Windsurfen, Stand-Up-Paddeln und Kajakboote werden in vielen Orten angeboten. Radfahrer finden eine unvergleichliche Landschaft, die zu gemütlichen Fahrten mit dem Trekkingrad oder dem E-Bike einlädt. Auch Wanderer kommen hier nicht zu kurz: Interessante Wanderungen durch eiszeitliche Landschaften, Moore und Wälder stehen zur Auswahl.

Anreise/Unterkunft Das Chiemgau erreicht man in gut einer Stunde über die A8 von München aus. Prien am Chiemsee wird im Stundentakt von der Deutschen Bahn angefahren. Rund um die Seen gibt es in vielen Orten eine große Auswahl an Hotels, Pensionszimmern, Ferienwohnungen und Campingplätzen. Unterkunft: Familotel »Zum Steinbauer«, Amerang, www.zum-steinbauer.de; Yachthotel Chiemsee, Prien, www.yachthotel.de.

Großes Bild: An schönen Sonnentagen tummeln sich zahlreiche Segelschiffe auf dem riesigen Chiemsee.

Abgestorbene Birken im Hochmoorgebiet Kendlmühlfilzn

+ TIPP + TIPP + TIPP

↗ **Badmöglichkeiten** Das Chiemgau ist ein Badeparadies. Am Chiemsee laden mehr als 10 Strandbäder in den Orten Prien, Übersee, Chieming, Breitenbrunn und Felden zum Baden und Planschen ein. Auch am Siemsee, Rinsersee und Hartsee gibt es ausgewiesene Badeplätze mit allen Annehmlichkeiten. Wer eine einsame Badebucht dem Trubel eines Freibades vorzieht, findet an mehreren Stellen abgeschiedene Badestellen. Dabei sollte man aber die ausgewiesenen Naturschutzgebiete unbedingt beachten, damit die Flora und Fauna in diesen Bereichen ungestört bleibt.

↗ **Segeln** Der Chiemsee hat durch seine Windbedingungen ideale Voraussetzungen zum Segeln. Wer das Segeln erst noch erlernen will, findet mehrere Segelschulen am See, die Kurse für Anfänger und Fortgeschrittene anbieten. Erfahrene Segler können sich Segelboote auch für einen Tag mieten und gemütlich die Sonne und die Wellen auf dem bayerischen Meer genießen.

↗ **Windsurfen** Auch für Windsurfer ist der Seewind perfekt. Mit Hilfe eines Trainers lernt man schnell die einfachen Techniken und kann üben, das Brett in den Wind zu steuern. Natürlich kann man sich auch ein Brett leihen und auf eigene Faust sein Können verbessern (www.surfschule-chiemsee.de).

↗ **Radfahren** Im Chiemgau ist eine große Auswahl an ausgeschilderten Radwegen vorhanden. Einer der beliebtesten ist der Chiemseeradweg. Auf 55 Kilometern umrundet man den See und entdeckt auf dem Weg viele Aussichtspunkte, Badegelegenheiten und natürlich Einkehrmöglichkeiten. Neben dem eigenen Fahrrad kann man sich auch an mehreren Verleihstationen Fahrräder und E-Bikes für eine individuelle Tagestour ausleihen. Mehrere Fernradwege führen durch das Chiemgau und können hier abschnittsweise befahren werden. Die bekanntesten sind der Innradweg und der Bodensee-Königssee-Radweg.

↗ **Ballon fahren** Die Schönheit des Chiemgaus kann man am besten bei einer Ballonfahrt aus der Luft entdecken. Rund um den Chiemsee gibt es drei Veranstalter, die Fahrten anbieten. In der Regel werden täglich Fahrten durchgeführt, bei denen man bis zu zwei Stunden über den See und die bayerischen Voralpen gleitet. In aller Ruhe kann man die markante Landschaft unter sich bestaunen – die Seen, Wälder und Hügel und die Kulturlandschaft, die die Gegend nachhaltig geprägt hat (www.ballonfahrt.info; www.chiemseeballoning.de; www.ts-ballonfahrten.de).

↗ **Erlebnisangebote** Der Tourismusverband Chiemsee-Alpenland bietet auf seiner Webseite eine Vielzahl von Erlebnisangeboten für die Region an. Hier drei besonders schöne Beispiele: »Erlebnisbootsfahrt an das Delta der Tiroler Achen«: Jeden Freitag und Samstag in den Sommermonaten erklären erfahrene Biologen auf einer dreistündigen Fahrt die Besonderheiten des Naturschutzgebietes. »Wasserforscher an der Prien«: Hier entdecken Kinder mit Sieb und Lupe das Leben in einem Fluss. Angeleitet von einer Diplom-Biologin wird Ökologie spielerisch begreifbar gemacht. »Fledermausführung Herrenchiemsee«: Bei dieser Abendveranstaltung bekommt man einen ausführlichen Einblick in das Leben der Fledermäuse. Mit Live-Beobachtungen, Ausstellung und Wanderung über die Insel. Weitere Angebote unter www.chiemsee-alpenland.de.

↗ **Durchs Moor der Kendlmühlfilzn** Eine der schönsten Wanderungen im Hochmoor ist der Ewigkeitsweg bei Grassau. Auf einem 15 Kilometer langen Rundweg entdeckt man die Schönheiten der Kendlmühlfilzen sowie einen Wasserfall und kann im Moormuseum noch allerlei Informationen über das Naturschutzgebiet erfahren (www.chiemgau-tourismus.de/de/im-nsg-kendlmuehl-filz).

↗ **Wintersport** Auch im Winter ist das Chiemgau ein beliebtes Ausflugsziel. Vor allem in Sachrang, aber auch in Oberaudorf steht der Langlauf im Vordergrund. Auf mehreren gespurten Loipen kann man tief verschneite Wälder und Wiesen auf den schmalen Brettern erobern. Natürlich gibt es auch Anfängerkurse für alle, die diese entspannte Wintersportart kennenlernen wollen (www.skischule-sachrang.de)

Chiemgauer Alpen

Chiemgau Tourismus
Leonrodstraße 7
83278 Traunstein
Tel. 0861/909 59 00
www.chiemgau-tourismus.de
info@chiemgau-tourismus.de

Die Chiemgauer Alpen bilden den südlichen Abschluss des Chiemgaus. Im Westen ist der Inn, im Osten die Traun und die Berchtesgadener Alpen die Grenze dieser Gebirgsgruppe in den nördlichen Kalkalpen. Obwohl die Berge mit 1500–1900 Metern nur eine bescheidene Höhe erreichen, gewähren sie viele wunderschöne Ausblicke über die bayerischen Voralpen, das Chiemgau mit dem bayerischen Meer und teilweise bis in die Zentralalpen. Der höchste Berg ist mit 1961 Metern das Sonntagshorn südlich von Ruhpolding, das im Winter ein beliebtes Ziel von Skitourengehern ist. Die meisten Berge sind eher sanfte Erhebungen, die von mehreren Seiten relativ einfach bestiegen werden können. Die Nähe zu München, die leichte Erreichbarkeit, das reiche Angebot an Hütten und Almen sowie die Aufstiegshilfen am Hochfelln, an der Kampenwand und am Hochries haben dazu geführt, dass die Chiemgauer Alpen eine beliebte Ausflugsregion geworden sind. Trotz des Ansturms hat sich die Landschaft ihren natürlichen Charakter bewahrt und viele Tier- und Pflanzenarten haben hier Rückzugsgebiete gefunden. So kann man selbst am helllichten Tag nur einige Höhenmeter unterhalb der Bergstation der Hochfelln-Bahn Murmeltiere pfeifen hören und sie mit etwas Glück auch in den grasigen Abhängen vor ihrem Bau sitzen sehen.

Heuberg und Heutal

Der Heuberg ist eine Ansammlung von vier Berggipfeln (Wasserwand, Kitzstein, Heuberg, Kindlwand) über dem Inntal und bildet den Abschluss der Chiemgauer Alpen nach Westen. Der Heuberg selbst ist mit 500 Höhenmetern Aufstieg eine leichte Familienwanderung. Die Wasserwand, die rechts vom Heuberggipfel liegt, ist dagegen eine anspruchsvolle Tour, die an einigen Stellen mit Drahtseilen gesichert ist. Auf dem Rückweg lohnt ein Abstecher zu den Wasserfällen in der Nähe des Berggasthofs »Duftbräu« (www.tourentipp.de/de/touren/Heuberg-Wasserwand-Kitzstein-Bergtour_39.html).

Samerberg

Das Hochplateau Samerberg liegt 200 Höhenmeter über dem Inntal am Fuß der Hochries. Hier findet man zahlreiche Almen und Hütten, die die Region – neben der Schönheit der Natur – zu einem beliebten Wandergebiet machen. Vor allem abseits der Wege haben sich einige Quellmoose erhalten, die eine reiche Artenvielfalt bieten. Besonders schöne Alpenpflanzen, die man hier entdecken kann, sind Mehlprimel, Alpenfettkraut und Ragwurz.

Priental

Die Prien, ein 32 Kilometer langer Wildbach, hat ein wunderschönes Tal im Herzen der Chiemgauer Alpen geschaffen. Westlich wird es vom Zellerhorn und Spitzstein und östlich von der Kampenwand und dem Geigelstein überragt. Der Hauptort des Tals ist Aschau, das Ausgangspunkt für viele Outdoor-Aktivitäten ist. Die Prien mündet schließlich in den Chiemsee und sorgt mit ihrer Fracht von Sedimentgestein für die Verlandung der Schafwaschener Bucht.

Kampenwand

Die Kampenwand ist nicht der höchste Berg der Chiemgauer Alpen, aber einer der bekanntesten und markantesten. Ihr 12 Meter hohes Kreuz, das größte in den bayerischen Alpen, ist schon von Weitem gut erkennbar. Auch der Gipfel mit seinem felsigen Kamm sticht aus den umliegenden Bergen deutlich hervor. Der Aufstieg von Aschau über die Steinlingalm bis zum Gipfel dauert knapp drei Stunden. Bis zur Steinlingalm führt auch eine Seilbahn. Die letzten gut 200 Höhenmeter erfordern Trittsicherheit und Schwindelfreiheit, da man für den Endspurt bis zum Gipfel den Einsatz der Hände benötigt. Kurz vor dem Gipfel führt der Weg durch die Kaisersäle – eine kleine Schlucht – und schließlich über eine Eisenbrücke zum höchsten Punkt. Vom Gipfel bietet sich ein eindrucksvoller Ausblick über das bayerische Meer, das Chiemgau, das Mangfallgebirge und die Berchtesgadener Alpen.

Großes Bild: Aussicht von der Kampenwand nach Südosten mit dem Chiemsee. Krokusse am Heuberg und Aurikel an der Kampenwand (linke Seite oben und unten) begeistern ebenso wie die Prien (oben).

Geigelstein

Der Geigelstein ist seit 1991 Naturschutzgebiet. Eine Bürgerinitiative hat sich hier erfolgreich gegen den Bau eines Skigebiets zur Wehr gesetzt und den Erhalt des einzigartigen Naturraums ermöglicht. Rund um den 1813 Meter hohen Berg findet man über 720 Farn- und Blütenpflanzen, von denen mehr als 100 streng geschützt sind. Dieser einzigartige Blumenberg kann im Sommer auch von Ungeübten bestiegen werden. Sogar im Winter gibt es zwei Routen für Skitourengeher, wobei der Aufstieg von Westen die einfachere Variante ist.

Weißbachklamm

Die Weißbachschlucht liegt zwischen Weißbach und Schneizelreuth an der deutschen Alpenstraße. Der Weißbach hat sich hier eine tiefe, enge Schlucht gegraben, die auf einem fünf Kilometer langen Wanderweg erkundet werden kann. Vor allem für Kinder ist der Weg zur Schlucht schon ein Erlebnis, da sie hier einen idealen Wasserspielplatz vorfinden, mit Kiesbänken zum Planschen und erfrischenden Gumpen, die zum Baden einladen.

Weitere Highlights In Ruhpolding bietet sich ein Besuch des Hammerschmiede-Museums an. Hier wurden mehrere Hundert Jahre lang Eisenwaren und vor allem Kuhglocken geschmiedet. Eine beeindruckende Sammlung von Kuhglocken ist im Museumsladen zu besichtigen. Die Mühle wurde mit einem Wasserrad betrieben, das bis heute in Betrieb ist (www.museum-glockenschmiede.de).

Outdoor-Aktivitäten Die Chiemgauer Alpen halten eine Vielzahl von sportlichen Betätigungsfeldern bereit. Im Sommer bieten die Berggipfel Wandermöglichkeiten, auch mehrtägige Hüttentouren sind problemlos möglich. Die Kletterer finden ausgezeichnete Bedingungen an den Felsen der Kampenwand vor. Interessante Mountainbike-Touren auf abwechslungsreichen Single-Trails findet man zum Beispiel in Reit im Winkl, Innzell oder Ruhpolding. Im Winter kann man Ski laufen, alpin zum Beispiel auf der Steinplatte bei Reit im Winkel, oder Langlaufen im Priental und in der Chiemgau Arena Ruhpolding. Inzell ist ein Leistungszentrum für den Eisschnelllauf, auch Freizeitsportler sind herzlich willkommen.

Anreise/Unterkunft Die bekanntesten Orte der Chiemgauer Alpen, Samerberg, Aschau, Reit im Winkl, Innzell und Ruhpolding, sind schnell mit dem Auto über die A8 München-Salzburg erreichbar. Sie dienen als Ausgangspunkt für ausgedehnte Unternehmungen in die Bergregionen der Chiemgauer Alpen. Da die gesamte Region ein Urlaubsziel ist, findet man hier eine große Auswahl an Unterkünften in allen Preisklassen. In den Bergen selbst bieten mehrere Hütten des Deutschen Alpenvereins Übernachtungen an. Unterkunft: Burghotel Aschau, www.burghotel-aschau.de; Traunbachhäusl Ruhpolding, www.traunbachhausl.de.

Das Gipfelkreuz am Geigelstein (oben) ist ebenso Ziel vieler Touren wie der Felsturm der Kampenwand (rechts).

+ TIPP + TIPP + TIPP

↗ **Boarischer Entschleunigungsweg** Im Priental bezeichnet sich die Gemeinde Aschau als »Bankerldorf«, und so finden sich hier und in den Nachbargemeinden insgesamt 450 Sitzbänke und über 160 Themenbänke. Jede dieser Bänke lädt zum Entspannen und Schauen ein. Hinsetzen und ankommen, einfach einmal nur die wunderschöne Aussicht genießen. In diesem Sinne wurde ein spezieller Entschleunigungsweg eingerichtet, der in 10 Stationen – sprich Sitzgelegenheiten – Zeit für Ruhe, Meditation und innere Einkehr im Einklang mit der Natur ermöglicht (www.aschau.de/de/entschleunigungsweg).

↗ **Mountainbiken** Die Chiemgauer Alpen bieten gute Möglichkeiten für Mountainbiker. Eine mittelschwere Tour mit 39 Kilometern und 1600 Höhenmetern führt zum Beispiel rund um den Hochgern (www.chiemgau-mountainbike.de).

↗ **Paragliding** Im Chiemgau sind mehrere Berge zum Paragliden geeignet. Wer noch kein Profi ist, kann das Fluggefühl bei einem Tandemflug kennenlernen. Beliebte Fluggebiete sind am Hochries und am Hochfelln. Von hier aus hat man einen traumhaften Blick auf den Chiemsee, während man langsam dem Boden entgegenschwebt (www.tandemfliegenchiemgau.de).

↗ **Hüttentour** Auf dieser vom Deutschen Alpenverein zusammengestellten Wandertour umrundet man auf traumhaften Pfaden das Priental. Am ersten Tag steigt man von Aschau über die Frasdorfer Hütte in drei Stunden zur Riesenhütte auf.

Der zweite Tag bietet eine wunderschöne Gratwanderung: in anregendem Auf und Ab wandert man über den Klausenberg zum Spitzsteinhaus. Am dritten Tag wechselt man die Talseite von West nach Ost und erklimmt die ersten Höhenmeter auf dem Weg zum Geigelstein. Die Priener Hütte bietet dann ein willkommenes Abendessen und Schlafquartier. Am letzten Tag der Rundtour warten mit dem Geigelstein und der Kampenwand noch einmal zwei Klassiker auf den Wanderer. Durch das Naturschutzgebiet erklimmt man zuerst den Geigelstein, von dem man eine einmalige Aussicht genießt. Danach geht es hinunter auf den Dalsensattel und wieder ansteigend bis zur Bergstation der Kampenwandbahn. Hier entscheidet man sich je nach Fitness zum Aufstieg auf die Kampenwand oder dazu, doch lieber mit der Bahn ins Tal zu schweben (www.davplus.de/huettentrekking/chiemgautour).

↗ **Schuster-Gangl-Klettersteig** Dieser wunderschön angelegte Klettersteig führt vom Wandfuß der Steinplatte mehr oder weniger senkrecht über 200 Höhenmeter zum Gipfel der Steinplatte. Für den Steig sind eine komplette Klettersteig-Ausrüstung inklusive Helm und alpine Erfahrung unbedingt notwendig. Der Steig ist mit C (mittlere Schwierigkeit) klassifiziert und sollte auch nur von Wanderern mit ersten Erfahrungen im Fels begangen werden (www.hoehenrausch.de/berge/steinplatte).

↗ **Biathlon erleben** Im Wintersportort Ruhpolding kann man in der Chiemgau Arena den beliebten Wintersport Biathlon einmal selber ausprobieren. Trainiert wird direkt auf der Weltcup-Anlage, auf der erfahrene Trainer die wichtigsten Verhaltensregeln beim Umgang mit der Waffe erklären – und schon kann man selbst versuchen, die Scheiben zu treffen (www.biathloncamp.de).

Nationalpark Berchtesgaden

*Nationalparkverwaltung
Berchtesgaden
Doktorberg 6
83471 Berchtesgaden
Tel. 08652/968 60
www.nationalpark-berchtesgaden.bayern.de
poststelle@npv-bgd.bayern.de*

Im Jahre 1978 wurde der Nationalpark Berchtesgaden als erster und einziger hochalpiner Nationalpark in Deutschland mit dem Ziel gegründet, einen Rückzugsraum für die Natur in diesem einsamen Flecken im Südosten Bayerns zu schaffen.

Das Herzstück des Parks ist der Königssee mit den umliegenden Bergen des Hagengebirges, des Watzmannstocks, des Hochkalters und der Reiteralpe. Obwohl der Park von über 230 Kilometern Wanderwegen erschlossen wird, ist das gesamte Gebiet bis auf die touristischen Hotspots am Königssee, St. Bartholomä und dem Jenner eher einsam. So kann man hier ungestört majestätische Adler, Rotwild, Gämsen, Steinböcke und Murmeltiere beobachten. Auch viele Insekten, Reptilien und Amphibien leben im Nationalpark – stellvertretend sei hier die schwarze Kreuzotter genannt. Seltene Pflanzen wie der Frauenschuh, das Edelweiß und die Zwergprimel kann man hier ebenfalls entdecken. Aber nicht nur Flora und Fauna machen die Besonderheit des Nationalparks aus, sondern vor allem die vielen interessanten geologischen Phänomene wie der Funtensee, das Wimbachtal oder der Blaueisgletscher. Um seinen Aufenthalt in diesem idyllischen Flecken zu planen, sollte man mit einem Besuch im Nationalparkzentrum in Schönau beginnen (www.haus-der-berge.bayern.de).

Hintersee und Hintertal

Der Hintersee ist ein kleiner, malerischer See am Fuße des Hochkalters. Entstanden ist der See durch einen Bergsturz aus dem Blaueistal vor ca. 4000 Jahren. Der See ist im Winter bei Wintersportlern zum Eislaufen und Eisstockschießen sehr beliebt. Im Sommer zieht der Zauberwald am Ostufer viele Besu-

Großes Bild: Barmsteine; linke Seite: Taubensee mit Blick auf Watzmann; links: Hintersee.

cher in seinen Bann. Aus Teilen des Bergsturzes hat sich eine wildromantische Schlucht gebildet, mit großen Felsblöcken, die zum Teil von Pflanzen überwuchert sind. Durch diese Märchenwelt bahnt sich ein Wildbach seinen Weg.

Hochkalter

Westlich des Watzmannmassivs oberhalb des Wimbachgries liegt die Hochkaltergruppe. Keiner der Gipfel hier ist über einen Wanderweg erschlossen, weshalb die Gegend vor allem bei Kletterern sehr beliebt ist. Wanderer kommen herauf, um von der Blaueishütte, die Kletterern als Stützpunkt dient, einen Blick auf das Blaueis zu werfen – den nördlichsten Gletscher der Alpen, der in den letzten Jahren viel an Fläche verloren hat.

Wimbachtal und Wimbachklamm

Das 12 Kilometer lange Hochtal liegt zwischen den Gebirgsmassiven des Watzmanns und des Hochkalters. Am Eingang des Tals befindet sich die romantische Wimbachklamm. Über Jahrmillionen hat sich der Wildbach hier einen Weg durch das Gestein gebahnt und eine einmalige Naturschönheit mit unzähligen Wasserfällen geschaffen. Der hintere Teil des Tals bis zu den Palfelhörnern wird von einem bis zu 300 Meter mächtigen Schuttstrom geprägt, der wie eine Mondlandschaft wirkt.

Königssee und Obersee

Der Königssee ist einer der schönsten Seen der bayerischen Alpen. Mit seinem tiefen, smaragdgrünen Wasser liegt er wie in einem Fjord eingebettet zwischen den Bergen von Watzmann und Jenner. An der Nordseite befindet sich Schönau, der Hauptort des Sees. Auf dem Gewässer sind nur Elektoboote erlaubt, sodass über dem See eine unvergleichliche Stille liegt, die den Besucher die Hektik des Alltags vergessen lässt. Boote bringen die Gäste das ganze Jahr nach St. Bartholomä mit seiner eindrucksvollen Wallfahrtskapelle und zum Obersee. Der Obersee liegt, von einem Moränenwall getrennt, einen knappen Kilometer südlich des Königssees und ist über einen Wildbach mit ihm verbunden. Bedingt durch die Tiefe des Sees von über 190 Metern friert er im Winter in der Regel nicht zu. Nur etwa alle zehn Jahre ist es möglich, zu Fuß von Schönau nach St. Bartholomä zu laufen – das letzte Mal war der See ganze 29 Tage im Jahr 2006 zugefroren.

Watzmann

Der Watzmann ist unbestritten der König der Berchtesgadener Alpen. Mit einer Höhe von 2713 Metern und seiner markanten Form thront er über dem Berchtesgadener Land. Die Überschreitung der drei Hauptgipfel – Hocheck, Mittelspitze und Südspitze – gilt als eine der anspruchsvollsten Bergtouren im bayerischen Alpenraum: insgesamt 2100 Höhenmeter müssen dazu überwunden werden und mehrere Stellen verlangen Klettergeschick. Die Ostwand, mit 1800 Metern die höchste durchgehende Felswand der Ostalpen, ist der Traum und gleichzeitig auch oft der Alptraum für viele Alpinisten. Die Durchsteigung dieser Wand ist technisch nicht sehr kompliziert, aber die Länge der Tour und die schwierige Orientierung machen den Berg zum Schicksalsberg von über 100 Bergsteigern, die seit der Erstbesteigung hier den Tod fanden. Eine artenreiche Flora und Fauna zeichnet das Massiv ebenfalls aus, seltene alpine Pflanzen, wie das Wilde Alpenveilchen, die sonst in den bayerischen Alpen nicht mehr vorkommen, gedeihen hier.

Funtensee

Der Funtensee oberhalb des Königssees gilt mit −40 °C als Kältepol Deutschlands, da sich die Kaltluft im Winter in der Senke sammelt und wegen der fehlenden Sonneneinstrahlung nicht mehr entweichen kann. Diese klimatische Besonderheit führt zu einer doppelten Waldgrenze, nicht nur nach oben, sondern auch nach unten hört der Waldbewuchs ca. 60 Meter oberhalb des Sees auf, da die im Winter konstant unter null liegenden Temperaturen einen Baumbestand unmöglich machen.

Weitere Highlights In der Marktgemeinde Berchtesgaden befindet sich das Salzbergwerk Berchtesgaden. Seit 1517 wird in Berchtesgaden Salz abgebaut. In dem Besucherbergwerk werden täglich alle 10 Minuten Führungen angeboten. Hier lernt man die Geschichte des Bergwerks, die Bedeutung des Salzhandels und die Arbeitsbedingungen unter Tage kennen. Neben den historischen Fakten kommt bei zwei Rutschen, dem Spiegelsee und der Grubenbahn, der Spaß nicht zu kurz (www.salzzeitreise.de).

Outdoor-Aktivitäten Im Sommer steht Wandern, Klettern und Mountainbiken im Vordergrund, aber auch mehrere Badeseen locken. Für die Abenteuerlustigen ist auch Canyoning und Rafting im Angebot. Im Winter gibt es Skilanglauf, Skitouren und Schneeschuhtouren.

Anreise/Unterkunft Das Berchtesgadener Land und der Nationalpark liegen in der äußersten südöstlichen Ecke Deutschlands. Die Anfahrt erfolgt über die A8 München–Salzburg, Ausfahrt Traunstein/Siegsdorf oder Bad Reichenhall. Die gesamte Region ist touristisch gut erschlossen. Unterkunft: Pension »Haus am Berg«, Berchtesgaden, www.pension-hausamberg.de; Hotel-Pension »Seeblick«, Bad Reichenhall, www.hotel-seeblick.de.

Großes Bild: Beeindruckend ist die Ostwand von Watzmann und Kleinem Watzmann; **kleines Bild:** Panorama des Königssees mit Watzmann.

+ TIPP + TIPP + TIPP +

↗ **Skitour »Kleine Berchtesgadener Reibn«** Eine der beliebtesten Skitouren im Berchtesgadener Land startet am Königssee. Eine herrliche Rundtour durch den Nationalpark Berchtesgaden erwartet den ambitionierten Skitourengeher. Auf der siebenstündigen Tour überwindet man 1400 Höhenmeter und erreicht am Schneibstein auf 2276 Metern den höchsten Punkt. Traumhafte Ausblicke und Abfahrten erlebt man auf dem Rückweg zum See (www.tourentipp.de/de/touren/Kleine-Reibn-Berchtesgaden-Skitour_580.html).

↗ **Skitour »Große Berchtesgadener Reibn«** Mit 4500 Höhenmetern, mehr als 50 Kilometer Distanz und über 40 Grad steilen Abfahrtspassagen ist die Große Reibn eine der großen Herausforderungen in den deutschen Alpen. In drei Tagesetappen mit Übernachtungen auf dem Carl-von-Stahl-Haus und dem Kärlinger Haus umrundet man den Königssee und das Watzmannmassiv mit dem Funtenseetauern als höchstem Punkt und kehrt durch das Wimbachgries nach Schönau zurück. Eine ausführliche Beschreibung der Tour, die nur für sehr geübte und konditionsstarke Tourengeher geeignet ist, findet man unter www.tourentipp.de/de/touren/Grosse-Reibn-Berchtesgadener-Alpen-Skitour_1478.html.

↗ **Geführte Wanderungen** Auf den Internetseiten der Nationalparkverwaltung werden im Sommer geführte Wanderungen durch den Nationalpark angeboten. Hier einige Beispiele: »Im Tal der Adler«: Jeden Donnerstag wird eine Wanderung ins Klausental veranstaltet, bei der man das Revier des Steinadlers, sein Brutverhalten und seine Jagdstrategien kennenlernt. »Dem Murmeltier auf der Spur«: Eine Tour, die vor allem für Kinder interessant ist. In der Nähe der Königsbachalm werden unter fachkundiger Anleitung die scheuen Tiere beim Sonnen vor ihrem Bau beobachtet. »Kräuterwanderung«: Hier steht nicht der Gipfel im Mittelpunkt, sondern die Kräuter am Wegesrand. Man bekommt viele Erklärungen sowie Tipps und Tricks, wie man Kräuter verwenden kann. »Auf zur Sennerin«: Eine Sennerin erzählt auf der Schwarzbachalm über den Lebensraum Alm, wie Käse hergestellt wird und so manches kleine Küchengeheimnis. Es gibt auch Touren, die extra mit dem Prädikat »auch für Gehschwache« ausgezeichnet sind.

↗ **Kesselbach-Canyoning-Tour** Adrenalin pur verspricht selbst die Einsteigertour: Abseilen, das heißt Sprünge ins kalte Wasser und Wasserrutschen erwarten alle, die sich trauen (www.canyoning-rafting.de/index.php/canyoning/canyoning-kesselbach.html).

↗ **Klettersteigschule Berchtesgaden** In Schönau am Königssee hat die erste Klettersteigschule ihre Pforten geöffnet. Von Schnupperkursen bis hin zu Fortgeschrittenenkursen kann man hier die richtige Durchsteigung eines Klettersteiges erlernen (www.klettersteigschule.de).

↗ **Rennbob-Taxi** Ein ganz besonderes Erlebnis bietet die Bob- und Rodelbahn Königssee an. Wagemutige können sich auf der ältesten Kunsteisbahn der Welt in einem Zweierbob als Beifahrer den Eiskanal hinabstürzen. Jeder, der die Übertragungen aus dem Weltcup im Fernsehen gesehen hat, kann am eigenen Leib erleben, wie es sich anfühlt mit fast 100 Stundenkilometern den Berg hinabzubrettern (www.rennbob-taxi.de).

↗ **Malerwinkel** Ein kurzer Spaziergang vom großen Besucherparkplatz führt zum Malerwinkel. Von hier aus hat man einen wunderschönen Blick über den gesamten See. Eine Aussicht, die viele Maler inspiriert hat, nicht zuletzt auch Caspar David Friedrich, dessen Watzmannbild zu seinen bekanntesten Werken zählt (www.berchtesgadener-land.com/de/koenigssee-malerwinkel-rundwanderweg).

↗ **Rinnkendl-Steig** Den schönsten Blick auf den Königssee hat man entweder vom Malerwinkel oder aber von der Archenkanzel hoch über dem See. Die Tour startet in Schönau bei der Bobbahn und zieht westseitig den Hang hinauf, bis man zur Kühroint Alm kommt. Von hier ist es nicht mehr weit bis zur Archenkanzel, die einen atemberaubenden Blick auf den See bietet. Anschließend steigt man über den gesicherten Rinnkendl-Steig nach St. Bartholomä ab. Während des gesamten Abstiegs genießt man einen atemberaubenden Blick in die Tiefe auf den fast senkrecht unter einem liegenden See. Die Tour sollte man früh beginnen, da der Rückweg nur über den See möglich ist und man das letzte Boot nicht verpassen sollte (www.berchtesgadener-land.com/de/rinnkendl-steig).

↗ **Ruderboot fahren** Bei den vielen schönen und anstrengenden Touren sollte man die Entspannung nicht vergessen und deshalb auch einmal ein Ruderboot mieten und sich einfach auf dem See treiben lassen. Ruhe, Sonne, Erholung pur – man muss es einfach ausprobieren.

**Großes Bild: Nebel hat sich über dem Funtensee gebildet und taucht die Landschaft in eine mystische Atmosphäre.
Links: Wimbachklamm.**

Bildnachweis/Impressum

A = Alamy, C = Corbis, G = Getty, L = Laif, M = Mauritius

S. 2/3 Look/Konrad Wothe, S. 4/5 Look/Heinz Wohner, S. 6/7 Look/Rainer Mirau, S. 8/9 Look/Konrad Wothe, S. 10 C/Heike Odermatt, S. 10 C/Bas van den Boogaard, S. 10/11 Look/Ulf Böttcher, S. 12 Look/&Sabine Lubenow, S. 12/13 C/Sven Hagolani, S. 13 Look/Ulf Boettcher, S. 13 M/Uwe Steffens, S. 14 Look/Sabine Lubenow, S. 14/15 M/imagebroker, S. 15 Look/Heinz Wohner, S. 16/17 M/imagebroker, S. 16 Look/age fotostock, S. 18/19 M/Alamy, S. 20 Look/Rainer Mirau, S. 20 M/Rainer Mirau, S. 21 Look/Heinz Wohner, S. 21 M/imagebroker, S. 22 Look/Olaf Bathke, S. 22/23 Look/Tilman Schuppius, S. 23 Look/Tilman Schuppius, S. 24 Look/Heinz Wohner, S. 24/25 H. & D. Zielske, S. 25 Look/Juergen Stumpe, S. 26 M/Alamy, S. 26/27 M/Karl-Heinz Hänel, S. 28 M/imagebroker, S. 28/29 M/imagebroker, S. 29 C/Danny Ellinger, S. 29 M/David & Micha Sheldon, S. 29 M/imagebroker, S. 30/31 H. & D. Zielske, S. 32 Look/Thomas Grundner, S. 32 C/Karsten Jeltsch, S. 33 Look/Karl Johaentges, S. 34 M/Volker lautenbach, S. 34 M/imagebroker, S. 34 M/imagebroker, S. 34/35 Look/Konrad Wothe, S. 34/35 Look/Ulf Böttcher, S. 36 Look/Ulf Böttcher, S. 37 C/David Pattyn, S. 37 C, S. 38 Look/Ulf Böttcher, S. 39 Look/Ulf Böttcher, S. 40 Look/Heinz Wohner, S. 40/41 Look/Heinz Wohner, S. 41 Look/Heinz Wohner, S. 42 C/Ciska Castelijns, S. 42 C/Silvia Reiche, S. 42 C/Karin Gerritsen, S. 42 M/imagebroker, S. 43 C/Ciska Castelijns, S. 43 C/Silvia Reiche, S. 44 M/age, S. 44/45 H. & D. Zielske, S. 45 L/Gerhard Westrich, S. 46 M/imagebroker, S. 46 M/imagebroker, S. 46/47 Look/Ulf Böttcher, S. 47 M/imagebroker, S. 47 Look/Ulf Böttcher, S. 48 G/Julia Delgado, S. 48/49 M/imagebroker, S. 49 Look/age fotostock, S. 50 Look/Karl Johaentges, S. 50/51 M/Chris Seba, S. 51 M/Chris Seba, S. 51 M/Chris Seba, S. 52 M/Thomas Hellmann, S. 52/53 Look/Karl Johaentges, S. 54 Look/Heinz Wohner, S. 54/55 Look/Tina und Horst Herzig, S. 55 Look/Heinz Wohner, S. 55 Look/Heinz Wohner, S. 56 Look/Ernst Wrba, S. 56 Look/Tina und Horst Herzig, S. 56/57 Look/Karl Johaentges, S. 57 Look/Karl Johaentges, S. 58 Look/Heinz Wohner, S. 58 M/Raimund Linke, S. 58/59 Look/Heinz Wohner, S. 59 Look/Ernst Wrba, S. 60 M/imagebroker, S. 62/63 Look/Heinz Wohner, S. 63 Look/Karl Johaentges, S. 62/63 Look/Heinz Wohner, S. 64 G/Andreas Jäckel, S. 64 Look/Heinz Wohner, S. 64/65 M/Rainer Mirau, S. 65 M/Harald von Radebrecht, S. 66 Look/Thomas Grundner, S. 66/67 G/Falk Hermann, S. 67 M/imagebroker, S. 68 M/Andreas Jäckel, S. 68/69 Look/Rainer Mirau, S. 69 G/DeA Picture Library, S. 70/71 H. & D. Zielske, S. 72 M/imagebroker, S. 72/73 M/imagebroker, S. 73 H. & D. Zielske, S. 74 M/imagebroker, S. 74/75 Look/Sabine Lubenow, S. 76/77 Look/Rainer Martini, S. 77 C/Herbert van der Stok, S. 78/79 Look/Rainer Martini, S. 80 M/Andreas Vitting, S. 80 M/Alamy, S. 80/81 M/imagebroker, S. 82 M/imagebroker, S. 82/83 Look/Reinhard Dirscherl, S. 84 M/Andreas Vitting, S. 84 M/Andreas Vitting, S. 84/85 C/Cornelius Paas, S. 86 C/Willi Rolfes, S. 86 C/Do Van Dijck, S. 86 G/Norbert Rosing, S. 86 G/Norbert Rosing, S. 87 C/Dietmar Nill, S. 88 M/Andreas Vitting, S. 88/89 Look/Thomas Grundner, S. 89 Look/Thomas Grundner, S. 90/91 M/Alamy, S. 92/93 M/imagebroker, S. 94 M/age, S. 94/95 M/Andreas Vitting, S. 96/97 C/Hans P. Szyszka, S. 97 C/Ulf Böttcher, S. 97 M/Alamy, S. 98/99 M/Alamy, S. 100 H. & D. Zielske, S. 100 Look/TerraVista, S. 100/101 Ulf Böttcher, S. 102 Look/Ulf Böttcher, S. 102/103 C/Michael Breuer, S. 103 M/United Archives, S. 103 M/Garden World Images, S. 103 M/Garden World Images, S. 103 M/Alamy, S. 104 M/imagebroker, S. 104/105 M/imagebroker, S. 105 M/Bob Gibbons, S. 105 M/imagebroker, S. 106/107 Look/Karl Johaentges, S. 108/109 M/imagebroker, S. 109 Romeis, S. 109 M/imagebroker, S. 110 M/imagebroker, S. 110/111 M/Andreas Vitting, S. 112 Look/Ernst Wrba, S. 112/113 M/Chris Seba, S. 113 Look/Karl Johaentges, S. 114 Look/Andreas Strauss, S. 115 Look/Heinz Wohner, S. 115 Look/Heinz Wohner, S. 116/117 H. & D. Zielske, S. 118 M/United Archives, S. 118/119 M/Alamy, S. 119 M/imagebroker, S. 120 M/Alamy, S. 120/121 M/imagebroker, S. 121 M/imagebroker, S. 122/123 G/Michele Falzone, S. 123 C/Andreas Jäkel, S. 124 Look/Heinz Wohner, S. 124 Look/Heinz Wohner, S. 124 Look/Heinz Wohner, S. 124 C/Andreas Jäkel, S. 125 H. & D. Zielske, S. 126/127 Look/Bernard van Dierendonck, S. 128 M/imagebroker, S. 128/129 C/Picture Hooked, S. 129 C/Thomas Marent, S. 130/131 H. & D. Zielske, S. 132 Look/Heinz Wohner, S. 132/133 Huber/Szyszka, S. 133 Look/Kay Maeritz, S. 134 C/Norbert Rosing, S. 134 M/imagebroker, S. 134 M/imagebroker, S. 134/135 M/imagebroker, S. 135 M/imagebroker, S. 136/137 M/Helmut Hess, S. 136/137 M/imagebroker, S. 138 M/imagebroker, S. 139 M/imagebroker, S. 139 M/imagebroker, S. 140 M/Novarc, S. 140/141 M/Novarc, S. 142/143 Look/Heinz Wohner, S. 144/145 Look/Heinz Wohner, S. 145 M/Alamy, S. 146/147 Look/Heinz Wohner, S. 147 M/imagebroker, S. 148 M/Günter Rossenbach, S. 148/149 M/Radius Images, S. 149 M/Raimund Linke, S. 150 M/Alamy, S. 150/151 Look/Brigitte Merz, S. 152/153 M/imagebroker, S. 153 M/Alamy, S. 154 M/Brigitte Merz, S. 154 Look/Heinz Wohner, S. 154/155 M/Alamy, S. 156 M/age, S. 157 Look/Heinz Wohner, S. 157 Look/Heinz Wohner, S. 157 Look/Heinz Wohner, S. 157 Look/Brigitte Merz, S. 157 Look/Frank van Groen, S. 158 Look/Heinz Wohner, S. 158/159 Look/Heinz Wohner, S. 159 M/Alamy, S. 160 M/imagebroker, S. 160/161 M/Michael Krabs, S. 161 Look/Brigitte Merz, S. 162/163 M/Prisma, S. 164 Look/Heinz Wohner, S. 164 Look/Brigitte Merz, S. 164/165 M/imagebroker, S. 166/167 Look/Karl Johaentges, S. 167 Look/Heinz Wohner, S. 168 Look/Brigitte Merz, S. 168 C/Gaby Wojciech, S. 168 M/imagebroker, S. 169 C/Gaby Wojciech, S. 170 Look/Franz Marc Frei, S. 170/171 M/imagebroker /, S. 172 M/imagebroker, S. 172/173 M/imagebroker, S. 173 M/imagebroker, S. 173 M/imagebroker, S. 174 M/Andreas Keil, S. 174/175 C/Top Photo Corporation, S. 176 G/Brigitte Merz, S. 176 Look/Holger Leue, S. 176 M/Alamy, S. 176 M/Alamy, S. 176 M/Alamy, S. 177 M/Alamy, S. 177 M/Alamy, S. 177 M/Alamy, S. 178 M/imagebroker, S. 178/179 Look/Brigitte Merz, S. 179 Look/Georg Knoll, S. 180 G/Richard Fairless, S. 180/181 Look/Florian Werner, S. 181 Look/age fotostock, S. 181 Look/Kay Maeritz, S. 182 G/Philip Koschel, S. 182 G/Philip Koschel, S. 182 C/Raimund Linke, S. 183 Look/Brigitte Merz, S. 184/185 H. & D. Zielske, S. 186/187 Look/Tobias Richter, S. 187 M/Marcus Siebert, S. 187 M/imagebroker, S. 188 Look/Heinz Wohner, S. 188 Look/Heinz Wohner, S. 188/189 H. & D. Zielske, S. 190 M/Klaus Rein, S. 190/191 M/Chris Seba, S. 191 G/G. Körtner, S. 191 Look/age fotostock, S. 192 M/Kurt Möbus, S. 192/193 M/imagebroker, S. 193 M/S. Lubenow, S. 194 M/Michael Zegers, S. 194/195 Look/Hendrik Holler, S. 196 G/Raimund Linke, S. 196 G/Raimund Linke, S. 196 Look/Heinz Wohner, S. 197 H. & D. Zielske, S. 197 M/Radius Images, S. 198 M/Novarc, S. 198/199 M/Siepmann, S. 200 Look/Holger Leue, S. 200 Look/Holger Leue, S. 200 M/Novarc, S. 201 M/Raimund Linke, S. 202/203 C/Klaus Echle, S. 204 M/imagebroker, S. 204/205 Look/Karl Johaentges, S. 206/207 M/Christoph Eberle, S. 207 M/Alamy, S. 208 M/imagebroker, S. 208 M/Alamy, S. 208/209 M/imagebroker, S. 209 M/imagebroker, S. 210 M/imagebroker, S. 210/211 M/imagebroker, S. 211 M/Westend61, S. 212 M/Rene Mattes, S. 212 M/imagebroker, S. 213 Look/Heinz Wohner, S. 214/215 M/imagebroker, S. 215 Look/Heinz Wohner, S. 216 M/imagebroker, S. 217 M/Steffen Beuthan, S. 218/219 Look/Heinz Wohner, S. 219 Look/Brigitte Merz, S. 220 M/imagebroker, S. 220/221 Look/Heinz Wohner, S. 221 Look/TerraVista, S. 222 M/Andreas Vitting, S. 222/223 M/imagebroker, S. 223 Look/Brigitte Merz, S. 224 Look/Brigitte Merz, S. 225 Huber/Mehlig, S. 226 Look/Daniel Schoenen, S. 227 M/Markus Keller, S. 228 Look/age fotostock, S. 229 Look/Daniel Schoenen, S. 229 M/age, S. 230 Look/Günther Bayerl, S. 230/231 M/Robert Knöll, S. 232 Look/Daniel Schoenen, S. 232/233 Romeis, S. 233 M/imagebroker, S. 233 M/imagebroker, S. 234 Look/Heinz Wohner, S. 234/235 M/Westend61, S. 235 M/Alamy, S. 236 M/imagebroker, S. 236/237 Look/Wolfgang Ehn, S. 238/239 Look/Andreas Strauss, S. 240 M/Alamy, S. 240/241 C/Raimund Linke, S. 241 C/D. Sheldon, S. 241 M/Bernd Zoller, S. 242 M/imagebroker, S. 242/243 M/Martin Siepmann, S. 244/245 M/Martin Siepmann, S. 245 M/Martin Siepmann, S. 246/247 Look/Heinz Wohner, S. 247 G/Berndt Fischer, S. 247 Look/Wolfgang Ehn, S. 248/249 L/Andreas Hub, S. 249 M/imagebroker, S. 250 C/Jochen Schlenker, S. 250/251 Look/age fotostock, S. 252 G/Wolf-Gallery, S. 252/253 C/Martin Apelt, S. 253 C/Jochen Schlenker, S. 254/255 M/imagebroker, S. 255 M/imagebroker, S. 256 Look/age fotostock, S. 257 G/David & Micha Sheldon, S. 257 G/s-eyerkaufer, S. 257 G/Fotofeeling, S. 258/259 Look/Thomas Stankiewicz, S. 260 Look/age fotostock, S. 260/261 C/fotofeeling, S. 261 G/Norbert Rosing, S. 261 G/Norbert Rosing, S. 262 C/Christina Krutz, S. 262/263 G/Fotofeeling, S. 263 Look/age fotostock, S. 264 Look/Heinz Wohner, S. 264 Look/Heinz Wohner, S. 264/265 Look/Heinz Wohner, S. 265 G/John Cancalosi, S. 266/267 C/Michael Rucker, S. 267 Look/Heinz Wohner, S. 268/269 Look/TerraVista, S. 269 G/Hans-Peter Merten, S. 269 G/wingmar, S. 270/271 Look/Andreas Strauss, S. 271 G/Hans-Peter Merten, S. 272/273 Look/Andreas Strauss, S. 274/275 Look/Florian Werner, S. 275 Look/Florian Werner, S. 276/277 Look/Andreas Strauss, S. 278 M/Stefan Hefele, S. 278 M/imagebroker, S. 278/279 M/Stefan Hefele, S. 280/281 Look/Florian Werner, S. 281 Look/Konrad Wothe, S. 281 Look/Wilfried Feder, S. 282 Look/Andreas Strauss, S. 282/283 G/Wilfried Krecichwost, S. 283 Look/Andreas Strauss, S. 284/285 G/Florian Werner, S. 284/285 Look/Andreas Strauss, S. 286 M/Westend61, S. 286 M/Alamy, S. 286/287 Look/Jan Greune, S. 288 Look/Florian Werner, S. 288/289 Look/Florian Werner, S. 289 M/Peter Lehner, S. 290 Look/Thomas Stankiewicz, S. 290 Look/Konrad Wothe, S. 290/291 M/Christian Bäck, S. 291 Look/Konrad Wothe, S. 291 Look/Florian Werner, S. 292 Look/Andreas Strauss, S. 292 M/Reinhard Hölzl, S. 292 M/imagebroker, S. 292/293 Look/Florian Werner, S. 293 Look/Konrad Wothe, S. 293 Look/Konrad Wothe, S. 294 Look/Konrad Wothe, S. 294/295 C/Michael Rucker, S. 295 Look/Wolfgang Ehn, S. 296 Look/Andreas Strauss, S. 296 Look/Wolfgang Ehn, S. 297 Look/Konrad Wothe, S. 297 Look/Andreas Strauss, S. 297 M/imagebroker, S. 298 Look/Andreas Strauss, S. 298 Look/Andreas Strauss, S. 298/299 Look/Andreas Strauss, S. 300/311 Bernd Ritschel, S. 300 Look/Andreas Strauss, S. 301 Look/Jan Greune, S. 302 Look/Wolfgang Ehn, S. 302/304 Look/Jan Greune, S. 304 Look/Andreas Strauss, S. 304/305 Look/Florian Werner, S. 306 Look/Florian Werner, S. 306/307 Look/Florian Werner, S. 308 M/imagebroker, S. 308/309 Look/Florian Werner, S. 310 Look/Andreas Strauss, S. 310 Look/Andreas Strauss, S. 310/311 Look/Florian Werner, S. 311 Look/Andreas Strauss, S. 312 Look/Andreas Strauss, S. 312/313 Look/Andreas Strauss, S. 313 Look/Daniel Schoenen, S. 313 C/Robert Niedring, S. 314 Look/Andreas Strauss, S. 314/315 G/F. Pritz, S. 315 C/Martin Ruegner, S. 316/317 G/Andreas Strauss, S. 316/317 Look/Jan Greune, S. 318/319 Look/Andreas Strauss, S. 319 Look/Thomas Stankiewicz.

© 2015 Kunth Verlag GmbH & Co KG, München
Königinstraße 11
80539 München
Telefon +49.89.45 80 20-0
Fax +49.89.45 80 20-21
www.kunth-verlag.de
info@kunth-verlag.de
© Kartografie: Kunth Verlag GmbH & Co. KG

Printed in Slovakia

Texte: Linda Freutel, Iris Ottinger, Christa Pöppelmann, Attila Elitez, Karolin Küntzel
Redaktion: twinbooks, München

Umschlagmotive:
Vorderseite: Look/Heinz Wohner (oben), Look/Andreas Strauß (unten);
Rückseite: M/Alamy, M/Thomas Hellmann, Look/Jan Greune (von links nach rechts)